不攀比的智慧

轻松做人，快乐生活的大智慧

每个人都是独特的存在
不拿别人的成功否定自己

羡慕别人无止境，不如回头做自己

金花　刘超◎编著

内蒙古人民出版社

图书在版编目(CIP)数据

不攀比的智慧/金花,刘超编著.—呼和浩特:内蒙古人民出版社,2017.9

ISBN 978－7－204－15032－8

Ⅰ.①不… Ⅱ.①金…②刘… Ⅲ.①成功心理—通俗读物 Ⅳ.①B848.4－49

中国版本图书馆CIP数据核字(2017)第254072号

不攀比的智慧

作　　者	金　花　刘　超
责任编辑	晓　峰
出版发行	内蒙古人民出版社
地　　址	呼和浩特市新城区中山东路8号波士名人国际B座5楼
印　　刷	北京永顺兴望印刷厂
开　　本	710mm×1000mm　1/16
印　　张	20
字　　数	300千
版　　次	2018年8月第1版
印　　次	2018年8月第1次印刷
印　　数	1－10000册
书　　号	ISBN 978－7－204－15032－8
定　　价	39.80元

如发现印装质量问题,请与我社联系。联系电话:(0471)3946120

网址:http://www.impph.com

前言

俗话说:人比人,气死人。这句俗话阐明了攀比所带来的心理与行为结果。

伟大的作家托尔斯泰曾讲过这样一个故事:有一个人想得到一块土地,地主就对他说:“清早,你从这里往外跑,跑一段就插个旗杆,只要你在太阳落山前赶回来,插上旗杆的地都归你。”那人就不要命地跑,太阳偏西了还不知足。太阳落山前,他是跑回来了,但人已精疲力竭,摔了跟头就再没起来。于是有人挖了个坑,就地埋了他。牧师在给这个人做祈祷的时候说:“一个人要多少土地呢?就这么大。”

人生的许多沮丧都是因为你得不到想要的东西。其实,我们辛辛苦苦地奔波劳碌,最终场的结局不都是只剩下埋葬我们身体的那点土地吗?伊索说得好:“许多人想得到更多的东西,却把现在所拥有的也失去了。”这可以说是对得不偿失的最好的诠释了。

其实,人人都有欲望,都想过美满幸福的生活,都希望丰衣足食,这是人之常情。但是,如果把这种欲望变成不正当的欲求,变成无止境的贪婪,那我们就无形中成了欲望的奴隶了。在欲望的支配下,我们不得不为了权力、为了地位、为了金钱而削尖了脑袋向里钻。我们常常感到自己非常累,但是仍觉得不满足,因为在我们看来,很多人比自己的生活更富足,很多人的权力比自己大,所以我们别无出路,只能硬着头皮往前冲,在无奈中透支着体力、精力与生命。

扪心自问,这样的生活,能不累吗?被欲望沉沉地压着,能不精疲力竭吗?静下心来想一想:有什么目标让我们真的非让我们实现不可,又有什么东西值得我们用宝贵的生命去换取?朋友,让我们斩除过多的欲望吧,将一切欲望减少再减少,从而让真实的欲求浮现。

人总是希望得到的多失去的少,以为拥有的东西越多,自己就会越快乐。所以,这一人之常情就迫使我们沿着追寻获取的路走下去。可是,有一天,我们忽然惊觉:我们的忧郁、无聊、困惑、无奈、一切不快乐,都和我们不懂得放下有关,我们渴望拥有的东西太多,或是太执着,而徒增了很多烦恼。

人只有一双手,不可能什么都得到,生活有时会逼迫你,不得不交出权力,不得不放走机遇，甚至不得不抛下爱情。你不可能什么都得到，生活中应该学会放下。懂得放下也是一种智慧，它会使你显得豁达豪爽，让你变得更有智慧和更有力量。

懂得放下，才能在成功的路上走得更久。放下那些不适合自己去充当的社会角色，放下束缚你的世故人情。放下伪装你的功名利禄，放下徒有虚荣的奉承夸奖，放下各种蒙住你的眼睛的遮羞布，你才能够腾出手来，用足够的精力和智慧来赢取你真正应该有的东西。充分地努力做好自己应该做的事，自由自在地发掘自己的潜力，主题明确地直奔自己应该追求的目标，坚定不移地走自己的路，充分实现自己的人生价值。

人是充满欲望的动物，如果你不懂得放下，势必会在各种诱惑中迷失自己，从而跌入欲望的深渊，或者把自己装入一个个打造精致的所谓“功名利禄”的金丝笼里。

不攀比，不幻想，平淡地看待虚浮的名利，理智地去掉莫名的烦恼，巧妙地解除心灵的羁绊；学会放飞自己，换一种轻松的活法，获一身爽适的健康，多倾听生命的声音，多采撷人生的光辉，就能多感悟人生的真谛，开启智慧的心灵，我们就能把握美好的生活，并时时在高质量的生活海洋里畅游；学会善待自己，才会让自己过得好一些，才会让生活丰富一些，活着就是快乐，活着就要有活着的意义。

世界与你同行，你就是弥足珍贵的沧海一粟，你要学会善待自己。善待自己，才不会逃避自己，丧失自己。生活是残酷的，人人都需要自我保重。不攀比才是健全人生的支柱，是人生动力的源泉。忽视自我关爱，生活的利刃会割伤你的身心。不攀比本身就是世间成本最低、风险最小的成功，却能让人真正受用。轻松做人是一种境界，一种处世智慧；快乐生活是一种修为，一种生存艺术。心灵为名利所役，终日患得患失，你会错过多少美好的风景！给生活一些空间，让自己轻松一点，你会发现快乐无处不在！本书揭示了不攀比、轻松做人、快乐生活的人生大智慧，帮助读者提升精神境界和品性修养。学会了不攀比，我们就能够享受到生活底蕴的醇味，超越悲观，以最好的精神状态去迎接生活。

编　者

目　录

拥有一颗不攀比的平常心

不攀比的平常心是人生的大境界，平常心可以给你一份潇洒和洞穿世事的眼睛，同时也使你拥有坦然充实的人生。真正的平常心就是享受生活中的平凡和简单。只要能把心态放平稳，不被外界所干扰，就会拥有一颗真正的平常心。

让平淡成为心态的一部分

在荷兰首都阿姆斯特丹的一座15世纪的教堂废墟上留着一行字：事情是这样的，就不会那样。这句话是告诫我们不要抱怨已经发生的事，而应该学会释然。

这是一个和释然有关的真实故事，是无数第二次世界大战期间发生的故事中的一个：

一位名叫伊莎贝尔·萝琳的女人同时送走了丈夫约翰和侄子杰夫参军去前线。不幸的是九个月之后就接到了丈夫约翰的阵亡通知，她伤心至极，如果不是侄子的信，她甚至不知道自己是否还能坚持下去。可是一年半以后的一份电报再次重复了她的不幸：她的侄子杰夫，她唯一的一个亲人也死在战场上了。她无法接受这个事实，决定放弃工作，远离家乡，把自己永远藏在孤独和眼泪之中。

正当她清理东西，准备辞职的时候，发现了当年侄子杰夫在她丈夫去世时写给她的信。信上这样写道："我知道你会撑过去。当我的父母意外去世时你曾这样对我说。你还告诉我在天堂里的父母会看着我，他们希望我坚强而快乐地生活。我永远不会忘记你曾教导我的：不论在哪里，都要勇敢地面对生活，像真正的男子汉那样。现在，为了我也为了天堂里的约翰，我也要你勇敢地面对这个不幸，别忘了你是我最崇拜的好姑妈，请露出你的微笑，能够承受一切的微笑。"

她流着泪把这封信读了一遍又一遍，似乎杰夫就在她身边，一双炽热的眼睛向她发出疑问：你为什么不照你教导我的去做？

萝琳打消了辞职的念头，并一再对自己说：我应该把悲痛藏在微笑后面，继续生活。因为事情已经是这样了，我没有能力改变它，但我有能力继续生活下去，并且会像侄子希望的那样好。她真的做到了，因为她学会了在无法挽回的损失面前释然。此后她不但积极工作，还把余下的生命时光全部献给了福利事业，帮助了无数更需要帮助的人。

人生是一场单程旅行，一去不复返。所以在有限的生命历程里，一定要善待自己的生活，认清自己的实力，从事自己能胜任的工作。避免走这篇故事的主人公的弯路：他在现实生活中是一个极度自卑的人，因为受教育的程度与他现在工作的要求差距很大，有限的知识积累已不能十分胜任这份工作，而且没有一技之长，社会经验和阅历都不甚丰富。他深知自己的缺陷，也尽力去弥补，但总也找不到合适的方法，收效甚微。为此他心理承受了巨大的压力，当看到与自己年龄相仿的朋友一个个都比自己强，甚至比自己年龄小、学历低的人都已超过自己时，他更是急上加急。想尽了各种办法，比如投入更多的时间看书读报、学英语、上补习班……几乎在他现今能力所能做到的补差方法都做到了，但还是收获不大，工作中还是时常碰壁，自卑的情绪更加严重，几乎到了神经崩溃的边缘。无奈之下，他只好求助于心理医生。听了他的情况，医生告诉他学习是一项长久坚持的事情，学习的成效与其他事情不一样，效果不是当时就能看得到的，它是一种内在涵养的提高，在生活中只能潜移默化地起作用。

最后，医生告诉他一个治疗方法，就是去找一份与自己的学识水平相当的工作，甚至稍低一些会更好。因为相对简单的工作，可以使业余时间加长，而且还可能会干得比现在好，有利于增强自信；如果利用多出来的空闲时光读书学习，会使自己的生活更充实。他照着医生的建议去做了，一年以后，他神采奕奕地站在医生面前，不是来看病，而是来感谢医生。

因为他学会了在无法弥补的缺失面前释然。其实，解决问题的方法很简单，就是使自己处于能解决问题的地方。认清自己，知道自己适合什么，让自己处于最佳的位置。学会用释然驱散生活事业的阴云，就会让自己生活在一片晴空之下。

让释然成为好心态的一部分也不难，只要你随时能够在不可避免的不如意面前释然，在无法弥补的缺失面前释然，在难以挽回的损失面前释然，在种种只能这样不能那样的事情面前释然。也许，当我们学会释然之后会惊喜地发现，曾令我们困苦不已的阴云已经消散。其实，如果不是我们的心看不开，事情原本就不像我们想象的那么糟糕。

给自己的心灵放个假

现实生活中，每个人都有压力，并且压力无处不在，如影相随，伴随左右。谁都想事业有成，享受成功的快乐，可是又有多少人能够真正做到呢?

生活在这个世界上，你要为衣、食、住、行去奔忙，要去应付各种各样的事，要去与各种各样的人相处。可谁又能保证你所接触的事都是好事，你所遇到的人都是谦谦君子呢? 即使是上帝掌握在你手中，恐怕也不会那么幸运，更何况并没有万能的上帝呢? 所以，生活中必然要有这样或那样的事，有喜就会有悲，有幸运之神的光顾也会有不幸的事降临。

正是经济困难时期，家人病了，孩子要上学，生活要开销等等都接踵而来。每天都把自己搞得焦头烂额，每天都有做不完的事，匆匆忙忙地上班，下班及时回家做饭，教导孩子学习，好像一天都没有放松和思考的时间。

人只要在社会中生存，就会有压力存在，无论是学习上的压力，还是来自工作的压力，都会让人精神紧张起来。但你又不得不去面对它，因为有些时候这种事没有选择的余地。

压力无处不在，任何人都躲避不了。因为人不是万能的，不可能把一切不顺心之事变为理想之事。关键看你怎样对待已经发生的事。我们都是压力的创造者与承受者，同时也是压力的去除者。

当长时间的紧张统治着你、折磨着你的时候，你的工作效率就会开始下降，并且会严重地影响着你的个人生活，使你失去工作和生活的热情。

在生活中，面对着各种各样不合自己心意的事情时，不要让自己陷入紧张压抑的氛围中，也就是别活得那么累。必要的时候，放松一下自己，轻松地活着。

生活毕竟是公平的，对谁都是一样，没有绝对的幸运儿，更没有彻底的倒霉鬼，你有这样的不幸，他还有那样的烦心事。别人有那样的好机会，你还会有这样的好运气。所以，千万别把自己说得那么悲惨，更不要把自己缠绕在自己编织的网中，挣扎不出来。

一个人如果能真正认识到自己遇到的不如意只是生活的一部分，并且不以这些难题的存在与否作为衡量幸福的标准，那么他便是最聪明的，也是最幸福和最自由的人。

林肯的书桌角上总有一本诙谐的书籍放在那里，每当他抑郁烦闷的时候，便翻开来读几页，不但可以解除烦闷，而且还能使疲倦消除。这使他乐观地对待生活，更使他的生活充满了自信。

美国富翁柯克在51岁那年，把财产全部用完了，他只得又去经营、去赚钱。没多久，他果然又赚了许多钱。他的朋友因此很奇怪，问他："你的运气为什么总是这样好呢？"柯克回答说："这不是我的幸运，乃是我的秘诀。"朋友急切地说："你的秘诀可以说出来让大家听听吗？"柯克笑了："当然可以，其实也是人人可以做到的事情。我是一个快乐主义者，无论对于什么事情，我从来不抱悲观态度。就是人们对我讥笑、恼怒，我也从不改变自己的主意。并且，我还努力让别人快乐。我相信，一个人如果常向着光明和快乐的一面看，一定可以获得成功的。"笑对人生，万事都能泰然处之。这样，你就会活得轻松多了。

帕瓦罗蒂曾经讲过："尽管一生中有无数的遗憾，但生活毕竟是美好的。要乐观地、全心全意地去做每一件事，并且用歌声表达对人生的狂热！"

山德里是饭店的经理，他的心情总是很好。当有人问他近况如何时，他回答："我快乐无比。"

如果哪位同事心情不好，他就会告诉对方怎么去看事物好的一面。他说："每天早上，我一醒来就对自己说：山德里，你今天有两种选择，你可以选择心情愉快，也可以选择心情不好，我选择心情愉快。每次有坏事情发生，我可以选择成为一个受害者，也可以选择从中学些东西，我选择后者。归根结底，你应该选择愉快面对人生。"

有一天，他遇到了两个持枪的歹徒，并被子弹击中。幸运的是他被及时送到医院。经过了20个小时的抢救和几个星期的精心治疗，山德里出院了，只是有一小部分弹片留在他的体内。

8个月后，他的一位朋友见到了他，朋友问他近况如何，他说："我快乐无比，想不想看看我的伤疤？"朋友看了伤疤，然后问当时他想了些什么。山德里答道："当我躺在地上时，我对自己说有两个选择：一是死，一是活。我选择了活。医护人员都很好，他们告诉我，我会好的。但是在他们把我推进急诊室后，我从他们的眼神中读到了'我是个死人'。我知道我需要采取一些行动。"

"你采取了什么行动？"朋友问。

山德里说："有个护士大声问我对什么东西过敏。我马上答'有的'。这时，所有的医生、护士都停下来等我说下去。我深深吸了一口气，然后大声吼道：'子弹！'在一片大笑声中，我又说道：'请把我当活人来医，而不是死人。'"山德里就这样活下来了。

弗恩·戴尔博士，这位写过《你容易犯错的地方》的著名作家，在他30岁第一次婚姻破裂后说："每件发生在我身上的事都好像是一次机会，虽然它看起来也可能是障碍。我想我生命中最悲惨的时候，可能就是我经历离婚又和女儿分开的那段时期。她回到密歇根，我留在纽约。那正是我生命中的低谷，我自己不会恢复，也不知道未来要往哪儿走。”

“我独自一人，因为婚姻破裂，生活中许多事情都发生了剧变。我开始跑步，以便让自己的身体变得更好。我开始写作，过去我一直挣扎在写作之中，因为当时夫妻关系很紧张，效果一直不好。我很担心如果不和唯一的孩子在一起，失去那些创造快乐生活的重要事情，我将如何处理。那时真的很难熬。”

“但婚姻告终，内心也知道它已经真的结束，我重新调整生活，用过去觉得不可行的方式写作。更重要的是，如果没有走过那段低谷，我就不可能发展新的关系。今天我有七个孩子，有美满的婚姻，漂亮的妻子，和前妻的关系也非常好，那扇关闭的门令我们俩都很痛苦，同样也为她开启了一扇新门，她遇到另一个男人结了婚，他们也快乐了很长一段时间。”

“我想任何有过负面人际关系体验的人，不管是婚姻还是其他什么关系的破裂，知道这种体验是生活中很重要的一部分。如果你将它视为一个可以学习的机会，我真心认为这对双方都是有益的。”

“当我和第一任妻子结婚时，我做了许多不得体的事，经历了那次失败的婚姻后，虽然这是个痛苦的教训，但是我学会了对人更体贴、更关怀。我也和女儿发展了一种新关系。离婚的时候，我以为我们父女关系会恶化，甚至会结束，但事实上并没有。”

“所以，当失败来临，你可以面带微笑，因为它可以是一次人生的转折点。”

每个人既不会万事如意，也不会屡受挫折。如果能随时随地地看到和想到自己生活中光明的一面，同时意识到自己面临的困境别人也曾遇到过，甚至比自己的更严重，就能从某种烦恼和痛苦中解脱出来，并且有可能获得新生，会更加自信而愉快地生活。

史蒂文生说：“快乐并不是幸运的结果，它常常是一种德行，一种英勇的德行。”快乐的理由有多种，关键要看是否能够让自己自觉地感受到轻松。生活中，有的人为了心中的夙愿而忍辱负重，有的人为了走向成功而步履匆匆，有的人为了生存而身受负累与压抑。其实，生活往往没有人们所想象的那样累，如果常给自己减压，生活自然过得轻松。不要把顷刻的烦躁持续太久，不要对稍纵即逝的苦恼给予过多的关注。一顿美食，一壶清茶，黄昏落日，清晨露珠，都会给人带来一份轻松与惬意。

人要适时地给自己减压，给大脑放个假，让自己的生活更轻松一点儿。

身在福中要知福

曾经有位非常富有的财主名叫伯当。一天，当他愁苦地行走在路上时遇到了阿凡提。他忧郁地对阿凡提说："聪明的阿凡提先生，我想向您请教一个问题，您能告诉我怎样才能买到快乐吗？"

阿凡提好奇地问道："你为什么要买快乐？"

伯当说："虽然我生在官宦之家，家里很有钱，可是生活中却缺少一种最重要的东西——快乐。我从来不知道什么叫作真正的快乐，如果能让我感受一下快乐的美妙，我愿意付出我所有的家产。只要能让我体验一下，哪怕只是短暂的一瞬间，我也愿意。"

阿凡提笑了笑说："我有让你体验真正快乐的秘方，不过我只怕你支付不起它的费用，你带了多少钱，可以让我看看吗？"

伯当从兜里掏出装满钻石的锦囊递给阿凡提，可是阿凡提接下来的行为却让他大吃一惊。只见阿凡提看也不看，抓住装满钻石的锦囊，掉头就跑。

伯当吃惊地愣在原地，当他回过神来时才明白自己被抢了。他连忙大叫："救命呀，有人抢劫啦！"可是任他喊破喉咙也无人管他，他只好依靠自己的力量去夺回被阿凡提抢走的财产。他拼命地追着，直到跑得满头大汗、全身发热、口干舌燥，也没发现阿凡提的踪影，他绝望地跪倒在偏僻的小路上，失声痛哭，没有想到快乐的秘方没有找到，自己身上的钱财也被人抢光。在他哭得声嘶力竭之后，突然发现被抢走的锦囊就在路旁的一块石头上。他兴奋地站起来抓起锦囊打开查看，发现锦囊里的钻石原封未动。刹那间，一股极大的快乐充满了他的全身。

这时，一直躲在巨石后面的阿凡提走了出来，看着伯当快乐的样子，欣慰地问："你刚才说的话还算不算数？"伯当疑惑地看着他。阿凡提解释道："你说过如果有人能让你体验一次真正的快乐，即使只是一瞬间，你也愿意把你所有的财产赠给他，这句话是真的吗？"

伯当说："当然算数。"

阿凡提微笑着点点头继续说："刚刚在你找回锦囊的那一瞬间，是不是感受到了一种莫大的快乐呢？"

"是呀！的确像你所说的那样，我刚刚体验到了快乐的真正含义。"伯当兴奋地回答着。

听到伯当的回答，阿凡提快乐地转身离开了。

生活中，许多人身在福中不知福，不重视自己所拥有的，总认为别人的才是最好的，看不到自己所拥有的幸福，实际上这是一种舍本逐末的做法。

人生中最大的快乐来源于自身，要懂得知足。只有这样，才能保持一个良好的心态去面对生活。善于把握自己所拥有的幸福，才是懂得生活的人。

把事情往好的一面想

在塞尔玛的生活历程中，曾有过一段令她永生难忘的事，那件事也是促成她现在生活幸福的重要因素。

塞尔玛随从军的丈夫到了沙漠地带。令她难以想象的是，在那里住的是铁皮房不说，还要与周围的印第安人、墨西哥人打交道，因为语言上的障碍根本无法交流。最让她难以忍受的是当地的高温，在仙人掌的阴影下都高达华氏125度，而这时又赶上丈夫奉命远征，留下她孤身一人在环境恶劣的沙漠中生活。为此，她整日愁眉不展，度日如年，感觉不到生活的乐趣，想念家乡的好，怀念父母的爱。无奈中，她提笔给父母写了一封长信，在信中她描述了自己的处境，向父母表达了自己想要回家的心愿，希望父母能够同意。

信寄出去以后，她天天期盼着父母的回信。终于有一天，信到了，可拆开一看，信中的内容使她大失所望。父母既没有安慰她，也没有说让她赶快回去。那封信里只是一张薄薄的信纸，上面是一个简短的故事：

"曾经有两个囚徒，他们被关在阴暗的监狱里，唯一可以让他们见到阳光的地方就是来自那扇铁窗。一个人每天看到的都是一成不变的泥土，而另一个却天天可以享受天上星星不停变化所形成的美妙景观。"

看过信以后，塞尔玛开始非常失望，心里还在埋怨父母，怎么父母回的是这样一封信？尽管是这样，她还是非常喜欢读这封信，因为那毕竟是远在故乡的父母对女儿的一份关切。她反复阅读，认真思考，总感觉父母的信中有什么典故。终于有一天，一道灵光从她的脑海里掠过，她领略到了这封信的意义。正是这封信照亮了她前方漆黑的道路，她惊喜异常，每天紧皱的眉头一下子舒展开来。

原来父母是为她的人生上了一堂重要的课，她终于发现了自己的问题所在：以前她的生活就像是第一个囚徒那样，只看到地上那一成不变的泥土，从来没有抬头看过，当然也就没有发现天上漂亮的星星。为什么自己不抬头看呢？只要抬头看，一定会有新的发现。生活中一定不只是泥土，还会有星星！为什么把自己置于忧愁与烦恼中呢？为什么不抬头去寻找星星，感悟星星的美，去享受幸福美好的世界呢？于是，她决定改变自己目前的生活状态。

她开始主动和印第安人、墨西哥人交朋友，出乎她意料的是，与印第安人、墨西哥人交往并没有她想象得那么困难，她发现他们都十分好客、热情，慢慢地，他们都成了她的朋友，而且还送给她许多珍贵的陶器和纺织品作礼物。

为了丰富自己的生活，她还研究沙漠的仙人掌，一边进行研究，一边做笔记。在研究的过程中，她被仙人掌的千姿百态吸引住了，深深地迷恋上了对仙人掌的研究。

她欣赏沙漠的日落日出，她感受沙漠的海市蜃楼，她享受着新生活给她带来的一切。就这样，她的心情逐渐地好了起来，以前的愁容也消失得无影无踪。她发现一切都变了，变得使她每天都仿佛沐浴在春光之中，置身于欢声笑语之间。

后来她回到美国，把自己的这一段真实的经历写成了一本书，名字叫《快乐的城堡》，在当时的美国引起了很大的轰动。

世界上的万物相生相克，彼此制约着。任何人和事都有优点和缺点，只是看人们选择怎样的角度来看待这个问题，以积极的还是消极的态度来处理它。只要掌握好了这个舵，生命的阳光就会更加灿烂。

学会选择幸福

有人认为“人生苦短，去日无多”，不如寻欢作乐，过把瘾就死，这就是幸福；有的人认为金钱至上，“有钱能使鬼推磨”，这就是幸福；而有的人以“宁做中华断头尸，不做倭奴屈膝人”的慷慨激昂、赴汤蹈火为幸福；有的人以“宁可枝头抱香死，不随落叶舞西风”的洁身自好、严于律己为幸福。幸福到底在哪里？不同的人有不同的理解，不同的理解有了不同的人生。

卡耐基说：“心中充满快乐的思想，我们就快乐；想着悲惨的事，我们就会悲伤；心中满是恐惧的念头，我们必会害怕；怀着病态的思想，我们真的可能会生病；想着失败，则一定不可能会成功；老是自怜的人，别人只有想法避开他。”

其实卡耐基的这句话，同圣人老子说的“甘美食，美其服，安其居，乐其俗”意思相近，前者通俗易懂，后者越体味越有味道。尽管你这个地方很落后，但你吃的东西是最美味的；尽管你穿的衣服单薄，但你要认为是最漂亮舒服的；尽管你居住的地方很简陋，但你要认为你居住的地方是最舒适的；尽管你的风俗不大先进，但你要认为你的风俗是最优等的。

有人曾问过一位快乐的老人：“你为何会这样幸福呢？你一定有关于创造

幸福的不可思议的秘诀吧?”

“不,”老人回答,“我只是选择‘幸福’而已。”

林肯曾说:“人们如果下定决心要拥有幸福,他就会拥有幸福。”换言之,如果你选择不幸,你就会变得不幸。

会享受人生的人,不会在意拥有多少财富,不会在意住房大小、薪水多少、职位高低,也不会在意成功或失败,只要会数数就行。“不要计算已经失去的东西,多数数现在还剩下的东西。”这个十分简单的数数法,就是选择幸福的一种智慧。

在宁夏南部山区有一位还未脱贫的农民,他常年住的是漆黑的窑洞,顿顿吃的是玉米、土豆,家里最值钱的东西就是一个盛面的柜子。可他整天无忧无虑,早上唱着山歌去干活,太阳落山又唱着山歌走回家。别人都不明白,他整天乐什么呢?

他说:“我渴了有水喝,饿了有饭吃,夏天住在窑洞里不用电扇,冬天热乎乎的炕头胜过暖气,日子过得美极了!”

这位农民能珍惜自己所拥有的一切,从不为自己欠缺的东西而苦恼,这就是他能感受到幸福的真正原因。

其实,大多数人所拥有的远远超过了这位农民,可惜总被自己所忽略。你的收入虽然不高,但粗茶淡饭管饱管够,绝无那些富贵病的侵扰;你的配偶或许并不出众,但他能与你相亲相爱,白头到老;你的孩子虽然没有考上大学,但他却懂得孝敬父母,知道自力更生。人生,该数数的东西还有很多很多。

人们一直疲于奔命,寻求其所谓的幸福。其实,幸福原本就在我们的生活不远处。只是由于人们太在意物质上的富裕,太追求一种形式化的生活了,而将幸福的真谛忽略了。

每天起床,看着窗外远处公园里的湖泊,心有一种宁静的感觉,也时常思索:人们是如何获得幸福感觉的?一个人是否幸福快乐,在一定程度上与心态有关。幸福是一种感觉,让我们放开心灵去发现,细致地体验,敏锐地感受。

每天的日子总是周而复始,上班下班回家吃饭,上网聊天或看电视打发时间,一成不变,让人感觉平淡无味。若每天用良好的心态去捕捉快乐,也许就不会感觉那么枯燥。因为老师或上司的一句表扬,而感到快乐;突然接到友人的电话,别人的牵挂也是一种幸福感觉;在公共汽车上,给老人让座,是一种助人为乐。什么都可以快乐,只要你放开心灵,幸福快乐就会一直在你身边。

若遇到挫折,需要自我鼓励打气,自信以后定会成功;遇到情场失意,就对自己说,别为了一棵小树,而放弃整个森林;遇到悲伤的事,就学会忘记;被人激怒,学会平静,认为发怒只会伤肝伤肺,何苦去做,显出没有被激怒才是对对方的一个很好的还击，这都需要一个良好的心态，也就是换一个对自己身心有利的想法。

贝多芬曾说："我们这些具有充满创意精神而生命有限的人，就是为了痛苦和快乐而生的，几乎可以说：最优秀的人通过痛苦才得到快乐。"

幸福是一种选择，也是一种良好的感觉。幸福是由心态决定的，学会对生活中发生的事，用幸福的心态和对身心有利的心态去思索，就会时时有幸福感觉。

找一种快乐生活的理由

人生这枚硬币，其反面就是这一理论的另一要旨：我们必须接受"失去"，学会怎样松开手。执着对待生活，紧紧地把握生活，但又不能抓得过死，松不开手。

不要枉费生命，要少追求物质，多追求理想。因为只有理想才赋予人生意义，只有理想才使生活具有永恒的价值。

在年轻的时候，满以为这个世界的一切都是美好的，满以为全身心投入所追求的事业一定会成功。而生活的现实仍是按部就班地走到我们面前。

世界歌坛巨星胡利奥·伊格莱西亚斯如果不是因为乐观，有勇气，有坚强的意志，可能他还只是一个无名的残疾人。

1963 年 9 月，在他 20 岁生日前不久，胡利奥和三个朋友开车沿近郊公路回马德里的家去，汽车在一个转弯处翻到了路边田里。

由于这次翻车事故，胡利奥开始感觉胸腔及两肋时有短暂锐利的刺痛，痛时浑身发抖，喘不过气来。他父亲是医生，感觉不妙，带他到市内各诊所及医院的专家处求医。X 光摄影找不出病因，有的医生诊断为有根神经受挤压，有的医生则说完全是心理作用。

事实证明，这不是心理作用，他的体重减少了，只有 48 公斤，卧床不起。经常通宵不眠，咬唇抱膝而坐。他弟弟卡洛斯回忆说："我们眼看着一个精力充沛的运动员逐渐瘦弱下去。"

1964 年 1 月的第一个星期，胡利奥的父亲请了马德里 5 位最有名的医学专家，包括神经外科医生，在他儿子的床前会诊。他含泪问道："我儿子究竟得了什么病？"经过 1 小时的商讨后，马内拉医生宣布他们的一致意见：毛病一定是在脊柱里。

当夜胡里奥的膀胱功能停止，那是瘫痪的最初征兆。第二天早晨，他被送进医院，已是患截瘫的病人。检查脊柱的结果显示有一个肿瘤。医生说，可能因车祸严重受伤而加速了其成长，这个非癌性的肿瘤包住了脊柱，造成瘫痪。经过手术割除后他出院回家，腰部以下仍然不能动，这种病情康复的前景不大乐观。他可能在几年后恢复少许活动力，也可能终生残疾。

然而，谁也没料到这个青年乐观自信的决心。依照一个神经外科医生的指示，胡利奥练习由脑对每一个脚趾发出命令。他日夜不断地轻声唱道："动啊，该死的！"但没有一个脚趾能动。他说："我就像快要沉没的船上的报务员，不断拍发没有回音的电报。"

做完手术两个月后，妈妈、爸爸和弟弟突然听到胡利奥大叫："大家都快来！"他们跑到他房里，见他欣喜若狂地指着脚，高兴地说："快看！"大脚趾往下轻轻地动着，一下、二下、三下……从那时起，胡利奥坚信他可以完全康复。

但康复的进度很慢，运动也很吃力，有个护士知道他有时会感到懊丧，便送给他一把廉价的吉他，让他弹吉他来消遣。他仰卧床上，两臂的动作也不太协调，弹起来很不方便。但他把吉他柄对着天花板直放胸口，随着拨弦，弦声使他暂忘焦急烦恼。他开始渐渐低哼曲子，然后羞怯地试着唱一两句。唱出的歌很好听，他非常高兴。

手术后四个月，胡利奥站在地板上，抓住公寓狭窄过道中特别装置的扶手，气喘吁吁，努力练习举步。父亲怕他太吃力，劝他休息。他说："爸爸，我必须练。"

他做到了。经过 90 分钟的努力，胡利奥走出康复的第一步。他每天的目标是比前一天多走一步，而且总能达到目标。为了加强体力，他每天在过道中不断爬行四五个小时，夏天在他家的海滨别墅中，他撑着拐杖在沙滩上走，每天早晨又在地中海中筋疲力尽地游三四个小时。到那年秋季，他进步到可以使用手杖。再过几个月，手杖也不用了，他每天步行达 10 公里。

胡利奥的身体状况不断有进展，1968 年春季他毕业于法学院，有意进入外交界。那时，音乐仍只是消遣。但他根据自己长期孤独地与瘫痪做斗争的经历，写出了他的第一首歌《生命照常进行》：真朋友很少，得意时人都来颂扬，失意时，你就知道，好朋友还在，别的全走了。

同年 7 月，在西班牙最重要的流行歌曲比赛——每年一届的西班牙民歌节中，他怀着疑惧心情出场，唱出这首歌，荣膺冠军，西班牙顿时少了一块外交材料，多了一名歌手。这首歌风行全国，也成为一部西班牙电影的片名。他担任这部影片的主角，一跃而为电影明星。

胡利奥昔日的瘫痪已成过去，没留下不良后果。他回忆往日的苦境，觉得因祸得福。"我在音乐方面取得的成就完全由于那次苦难。"他现在身体健康，精神愉快，而且名利双收。这正证明了他在第一首歌《生命照常进行》中所唱的：总有理由要生活。

凡事不能去强求

一个人只有拥有"知足常乐，随遇而安"的心态，才能活得轻松自在。"人生不如意常八九，可与语人无二三。"如果要在繁杂纷呈、千姿百态的生活中寻找像夏日喝冰爽啤酒、听轻松音乐那样惬意的心情，就要调节自己的心态，让良好的心态带你走进快乐的生活。

一个寺庙里住着两个和尚，炎热的夏日已来临，但是庙里的草地上依旧是枯黄一片。为了给枯黄的草地平添一些生机，小和尚跑到老和尚的禅房说："师父，咱们在草地上撒点草籽儿吧！那片枯黄的草地实在太难看了。"师父赞许地看着小和尚说："可以，等天气凉快一点儿吧！"

转眼间中秋到了，小和尚跑到老和尚的禅房去要草籽。小和尚接过老和尚手里的草籽快乐地跑了出去。当小和尚打开草籽袋子时，一阵秋风吹过，草籽儿被风吹落了一地，随即不知道飘到了何方。小和尚急得喊了起来："师父，不好了！许多草籽儿都被风给吹走了！"

看着小和尚着急的模样，老和尚不动声色地说："没关系，留下来的是最好的，被风吹走的大多数是空的，种下去也不会发芽，随它去吧！"

小和尚听完师父的教导，又开心地跑了出去，准备把剩下的种子播种下去。可谁知，刚刚种下的种子又引来了一大群麻雀。小和尚急得直跺脚，跑着去告诉师父："师父，不好了，不好了，刚刚种下的草籽儿又遭遇到麻雀的袭击，让它们给吃了，这下可完了。"师父和颜悦色地说："不用担心，麻雀吃去的只是一小部分，那么多的种子，麻雀是吃不完的，顺其自然吧！"

播种那天夜里，忽然下了一阵暴雨。小和尚早早地起来去看他昨天种下的草籽，看后马上返回去找老和尚，说："师父，这下可完了，草籽儿都让雨水给冲走了！"

老和尚温和地说："没关系，冲到哪儿就让它在哪儿发芽儿生根，一切都让它顺其自然吧！"

半个月后，小和尚惊奇地发现，原来那片枯黄的草地上居然长出了一片青翠可人的绿色小苗，而且以前没有撒种的地方也有绿意泛出。

小和尚高兴得合不拢嘴，他想尽快地将这个好消息告诉师父，于是三步并作两步地跑到了师父的房间，对师父说："师父，太好了，咱们种下的草籽发芽了，而且没有播种的地方也有小草长出来。”师父眯起笑眼，慢慢地点着头说：“顺其自然、顺其自然。”

别把生活限定在某一个特定的时间、空间、标准上，坚持随遇而安、顺其自然，在平凡中感悟幸福的真正含义。摒除生活中令自己不快的事，这样我们就可以收获幸福和喜悦。

凡事要以一颗平常心去对待，是你的终归是你的，不是你的也不要去强求，一切都顺其自然、随遇而安，才能在平静的生活中感悟快乐的真谛。

以前，有一个年轻人，他对生活充满了向往，总希望上天能够将最大的幸福赐予他。于是，每逢初一、十五，他都要去附近的寺庙求神拜佛。日复一日，他的虔诚终于感动了神灵。

一天夜里，他听到有敲门声，就披上衣服去开门，当他把门打开时，一位美貌如花的姑娘站立在他的面前。姑娘彬彬有礼地开口说话了，她那动听的声音犹如黄莺出谷一般：“我是天庭中掌管幸福的女神，叫吉祥。”

年轻人异常欢喜，他热情地邀请吉祥进屋坐，这时吉祥笑着说：“请等一等，我还有一个妹妹，她叫黑暗，同样是位神仙，在天庭中掌管痛苦，我们两姐妹感情甚好，形影不离！”随即，她拉过躲在身后的妹妹。年轻人被黑暗的丑陋面容吓了一大跳，他心里暗暗地想着：同样是天上的仙女，怎么会有如此大的差别呢？而且二人还是姐妹。他疑惑地问吉祥：“你确定这位姑娘真是你的妹妹吗？”

吉祥女神正色地回答：“没错，她确实是我的妹妹，名字叫黑暗，我们形影不离。”

年轻人对吉祥说：“你能不能自己进来，叫黑暗等在门外呢？”

吉祥严厉地回答说：“我无法按照你的要求去做，因为我和妹妹从来都没有分开过。”

平常心首先要的是一种心境，不仅是对待周围的环境要做到“不以物喜，不以己悲”，更要做到对周围的人事做到“宠辱不惊，去留无意”，这样才能让我们的生活有一份平静和谐。

生活中不可能一帆风顺，有成功就有失败，有开心就有失落。如果我们把生活中的这些起起落落看得太重，那么生活对于我们来说永远都不会坦然，永远都没有欢笑。

人生在世，最舒心的享受不一定是物欲和金钱的满足，粗茶淡饭也可以开心快乐。喜怒哀乐，都别太执着于心，今天苦恼的事，以后或许会变好事；今天高兴的事，以后或许却是坏事。最重要的是我们要以一颗平常心看待。

平常心不是与生俱来的，而是经历磨难、挫折后的一种心灵上的感悟，一种精神上的升华。平凡是一首歌，既不高亢，也不低沉，只要你用心去领略，用心去感悟，总会有所得、有所获。

从前有一个国王，他为了体察民情，便和众多平民同乘一船外出。结果，在船上发生了一件令国王不知所措的事情：

一个从波斯来的奴隶从来没有见过海洋，更没有尝试过坐船的滋味。由于害怕，一路上他哭闹不止。

国王被奴隶扰得心情烦乱，心中默想世上怎么会有如此胆小的人，假如有谁能让他安静下来，那真是功德无量啊！船上很多人都设法安慰他，用尽了各种方法，可仍然无济于事。

正在大家愁眉不展的时候，一位哲学家说："让我试一试吧，我有办法让他安静下来。"

哲学家立刻叫人把那奴隶抛到海里去，他在海里挣扎了一会儿，正当他将要沉下去时，哲学家又命人把他从海里拉到船边。求生的欲望使那个奴隶双手紧紧地抱着船舵，哲学家见此状，才吩咐人们把他拖到船上。

哲学家的话应验了，他上船以后，始终坐在一个角落里，再没有发出任何声音。

国王被哲学家的举动弄糊涂了，便开口问道："你的这一举动意义何在啊？为什么他可以听你的话不再吵闹了呢？"

"那是因为他不曾尝试人生最大的痛苦，不懂得即将死亡是多么痛苦的事。于是，他便想不到坐在船上的可贵。"

事实上，现实生活中有许多人都在犯与那个奴隶同样的错，不懂得珍惜现在所拥有的美好生活，因此很难做到随遇而安。

一个人如果没有经历过灾祸，就不会懂得安乐生活的美好。要想生活得幸福、快乐，必须以心平气和的心态对待发生在你身上的任何事情，用随遇而安的态度去面对如意的与不如意的境况。只有经历过挫折、困苦的考验，才懂得"随遇而安"，才会获得踏实、快乐的生活。

谦虚为人，不攀比

现代人越来越习惯看不起别人，习惯标榜自己，习惯邀功，谦虚和忍让的美德逐渐被遗忘乃至抛弃。

只有谦虚的人才能保持进取的精神，因为永不自满，所以才能增长才干和知识。

谦虚是成功人士必备的品格,也是一个人成功的前提和基础。只有谦虚的人,在待人接物的时候才尊重他人、平易近人,只有谦虚的人才善于听取和采纳别人的意见和建议。谦虚的人有自知之明,在成绩面前不居功自傲。

北宋大文豪欧阳修就是一个非常谦虚的人,虽然他文采出众,位居高官,但他平时总是虚心向别人求教,他的那篇被人广为传诵的《醉翁亭记》,在写作的时候就得益于一位砍柴老头的指教。当时的欧阳修任滁州太守,好友智仙和尚在琅玡山上为其建造了一座亭子,欧阳修给它取名为"醉翁亭",并写下了《醉翁亭记》一文,文章写好后,欧阳修又抄写了很多份,命人贴到外面,希望行人帮助他修改和提意见。

看到文章的人都纷纷赞赏欧阳修的文采。这时,有一个砍柴的老樵夫经过这里,欧阳修就为老人诵读此文,虚心请老人指教不当之处。刚开始读:"滁州四面皆山也,东有乌龙山、西有大丰山、南有花山、北有白米山,其西南诸峰,林壑尤美……"老樵夫认为这句话很啰唆,就说道:"我砍柴时站在南天门,大丰山、乌龙山、白米山还有花山,一转身就全都能看到,四周都是山!"

欧阳修听后忙说:"言之有理。"随即把原文修改为"环滁皆山也"五个字。

这就是我们今天看到的《醉翁亭记》言简意赅的开头。

古人如此,即使现代最伟大的科学家也不例外。

爱因斯坦是20世纪世界上伟大的科学家之一,他的相对论以及他在物理学界其他方面的研究成果,是留给我们的一笔取之不尽、用之不完的财富。然而,就是这样,他还是在有生之年中不断地学习、研究,真可谓是活到老,学到老。

有一个年轻人问爱因斯坦,说:"您老在物理学界已经是空前绝后了,何必还要那么努力地学习呢?为什么不舒舒服服地休息呢?"爱因斯坦并没有立即回答他这个问题。而是找来一支笔、一张纸,在纸上画上一个大圆和一个小圆,然后对那位年轻人说:"在目前情况下,在物理学这个领域里可能是我比你懂得略多一些。正如你所知的是这个小圆,我所知的是这个大圆。然而整个物理学知识是无边无际的。对于小圆,它的周长小,即与未知领域的接触面小,他感受到自己的未知少;而大圆与外界接触的这一周长大,所以更感到自己的未知东西多,就会更加努力去探索。"

谦虚的品格让一个人在荣誉面前不骄傲,那些在世界上做出过杰出贡献的人都具有谦虚的美德。

事实上也是如此,没有一个人能够有骄傲的资本,因为任何一个人,即使他在某一方面的造诣很深,也不能够说他已经彻底精通,彻底研究全了。"生命有限,知识无穷",任何一门学问都是无穷无尽的海洋,都是无边无际的天空。所以，谁也不能够认为自己已经达到了最高境界而停步不前、而趾高气扬。如果是那样的话，则必将很快被同行赶上、被后人超过。

自满与知足从字面上看来，仿佛都是对自身情况感到满意的反应，事实上内心的出发点和外在的表现给人的感受，却是大大的不同，其间境界的高低更是差之千里。而从根本上说，知足也罢，自满也罢，与外在客观条件并不一定有相互的关联，一个人自觉得生活到这个程度，于愿已足，并不代表他的生活真的一定就无懈可击，样样可打满分，主要是他能衡量自身的能力，正视客观的条件，不妄想不贪求，也不去与他人比高下，能够以宽容坦荡的心去对待生活，使自己的人生不受外界的影响和干扰，顺命随缘地和平度过。

那些态度骄横言词夸张的人，真的都是那么自信、骄傲，对自身的一切都心满意足，自认高人一等吗？如果你肯仔细分析，也许会惊奇地发现，事情恰恰相反。

依心理学上的说法，那种处处要表现自己的不凡，就怕谁人不知他的出类拔萃和光荣历史，无法克制地要以骄傲的面孔示人的人，常常是心理上欠缺安全感、满足感或自怜狂在作祟的人。因为缺少安全感、满足感，便相对地失去了自信，因此便急于要在别人的赞美或惊叹声中找回信心，证明确实如自己所希望和所幻想的那样不同凡响。骄傲、自满、目中无人，是由于反常心理在后面推动——不但予人极坏的印象，也是一种十分可悲的病态。

人生一共短短的几十年，重要的不是你曾博得多少掌声和艳羡的目光，而是你得到了几许心安和做人的乐趣。自满自大的人不一定快乐，自得其乐的人才会快乐。

拥有一个不攀比的心境

一个具有良好心态的人，在面对厄运的时候，能有一颗平衡的心，不会因为前面的路被堵死而无计可施。相信自己的力量能战胜一切不幸，前面的路堵死，也要集蓄全部的力量，努力寻找另外一条路。

有一位在银行工作的人，一心想要个高一点的学历，他已经把大部分参考书翻来覆去地看了许多遍。可以说，他非常自信能够考上，但连年考试他都榜上无名。

因为他对古币颇有研究，所以，在闲余时间，就有很多朋友总会拿来一些古币请他鉴别，他都会耐心地回答每一个问题。正是由于请教的人实在太多了，他萌发了一种想法，要是自己能够编写一本《中国历代钱币鉴别手册》不就可以解决这些问题了吗？一方面可以将自己现有的关于钱币的知识系统化，另一方面可以给喜欢收集、鉴别钱币的朋友提供方便。

于是，他利用业余时间，聚集全部精神来撰写这本鉴别古币的书籍。几个月之后，他终于完成了这本书的编写。一家出版社看中了这本书，首次印了3万册。不到4个月的时间，书就被销售一空。

只有在心态上找到了平衡的支点，才不会在挫折面前迷失自我，也不会在前行中产生懈怠的心理。总之，生命中肯定有那么一些东西，能让人透过生活中的痛苦，看到生活美好的一面。

肯德基炸鸡的创始人卡耐尔·桑达斯，也有过一段"雨后见彩虹"的故事。卡耐尔·桑达斯自己经营了一家汽车加油站，但好景不长，受经济危机的影响，加油站倒闭了。经济危机过后，他又重新开了一家带有餐馆的汽车加油站。但是，一场无情的大火把他的餐馆烧了。他并没有因此而停下自己的脚步，依然振奋起来，建立了一个比以前规模更大的餐馆，生意红火一时，但是好运总是和他背道而驰。他的餐馆不得不再次关门，因为附近另外一条新的交通要道建成通车，餐馆前的那条道路因而变得背街背巷了，顾客也因此而剧减。

经过了这么多的事情，卡耐尔毅然放弃开餐馆的想法，他决定把他保留的极为珍贵的专利——制作炸鸡的秘方卖掉。他传授给各家餐馆制作炸鸡的秘诀——调味酱。每售出一份炸鸡他将获得5美分的回报。

5年之后，出售这种炸鸡的餐馆遍布美国及加拿大，共计400家。当时，卡耐尔已经70多岁了。到了1992年，肯德基炸鸡连锁店共计扩展到9000家。

可以说，每个人都不可避免地在人生道路上艰难地跋涉着，没有走到生命的尽头，谁也无法判断自己到底是成功了还是失败了，所以在生命的任何阶段都不能泄气，都要充满希望。

美国南北战争后不久，在一个天寒地冻的天气里，一个流浪到马萨诸塞州无家可归的女子，敲响了韦伯斯特家的门。

韦伯斯特太太是个仁慈的老妇人，当她打开门的时候，看到了这个面色惨白，瘦得只剩皮包骨的流浪女子，女子自报名字叫萨娜，是从北方流浪过来的。可是，韦伯斯特太太并不认识她，但还是说："为什么不住在这里？这偌大的房子就我一个人。"

于是，萨娜就留了下来，每天都和韦伯斯特太太说话散心。有一次韦伯斯特太太的女儿来度假，知道了萨娜的事情后，把她赶出了韦伯斯特太太的家，并骂她是个无赖。那天外面正下着倾盆大雨，萨娜不得不离开，因为她不想让人说她是个无赖，她在雨中愣了两三分钟，便另寻栖身之所去了。

然而，谁又能想到以后发生的事情，这位被赶出来的流浪女子却成了思想界的重要人物，她的思想影响深远。

要知道，我们所做的任何事情都是多面的，有时候我们看到的也只是其中的一个侧面。这个侧面让人痛苦，但痛苦却往往可以转化。

有一个成语叫作“蚌病成珠”，意思是说蚌在伤口复合时，伤处就会出现一颗晶莹的珍珠。其实，生活也是这样，和“蚌病成珠”如此的贴切，珍珠就在我们的痛苦中渐渐成长。

任何不幸、失败与损失，都有可能成为我们有利的因素。造成失败的原因无外乎主观和客观两方面的因素。有的失败是由于自身能力有限所致。在这种情况下，我们就要反省一番，再作冲击。

著名的电影演员古丽丽在第一次拍戏时候，就表现得非常不好，当时她紧张得一句台词也说不出来。一连试了四五次，她都无法使自己投入角色中去，最后她只好放弃了这次机会。

其实，古丽丽早就心急如焚了，她不想让自己的梦想破灭，她再次找到导演，争取了一个角色。当正式拍摄时，她又犯了临场紧张发抖的毛病，最后还是以失败告终。这次，古丽丽既没有自卑自责，也没有放弃梦想，而是认真分析失败的原因，认识到发抖是因为自己缺乏表演基本功。于是她先后到北京电影学院、上华公司演员培训班学习。后来，古丽丽参加《只为今生》影片的拍摄，终于获得了成功。可见，每一种挫折或不利的突变，都带着同样或较大的有利收获。

有一本叫作《庞城末日》的书，讲的是一位双目失明的卖花女，虽然自己是个残疾人，但她没有为自己看不到别人和这个美丽的世界而自怨自艾，她像一个正常人一样靠着劳动来维持着自己的生活。

在一个漆黑的夜里，她所在的城市发生了一场大地震。当时，漆黑一片，惊慌失措的人们跌来碰去寻找出路却无法找到。只有卖花女凭着自己多年在这座城市里走街串巷卖花，熟悉的每一块砖瓦，走出了那个死亡的城市。正是她的双目失明帮助了她，使她的不幸在这场地震中成了大幸。她靠自己的触觉和听觉找到了生路，而且救了许多人。她成了人们心中的英雄，人们给她介绍了许多好的工作，她的生活从此改变了。

“失之东隅，收之桑榆。”要明白这样一个道理，成功的道路不止一条，如果这扇窗你实在推不开，那么你可以试试另一扇窗。要努力平衡心中的天平，调整好自己的心态，才能在人生的道路上走得更好。

学会接受一切

有一句话说“人生不如意的事情十有八九”，漫漫人生路，你可以拥有鲜花，自然也能碰到荆棘。只要能够把十之一二的日子过好，那其他的日子也就会慢慢变好，慢慢熬过的苦日子也会有甜甜的滋味。生活只要有了甜滋味，那又何惧风雨险阻呢？

一位著名的男高音歌唱家，30 多岁的时候就已经非常出名，而且家有娇妻、孩子，似乎这一切都是上天给他的恩宠。

一次，演出结束后，歌唱家和妻子、儿子从剧场里走出来的时候，立刻就被早已等在外面的观众团团围住。人们兴奋地与歌唱家攀谈着，其中不乏赞美和羡慕之词。有的人恭维歌唱家年纪轻轻就开始走红，成为家喻户晓的人物；有的人恭维歌唱家有个好家庭，妻子美丽大方，孩子又是个活泼可爱、脸上总带着微笑的男孩儿。

歌唱家认真地听着这些热心人们的赞美之词，并没有打断他们的议论，来表示自己的观点。等人们把话说完以后，他才和缓地说："也许你们知道的只是一个方面，还有另外的一些事情你们不知道。被你们夸奖为活泼可爱、脸上总带着微笑的这个小男孩儿，是一个不会说话的哑巴；而且，他还有一个姐姐，是长年只能躺在床上的脑瘫患者。其实，你们夸大了我的成功，我也有不幸的一面。"

歌唱家的一席话使人们十分震惊，大家你看看我，我看看你，都被这个事实惊呆了，大家很难接受这个事实。这时，歌唱家又和缓地说："这一切恐怕只能说明一个道理，那就是上帝对谁都是非常公平的。"

在现实中，我们总认为别人的一切都是十全十美的，唯独自己成了上帝的弃儿，不能达到顺心满意，因此，我们总是对自己耿耿于怀，不能看到别人的不幸和痛苦。

上帝给谁的都不会太多，没有一个人拥有的都是十全十美的。每个人都会缺少一些东西。有人才貌双全，情感路上却坎坷难行；有人夫妻恩爱、月收入达万元，却患有严重的不孕症；有人家财万贯，却子孙不孝。

人生不可能太圆满，都会有一道小小的缺口。懂得了每个生命都有欠缺，就不会再与他人做无谓的比较了，反而更能珍惜自己所拥有的一切。好好数数你本身拥有的东西，你会发现自己所拥有的其实很多。

若没有苦难，我们会骄傲；没有沧桑，我们不会用心去安慰不幸的人。我们不能阻止不幸发生在自己身上，失败已成定局，再怎么悲伤也无济于事，而如果我们选择以积极的态度去面对失败后的不幸，那我们将是最幸福的人。

如果你知道米契尔的话，那就一定知道他曾经就是一个不幸的人。由于一次意外事故，烧坏了米契尔身上 65% 以上的皮肤，为此他动了 16 次手术。手术后，他无法拿叉子，无法拨电话，也无法一个人上厕所，简直就成了一个不能做任何事的人，但当过海军陆战队员的米契尔却从不认为他失去了人生，失去了快乐。

米契尔说："我完全可以掌握我自己的人生之船，我可以选择，要把目前的状况看成倒退或是一个起点。"经过几个月的治疗，他又能开飞机了。他为自己又重新构想了以后的生活，在科罗拉多州买了一幢房子，另外还和两个朋友合资开了一家公司，专门生产以木材为燃料的炉子，这家公司后来发展成了佛蒙特州第二大私人公司。

可是不幸好像爱和他开玩笑，在米契尔开办公司后的第四年，因飞机在起飞时摔回跑道，把他的12条脊椎骨压得粉碎，腰部以下永远瘫痪。他抱怨道："我不解的是为何这些事老是发生在我身上，我到底是造了什么孽？要遭到这样的报应？"

可是这件事同样也没有把米契尔打倒，他仍选择不屈不挠，丝毫不放弃，总是想要自己能够做到自理。后来，他被选为科罗拉多州孤峰顶镇的镇长，致力于保护小镇的美景及环境不被破坏，使其成为一个风景胜地。米契尔后来凭借着一句"不只是一张小白脸"的口号参加国会议员的竞选，并将自己难看的脸转化成一项有利的资产。

米契尔在自己受到了两次打击后，依然笑对生活，并取得了成功，虽然面貌骇人、行动不便，他还坠入了爱河，并且完成了终身大事，也拿到了公共行政硕士证书，并一直坚持他的飞行活动、环保运动及公共演说。

米契尔说："我瘫痪之前可以做一万件事，现在我只能做九千件，我可以把注意力放在我无法再做的一千件事上，或是把目光放在我还能做的九千件事上，告诉大家说我的人生曾遭受过两次重大的挫折，如果我不把挫折拿来当成放弃努力的借口，那么你们也可以用一个新的角度，来看待一些一直让你们裹足不前的事情。你可以退一步，想开一点，然后你就有机会说：'或许那也没什么大不了的。'"

战国时期，道家学派的代表庄子曾经用一个故事教育过他的门生，他说：有一个叫支离疏的人，脸部隐藏在肚脐下，肩膀比头顶高，颈后的发髻朝天，五脏的血管向上，两条大腿和胸旁肋骨相并，替人家缝洗衣服，他足可生存下来；替人家簸米筛糠，他足可养十口人；政府征兵时，他摇摆游离于其间；政府征夫时，他因残疾而免劳役；政府放赈救济贫困时，他可以领到三斗米和十捆柴。

庄子最后的结论是：残缺也许是福。其实，事实就是这样，我们看到有些人过得很幸福，可是他却未必快活，我们看到不幸的人可能在不幸中发现了幸福。与其过得幸福而不快活，倒不如不幸福而过得快活；与其在幸福中痛苦着，还不如在痛苦中找到幸福。生活中我们会碰到许多人在埋怨自己的生活不如意，不舒心。其实，我们应该冷眼看不幸，这样做并不代表不幸已消失，但可以使因此而烦乱的心宁静些，让你在比较中得到一份心灵的慰藉。

法国一位著名作家向他的读者说过："这辈子所结交的达官显贵不知多少，他们的功绩实在都令人羡慕，但深究其里，每个人都有一本难念的经，甚至苦不堪言。"如果你拥有平衡的心态，你就拥有了你辉煌的人生。当你体会到了这一点，你就不会为你所欠缺的那一小部分而和别人做无谓的比较，反而会更加用心地珍惜自己所拥有的一切。

如果折断了一条腿，你就应该感谢上帝不曾折断另一条腿；如果折断了另一条腿，你就应该感谢上帝没有折断脖子；如果折断了脖子，你就没有什么可再担忧的了。所以，我们应该把不幸看作我们进入另一种美丽的契机，是人生另一种意义上的丰富和充实。

因此，不要再去羡慕别人，只要我们细细地清算上苍给你的恩典，你会发现生活中拥有的绝对比没有的要多，而缺失的那一部分，虽不可爱，却也是你生命的一部分，接受它且善待它，你的人生会快乐豁达许多。所以，战胜不幸的最好方法就是去接受它。

欲望面前要适可而止

人的欲望永远没有止境，拥有了稳定的生活还要去追求安逸，拥有了安逸的生活还要去追求奢侈的物质享受。欲望如果这样不断地膨胀下去，根本就没有结束的那一天。

《孟子·离娄》中曾提到"禹稷、颜回同道"的观点，说："禹稷，当平世，三过其门而不入，孔子贤之。颜子当乱世，居于陋巷，一箪食，一瓢饮，颜子不改其乐，孔子贤之。"

孔子所称为"贤"的两种人中，包含了他的两大理想：立功与立德。立功就是推行仁道，造福天下，实现大同世界；立德则是建立一种乐天知足的强大精神境界，富贵贫贱始终如一。

人生的一切欲望，归纳起来是两种：精神欲望和物质欲望，为了满足这两种欲望，相应地就产生了两大追求：精神追求和物质追求。

庸人、小人常会把物质欲望当作人生的全部，所以没有多少精神追求。君子、贤人精神的欲望特别强烈，但是也不能没有物质欲望，所以他们得承受着两种欲望，他们比庸人、小人多承受一份根本的人生痛苦，只是他们最终能以精神欲望居于主导地位，达到一种具有伟大包含力的心理和谐，这种有伟大包含力的心理和谐，就是“安贫乐道”。

“雄文祖韩子，俭德饰陶公”中的陶潜就有过不为五斗米折腰的故事，这是一种“安贫乐道”的体现。

陶渊明年轻时就有高尚的志趣，他性情恬静不爱说话，不贪图荣华富贵。爱好读书，对字句有很深的研究，每当有心得体会，就会高兴得忘记吃饭。陶渊明喜好喝酒，可是家境贫寒经常没有酒钱，亲戚朋友知道他的情形，有时准备了酒给他，他去后总是尽情地喝，高高兴兴地喝醉，醉了就退席，一点儿也不在意礼节。家中空有四壁，不能遮风蔽雨，身上粗布短衣，破烂不堪，经常缺吃少喝，他却安然自得，常写些文章自寻乐趣，以展示自己的志向，从不把得失放在心上。

陶渊明第一次入仕，当了一个州的祭酒，可是他受不了官场的束缚，没几天，就自动离职回家了，州里招募他做主簿，他也不去。他只是亲自耕种供给自家生活。

第二次，他做了彭泽县令，他吩咐属下在官府的田里全都种上秫稻，可是妻子却坚持种粳稻，于是他就一半种秫稻，一半种粳稻。郡守派督邮到彭泽县来，县中小吏告诉他应当整冠束带，衣帽整齐地去拜见。陶渊明长叹一声说：“我不能为五斗米的薪俸弯腰拜迎乡里小人。”当即他解下印绶，离职而去。

贪财贪名是争名夺利的根源，陶渊明淡泊名利、法度自然的心性，不为五斗米折腰的气度早已传为佳话，虽有人生的无奈和悲哀，但“采菊东篱下，悠然见南山”的生活情趣却是自然恬适。

《渔夫和金鱼的故事》在小学课本里就学过，那个渔夫的老婆是个贪得无厌、得陇望蜀的家伙，她得到金鱼后，还朝思暮想。结果，金鱼在愤怒和厌恶之余，收回了一切，渔夫的老婆只能生活在往日的贫困之中。

要做到不戚戚于贫贱，不汲汲于富贵，就要具不贪之心。要懂得播种一分收获一分的道理，不要强求，不要希图意外的惊喜。

《一千零一夜》中阿里巴巴的哥哥西木进了四十大盗的藏宝洞，欣喜若狂，挟宝不已，忘了回家，致使强盗回来，丢失了性命。

孔子曰：“不义而富且贵，于我如浮云。”天下人熙熙攘攘，皆为利而来，此心不可免，但是要去贫贱、求富贵，必须以是否符合“义”为前提，“不以其道得之，不处也”，“不以其道得之，不去也。”不能嗜欲太过，乃至不顾一切，甚至以不正当的手段去谋求富贵。

一个人所具有的价值，只要它确实存在，就不会因穿着华服而有所改变，关键在于有自持之态。

陶渊明荷锄自种，嵇叔夜树下锻炼，均为贫介之士，但他们的精神却万古流芳。君不闻自古以来就有"窃钩者诛，窃国者侯"的史笔？故古人曰："达亦不足贵，穷亦不足悲。""人不可以苟富贵，亦不可以徒贫贱。"这对于我们，的确是足资凭借的箴言。

其实，在古人眼里，"富贵"两字，是人人都可以做到的，"不取于人谓之富，不屈于人谓之贵"，白衣草鞋，自有一股飘逸清雅的仙气，粗茶淡饭，自有一份闲适自在的意趣。

"富贵"对于一个贪得无厌的人，就是给他金银还会怨恨没有得到珠宝，吃着碗里的还要看着锅里的，这种人虽然身居豪富权贵之位却等于自愿沦为乞丐；一个自知满足的人，即使吃粗食野菜也比吃山珍海味还要香甜，穿粗衣棉袍也比穿狐袍貂裘还要温暖，这种人虽然身为平民，实际上比王公更快乐。

英国著名作家狄更斯说："穷人对家庭的依恋是有一个更高尚的根，深深地扎在一块纯洁的土地里面。他的财神由血和肉造成，没有掺杂上金银或者宝石；他没有什么财产，只有藏在内心的感情……"

有一个有钱人，每天早上经过一个豆腐坊时，都能听到屋里传出愉快的歌声。这天，他忍不住走入豆腐坊，看到这对小夫妻正在辛勤劳作。富人大发恻隐之心说："你们这样辛苦，只能唱歌消闷，我愿意帮助你们，让你们过上真正快乐的生活。"说完，放下了一大笔钱走了，这天夜里，富人躺在床上想："这对小夫妇再也不用辛辛苦苦做豆腐了，他们的歌声会更响亮的。"

第二天一早，富人又经过豆腐坊，却没有听到小夫妻俩的歌声。他想：他们可能激动得一夜没睡好，今天要睡懒觉了。但第二天、第三天，还是没有歌声。富人好奇怪。就在这时，那做豆腐的男人出来了，拿着那些钱，见了富人，便急忙说道："先生，我正要去找你，还你的钱。"富人问："为什么？"年轻的豆腐师傅说："在没有这些钱时，我们每天做豆腐卖，虽然辛苦，但心里非常踏实。自从拿了这一大笔钱，我和妻子反而不知如何是好了——我们还要做豆腐吗？不做豆腐，那我们的快乐在哪里呢？如果还做豆腐，我们就能养活自己，要这么多钱做什么呢？放在屋里，又怕它丢了；做大买卖，我们又没有那个能力和兴趣。所以还是还给你吧！"富人非常不理解，但还是收回了钱。第二天，当他再次经过豆腐坊时，听到里边又传出了小夫妻俩的歌声。

也许这个故事并不适合追逐财富、权贵之人的口味，有人会说钱多还不好吗？没有人听说过钱多会咬手的——但事实是"钱多"确实是会"咬到你的手"。当然，并不是要你不去拥有财富，而是要你用一个积极的心态去面对财富。

欲望永远没有尽头，而保持一颗知足常乐的心态，珍惜现在所拥有的，你会发现其实你是世界上最富有的人。

保持从容的心态

我们要始终保持从容乐观的心态，在困难面前不低头，在挫折面前，要从容面对。

许多人认为身体不好是一个不能克服的巨大障碍，但下面的故事一定会告诉你一些什么。

在英国的一个小农场里，生活着来恩一家。虽然来恩凭借健康的身体每天起早贪黑地工作，但仍然不能使农场生产出比他的家庭所需要的更多的产品。这样的生活年复一年地过着，直到来恩患了老年全身麻痹症，卧床不起，几乎失去了生活能力。

凡是认识他的人都确信，他将永远成为一个失去自由和希望的病人，他不可能再为这个家做些什么了。可是，来恩却不这么想，他的身体是不能动弹了，但是他的心态并没有受到影响。他在思考、在计划。他要用另一种方式供养他的家庭，他不想成为家庭的负担。

他把他的计划讲给大家听，他说："我很遗憾，再也不能用我的身体劳动了，所以我决定用我的头脑从事劳动。如果你们愿意的话，你们每个人都可以代替我的手、脚和身体。我的计划是把我们农场的每一亩地都种上玉米；再用所收的玉米喂猪；当我们的猪还幼小时，就把它们宰掉，做成香肠，然后把香肠包装起来，取一个我们自己的名字，送到零售店出售。"他低声轻笑，接着说道，"也许这种香肠会在全国像热糕点一样出售。"

来恩说出了一句最成功的预言。这种香肠确实出售了！几年后，"来恩乳猪香肠"竟成了家庭生活的日常用语，成了最能引起人们胃口的一种食品。他躺在床上看到自己成了百万富翁很高兴，因为他是一个有用的人。

来恩以自己的经历撰文，给那些因为生理残障而绝望的病人，其中有这样一句话：如果人生交给我们一个问题，它也会同时交给我们处理这个问题的能力，而绝不会使我们陷入窘境。每当我们受到阻碍不能正常地发挥我们的能力时，我们的能力就会随之变化。即使你的身体处于一种极不好的状态中，只要你的心态是好的，你仍然可以过着对社会有用的幸福生活。

因此，身体的残疾不是最可怕的，最可怕和危险的是一个人的心态失衡。以前有句俗语：身体是革命的本钱。现在应该说：心态是革命的本钱。一个各方面都健康的人，如果他不能以"健康"的心态去面对生活，坏心态很容易将他打垮，就像下面故事中的保罗：

保罗有一个温暖的家、温柔的妻子和高薪的工作，然而他的情绪却非常消沉。他总是感到呼吸急促、心跳加快、喉咙也像长了什么东西一样有种梗塞感。医生劝他在家休息，暂时不要工作。他反而认定自己身体的某个部位有病，快要死了，甚至为自己选购了一块墓地，并为他的葬礼做好了准备。一段时间之后，并没有更坏的事情发生，但是由于恐惧，他仍然心神不宁，体重骤减，甚至感到所有的病症更加明显。这时他的医生命令他到海边去度假。

由于带着心里的死结，海滨之旅使他的恐惧感有增无减。一周后他回到家里，开始静等着死神降临。

保罗的妻子也对他的样子充满了疑问，但她不愿意莫名其妙地等待，于是将他送到了一所有名的医院进行全面的检查。医生笑着告诉他，"你的身体壮得像头牛，你的症结是吸入了过多的氧气。"面对令保罗瞠目的诊断结果，他将信将疑地问："我该怎么办呢？"医生说："当你再感觉到这种不适时，可以暂时屏住气，或拢起双手放到嘴前向掌心呼气，也可以用这个。"医生递给他一个纸袋，他就遵医嘱行事。结果他所有的症状都不复存在了，离开医院时他已是一个非常愉快的人。

当他重新坐到办公桌前时，他不知道应该感谢自己的妻子还是医生，但有一个答案是确凿无疑的：好身体难敌坏心态。

以上事例说明：一个身体完全健康的人如果没有良好的心态，整天疑神疑鬼，不但影响正常的工作，而且很可能毁了自己的生活。反之，一个身体虽然有某些缺陷，但自始至终拥有积极心态的人，不但自己生活充实，而且还能做出有益社会的事情。

路有升沉进退，人有悲欢离合。从容乐观是一种对人生的透彻把握，不管是谁，只要能以平和心态面对一切，闲看天边云卷云舒，笑看庭前花开花落，必能摆脱是是非非、纷纷扰扰。也只有这样，才能善待自己，善待生活，善待人生，善待生命。

我们每天都面临不同的处境，注定我们要有一个从容乐观的心态去面对，适时地调节自己的心态。我们要明白，人生的路本来就坎坎坷坷，没有什么可以破坏我们的好心情。我们需要的是健康和谐的精神状态和生活方式。

古人云："事从容则有余味，人从容则有余年。"庄子说，我宁愿做一只拖着尾巴在泥潭里自由地爬来爬去的乌龟，也不愿做庙堂上华贵包装的乌龟壳，为的是不愿失去从容的生活。陶渊明不为五斗米折腰，为的是能享受"采菊东篱下，悠然见南山"的从容。从容的心境带来从容的生活。我们不要对生活提出苛刻的要求，要根据我们自身的实际情况来面对和处理身边的事情。一切要顺其自然。

世间的许多事情本身并无所谓好坏，全在于当事人怎么看。对我们来说，要寻找到幸福，学会如何保持乐观豁达的心境而避免自寻烦恼是十分重要的。

寻找幸福只需要掌握幸福的关键按钮，也就是从“意识”觉醒到我要幸福，接着把生命系统内的“心灵开关”打开。

如今“与人友善，学有所长；宠辱不惊，达观向上”已成通往幸福的格言。

达观是一种大境界，是用一种完全不同的眼光来审视人生，从而获得一种前所未有的从容和乐观，它让我们用平静的心态对待生活的起起落落。

人生不是痛苦的旅程

幸福与不幸福可以由你自己选择。人与人之间本来只有很小的差异，但这种很小的差异却往往造成巨大的差异。很小的差异就是所采取的心态是积极的还是消极的，巨大的差异就是幸福或者不幸福。

有着数千年文明的犹太民族，经过了两千多年的流离失所，屡遭屠戮。他们没有国家、没有政府，在世界各地流浪，没有任何人保证他们的安全。然而，就是这样一个民族，在流散两千多年后，他们竟在这样的环境中复兴故国，让荒漠变成绿洲，他们的农业、教育、科技和军事都很发达。这样的一个民族，让世界都为之震惊。他们经历了无数的痛苦和磨难，通过他们自己的智慧来化解这种悲伤，通过他们自己特有的幽默来驱散他们数千年面临的痛苦。即使是面对颠沛流离，居无定所的日子，他们依然靠着幽默顽强地生存了下来。

有人说，笑是水，犹太人是鱼。下面这个故事就能够说明。

有一对犹太老夫妻，他们很穷，有时还挨饿。最后他们实在无计可施，老头对妻子说：“老伴，咱们给上帝写封信吧！”于是他们写了信，求上帝帮忙。还签了名，写了地址，封好。“我们怎样才能把这封信寄到上帝那里呢？”老伴不放心地问。

“上帝无所不在，”老头答道，“我们的信无论用什么方法寄，他都一定能收到。”于是他走出门去，把信一扔，被风顺势吹远了。

这时，碰巧有一位富人经过，他好奇地捡起信，他被信里老夫妇的虔诚和天真给打动了，非常同情他们，他决定帮助他们。过了一会儿，他按照信上的地址，敲开了老夫妻的门。“约瑟先生住在这里吗？”他问道。

“我就是。”老头答道。富人对他说：“几分钟之前上帝收到你的信，我是他在法国的代理人，他叫我给你送来100法郎。”

“你瞧怎么样？”老头高兴地大声说，“上帝收到我们的信了！”

老夫妇收下了钱，对上帝的代理人千恩万谢。但当那位先生走后，老头满腹狐疑。妻子问他怎么了，老头若有所思地说："那个代理人看上去一点也不诚实，他可能同我们耍了滑头。很可能上帝给了他200法郎给我们，可能他留了一半做佣金。"

这就是犹太人在数千年的痛苦中积累起来的幽默。他们清楚，要改变他们的处境是多么不容易的一件事，他们只有靠笑声来淹没痛苦。

古人云："不知名位为乐，不知无名无位之乐为最真；不知饥寒为忧，不知不饥不寒之忧更为甚。"

人富有未必就开心，贫穷未必就苦闷。生活中要充满笑声和欢乐。这才是明智的人生。俗话说："笑一笑，十年少。"意思就是让我们对生活充满激情，尽情享受生活的每一天。

面对痛苦，不要一味地回避和躲让。因为有了它，我们的人生才变得多姿多彩，我们的意志才变得坚忍不拔，我们的思维才变得成熟敏捷。学会迎接痛苦、医治痛苦、化解痛苦，将痛苦看作一种锻炼。它是让我们走向幸福生活的开始。

曾在一本书上看到这样的故事：一位母亲因为她的儿子总是愁眉苦脸的，于是在每天早上吃早餐时，就说一个笑话给儿子听，让儿子能高高兴兴地去上学。几个月后，她发现儿子的成绩有很明显的进步，于是她就更注意快乐的心情对一个人的影响，也借此使得自己的每一天都过得更充实幸福。你可能会有这样的疑问。事实上，幸福是无所不在的。"保持高度的幽默感"是关键之一。"天才老爹"比尔·寇斯比曾说"你可以把所有的痛苦都用笑声来淹没。只要你能在任何事物上面发现它们的幽默之处，那么所有的困难你都能克服了。"

痛苦与快乐永远是相辅相成的，当面对痛苦时，我们要用快乐的心态去迎接它，我们应该这样想：正因为有了痛苦，我们的快乐才让人记忆深刻，它让我们的生活多了一种味道。幸福让我们更珍惜。

一个拥有幸福心灵的人，无论到哪儿，都会幸福自得。要想成为一个幸福的人，必须先敞开你的心扉。

亚伯拉罕·林肯曾经说过："我一直认为，如果一个人决心想获得某种幸福，那么他就能得到这种幸福。"俗话说得好，"相由心生，境由心转"，选择幸福你才会幸福。如果你整天沉溺在自己悲伤的情绪中，你什么时候也发现不了快乐。相反，若你可以在生活中随处取得点点滴滴的快乐，自然而然地，你的眉宇间就会散发光彩。

犹太人有一个"飞马腾空"的故事。

古时候，有一个人被判了死刑，这个人向国王请求饶恕他一命，他说："只要给我一年的时间，我就能使您最心爱的马飞上天空。如果您的马不能在天空飞翔的话，我愿意被处死刑，绝不会有半点怨言。”

国王答应了他。

在他回到牢房之后，另一位囚犯对他说：“你不要信口开河，马怎么能飞上天空呢？”

这个人说：“在这一年内，也许国王会死，也许我会死，也说不定那匹马出了意外送了命，谁知道会发生什么呢？所以只要有一年的时间，也许马真的能飞上天空呢！”

纵观犹太人颠沛流离的历史，到处都充满着这种乐观的精神，他们面对的痛苦是什么事情也不能相比的，同样相对我们来说，还有什么痛苦值得我们悲伤？所以我们要用笑声淹没痛苦。

乐观的人总是能看到事物光明的一面，他们懂得如何化解痛苦。所似，他们总是处处受到欢迎。快乐者，即使处于人生的低谷，仍信心百倍。快乐者是一团火，既照亮自己，又温暖别人。

俗语说得好：“幸福的心灵就像良药一样易使病人康复。”把痛苦紧紧抱在怀里念念不忘，会使我们最终被痛苦淹没。“把生活看得太严肃，还有什么价值呢？”歌德曾经说过，“如果早上醒来我们没有感受到新的喜悦，如果夜晚降临没有赋予我们对新的幸福的期望，那么每天的睡觉和醒来还有什么价值呢？今天的阳光照耀在我身上，我应该去认真地感受生活。”

快乐是生活的基调，是人生中最快乐的颜色。无论遭遇什么困难，只要你不顾一切地去拥抱生活、寻求快乐，你就能从痛苦中得到解脱。也只有乐观向上的人，才能理解和享受生活；只有经历痛苦并用快乐遮掩痛苦的人，才能真正地了解生命、热爱生活、快乐生活。这才是自己幸福生活的根源。

巴尔扎克说过：“苦难对于天才是块垫脚石，对能干的人是财富，对弱者是一个万丈深渊。”我们要做生活的强者，将挫折作为对自己的激励，每天都保持乐观。人生是微笑的观光，而不是痛苦的旅程。

坦然地面对生活中的幸与不幸

“不以得为喜，不以失为忧”，是一种非常良好的心态。这种心态的优势是专注于自己的事情，不因一时得失而忧心忡忡或兴奋狂跳，也不要大喜大悲，那样会使我们失去冷静。

要以一种泰然处之的心态去面对。生活是我们的导向，它能把我们从痛苦中引领出来。在沉重的打击面前，需要有处乱不惊的乐观心态。冷静而乐观，愉快而坦然。在生活的舞台上，要学会对痛苦微笑，要坦然面对不幸。

量子论之父马克斯·普朗克是19世纪末20世纪前半期德国理论物理学界的权威，在科学界颇有威望，于1918年获诺贝尔物理学奖。

普朗克的一生并不是一帆风顺的。中年的时候妻子逝世；在第一次世界大战期间，他的长子卡尔在法国负伤而亡；他的两个孪生女儿也都在生孩子后不久，相继去世。

对于这些不幸，普朗克在写信给侄女时说："我们没有权利只得到生活给我们的所有好事，不幸是自然状态……生命的价值是由人们的生活方式来决定的。所以人们一而再再而三地回到他们的职责上，去工作，去向最亲爱的人表明他们的爱。这爱就像他们自己所愿意体验到的那么多。"

对于自己遭遇的一个又一个的不幸，普朗克都能正确地对待，他没有被这些不幸击倒，没有忘记自己人生的意义。

第二次世界大战中，不幸的遭遇又一次降临到普朗克的头上。他的住宅因飞机轰炸而焚毁，他的全部藏书、手稿和几十年的日记，全部化为灰烬。为了逃避空袭，他只好暂寄在一位朋友的庄园里。对于失去家园、财产，他泰然处之。他写道："在罗格茨的生活还不算坏。"因为他还可以工作，他已经准备好了他想要进行的关于伪科学问题的新讲演。

1944年末，他的次子被认定有密谋暗杀希特勒的"罪行"而被警察逮捕。普朗克虽采取了多方的求助，却没有任何效果。

普朗克在后来给侄女侄儿的信中说："他是我生命中宝贵的一部分。他是我的阳光，我的骄傲，我的希望。没有言辞能描述我因他而蒙受的损失。"他在给阿·索末菲的信中说："我要竭尽全力让理智的工作来填补我未来的生活。"

普朗克面对如此巨大的悲痛，仍然以泰然的心态处之，实在让人敬佩。事实证明，他赢得了世人的尊重。如果我们的心灵不断得到坚韧、顽强、刻苦、质朴之泉的灌溉，那么不论我们一贫如洗或是位卑如蚁，也可以求得平和之心态。

任何事情都有它的两面性。成就能给你带来快乐，也可以给你带来烦恼。不要过分地去追求，也不要过分地重视自己的地位，这样，你便会过得坦然而自信。

坦然是一面镜子，一有裂痕，就难以复原。1988年的汉城奥运会，约翰逊只用9秒79的时间就跑完全程。然而，经过检验发现，他服用了兴奋剂，约翰逊的行为让人们对他由敬佩变为了蔑视，难道是他没有信心获得冠军，还是仅仅为了那一点虚荣而毁坏了自己的人格？那个冠军对别的运动员是不公平的，约翰逊缺少的是心灵深处的坦然。当人的心中拥有一份坦然的时候，你就会发现只有一棵靠自己辛勤种植培育的花，才能开花结果，才能散发出令人陶醉的芳香。

一个人的坦然，是一种生存的智慧。生活的艺术，是看透了社会人生以后所获得的那份从容、自然和超然。

一个人要能自在自如地生活，心中就需要多一份坦然。笑对人生的人比起在曲折面前悲悲戚戚的人，始终坚信前景美好的人较之脸上常常阴云密布的人，更能得到成功的垂青。

马克·吐温被评论家们称美为美国最伟大的爱开玩笑的人，他也是美国最伟大的哲学家之一。他从小就已经接触到生活的种种悲剧：他的两个哥哥和一个姐姐，在他年少时相继死去；他的 4 个孩子，在他还活在人世的时候，也都一个个先他而去。他饱尝了生活的苦楚艰辛，可他坚信，如果用欢笑作为止痛剂来减轻苦痛，也能够得到乐趣。我们可以适当地使自己处于超然的地位，来观赏自身痛苦的情景。

在沉重的打击面前，需要有处事不惊的乐观心态，这样就能战胜沮丧，化坎坷崎岖为康庄大道。你可能一时丢掉了原本属于你的东西，或是错过了一次机会，但是，在精神上绝不能失望。冷静而达观，愉快而坦然，是成功的催化剂，是另辟蹊径、迎接胜利的法宝。

无所欲，无所求，只愿有个好的体魄，有个幸福的家庭，衣能裹体，食能饱腹足矣。这是一种超境界的平常心态。

摒弃世俗的偏见，豁达、洒脱，无忧无虑地承受人生百味，争取做到富不狂，贫不悲，宠不荣，辱不惊，真正拥有一个健康、平和的心态，痛痛快快地享受人世间的阳光和温馨。

1914 年 12 月的一天晚上，爱迪生所在的新泽西州某市的一家工厂失火，将近 100 万元的设备和大部分研究成果被烧得一无所有。第二天，这位 67 岁的发明家在他的希望和理想化为灰烬之后，来到现场。大家都用同情和怜悯的眼光看着他，而他却镇定自若地对众人说："灾难也有好处，它把我们所有的错误都烧光了，现在可以重新开始。"正是这种超凡脱俗的乐观心态，使这位大发明家在事业上步步迈向成功。

这个世界上有太多的诱惑，就有太多的欲望。一个人需要以清醒的心智和从容的步履走过岁月，他的精神中必定不能缺少淡泊。淡泊是一种境界，更是人生的一种追求。虽然，我们每个人都渴望成功，但我们更需要的是一种平平淡淡的生活，一份实实在在的成功。

得意也好，失意也罢，要坦然地面对生活的苦与乐。假如生活给我们的只是一次又一次的挫折，也没什么的，因为那只是命运剥夺了我们活得高贵的权利，但并没有夺走我们活得快乐和自由的权利。

因为生活是没有旁观者的，每个人都有一个属于自己的位置，每个人也都能找到一种属于自己的精彩。坦然，会让我们的生活美丽而快乐！

顺其自然，不强求自己

人是自然的产物，也和大自然中其他生物一样，各具特色，这个人适合统领三军，那个人精于舞文弄墨，各有天赋，各有使命。

人若能知道植物花草的特长，加以妥善运用，不仅能使环境增辉，更能美化生活，增添情趣。人若能像顺应花草的自然天性一样去顺应自己的能力和体力，不在自己力所不能及的事情上强出头，就能营造自己理想中的生活，做自己理想中的自我。人们对事物一味理想化的要求导致了内心的苛刻与紧张，所以常常不能心态平和，追求完美的同时也失去了很多美好的东西。事物总是循着自身的规律发展，即便不够理想，它也不会单纯因为人的主观意识而发生改变。这对于人类也一样，我们要顺其自然，不要去强求生活。对待工作也一样。

师傅领进门，修行在个人。师傅有多个徒弟，聪明的师傅让每个人顺其自然地发展，其结果是每个人的修行是千差万别的。找对师傅是一件幸运的事。有的人一生与师傅无缘，要花费很多光阴入门。天才无师自通是世间不常见的礼物。现代社会的学历是敲门砖，有它可先入门，入门后的修行好坏依然决定你的成才与否。也别忘了，造这扇门的人是不需敲门砖就在门里边的。如果你已经竭尽全力，结局如何，就顺其自然吧。

其实，某些事情也许不适合你做，这时你完全可以将它忽略掉，给自己一点松弛，应该学会轻松地享受生活。想要做到内心平和，生活愉悦，第一步必须承认，在大多数情况下，人们是在制造紧张情绪，生活原本不必如此忙乱；第二步，试着躺在沙发上懒洋洋地看电视，别担心如此度过周末是在浪费时间。当你学会了从容平静地度日，顺应自然并顺应天性，不去勉强别人，也不强求自己，你会发现事情不照自己的计划进行，地球照样转，生活照样继续。

建立好心态的意义就是帮助你找到最好的活法，然后顺其自然地努力和奋斗。既不感叹命运也不抱怨时代，当不了大树就当小草，当不了太阳就当星星，当不了江河就当小溪……明白自己该走的路，就会发现生活带给你的幸福与快乐。

不攀比就是给自己留些余地

“生活最大的乐趣，是给自己留些余地。人生最大的财富，是给自己一点时间。”这句话用来描述现代人的生活感受，是最合适不过的了。

走在大街上，满是行色匆匆的人们，夹着公文包，电话一个接一个，天天应酬不断……不知道从什么时候开始，人们加快了生活的步伐。按理说生活好了，更应该悠闲地享受生活才对，更应该有足够的时间做自己想做的事，更应该有时间和家人在一起享受天伦之乐、和亲密好友在一起喝茶、聊天才对，可为什么生活变得富裕了，人们的时间越来越少得可怜了呢？难道一切都为了工作吗？活着不只是为了工作，为了赚钱。

一个欧洲观光团来到非洲一个叫亚米亚尼的原始部落。部落里有位穿着白袍盘着腿安静地坐在一棵菩提树下做草编的年轻人。草编非常精致，它吸引了一位法国商人。他想：要是将这些草编运到法国，巴黎的女人戴着这种小圆帽和挎着这种草编的花篮，将是多么时尚多么风情啊！想到这里，商人激动地问：“这些草编多少钱一件？”

“10 比索。”年轻人微笑着回答道。

“天哪！这会让我发大财的。”商人欣喜若狂。

“假如我买 10 万顶草帽和 10 万个草篮，那你打算每一件优惠多少钱？”

“那样的话，就得要 20 比索一件。”

“什么？”商人简直不敢相信自己的耳朵！他几乎大喊着问，“为什么？”

“为什么？”年轻人也生气了，“做 10 万件一模一样的草帽和 10 万个一模一样的草篮，它会让我乏味死的。”

工作固然很重要，但是只是生活的一部分。不断地忙碌、奔波常常让我们感慨生活很苦，过得很累，难道物质的丰足、名利的高低能衡量幸福？真正能让我们感到幸福的，又何尝不是当下那份实实在在的拥有？比如忙中偷闲的一杯茶，苦中作乐的两杯酒。

给自己留一些时间。如果感到累了，一定要休息；即使不累，为了爱惜自己也不妨躺下来放松一会儿。不如尝试给自己放个假，从今天起抛开工作，抛开繁杂的一切，只把时间留给自己。

相信，总有一个角落属于我们，可以用来安放疲惫忙碌的心灵；总有一些时刻属于我们，可以用来换算触手可及的幸福。

孟奇通过自己的努力和勤奋，终于成了人人都羡慕的大企业家。这些年他没日没夜地工作，甚至连自己的妻儿父母都很少看一眼。当他达到事业的巅峰时，突然觉得人生无趣，因为他的周围总是人声喧哗，耳边充斥着噪音，忍受着繁忙的工作，家庭琐事无穷地折磨，每天的精神都绷得紧紧的。这种生活让他得不到一丝喘息的机会，于是他来到一座寺庙向大师请教。

大师告诉孟奇："鱼无法在陆地上生存，你也无法在世界的束缚中生活；正如鱼儿必须回到大海一样，你也必须回归安息。"

孟奇无奈地回答："难道我必须放弃一切的事业，远离尘世到这里来吗？"

大师说："不！你可以继续你的事业，但同时也要回到你的心灵深处。当回到内心世界时，你会在那里找到祈求已久的平安。除了追求生活的目标外，生命的意义更值得追寻。"

我们总是处于人群之中，在喧闹的人群里你听不见自己的脚步声。远离生活，能让我们重新认识到自我存在。当然，对于有工作又有家庭的人来说，想独处的时间并不多也很不容易。你可以和家人、朋友进行交流，向他们说明情况，征求他们的意见。那些关心你的人，一定会给予你谅解和支持。从沉重的生活压力中解脱出来，你能心境平和地处理工作，对待家人、朋友，这将增进你们之间的感情。放下，什么事情也不干，可不像听上去那么简单。

你要留一些时间给自己，什么事情也不做。这样坚持下去，渐渐你就会发现你整个人都轻松多了，干起活来也不再像以前那样手忙脚乱，你可以很从容地处理各种事务，不再有逼迫感。你的生活也会得到很大的改善，把你从杂乱无章的感觉中解救出来，让你的头脑得到彻底净化。

留些时间给自己，有助于减轻快节奏生活造成的压力，带给你安详平和的心境。我们可以工作，但工作不是一切，也并不是说工作不重要，或是觉得与家人在一起的时光没意思。而是这段时光对心灵有平衡与完善的作用。缺乏了这样的时间，你一定会成为一个背负太多的人，因此很容易变得暴躁易怒、沮丧不安，似乎失去了自我。所以为了避免这样的情形出现，你可以从今天开始与自己订约会。从生活中挑选一段固定的时间，某天的某一小时，或一周一次或一个月一次都可以，而且时间长短不拘，就算只是几个小时也可以，重点在它属于你一个人，完全归你的心支配。其次是当别人要跟你约定时间时，绝对不能轻易将这段神圣的时光牺牲了。要特别珍惜这样的时光，甚至比任何时光都重要。别担心，你绝不会因此而成了一个自私自利的人。相反的，当你再度感到生命是属于自己的时候，会更有能力去为别人着想。只有真正地获得自己所需时，你才能更轻易地满足别人的需要。

大多数人在人生旅途中背负了太多的东西——许多东西其实是不必要的。尽可能丢弃那些无谓的问题及烦恼吧！放松心情，轻松一下，好好想一想。我们已经很好，无论在事业上或是生活上失利，都不必背负太多，要坚信：真正的光明并不是没有黑暗的时间，只是不被黑暗遮蔽罢了；真正的英雄并不是没有卑怯的时候，只是不向卑怯屈服罢了。

不攀比荣誉，让人生顺其自然

人生中的每一件事情，你都可以努力去争取，但不一定会如意。古人云："人生不如意之事十有八九"，就是说人生中不如意的事情，十件事中有八九件，所以很多事情不必强求，攀比只会增加自己的烦恼，让它顺其自然才是最好的选择。

人生需要顺其自然

在自然界中，我们常看到，水从上而下，从高到低，顺应地势流淌，顺能通之道而游。水似乎没有自己的选择，它只能顺其自然。但就是这种无为的生存方式，却使它最终实现了目的——归海。

水是如此，人亦如此。但很多人常常夸大自己的能力，认为战天斗地，就是拼得头破血流也值得，实际上，生存的智慧不在于战斗，而在于顺应自然。

世界建筑大师格罗培斯设计的迪士尼乐园，马上就要对外开放了，然而各景点之间的路该怎样连接还没有具体方案。格罗培斯心里十分焦躁，巴黎的庆典一结束，他就让司机驾车带他去地中海海滨。

汽车在法国南部的乡间公路上奔驰着，这里漫山遍野到处都是当地农民的葡萄园。当他们的车子拐入一个小山谷时，发现那儿停着许多车子。原来这是一个无人把守的葡萄园，你只要在路边的箱子里投下法郎，就可以摘一篮葡萄上路。据说这是当地一位老太太的葡萄园，她因无力料理而想出这个办法。谁知在这绵延上百里的葡萄产区，总是她的葡萄最先卖完。这种给人自由，任其选择的做法使大师深受启发。

回到住地，他给施工部拍了份电报，告诉他们撒上草种，提前开放。在迪士尼乐园提前开放的半年里，草地被踩出许多小道，这些踩出的小道有宽有窄，优雅自然。第二年，格罗培斯让人按这些踩出的痕迹铺设了人行道。

1971 年在伦敦国际园林建筑艺术研讨会上，迪士尼乐园的路径设计被评为世界最佳设计。

这个案例无疑是顺其自然的杰作。事物都有其本身的发展规律，遵照其本来规律就能成就最好的创意。

还有这么一个故事：

曾有一个国王想要整修京城里的一座寺庙，派人去找技艺高超的设计师，希望能够将寺庙整修得美丽而庄严。

有两组人员被找来了，其中一组是京城里很有名的工匠，另外一组是几个和尚。由于国王没有办法判断到底哪一组人员的手艺比较好，于是他就决定给他们一个平等的机会，然后作出比较。

国王要求这两组人员，各自去整修一个小寺庙，而这两个寺庙互相面对面，三天之后，国王要来观看效果。

工匠组向国王要了100多种颜色的颜料，又要了很多的工具。而让国王很奇怪的是，和尚们居然只要了一些抹布与水桶等简单的清洁用具。

三天之后，国王来了，他首先看到的是工匠们所装饰的寺庙，他们用了非常多的颜料，以非常精巧的手艺把寺庙装饰得五颜六色，国王很满意地点点头。接着，国王回过头来看看和尚们负责整修的寺庙，他看了一眼就愣住了。寺庙中非常干净，里面所有的物品都显出了它们原来的颜色，而它们光泽的表面就像镜子一般，无瑕地反射出外界的色彩：那天边多变的云彩，随风摇曳的树影，甚至对面五颜六色的寺庙，都变成了这个寺庙美丽色彩的一部分。而这座寺庙只是宁静地接受这一切。

国王被这庄严的寺庙深深地感动了，当然我们也知道最后的胜负了。

每件事物都有自己的风格和特点，如果我们用大量的油漆涂抹掉它本来的面目，它也就失去了内在的价值。人生在世，美貌、权力、财富、名誉都不过是过眼烟云，你得到了，那就去珍惜，如果那不是你的，就不该强求自己刻意地去追求，人应该学会顺其自然地活着，越是刻意追求反而会被其所累，最终迷失了自己。

其实，人生就像一个舞台，也许你天生一副笨嘴笨舌的样子，那是你的本色，何必忧心忡忡；也许你天生一副多愁善感的样子，但绝不要违背内心显示你的坚强……大树有大树的风采，小草也有小草的可爱，山鸡披上孔雀的羽毛，不是凤凰，小鸭学着天鹅的嗓子，也永远成不了歌王。无论如何，我们都得明白，世界上没有两个完全一样的人，造物主给了每个人独一无二的天性，你要做的就是顺其自然，把自己的天性发挥到极致，这就够了，你只需要成为你自己。

我们要明白，人生有各种各样的形式。如果你生性平和淡泊，如果你缺乏冒险的准备和能力，如果你对自己现在的工作和生活还感到满意，就不必为了追逐幻想而勉强为之。要知道，如果你是一个牧人，你的财富就不在海上。

一股细细的山泉，沿着窄窄的石缝，叮咚叮咚地往下流淌，也不知过了多少年。竟然在岩石上冲刷出一个鸡蛋大小的浅坑，里面填满了黄澄澄的金砂，天天不增多也不减少。

有一天，一位砍柴的老汉来喝水，偶然发现了清澈泉水中闪闪的金砂。

惊喜之下，他小心翼翼地捧走了金砂。

从此，老汉不再受苦受累，过个十天半月的，就来取一次金砂，不用说，日子很快就富裕了起来。老汉虽守口如瓶，但他的儿子还是跟踪发现了他的秘密。儿子埋怨他不该将这事瞒着，不然早发大财了。

儿子向他建议，拓宽石缝，扩大山泉，不就能冲来更多的金砂吗？

他想了想，自己真是聪明一世，糊涂一时，怎么没想到这一点？

说干就干，父子俩叮叮当当，把窄窄的石缝凿宽了，山泉比原来大了几倍，随后又凿深了坑。父子俩想到今后能得到更多的金砂，高兴得一口气喝光了一瓶老白干儿，醉成一团泥……父子俩天天跑去看，却每天都失望而归，金砂不但没增多，反而从此消失得无影无踪。

父子俩百思不得其解——金砂哪里去了呢？

凡事都有规律，都有生成的条件，我们如果不按照自然规律办事，一味地求大、求快，最终只能是适得其反，两手空空，一粒金砂也得不到。

人生也是有规律的，那就是活着必须顺其自然，依照不同的能力和兴趣，得到不同的成功和成就。我们的社会，都潜藏着一种刻板的错误观念，那就是成功就一定要怎样怎样，幸福就必须如何如何，似乎只有达到某个标准的人才算成功、幸福。

其实，人生不是比赛，幸福和成功也不需要起跑线和终点线。真正的成功和幸福是能接纳自己和肯定自己，让一切顺其自然。

刻意追求是不可取的

在人生中，我们不能一味地被理想的目标所迷惑，单纯沉浸于所谓的人生目标，而一点不顾生活的艰难，这是相当不明智的。因为没有希望的生活，是绝望的生活，但只有希望的生活，而没有现实基础的生活，也是悲惨的生活。

自己主观上认同的成功，与客观上获得的成功永远都是完全不一样的两码事，主观设想再好，也是虚假的。每个人都有着或大或小的虚荣心，正是这些虚荣使他们的眼睛恍若蒙上了一层纱，导致他们看不清自己的位置，去追求不可能实现的主观设想的成功。一个人如果只是一厢情愿地去做某一件事，很难取得惊人的成绩。俗话说的“没有金刚钻，别揽瓷器活”就是这个道理，世界上的许多事情都是可遇不可求的，求成的欲望太强烈，只会导致痛苦更加巨大。

有这样一个故事：

一位年轻人去一家知名公司应聘，主考官问："你认为以自己的能力在本公司可以任什么职位？"

年轻人扪心自问，觉得自己的个性、经验以及能力等方面还有很大的欠缺，还不具备对别人发号施令的资格，于是很诚实地回答："普通职员。"

而其他应聘者都无一例外地回答是"总经理"，理由是受到拿破仑一句名言的影响，"不想做将军的士兵不是个好士兵"。这位年轻人想，只有自己是"不想做总经理的职员"，主考官一定会认为自己"不是个好职员"，看来被录取是没有希望了。可是，他竟然第一个被录取！主考官说："我们面试过所有应聘者后发现，这里有 30 多位'总经理'，所以我们决定首先录用你，因为 30 多位'总经理'至少需要一位'普通职员'！"

人的一生不管做什么事儿，都得实实在在，如果你想投机取巧，也许你会获得一时的利益，但时间一长，你的缺点就会毫无遗漏地显露出来，最后你不得不回到你的起点上去。

我们生存在这个繁华世界，很多人都在为自己的理想而苦苦追寻。可遗憾的是，能实现梦想的人少之又少。之所以有如此多无法实现梦想的人，往往是因为一开始他们就做了一件自己根本就无法办到的事情，最终梦想只能变成泡影而已。

对生活的奢望，我们不能太多，否则人生就会充满失落；对人生的苛求，我们也不能太多，否则生活就会充满痛苦。我们必须随时去除那些不着边际的奢望梦想，以便让心灵变得清凉起来；我们必须随时清除那些不切实际的苛求恶念，好让身心变得更加轻松。

在适当的时候，学会放弃，是一种自我调整，它会使我们的人生目标再次被确立。它还让我们明白，有的东西在你想要得到却又得不到时，一味地追求只会给自己带来压力、痛苦和焦虑。这时，放弃不仅是一种理智，还是一种解脱。

根据自己的能力来生活或者做事，就不会心有余而力不足。强迫自己硬要达到不切实际的所谓高标准，不仅会使自己整天紧张焦虑，还会使自己过早地耗尽精力，从而对生活失去乐趣，对人生丧失信心。有时候学会降低标准，反而成了人们解决人生难题的一把钥匙。硬撑的东西再美好，也是短暂的。我们无须为别人几下"虚伪"的掌声而醉心，只要为自己内心长久的宁静而宽慰就足够了。

从下面的故事中，我们或许会得到一些启示：

贝尔纳是法国著名的作家，一生创作了大量的小说和剧本，在法国影剧史上占有特别的地位。

有一次，法国一家报纸进行了一次有奖智力竞赛，其中有这样一个题目：如果法国最大的博物馆卢浮宫失火了，情况只允许抢救出一幅画，你会抢哪一幅？

结果在该报收到的成千上万回答中，贝尔纳以最佳答案获得该题的奖金。他的回答是："我抢离出口最近的那幅画。"

需要追求的最佳目标不是最有价值的那个，也不是最辉煌或自己最喜欢的那个，而是最有可能实现的那个。

一个聪明的人知道自己能力和智力的边界，知道有一些角色是自己永远扮演不了的，因此才不会冲动地、人云亦云地追求那些不属于自己的东西。

每每想自己所不能想的，时时求自己所不能求的，一个人的灵魂就会快速堕落，一个人的厄运就会快速来临，一个人的痛苦就会快速缠绕，一个人的幸福就会快速逃遁。

记住，人人都要有希望，但不要奢望，因为奢望会使人失望。世界上谁不想成功？勉强地去追求成功，往往是自不量力。

不要过分追求完美

不管是在工作中还是生活中，追求完美本身是没有错的，认真的态度是每个人都需要的。工作因为认真而变得出色，生活因为认真而变得精致。我们鼓励认真的态度，是为了让自己的人生变得幸福和充实，然而，生活中有些人却往往认真得近乎于偏执，不管做什么事都追求完美，不容许自己有一点点失误。不允许生活有一点点瑕疵，结果常常因为对自己太过苛求，而搞得身心疲惫不堪。

追求完美有时还会演变成一种力争第一的心态，可以想象，事事第一是难以达到的目标，对自己要求太高，而现实达不到期望结果的时候，这些对自己太苛刻的人就会接受不了这种理想与现实的落差，严重的甚至会造成绝望的心态，走上自杀的道路。

有很多心理研究证实，那些完美期望值越高的人，他们可能获得成功的概率反而越小。有两个方面的原因：一是越是追求完美越不能客观冷静地处理事情，常常心烦意乱，常常心力俱疲；二是一个人如果总是无休止地纠缠在做得更好，或者是寻找更好的代替者，那么就有可能错过最好的时机，因为机不可失，时不再来。

有这么一个故事：

有位渔夫从海里捞到一颗晶莹剔透的大珍珠，爱不释手。但美中不足的是珍珠的上面有个小黑点，"美珠有瑕"。渔夫想，如能将小黑点去掉，珍珠将变成无价之宝。可是渔夫剥掉一层，黑点仍在，再剥一层，黑点还在，一层层地剥到最后，黑点是没有了，珍珠也不复存在了。

有黑点的珍珠不过是白璧微瑕，美在自然，美在朴实，美得真切。而渔夫想得到的是美的极致，在他消除了所谓的不足时，美也消失在他追求过于完美的过程中了。美真正的价值往往不在于它的完整，而在于那一点点的残缺，就如同缺失双臂的"维纳斯"，它能给人无限的遐思，美丽常常需要这样一种遗憾来陪伴。

可以说，每个人都如上帝的天使，但在降落人间的时候却遭遇到了不如意，人生也总会发生些难以预料的事情。面对生活中的不完美，我们既不能放弃自己，也不能苛求过分的完美。我们所能做的就是要勇敢地去接受自己不完美的现实，不抱怨，不懊恼，怀着一颗包容的心看待生活带给我们的不如意。在轻松、满足的环境中，我们才能生活得更好。否则，只会让我们的生活越来越糟糕。

有一个老人，活到70岁的时候仍然孤身一人。并不是他不想结婚，而是因为他一直都在寻找着一个在他看来十分完美的女人。

当有人问他："你活了几十年，走了那么多地方，始终在寻找，难道你没能找到一个完美的女人吗？"

这时候，老人非常悲伤地说："是的，有一次我碰到了一个完美的女人。"

那个发问者说："那么为什么你们不结婚呢？"

老人伤心地说："没办法，她也正在寻找一个完美的男人。"

"没有最好，只有更好。"生活正是如此。那些追求完美的人被失败的焦虑、压力束缚住了手脚，他们固执、刻板，不仅给自己，也给他人设定了一个很高的标准，非要达到不可，受到挫折就感到很痛苦，不能接受。他们往往接受不了自己或他人的弱点和不足，甚至会因为一些小缺点而忽略了所有优点。

事实上，每个人都有缺点和不足，都会有紧张、不适的体验，这是正常的表现，必须学会接受它们，顺其自然。如果非要和自然规律抗拒，必然会愈抗愈烈。所谓"世界并不完美，人生当有不足"。留些遗憾，反倒使人清醒，催人奋进，也是好事。

布思·塔金顿是20世纪美国著名小说家和剧作家，他的作品《伟大的安伯森斯》和《艾丽丝亚当斯》均获得普利策奖。他总是说："人生中的任何事情我都能接受，只除了一样，就是瞎眼。那是我永远也没有办法忍受的。"

命运常常拿很多人开玩笑，就在布思·塔金顿60岁的时候，他患了白内障，视力在减退。刚开始的时候，他的一只眼睛几乎全瞎了。他最怕的事情终于发生了，最后他双目失明。对瞎眼“那是我永远也没有办法忍受的”的布思·塔金顿没有因此而抱怨不止，也没有从此一蹶不振，他自己也没有想到他还能觉得非常开心，甚至于还能善用他的幽默感。

当塔金顿完全失明后，他幽默地说：“我发现我能承受失明，即使是我五种感官全丧失了，我还能够继续生存在我的思想里，在思想里看，在思想里生活。”

布思·塔金顿没有因失明而害怕，他知道自己没有办法逃避，唯一能减轻他痛苦的办法就是包容痛苦，并爽快地去接受它。他尽力让自己去想他是多么的幸运。“多么好啊，”他说，“现在科学已经如此进步，能够为人的眼睛这么纤细的东西动手术了。”这件事使布思·塔金顿了解到生命所能带给他的没有一样是他不能忍受的，正如富尔顿所说：“瞎眼并不令人难过，难过的是你不能忍受眼瞎。”

我们所要做的就是要接受不完美，包容不完美，并学会忍受生活带给我们的不完美。不要因为不完美而恨自己，不完美有很多的朋友，它们没有一个是十全十美的，我们有很多偶像、榜样，同样，他们也没有完美的。那些伪装完美、追求完美的人，其实正在拿自己一生的幸福开玩笑。

要知道，每一个人生都有太多的不完美，都有这样那样的缺憾。在面对自己的缺陷和生活中的不完美时，多数人总是懊恼、烦躁和抱怨不止，没有坦然的态度。

有些东西要果断放弃

有位哲学家说过：聪明的放弃是人生最难掌握的智慧。人们常常渴望拥有，却不喜欢放弃，常常渴望把什么都抓在手里，但常常什么都抓不住。其实很多时候，我们更应该做的是放弃。明智的放弃，要胜过盲目地执着。你不要一边希望自己成为最好的画家，一边又对唱歌情有独钟，你不要跟自己并不熟悉的领域较劲，在上面耗失过大的精力。该放弃时要放弃，盲目地执着除了浪费你更多的时间外，不会再对你有任何好处。

有这么一个故事：

从前，有两个人，一个是高个子，一个是矮个子。他们一起外出，误入一座人迹罕至的深山之中。

两个人正在走着，高个子突然发现：“我们走到金山里来了。”

“金山？”矮个子奇怪地问。

“对，这里就是金山。”

“你怎么知道的？”

“先看看你的脚下。”

听高个子这样说，矮个子弯下腰去看自己的脚，才知道自己正踩在一块很大的金子上。

“我们变成富翁了！”高个子和矮个子兴奋得放声大叫。

空旷的山谷里传来他们的回声：“我——们——变——成——富——翁——了——”

他们激动得手都发抖了，立即拿出随身所带的口袋往里面放金块。不多会儿，两人各自装了满满一大袋金子，但是却没有办法将口袋扛起来。

“这该怎么办才好？”高个子问。

“办法很简单。”矮个子一边说，一边把口袋里的金子倒出一半来，“这样，我们就可以上路了。”

高个子有些犹豫，舍不得往外扔金子，而矮个子已经把口袋扛到肩上了。

矮个子对高个子说：“还考虑什么？快把口袋里的金子倒出一半来。”

矮个子见高个子仍然犹豫不决，便解释说：“既然扛不动满满一袋，就得想个办法解决，我看弄它半袋金子也足够了。”

高个子认为半袋太少，但满满一袋又实在扛不动，只好勉强倒出一点来。

“你总是这样贪心，我先走了。”矮个子说完，迈步朝前走去。

高个子从口袋里倒出一点金子来，但仍然扛不动，折腾了好一阵子，最后只得倒掉半袋，才能扛着出发。走了一段路，见矮个子坐在树荫下等他，也就到那儿坐下歇歇。

矮个子对高个子说：“怎么样？我早就跟你说要倒掉一半才背得动嘛！”

“你说得对。”高个子无可奈何地回答。

“就是这半口袋，我们也恐怕很难把其中的二分之一带出森林去。”

“为什么？”

“因为我们还要爬许多山，照目前这种速度，起码还要走四五天。我们的力气将越来越小，我们会觉得肩上扛的口袋越来越重。最后，我们会没有力气扛这半袋金子。”

“那该怎么办？”

“我们只好再扔金子。”

“还要扔金子？”

“是的，还要扔金子，直到剩下我们所能带得动的那一点。”

高个子说：“我不扔，我要把这半袋金子统统扛回家去。”

"随你的便。"矮个子一边说一边扔掉一些金子，然后扛起口袋继续赶路。

至于那个高个子，不但没有扔下金子，反而把矮个子扔掉的金子捡起来，塞到自己的口袋里，然后十分费劲地把口袋扛上肩头，气喘吁吁地跟在同伴的后边，艰难地挪着步子。

"我肩上的负担减轻了，我走起路来比你轻松。"矮个子对高个子说。

而高个子却说："我虽然比你费劲，但我的金子比你多，回到家里，我比你有钱，比你阔气，比你舒服。因为你只图眼前的轻松，一再把金子扔掉。"

"你理解错了。"矮个子说，"我不是个偷懒的人，也并非只顾眼前的轻松，我是一个讲究实际而又知道满足的人，我不贪心。"

就这样，矮个子又扔掉几块金子，高个子又一块不漏地拾进自己的口袋。高个子终于熬不住了，两腿打颤，只觉得天旋地转，两眼一黑，终于摔倒在地上，断了气。而矮个子却一直走出了森林，过上了幸福的生活。

人生中明智的放弃，是每一个人必须懂得的，如果你不懂得放弃，无疑是给自己加重负担，试想，如果我们都像高个子那样背着如此沉重的"包袱"，我们还能体会到快乐吗？

有这样一则报道：一名在读研究生因自己追求的女友移情别恋而痛苦不堪，最后竟自缢身亡。现实中诸如此类的事情，可谓时有耳闻。一些人在遭受挫折的时候，总不肯退一步想想，总是对不顺利的事情耿耿于怀、闷闷不乐。

当然，当你追求的目标有成功的希望时，是不应该轻易放弃的，但成功确实无望时，就得调整自己的心态。目标是死的，人是活的。一个目标无望了，还可以确定另一个目标。就像谈恋爱，当你追求的目标确实无望时，你应该想到退一步海阔天空，你应该想到"天涯何处无芳草"，你应该明智地对自己说一声："该放弃时，你就放弃吧。"

假如你真的放弃了，你会发现：原来天还是那么蓝，太阳还是那么明媚，世界还是那么美好。

有这样一则故事：

有一位卖玉的老大爷，卖的大部分是出土老玉，几乎都斑驳陆离，也几乎都有撞裂后残缺痕迹的沁纹。他通过一个退伍老兵的渠道购入这些老玉，喜欢的，自己留着欣赏把玩一段时日后再出售。

他身上经常挂着好多块经他盘养过的老玉，只要有人喜欢，他都毫不吝惜地出售，也不坚持他自己所定的最低价格。因此，来他玉摊的人整日川流不息，很多都成了他的好友，有事没事就去他的摊边闲聊。

问他为什么可以把心爱的东西让给别人，而不觉得不舍，他豁达地笑笑说："人世间的东西，并没有一定的主人，也没有永远的主人。既然如此，那么谁都可以拥有它。而且,有人要买是那人有福气,我能卖,也是我的福气。"

前些日子,他买来三颗天珠,经他盘养后,都已微微泛红。尤其较大的那颗,红润内敛,十分讨人喜欢。他自己也珍爱万分,日日夜夜佩戴它,打坐时不离身,工作时也不离身。有一天,他突发灵感,把三颗天珠配上玛瑙玉石,串成项链挂在胸前,朋友见了,都说好看。

隔日来了一个识货的顾客,一眼看上那颗大天珠,并坚持只要单独买下它。

他应允了,一刀剪下大天珠,其余残存的玉石顿时失色。

朋友都为他惋惜,说他不该坏了那串项链,不该破坏了整体的美。他笑笑,不以为然地说:"残缺,不一定不美;完整,也不一定就美。那人那么喜欢那颗天珠,是因为他跟它有缘,我成全了他,不也很好吗?"

那天以后,他依然成天挂着那串残缺的项链,无憾无悔。

有些东西抱得太紧,就成了易碎品;有些东西抱得太久,反而成为一种负担,甚至成为一种伤害。倒不如咬紧牙根儿,潇洒地放弃。

其实人生原本就是一个不断放弃的过程。放弃了爱情的甜言蜜语,换取家庭的幸福安康;放弃了动听的掌声,换取心灵的宁静。世上万事万物都处于矛盾运动之中,有成功就有失败,有收获就有放弃。该放弃时毅然放弃,这不失为一种明智的选择。

不要跟自己过不去

每个人都会在生活中遇到很多的困难和无奈,在我们的身边总会发生一些令我们不愉快,或是难以接受的事情。这些事情让一些悲观的人更加悲观了,有人选择了在颓废和抑郁中度过,对人生充满了失望,继而有人选择了放弃自己的生命。在人生中,无论发生什么,我们一定要懂得以最好的方式来生活,就是不要跟自己过不去,生命是自己的,不要总跟自己斤斤计较。

我们能饶恕别人的错误,没有人种、地域、民族的分别,但就只对一个人例外。谁?就是我们自己。因为我们总是会跟自己过不去,总是自责,抱怨自己,却忘记了怎么去改变现状。于是我们失去了人生的乐趣,失去本该得到的幸福。

要学会欣赏自己,表扬自己,把自己的优点、长处、成绩、满意的事情,统统找出来,在心中"炫耀"一番,反复刺激和暗示自己"我可以""我能行""我真行",就能逐步摆脱"事事不如人,处处难为己"的阴影的困扰,就会感到生命有活力,生活有盼头,觉得太阳每天都是新的,从而保持奋发向上的劲头。自己给自己鼓掌，自己给自己加油，自己给自己戴朵花，自己给自己发锦旗，便能撞击出生命的火花，培养出像阿基米德“给我一个支点，我将移动地球”的那种豪迈的自信来。

“自我接受”意指接受我们现在的样子，包括一切过错、缺点、短处、毛病。但是，如果我们认清这些不完美是属于我们，而不是等于我们。那么，我们对于自身的这些不完美就会看开些，学会接受“真实的自我”，也接受所有的瑕疵，因为它是我们的一部分。有些人排斥、憎恶“真实的自己”，因为不完美，他们想创造一个虚构的理想自我而取而代之，创造尽善尽美的虚构的“自己”，因此，他们也就增加了更多的烦恼。

不接受自己的人，常常心情郁闷。认识自己的优点和缺点，明白自己想做的不一定就能做，明白自己所做的不一定全能做好，我们便会自信、自制、自强，生活便多一些快乐，少一些烦恼。相反，斤斤计较自己的缺点，不原谅自己的失误，则会使我们沮丧、自卑。

很多时候，我们之所以会犯这么多的错，或者有这么多的不如意，并不是我们比别人差，而是我们不懂得放下那些伤害我们的碎片，让我们自己承受了太多的折磨，才使得我们的人生变得越来越糟糕。

有这么一个故事：

有位画家，发誓要完成一幅旷世之作。于是，他把自己关在画室里，与世隔绝。几年之后，他的画作也没有问世。后来这位画家不幸去世了。人们清理他的画室时，发现了一个被巨大的帷布遮住的画架，人们猜测那可能就是画家的完美之作了。揭开后，人们发现那只不过是一张涂满各种颜料却没有任何图案的“画”。原来，画家一直以为画应该不断修改才能趋于完美，于是他不断否定自己，在画布上涂涂改改，直至耗尽一生精力。

尽管较高的期望很可能是促使你成功的动力，但你并不会为此而得到许多。最终你会明白，为永远不可能得到的东西而奋斗，是没有意义的。

如果你要享受人生的乐趣，就不要总跟自己过不去，生命短暂，时光如梭，既然选择生存，就要懂得享受人生中的快乐。

有一名登山运动员加入了攀登珠穆朗玛峰的活动，到了7800米的高度时，他体力支持不住了，便停了下来。当他讲起这段经历时，别人都替他惋惜：为什么不再坚持一下呢？再往上攀一点点，就能爬到顶峰了。

“不，我最清楚，7800米的海拔是我登山生涯的极限，我不会为此感到遗憾。”他说。

这名运动员是明智的，他充分了解自己的能力，没有勉强自己。现在许多人的通病就是在不了解自己的情况下，去拼命地苛求自己，处处跟自己过不去。

日常生活中，我们经常会看到很多人往往在还没有衡量清楚自己的能力、兴趣之前，就有一个好高骛远的目标，每天受着辛苦和疲惫的折磨。他们希望获得他人的掌声和赞美，博取别人的羡慕。为此，整天为自己能力所不能及的事情而苦苦奔忙。久而久之，让生活变成了负担和苦闷，而不是充实和享受了。

不要整天无知地自己折磨自己，每个人都必须明白这样的简单道理："一切的心灵痛苦绝大多数都是自己找的。"自己要是仔细分析一下心灵痛苦的原因，就会发现很多的心灵痛苦都是多余的。比如，自己要是在意别人的闲言碎语，就会痛苦地琢磨，并且越琢磨越会自动对号入座，让自己的灵魂不得安宁。比如，自己要是在意别人的庸俗评价，就会片面地理解自己，并且越钻牛角尖越会让愚蠢占据自己的心灵；自己要是在意虚荣的标签，就会不择手段地装饰自己，自己面目全非了，还愚蠢地以为自己很美丽。

人贵在了解自己。根据自己的能力去做事，才有真正的喜悦。不管什么时候，你不必刻意去要求自己，不必跟自己过不去，不要嫌自己的步伐太小太慢，重要的是每一步都能踏得稳，这样人生才会幸福。

凡事要量力而行

人生最可怕的事情就是不能正确看待自己，而一个人要想成功，就必须对自己有适当的了解，有自知之明，能正确认识和评价自己，包括自己的优点、缺点、各方面的条件，能力、气质、性格、兴趣等。

成功者之所以成功，有一个根本的品质就是既不夸大自己的能力，也不缩小自己的能力，而是实事求是地量力而行。在生活中，有许多人不知道自己的能力有多大，要么夸大，要么缩小，所以总是做不好事情。量力而行才是正确的选择。成功者之所以为成功者，就是他们能够根据自己能力的大小去设定一个相对可靠的目标。

一头牛到水潭边去喝水，踩着一群小青蛙，其中一只被踩死了。

小青蛙的蛙妈妈回来发现少了一个儿子，便问她的其他小青蛙："弟弟到哪里去了？"

一只小青蛙说："亲爱的妈妈，弟弟死了。刚才有一头巨大的四足兽来到潭边，用他的蹄子踩死了我们的兄弟。"

青蛙妈妈一边尽力鼓气，一边问道："那野兽是不是像这样大，像这样大？"

小青蛙说："妈妈，您别再鼓气了。您不可能和那怪物一样大，再鼓气，您的肚子会胀破的。"

青蛙怎么撑也撑不出大象来。自己有多大的能量自己应该明白，否则你就可能做出一些贻笑大方的事情来。自知者明，道理就在这里。这世界上最重要的事情，不论从任何角度来说，就是保持清醒的头脑，自己了解自己，清楚地知道自己的智力和实力。别被一些假象所迷惑了，不要某某曾经有一次说你是天才，你就真把自己当天才，那只是奉承你的话。

无论什么时候，都要清楚地认识自己，保持理智。自大无知，能给自己带来伤害，甚至是毁灭。

有一段时间，公鸡和驴子生活在一起。饥饿的狮子想来偷袭驴子，可是公鸡一叫，狮子害怕鸡叫，转身逃之夭夭。

驴子见狮子连鸡叫都害怕，心想，狮子也没有什么了不起，便立即去追赶狮子。追到很远的地方，公鸡的叫声他也听不到了，狮子猛然转过身来，把它抓住了。

驴子临死时说："我真是一头蠢驴啊！我本来不是你的对手，为什么还要自以为是地来追赶你呢？"

真是一头蠢驴！不懂得思辨的人，常常会干出些力不能及的事情，是现实生活中的蠢驴。有多大能耐自己最清楚，不要在强大的对手面前逞能。

在生活中，我们常常可以看到这样一些人：总是自作聪明，喜欢夸夸其谈，大事做不了，小事又不愿做。他们丧失了天性与个人特质，而且无可救药，他们虽然总是故弄玄虚，表现出凡事高人一头的架势，事实上从来就没有比别人更高明过。

父亲与儿子在安静的林间漫步，走到一个拐弯处，父亲忽然停下来望着儿子说："你听到了什么声音？"

儿子仔细听了听，然后回答说："我听到了鸟儿的叫声。"

"除了小鸟的歌唱之外，你还听到了什么声音？"父亲又问。

儿子又听了听，笑着说："还有马车的声音。"

"是的，是一辆马车，而且是一辆空马车。"

儿子奇怪地问："你没有看见马车，是怎么知道那是一辆空马车的呢？"

父亲答道："从声音就能轻易地分辨出马车是不是空的。马车越空，噪音就越大。"

儿子想了想，还是有点不明白。

父亲又接着说："就像我们身边的一些人一样，他们肚子里没有多少知识和涵养，可他们却总是口若悬河，一心想显示自己很有水平。他们想尽一切办法贬低别人，其实这样的人最无知，腹内空空。"

自以为是、眼高手低的人都是最无知的人。就像那辆马车，腹内空空，却虚张声势，以虚张声势来吓唬人，明眼人一看就明白，它其实不过是只纸老虎。

每个人都应尊重真实的自己，而不是吹嘘和膨胀自己。人类的悲剧往往是因膨胀自己而产生错位的结果。然而，在我们周围总有一些聪明人喜欢说大话、吹牛皮、翘尾巴，张扬卖弄，神气十足，即便有才能，也没好下场。

冯元聪明能干，为人机灵，毕业后被分配到了一家国内知名报社。

一次，在选题策划会上，主编让他去某地采访一个突发事件。本来这次采访工作有相当的困难，但当主编问他有没有问题时，他不假思索地拍着胸脯说："绝对没问题，听我的好消息吧。"

三天过去了，冯元没有任何动静。当主编向冯元索要稿件时，他振振有词地说："原以为这件事情会轻松搞定，但实地采访之后，才发现事情根本不像我预料的那么简单！"言外之意，采访泡汤了。主编听了他的话，气得浑身发抖，最终也没说出一句话，但在他心里却对冯元形成了爱说大话的印象，并且开始对他有些反感。由于冯元工作的延误，导致整个部门的工作都无法正常完成。

后来，主编再也不敢把重要的工作交给冯元去做了。

凡事总有意外，如果当初冯元意识到这一点，说话再谦虚一点，他就不会随随便便夸下海口了。你不要给别人过高的期待，即便你能完美地完成任务，你也不能说我保证完成任务，因为期望太高，失望就越大。

生活中需要摆正自己的位置，这个世界不会因为你的存在而存在，也不会因为你的消亡而消亡，这就要求每个人必须摒弃以自我为中心的自恋情结，摆正自己的位置。每个人都是独一无二的，都希望得到别人的认可和尊重，这种心情是可以理解的，但我们绝对不能以自我为中心，应该以一个平常人的身份自居，平等地对待每一个人，学会"轻视自己"，不要把自己看得太高。

一个人应明智，胸怀最好的愿望，作最坏的打算，这才能心平气和地承受任何后果。目标的高远不是坏事，可是千万不能高不可及。开始做一件事情的时候，应该调整好你的期望值。缺乏经验的人，做出的判断常常出错，治疗各种愚行的灵丹妙药就是明智。

自知者明确实是大智慧，普天之下做到的人并不多。俄国著名文学家列夫·托尔斯泰所说："一个人对自己的评价像分母，他的实际才能像分子，自我评价越高，实际能力就越低。"人生在世，总是谦虚一些、谨慎一些，多一点自知之明为好。

要学会看淡一些东西

在现实生活中，你能在某一方面取得很好的成绩，确实可以说明你很有能力，但如果你不能很好地对待自己的成绩，它有时会变成你人生旅途中的拖累，甚至能毁掉你的一生。

我们常常看到有不少聪明能干的才子佳人，一朝得意，最终失败，致命原因通常是性格过于恃才傲物，张扬霸道，他们不懂得把自己的成绩看得淡一些，最后反而与自己所期望的目标越来越远。

有这样的一个故事：

小唐是一个业务员，他的销售技能和业务关系都非常好，因此他的业绩在全公司里是最好的。取得成绩以后，他就开始对别人指手画脚了，尤其是对那些客户服务人员。

本来这些客户服务人员非常支持小唐的工作，只要是他的客户打来的电话，客服人员就会马上进行售后服务的。但是由于小唐动辄说“是我给你们的饭碗，没有我，你们都要饿死”，要不然就说这些客服人员服务不好，他的客户向他投诉等。客服人员对他说的话置之不理，而且还通过行动来与他对抗。

后来，凡是小唐的客户打来的电话，客户服务人员都一拖再拖。最后，这些客户打电话给小唐，并把怒火发到他的身上。由于后继服务不到位，小唐的续单率非常低，原来的客户也都让其他业务员抢走了。

一个太看重自己成绩的人，总是会在你不经意间得罪了很多人，因为你总是不能正确地听取别人的建议，也很难发现自己的缺点，这样长期发展下去，只能使你生活在孤立的空间中。相反，那些低调谦虚的人慢慢地走在了你的前面。

不管你取得了多大的成功，不管你的名声有多显赫、地位有多高，面对纷繁复杂的社会，都应该保持做人的谦虚低调，这样你才能在人生的道路上取得一次又一次的成绩。

19世纪的法国名画家贝罗尼，到瑞士度假，仍然每天背着画架写生。有一天，他在日内瓦湖边用心画画，来了三位英国女游客，看了他的画，便在一旁指手画脚地批评起来，一个说这儿不好，一个说那儿不对，贝罗尼都一一修改过来，末了还跟她们说了声：“谢谢！”

第二天，贝罗尼有事到另一个地方去，看到昨天那三位妇女，正交头接耳不知在讨论些什么。那三个英国妇女看到他，便朝他走过来，问他：“先生，我们听说大画家贝罗尼正在这儿度假，所以特地来拜访他。请问你知不知道他现在在什么地方？”贝罗尼朝她们微微弯腰，回答说：“不敢当，我就是贝罗尼。”三位英国妇女大吃一惊，想起昨天的不礼貌，一个个红着脸跑掉了。

懂得看淡自己成绩的人，都有自知之明，就像上面的贝罗尼一样，他们承认自己的缺点和不足，在各种方面他们都尽量地保持着谦虚和低调。这样的人，不管走到哪里都受欢迎。而那些只注重自己的成绩，看不起别人的人，总有一天会独吞苦果。请记住：如果你不懂看淡自己的成绩，在某种程度上，是你忽视了别人，那么别人自然也会忽视了你。

对于那些有才能的人来说，要想避免遭受人生中那些不必要的挫折的话，就必须放下身段，看淡自己的成绩。一个喜欢居功自傲和摆架子的人，只会使自己人生之路越走越窄，因为你讲究"架子"，计较"得失"，你仗着自己的优势，瞧不起别人，就等于给自己画了一个圆，限制了自己的手脚，而这些往往都是由于太注重自己的成绩和一贯喜欢做的事，导致的结果，是领导用起你来也会瞻前顾后，顾虑重重，最后将目光投向他处。

聪明的人总会谦虚低调地与身边的人相处，他们知道，身边的人也是自己的力量的一部分。当你困难的时候，你多半需要向他们求助。

一个有能力的人，真正的展示才华与成绩的自我表现绝对也无可厚非，可只知刻意地自我表现是最愚蠢的。

有这么一个故事：

相传仓颉在黄帝手下当官。黄帝分派他专门管理圈里牲口的数目、屯里食物的多少。仓颉这个人很聪明，做事尽心尽力，很少出差错。可随着牲口、食物的储藏数目的变化，光凭脑袋记不住了。怎么办呢？仓颉犯难了。

仓颉想了很多办法，先是在绳子上打结，用各种不同颜色的绳子，表示各种不同的牲口、食物，用绳子打的结代表数目。但增加数目在绳子上打个结很方便，而减少数目时，在绳子上解个结就麻烦了。于是仓颉又在绳子上打圈圈，在圈子里挂上各式各样的贝壳，来代表他所管的东西。增加了就添一个贝壳，减少了就去掉一个贝壳。

黄帝见仓颉这样能干，就把年年祭祀的次数，回回狩猎的分配，部落人丁的增减都交给仓颉。凭着添绳子、挂贝壳已经不抵事了。仓颉又犯愁了。

这天他参加集体狩猎，发现人们看着地下野兽的脚印就可以认定前面有什么动物。仓颉心中猛然一喜：既然一个脚印代表一种野兽，我为什么不能用一种符号来表示我管的东西呢？他高兴地拔腿跑回家，开始创造各种符号来表示事物。果然，他把事情管理得头头是道。

黄帝知道后，大加赞赏，命令仓颉到各个部落去传授这种方法。渐渐地，这些符号的使用就推广开了，就这样形成了文字。

仓颉造了字，黄帝十分器重他，人人都称赞他，他的名声越来越大。仓颉就有点骄傲自大了，什么人都看不起，造字也马虎起来。

黄帝知道后很生气，就找来了最年长的老人商量，老人沉吟了一会，就独自去找仓颉了。

老人对仓颉说:“仓颉啊,你造的字已经家喻户晓,可我人老眼花,有几个字至今还糊涂着呢,你肯不肯再教教我?”仓颉看这么大年纪的老人都这样尊重他,很高兴,就催他快问。

老人说:“你造的‘重’字,是说有千里之远,应该念出远门的‘出’字,而你却教人念成重量的‘重’字。反过来,两座山合在一起的‘出’字,本该为重量的‘重’字,你倒教成了出远门的‘出’字。这几个字真叫我难以琢磨,只好来请教你了。”

仓颉羞得无地自容,深知自己因为骄傲铸成了大错。他连忙跪下,痛哭流涕的表示忏悔。

老人拉着仓颉的手,诚挚地说:“仓颉啊,你创造了字,使我们老一代的经验能记录下来,传下去,你做了件大好事,世世代代的人都会记住你的。你可不能骄傲自大啊!”

从此以后,仓颉每造一个字,都要将字义反复推敲,还拿去征求人们的意见,大家都说好,才定下来,然后逐渐传到每个部落中去。

我们的智慧还比不上仓颉,如果取得一些小成绩就骄傲自满,那么离失败也就不远了。其实世上的很多事情,没有什么是离开某个人就无法完成。每个人都很平凡,一些看似伟大的成就纵然不被这个人完成,也会被那个人完成。

法国哲学家罗西法古有句名言:“如果你要得到朋友,那么你就应该把你的成就看得淡然一些;如果你要得到仇人,就把自己的成绩看得比天还高。”所以,聪明的人总是对自己的成绩轻描淡写,使与他交往的人感到平和、谦虚,于是都愿意与他成为朋友。

别把自己看得太重

在现实生活中,有些人习惯以自我为中心,总把自己看得太重,而偏偏又把别人看得太轻。总以为自己博学多才,满腹经纶,一心想干大事,创大业。总以为别人这也不行,那也不行,唯独自己最行。一旦失败,就会牢骚满腹,觉得自己怀才不遇。自认怀才不遇的人,往往看不到别人的优秀;愤世嫉俗的人,往往看不到世界的精彩;把自己看得太重的人,心理容易失衡,个性往往脆弱却盛气凌人,容易变得孤立无援,停滞不前。

有这么一个故事:

许强毕业于北京某名牌大学,现就职于一家广告公司,许强的个人能力很强,是公司的得力干将,一些中小企业常常请他帮忙做些广告,并付给他丰厚的报酬。

按常理来说，许强的资历和能力早该升到部门主管了，可到如今他还是个一般职员，在他眼里，公司里的人都是一些无能之辈，张三李四成了他评说的对象，王五赵六也不是他的对手，就连公司的老总他也不放在眼里，整天一副扬扬得意、高高在上的样子。由于他的工作能力强，公司领导也想提拔他，可一到考核时，同事们都说与他不好共事，并表示不愿到他所负责的部门做事。就这样，许强成了"孤家寡人"，而老总们一谈到他，也总是无可奈何地摇头说："他就是把自己看得太重了。"

如果你总以为自己很重要，就会像故事中的许强一样，往往只会招致别人的讨厌，本来是你的机会，也会被人抢走。我们要时刻清楚，我们随时都可能需要别人的帮助，如果你忽视别人，只能给自己带来灾难。

无论做什么事情，如果认为这个事情没有了自己，就一定会出问题，那么你就会有一种骄矜之气。在工作中，或许有一件事情是你最擅长的，也许在这件事情的操作过程中，你是主要力量，但并不代表没有你就不行。

著名表演艺术家英若诚曾讲过一个自己的故事：

他生长在一个大家庭中，每次吃饭都是几十个人坐在大餐厅中一起吃，有一次，他突发奇想，决定跟大家开个玩笑。吃饭前，他把自己藏在饭厅内一个不被注意的柜子中，想等到大家遍寻不着时再跳出来。尴尬的是：大家丝毫没有注意到他的缺席。酒足饭饱，大家离去，他才蔫蔫地走出来吃了些残汤剩菜。从那以后，他就告诉自己，永远不要把自己看得太重要，否则就会大失所望。

如果一个人惯以自重，骄傲自满，狂妄自大，道德不修，只是一味地以自己为中心，即便是亲近的人也会厌恶他，离他远去。古代像"禹""汤"这样道德高尚的人，都心怀对"过于自重"的恐惧，那么普通人更不应该把自己看得太重。

从前，有个画家，他的画十分好，被人们所喜爱，可是，在国王寿宴那天，有一个游学的画家为皇后献了一幅画，被国王所看中，便封官赐金，不过游学的画家不屑一顾地走了。国王从此心事重重，总想留个画师在身边，记录他的生平，好流芳百世。于是，他请了这个有名的画家去仿效游学者的工笔，过了很久，国王开始要画家为他画肖像，结果国王大怒，原因就是这个有名的画家总是自以为是，在众人面前常常询问他的画比游学者的画谁好，而最终整日攀比，丢弃了他的分内事。

其实，比也不一定是不好，而它的好坏在于人的如何利用。有的人把"比"看作胜负的抉择，有的人却把"比"看作前进的方向，所以最后结果会大不一样，而能证明是好是坏的，都是由你对自己的轻重所决定的。

有的人会因为社会地位的不同，而互相比金钱、权势和产业，可是这又是所有人最容易走错路的时刻，因为好胜心会使你失去理智，而走上不归路，要想躲避，那就必须学会不要太看重自己，因为这样，即使你达不到，你也不会气馁。

赵本山的小品中有一句话："地球非得围着你转，你是太阳呀？"我们必须清楚，这个世界上少了谁都一样。伟人都会成为历史，更何况我们呢？

我们要明白，这个世界上，每个人都很重要，但不是缺一不可的。所以，一个人可以自信，但不要自大；可以狂放，但绝不能狂妄；能够力挽狂澜，但绝不可能再造乾坤。千万别把自己变成金块，永远不要把自己看得重于一切，否则你会大失所望。因为不论你是谁，都不会脱离这个社会而存活，所以要以一颗平常的心去对待世间万物，遇事要懂得换位思考。

学会看轻自己

人要学会"轻视"自己，只有看轻自己，自己才能"飞"起来。生活中，那些年长的人，总是忘不了给那些踌躇满志的年轻人忠告：在人生的路上，要多把自己看轻些。这忠告，包含着几缕沧桑，但更多的是对生活的一种超越。

我们在语文课本里学过《邹忌讽齐王纳谏》，邹忌暮寝而思之曰："吾妻之美我者，私我也；妾之美我者，畏我也；客之美我者，欲有求于我也。"两千多年前，都有人知道，太把自己当回事，是一种错误的举动，可现实中，还是有无数的人，就喜欢把自己当回事。我们要明白，权力再大的人也有卸任的时候，再红再紫的明星也有谢幕的时候。

明星李宗翰，在电视剧《梧桐雨》中走红后，很长一段时间，电视上，娱乐报道中，却没提到过这个红极一时的白面小生。

后来一本杂志上报道，他曾经得了很严重的抑郁症，一度跌进了低谷。成名后，也有很多机会找到他，但他的目标是一定要超越自己，一定要提高自己，才去接拍。也因此，他失去了很多机会。抑郁症有效控制后，他曾多次想重现荧屏，却因种种原因而错过了。

他有一次偶遇潘虹，聊及拍戏，说起自己的处境，没有人找他拍戏。

潘虹问他："为什么？"他说："不想拍烂戏，所以拒绝了所有的机会。"潘虹听后，像长辈那样严厉地教训他："你以为你是谁呀？哪个演员没有拍过烂戏？现在能有戏拍就不错了。别太把自己当回事了！"

别太把自己当回事，就是因为这句话，让李宗翰如梦初醒，重新找回属于自己的真正位置。

其实和李宗翰一样的人很多，刚毕业的大学生，走出校门，就想觅得一份好工作，什么服务员，推销员，几百元的收入，在他们眼里是大材小用，是浪费资源。其实我们都忘了，高楼平地起也是需要一个很好的根基。

著名科学家袁隆平，在第三届中国公民道德论坛上，用朴素的语言，讲述了他的科学道德观和梦想。他说，我现在得到的荣誉太多，什么中国工程院院士，什么“国家特等发明奖”等等都来了，还有人说我是“杂交水稻之父”，这个我是不敢当的。我是这样想的，越是出名越要谦虚谨慎，越不能翘尾巴，越要谨慎地做人，夹着尾巴做人，不能翘辫子。

是的，你对身边的人越显得低调，他们就越容易亲近你，你就能拥有更多的朋友，如果你一直把自己当一回事，那么只会导致你永远活在自己的世界里。

鲜花与掌声是云烟

2000 年全国大学生英语演讲比赛颁奖典礼中，一位美女冠军说：“鲜花与掌声很快就会给人忘记，只有那为之付出的努力才让我们受益终生。”贝利也有一句名言：“下一个球是最精彩的。”

人生需要不断地积累，哪怕是在我们最得意的时候。在现实生活中，当无名的烦恼袭来时，有人能以最好的方式来包容生活带给他的烦恼和困惑，可是当名利、鲜花、掌声来临的时候，很多人都会沉浸在其中，无法自拔，以至于那些潜伏的危险在慢慢地扩张。

中国每一代开国帝王，几乎都说过同一句话，打江山难，守江山更难。可是到了每一朝代的末期，都会出现只知贪图享乐的昏君，而他们正是被那种奢华的生活所笼罩着，却忽视倘若一直这样下去，一切都会与他们告别。

隋炀帝就是其中最典型的一个：

隋炀帝杨广是隋文帝杨坚的次子，在隋朝还没统一的时候，他曾经率领 51 万大军南下向陈发动进攻，隋军在杨广的指挥下，纪律严明、英勇善战，一举突破长江天堑。所到之处，所向披靡。而对百姓则“秋毫无犯”，对于陈库府资财，“一无所取”。博得了人民广泛的赞扬。“天下皆称广以为贤”。20 岁的杨广完成了中国的统一大业，结束了上百年来中国分裂的局面，也结束了中国三四百年的战乱时代。

对于国政，他也有恢宏的抱负，并且竭力付诸实现。主政后，他巡视边塞、开通西域、推动大建设。然而最终因人民负荷不了他一而再，再而三的穷兵黩武，他遂以残暴留名于世。

有人拿商纣王、秦始皇等与隋炀帝相比，并称他暴君。他对人民奴役征敛十分苛重，使生产遭到严重破坏。最后在人民大起义的打击下，其部下宇文化及等发动兵变，将他缢死于江都。

"生于忧患，死于安乐。"隋炀帝不会不懂，可很多时候，我们就是这样，明明不可为而为之，于是使自己的人生到处充满了危机。很多人都是，在人生充满鲜花与掌声的时候，瞧不起这个，看不起那个，当发现危险来临的之际，自己只能被孤立。

汉光武帝刘秀在统一国家的时候，对自己那些有功的将领说，你们以后要谦虚、谨慎，不扰民，不做犯法的事，好好地待在自己的封地里，不要把自己看得很高很高，因为那些都是过去了。

汉光武帝刘秀知道，很多将领可在鲜花与掌声中浮躁起来，便给他们敲了次警钟。在那时，国家还有很多顽固势力还没被清除，刘秀需要把这个刚刚还在战乱的国家给稳定下来，再慢慢地清除那些反对他的势力。也正是因为刘秀稳重，而且眼光高远独到，在鲜花与掌声的恭维中没有失去自我，所以后来才使汉朝又有了一个繁荣富强的局面。

在人生中，其实每个人都要懂得，当鲜花与掌声响起的时候，要想着这些隐藏着什么危险。这样的人生也就没有什么危机了。

有这么一个故事：

从前某国的国王，感觉到了自己的国家有很多潜在的危机，但是他并没有去清除，而是继续享乐。几年后的一天，他突然醒悟，于是把当时最负盛名的智者杰克传到了宫殿，要求他找出一句人间最有哲理的箴言，而且这句浓缩了人生智慧的话必须有一语惊人之效，能让人胜不骄、败不馁，在鲜花与掌声中而不忘形、失意而不伤神，始终保持一颗平常心。杰克答应了国王的要求，但国王必须把佩戴在手上的戒指交给他。国王同意了杰克的要求。

几天后，杰克将戒指还给了国王，并对国王说："不到万不得已的时候，不要取出戒指上镶嵌的宝石，否则，它就不灵验了。"国王一切都照着杰克的要求去做，戒指一直带在手上，他也没有去动那块宝石。

半年后，邻国大军大举入侵，国王虽率部拼死抵抗，但终因寡不敌众，他的王国灭亡了。国王东奔西走，四处亡命，过着颠沛流离的生活。

一天，国王在河边喝水的时候，猛然看到自己的倒影，不禁伤心欲绝——谁能相信如今这个蓬头垢面、衣衫褴褛的人就是那个曾经气宇轩昂、威风凛凛的国王呢？就在他双手掩面欲投河轻生之际，他突然想到了智者曾经跟他说过的话。于是，他急切地抠下了戒指上面的宝石，只见宝石里侧镌刻着"鲜花和掌声很快会过去的"这么一句话。

顿时，国王的心头想起了以前在皇宫里的豪华生活，才想起了国家的灭亡，与自己有着很大的责任。于是，国王重新燃起希望的火花。从此，他忍辱负重、卧薪尝胆，重招旧部并东山再起，最终赶走了外敌，收复了失地。从此，他便好好地打理自己的国家，使自己的国家慢慢地强大起来。

其实，每个人都有一定的虚荣心理，希望得到别人的掌声和称赞、鲜花和欢呼，可是这些看来美好的东西，往往会让你迷失自我，迷失方向，自以为是，忘乎所以。而我们要走的路还很长，前面的山峰还等着我们去攀越征服。现实已经证明，那些被“欣赏”这种养分滋润而成长的人，绝大多数是不能长久地游离于鼓励之外，否则就会干枯。如果一个人长期地在那些充满鲜花与掌声的养分中成长，当挫折的来临的时候，往往就会来不及应付，最后很可能就会惨淡一生。

其实，每个人都有得到鲜花与掌声的时候，可是千万别忘了，鲜花与掌声往往就是你失去幸福的开始，隋炀帝不就是因为不懂得这个道理而灭了国吗？而“国王”不就是因为懂得了才重新建立了自己的国家，并使它强大起来的吗？其实那些鲜花，掌声，就像一缕青烟，风一吹过，就消失了。

不要倒在荣誉面前

俗话说，“良言一句三冬暖，恶言一声暑天寒。”很多时候，我们需要得到别人称赞，希望获得别人的认可，而获得荣誉成了我们的追求。其实荣誉往往只是一种鼓励，只是满足一些人的虚荣，为鼓励大部分人而存在，如你获得了荣誉就张狂，那么你很可能就会遭受“灭亡”。

在生活中，我们常会看到不少从事教育工作的老师，都会在适当时候，给一些学习进步的学生一些荣誉。可是，有些学生，得到了荣誉之后，反而变得骄傲，最后的成绩也就慢慢地下降了。

在工作中，我们也会遇见这样的情况，上司给了你荣誉，后来你却连上司都没放在眼里。

有这样的一个故事：

刘邦称帝后，韩信被刘邦封为楚王，不久，刘邦接到密告，说韩信接纳了项羽的旧部钟离昧，准备谋反。于是，他采用谋士陈平的计策，假称自己准备巡游云梦泽，要诸侯前往陈地相会。

韩信知道后，杀了钟离昧来到陈地见刘邦，刘邦便下令将韩信逮捕，押回洛阳。回到洛阳后，刘邦知道韩信并没谋反的事，又想起他过去的战功，便把他贬为淮阴侯。

韩信心中十分不满，但也无可奈何。刘邦知道韩信的心思，有一天把韩信召进宫中闲谈，要他评论一下朝中各个将领的才能，韩信一一说了。

当然，那些人都不在韩信的眼中。刘邦听了，便笑着问他："依你看来，像我能带多少人马？"

"陛下能带十万。"韩信回答。

刘邦又问："那你呢？"

"对我来说，当然越多越好！"

刘邦笑着说："你带兵多多益善，怎么会被我逮住呢？"韩信知道自己说错了话，忙掩饰说："陛下虽然带兵不多，但有驾驭将领的能力！"刘邦见韩信降为淮阴侯后仍这么狂妄，心中很不高兴。后来，刘邦再次出征，刘邦的妻子吕后设计，杀害了韩信。

在世界上，总有那么一些太把荣誉当成一回事的人。你必须记住，荣誉在很多时候，仅仅只是一种鼓励。鼓励你自己，也鼓励那些你身边的人。而且千万别忘了，荣誉多半还不只是你自己的，因为很多事情，不是只靠自己就能完成，或许你起到了主要作用，但别人也功不可没，如果你想独自把大家的荣誉当成自己的，最后的结果就会遭到孤立。

有这么一个故事：

有个部门经理这一年的业绩尤为突出，年底，上司在表彰大会上特别表扬了他，并在颁发奖金后，额外给了他一个红包。大会的主持人就此事请他谈谈感受。

他面对公司所有人说起了自己这一年来如何兢兢业业，如何积累知识，如何提高能力等等。可就是没有提及一句感谢上司对他的信任和重用，还有同事及其下属对他的帮助和合作之类的话。大会一结束，便灰溜溜地跑了，也没有邀请同事们庆祝一下。

虽然，表面上大家都没有说什么。但从此他的上司就开始了有意的刁难，同事们也开始有意地疏远，下属们也变得懒散，以至于经常顶撞他。

一段时间后，他曾经挂在脸上的春风得意笑容消失了，渐渐地被大家孤立起来。

很多时候，我们都自以为是地认为获得了荣誉就了不起，其实，荣誉没什么了不起，聪明的人都明白：荣誉是一种肯定，是一种鼓励，更是一种强大的压力！而且荣誉只能说明过去，如果你只想停滞不前，那么就把荣誉看得重一点吧！

有位企业家曾说过："当你经过千辛万苦使你的产品打开市场的时候，你最多只能高兴五分钟，因为你若不努力，第六分钟就会有人赶上你，甚至超过你。"

美国汽车大王福特曾说："一个人如果自以为已经有了许多成就而止步不前，那么他的失败就在眼前了。许多人一开始奋斗得十分起劲，但前途稍露光明后，便自鸣得意起来，于是失败立刻接踵而来。”

在荣誉面前过于高傲，等于是堵死自己往更高的山峰攀登的路，所以，获得荣誉后，我们只把它当作对自己的一种鼓励就足够了。

放下不必要的荣誉

我们明白，荣誉往往是为了满足那些拥有强大虚荣心的人而存在的，对于真正追求成功的人来说，他们只把眼前取得的成就，看作是对过去的一个总结。

有这么一个故事：

有一位朋友拜访居里夫人时，看到她的小女儿正在玩一枚金质奖章，那正是大名鼎鼎的英国皇家学院刚刚颁给居里夫人的。朋友非常不解，便问居里夫人为何？居里夫人微微一笑说：“我想让孩子从小就知道，荣誉就像玩具，只能玩玩而已。绝不能永远守着它，否则将一事无成。”

的确，荣誉是一种资本，一种鼓励，但紧抱着它绝对不是明智之举。适时地作出调整，退一步，或许生活会绽放别样的精彩。

牛顿费尽心血，得出“万有引力定律”后，没有急于发表。而是继续孜孜不倦地深思、研究数年，埋头于数字计算之中，从未对任何人讲过一句。后来，牛顿的朋友，大天文学家哈雷（彗星的发现者），在证明一个关于行星轨道的规律遇到困难时，专程登门请教牛顿。牛顿把自己论述“万有引力”的书稿交给哈雷看。哈雷看后才知道他所要请教的问题，正是牛顿早已解决、早已算好的问题，心里钦佩不已。

1684 年 11 月某一天，哈雷又到牛顿的寓所拜访。当谈到有关天文学的学术问题时，牛顿拿出论证“万有引力”的论文，请哈雷提意见。哈雷看后，对这部巨著感到非常惊讶。他欣喜地对牛顿说：“这真是伟大的论证，伟大的著作！”他再三奉劝牛顿尽快发表这部伟大著作，以造福于人类。可是牛顿没有听朋友的好意劝告去轻易地发表自己的著作，而是经过长时间的一丝不苟的反复验证和计算，确认正确无误后，才于 1687 年 7 月将《自然哲学的数学原理》发表于世。

牛顿是个不太看重荣誉的人，他从不自高自大。曾经有人问他：“你获得成功的秘诀是什么？”牛顿回答说：“假如我有一点微小成就的话，没有其他秘诀，唯有勤奋而已。”他又说，“假如我看得远些，那是因为我站在巨人们的肩上。”

这些话多么意味深长！它生动地道出牛顿获得巨大成就的奥妙所在，这就是站在前人研究成果的基础上，以献身的精神，勤奋地创造，开辟出科学的新天地。

牛顿的故事同样证明了只有放下以前的成就，才能取得更大的成绩。人外有人，天外有天，我们懂得的一切都没有什么了不起的。古今中外的许多历史事件，也千百遍地证明了这个真理。多少英雄因为胜利而骄傲了，结果落得个失败的结局。多少人因为在学术上开始有些成就就自满起来，故步自封，结果也没有做出多少卓越的成绩。多少有为的早露头角的青年，因为骄傲了，自负了，目空一切了，结果在事业上夭折了。

保持谦虚的清醒头脑，把那些不必要的荣誉过早地放下，特别是在胜利的时候，在工作取得某些成就的时候，在少年得志的时候，是极其重要的，它是保证我们不断前进的极重要的条件。总之一句话，放下荣誉，我们才能取得更大的成功。

一位计算机博士刚刚到美国的时候，期望找到一份理想的工作，但却四处碰壁，一无所获。

在无计可施的情况下，他来到了一家职业介绍所，没有出示任何学位证件，以最低身份作了登记。出乎意料的是，居然很快接到了这家职业介绍所的通知，被一家公司录用了。但职位是最初级的程序输入人员。

但是他很珍惜这份工作，干得很投入、认真。不久，老板发现这个小伙子能察觉出程序中不易察觉的问题，能力非一般程序员可比。此时，他拿出了学士学位证书，老板给他换了相应的职位。

过了一段时间，老板发现这位小伙子能提出很多独特的建议，其本领远比一般大学生高明。此时，他又拿出了硕士学位证书，老板又立刻提拔了他。

又过了半年，老板发现他能够解决实际工作中遇到的所有技术问题，于是决意邀请他去自己家中喝酒。酒席上，在老板的再三盘问下，他才承认自己是计算机博士，因为工作难找，就把博士学位瞒了下来。第二天一上班，他还没来得及出示博士学位证书，老板已经宣布他就任公司的副总裁了。

凭博士这样一纸学历进入公司，而后在很短的时间内脱颖而出，数次提升，这样的事情一般不太可能发生。即便发生，在提拔的时间上也不会相隔那么短。再者，公司里位居高职，经验丰富、学历不低的人应不在少数，谁会服气一个只有空头文凭而且初来乍到的人？一开始亮出博士文凭，固然可能立刻会得到较高的职位，但也必定给别人较高的心理期待，表现出色自然会被认为是理所应当的，表现不好就与心理期待形成了反差，说不定一个错误让人失望，连工作都可能丢掉。这样一种以退为进的态度，对今天的大学生，还有许多硕士生、博士生何尝不适用呢？放下身段，放下不必要的荣誉，从自身的情况出发，清醒地思考自己真正的需求，便不易陷入盲目追求的沼泽，不容易被空洞、无价值的事物所累。

懂得放下荣誉的人，才能获得更高的荣誉。

不要被荣誉冲昏头脑

在我们的人生中，谁都希望取得一次又一次的成功，不光是在工作中，以及在为人处事、婚姻、教育孩子等方面，但很多人在取得了一次又一次的胜利后，却很容易变得骄傲自满，自以为是，目中无人。曹操曾经就做过一次被胜利冲昏头脑的事：

经过官渡之战过后，曹操在中原的势力已经得到巩固，他一直在思考自己以后该怎么办，是先平定西凉，还是先攻打汉中，还是南下攻打刘备、孙权。

为此，曹操分析了下局势，汉中的刘璋、张鲁，胸无大志只求自保，没有什么威胁。马超虽是英雄人物，但多勇少谋，也不是什么心头大患。而刘备，世之枭雄，孙权一代豪杰。这两个人一直是曹操心中的刺，再加上荆州刘表病重，所以他不得不抓住这个机会挥军南下。

因为不管是刘备控制荆州，还是孙权控制荆州，曹操都是不允许的，因此他在西凉马超的隐患未除，不顾兵疲马乏，水师没有形成战斗力的情况下，急忙南下荆州，希望一举消灭刘备，孙权，控制江东、荆州，完成统一大业。

建安十三年秋七月，曹操率军二十万南下，一路势如破竹，那些小势力都不战自降。

而就在这一年的八月，占据荆州的一代英雄刘表去世了，曹操乘这个机会进攻荆州。刘琮听说曹操取荆州势在必得，被吓破了胆，便降了曹军。

刘备驻守樊城，听说曹操大军南下，决定撤退到军事要镇江陵，曹操知道江陵有大量军粮，怕被刘备占去，便亲自率领五千轻骑兵追赶刘备，由于刘备的人马力量不集中，战斗力不强，而且还带着十几万的百姓，在长坂坡又被曹军击败，只能前往夏口。

曹操占领江陵后，又以刘表大将文聘为江夏太守，仍统本部兵，镇守汉川（今江汉平原）。益州牧刘璋也遣兵给曹操补军，开始向朝廷交纳贡赋。曹操更加骄傲轻敌，不听谋臣贾诩暂缓东下的劝告，送信恐吓孙权，声称要决战吴地。

在刘备集团生死存亡的时刻，诸葛亮建议刘备，现在只有与孙权联合才能抗击曹操。

于是，刘备与孙权很快结盟，抵抗曹操。

同年冬天，曹操亲统军号称“百万雄师”，顺长江水陆并进。孙刘联军在夏口部署后，溯江迎击曹军，大战于赤壁。由于曹军步骑面对大江，失去威势，新改编及荆州新附水兵，战斗力差，又逢疾疫流行，以致初战失利，慌忙退向北岸，屯兵乌林（今湖北洪湖境内），与联军隔江对峙。

由于曹军不习水战，而且水土不服，曹操下令将战船相连，减弱了风浪颠簸，利于北方籍兵士上船，欲加紧演练，待机攻战。周瑜看到敌众己寡，这样持久地等下去不是个办法，决定找准时机速战速决。部将黄盖针对曹军“连环船”的弱点，建议火攻。可是没有东南风，如果用火攻的话，只会烧到自己这边。

终于有一天，诸葛亮看天气的变化，算准了会刮东南风，于是黄盖立即遣人送伪降书给曹操，随后带船数十艘出发，前面用十艘满载浸油的干柴草，以布遮掩，插上与曹操约定的旗号，并系轻快小艇于船后，顺东南风驶向乌林。接近对岸时，戒备松懈的曹军都争相观看黄盖来降。

此时，黄盖下令点燃柴草，各自换乘小艇退走。火船乘风闯入曹军船阵，好比十条火龙一样，闯进曹军水寨。那里的船舰，都挤在一起，又躲不开，很快地就都烧了起来。一眨眼工夫，已经烧成一片火海。水寨烧了不算，岸上的营寨也着了火，曹军一大批兵士被烧死了，还有不少人被挤在江里，不会泅水，马上淹死了。联军乘势攻击，曹军伤亡惨重。曹操看见这么一把火，就把自己三十万大军给打败了，不得不下令烧余船，引军退走。

刘备和周瑜一起，分水陆两路紧紧追赶，一直追到南郡（治所在今湖北江陵）。曹操的几十万大军战死的加上得疫病死的，损失了一大半，他只好派部将曹仁、徐晃、乐进分别留守江陵和襄阳，自己带兵回到北方。

赤壁之战是我国历史上著名的一次战役，正是这次战役奠定了三国鼎立的局面。曹操在这场战争中失败后，再也没能卷土重来，从此势力仅限于北方，而孙权和刘备在江南和巴蜀的势力则得以巩固。

赤壁之战前的曹操可谓雄心壮志，气吞山河，他通过讨董卓、伐吕布、灭袁绍、携天子以令诸侯，一度统一了中国北方，而且麾下兵精将广、人才济济，因此挥师南下，欲完成统一天下的大业，不料占据军事优势的曹操，在赤壁之战中却败得一塌糊涂，令人叹惜。他的失败，历史学家总结了很多的原因，但是主要原因都归于曹操骄傲自满，过于轻敌。

在中国历史上，被胜利给冲昏了头脑的人还有很多很多。而其中比较出名的有两人，第一人是战国时期赵国的赵括，在长平之战之前，他曾经率军偷袭过秦军，并且取得小胜，也就是在他生命中的第一次胜利，使他不把秦军放在眼里，还说了一句，“王龅之流，我随便就可以应付，要是白起来了，我才要好好地准备一下。”这样轻敌的人，最后才酿成长平之败，连自己也死在乱箭之中。还有一人就是秦朝末年的反秦领袖项梁。陈胜死后，项梁听从范增之计，立楚怀王之孙熊心为王，仍称楚怀王。然后他率军击败了当时威震天下的秦将章邯，在雍丘阵斩秦将李由，后来因轻敌，在定陶被章邯打败，自己也命丧战争之中。其实，长平之战之前，廉颇就多次建议赵括，不要轻敌。在定陶之战还没发生之前，范增也曾多次劝项梁要注意防御，当时韩信也向他提过，却都被他一一拒绝。最后他们一个被乱箭射死，一个战死，都是以几十万军队在一夜之间烟消云散为代价。

从以上的三个著名的历史人物，我们可以知道，如果你被胜利冲昏头脑，那是很危险的，轻则仅仅只是人生中的一次失败，重则生命丢失以及灭亡国家。

因此，我们要时刻地让自己的大脑保持清醒，把那些胜利看得淡看得轻，不要让它影响到我们大脑的思考，也只有这样，我们才能在胜利之后取得更大的胜利。

不攀比，能放下，是智慧

曾国藩说，越走向高位，失败的可能性越大，而惨败的结局就越多。在中国历史上，有很多富有智慧的人，他们都选择了在自己人生达到顶峰的时候，采取了放下的态度，这不失是一种大智慧。

战国时，范雎因向秦昭王献远交近攻的策略，深得昭王赏识，被升为宰相。后因他所推荐的郑安平与赵国作战失败，使他意志消沉。按秦国法律，只要被推荐人出纰漏，推荐者也要受连坐处分。但昭王并没问罪范雎，这使他心情更为沉重。

秦昭王为了刺激范雎再次振作起来，为国效力，便忧虑地对他说："现在内无良臣，外无猛将，秦国的前途实在令人焦虑呀！"

范雎心中一震，他误会了秦王的意思，感到非常恐惧。

恰好这时蔡泽来拜访他，对他说道："四季的变化是周而复始的。春天完成了滋生万物的任务后就让位给夏；夏天结束养育万物的责任后就让位于秋；秋天完成成熟的任务后就让位于冬；冬天把万物收藏起来又让位于春天……这便是四季的循环法则。如今你的地位，在一人之下，万人之上，日子一久，恐有不测，而应让位他人，才是明哲保身之道。"

一席话启发了范雎，便立即退位，并推荐蔡泽继任宰相。蔡泽就职后，也为秦国的强大做出了重要贡献。但当他听到有人责难他后，也明智地舍弃了宰相宝座而做了范雎第二，保全了自己的晚节。

范雎、蔡泽这一举措不但是一种智慧，更是一种风度。哪怕你内心有一万个不愿意，但在危险面前，隐身而退，不能不算是一种明智的选择。

公元前5世纪，吴、越两国为了争夺霸业，相互对抗。后来，越王勾践败于吴王夫差之手，不得不逃往会稽山，忍辱负重与吴国谈和。在几经交涉后，吴国才答应让勾践回国。勾践回国后一直记着所受的耻辱，卧薪尝胆，立誓雪耻。20年后，终于灭亡吴国。而帮助越王成功的就是范蠡。范蠡不但是一个忠心耿耿的臣子，而且是一个理智的智者。

范蠡被任命为大将军后，深知长久在得意之至的君主手下工作是危机的根源。勾践这个人，虽然可以与他分担劳苦，但不能与他共享成果。于是他便向勾践表明自己的辞意。勾践并不知道范蠡的真实意图，于是拼命挽留他。但范蠡去意已定，搬到齐国居住。自此与勾践一刀两断，不再往来。

移居齐国后，范蠡不问政事，与儿子共同经商，很快成为富甲一方的大富翁。齐王也看中了他的能力，想请他当宰相，但他婉言谢绝了。他知道："在野而拥有千万财富，在朝而荣任一国宰相，这确实是莫大的荣耀。可是，荣耀太长久了反而会成为祸害的根源。"于是，他将财产分给众人，又悄悄离开了齐国到了陶地。不久后，他又在陶经营商业成功，积存了百万财富。可见范蠡才智过人，并具有过人的洞察力。他之所以离开越国，拒绝齐王的招聘，以及成功地经营事业，这些都在于他深刻敏锐的洞察力。

与范蠡形成鲜明对比的是另一历史人物文种。文种也是越王勾践的重臣，为打败吴国立下了汗马功劳。他功成名就以后，仍然继续仕于越王。其间范蠡曾写给他一封信，说：飞鸟尽，良弓藏，狡兔死，走狗烹。越王的长相，颈项细长如鹤，嘴唇尖突似鸦，这种人只可以与他共患难，却不能同享乐，你现在不离去，更待何时？后来文种称病返乡，但做得不够彻底。他留在越国，其名仍威慑朝野，于是有人陷害他，诬蔑他欲起兵作乱。越王也有"走狗烹"之意，故而以谋反罪，将文种处死。

老子说："持而盈之，不如其已；揣而锐之，不可长保。金玉满堂，莫之能守；富贵而骄，自遗其咎。功成身退，天之道也。"即是说：始终保持丰盈充满的状态，不如停止它；不停地磨砺锋芒，欲使之光锐，却难保其锋永远锐利。满屋的金银珠宝，很难永恒地守护住它；人富贵了就会产生骄奢淫逸的心理，反而容易犯错误。功成名就则应隐退，此乃天理。

虽然老子距我们已经有几千年的时间了，但对现代人来说，他所提出的"功成身退"的退守策略，仍有一定的现实意义。人们功成名就、官位显赫后，晋升会停滞，人心会倦怠，业绩也不会进展，应立即辞去高位，退而赋闲。否则，说不定会因芝麻小事而被问罪，遭到晚节不保的厄运。

人人都希望过着幸福富裕的生活，但世间又有几个范蠡呢？只知进，不知退，遭"文种之祸"者，又何止一人？历史往往会有惊人的相似之处，历史上发生的故事也许会在生活中重演。因此，学些明哲保身之道，当是现代人为人处世的必要手段。

懂得把荣誉留给别人

不要以为自己有了成绩，就有了在上司面前炫耀、固宠求荣的法宝和资本。事实上，有了成绩，其实是很危险的事情。要不历史上怎么有那么多人，功成名就后就身退了呢？取得了成绩，的确证明你是有才华、有智慧的，可是你绝对不能居功自傲，独享荣誉，而要恰到好处地把功劳让给上司，否则小心上司给你安个“居功自傲”的罪名把你灭了，也正遂了你身边那些嫉妒你，眼红你的人的心。

三国末期，西晋名将王浚于公元 280 年巧用火烧铁索之计，灭掉了东吴。三国分裂的局面至此方告结束，国家又重新归于统一，王浚的历史功勋是不可埋没的。岂料王浚克敌制胜之日，竟是受谗遭诬之时。安东将军王浑以王浚不服从指挥为由，要求将他交司法部门论罪，又诬陷王浚攻入建康之后，大量抢劫吴宫的珍宝。这不能不令功勋卓著的王浚感到畏惧。

当年，消灭蜀国，收降后主刘禅的大功臣邓艾，就是在获胜之日被谗言诬陷而死。王浚害怕重蹈邓艾的覆辙，便一再上书，陈述战场的实际状况，辩白自己的无辜，晋武帝司马炎倒是没有治他的罪，而且力排众议，对他论功行赏。

可王浚每当想到自己立了大功，反而被豪强大臣所压制，一再被弹劾，便愤愤不平，每次晋见国王，都一再陈述自己伐吴之战中的种种辛苦，以及被人冤枉的悲愤，有时感情激动，也不向国王辞别，便愤愤离开朝廷。他的一个亲戚范通对他说：“足下的功劳可谓大了，可惜足下居功自傲，未能做到尽善尽美。”

王浚问：“你说这话是什么意思？”

范通说：“当足下凯旋之日，应当退居家中，再也不要提伐吴之事，如果有人问起来，你就说：‘是皇上的圣明，诸位将帅的努力，我有什么功劳可夸的！’这样，王浑能不惭愧吗？”

王浚按照他的话去做了，谗言果然不止自息。

喜好虚荣，爱听奉承。这是人类共有的弱点，作为一个万人注目的帝王更是如此。有功归上，正是迎合了这一点。你想，谁不愿意功劳卓著？尤其是作为君主，哪个能容忍臣下的功劳超过自己呢？

“伴君如伴虎”，是古人总结出来的至理名言。懂得如何与领导相处、明哲保身，充满着智慧的结晶。一些人自以为有功便忘乎所以，这样一来，特别容易招惹上司嫉恨。把功让给上司，才是明智的选择，是稳妥的自保。在官场上如此，在职场上亦是如此。

小李很有才气，由他编辑的杂志很有一套自己的独特风格，因此很受欢迎，有一次还得到创新奖。一开始他还很高兴，但过了一段时间，他却失去了笑容。他告诉一位朋友说，他的上司最近常给自己脸色看。

这位朋友问清楚他的情况后，指出了他的错误。原因是这样的，小李得了创新奖，受到了上级领导的好评，因此除了新闻部门颁发的奖金之外，上司另外给了他一个红包，还当众表扬他的工作成绩，并且夸他是块当主编的料。但是他并没有现场感谢上司和同事们的协助，更没有把奖金拿出一部分请客，他的上司刘主编从此处处为难他。遗憾的是，小李不相信朋友的分析，结果三个月后就因为待不下去而辞职了。

这份杂志之所以能得奖，自然是小李贡献最大，但是他也不能独享了这份荣誉，这让上司怎么想？自然觉得他目中无人，恃才自傲。其次，因为小李的才华也让上司产生不安全感，害怕失去权力，为了巩固自己的领导地位，小李自然就没有好日子过了。

与上司相处，一定要在各方面都维护上司的面子，居功自傲，那样终会成为上司和同事的“眼中钉”。工作中取得了成绩，会给你带来一定的荣耀，但是，你一定要把这份荣誉归功于上司，把鲜花让给上司戴，把众人的目光引到上司身上，这样才能更好地与上司和睦相处。

做人做事都不能心急

现在很多人都明白“心急吃不得热豆腐”“一口吃不出个胖子来”等等这些民间广为流传的谚语，可有些人还是一味地在追求着达到目的捷径。

《读者》杂志上有这么一个故事：

三岁的小博博就在这个平安夜的晚上，永远闭上了他的眼睛。医院给出的死亡原因是颅骨损伤后引起呕吐，呕吐物堵塞呼吸道引起的窒息死亡。同时伴随他的，还有满身的伤痕。令人吃惊的是，如此凶残对待一个三岁孩子的，竟然是他的父母。经过警方半个月左右的侦查，终于给出了答案：让亲生父母下如此狠手的起因，竟是为了教儿子认字。

现实生活中，我们看到很多类似小博博的这些事，最后的结果，却总让人感到很遗憾。一个三岁的孩子，本应天真烂漫、无忧无虑地生活，可他的父母却“望子成龙”心急，在孩子不愿意认字的情况下，竟活活地把自己的亲生儿子打死，如此“揠苗助长”的教育，让人倒吸一口凉气。

我们要明白，世间万物，包括人，都有其自身生长的规律和特性。道理很简单，是骡子绝对变不了马，是小草也不可能长成参天大树。小苗是一天天地长高的，人是一日日地长大的。俗话说，“十年树木，百年树人”，就是这个道理。

许多事业生涯的发展都需要一个过程，绝非是一蹴而就的事情。它需要人们付出耐心而持久的努力。在这一过程中，你必须依靠日积月累的行动。最终，这些琐碎的努力才会像涓涓细流汇聚成为势不可当的汹涌波涛。

有个孩子非常喜欢吃葡萄，因此决定自己种一些葡萄。

他弄来了一些葡萄苗，挖了一些坑，然后把它们种了下去。由于累了一天，他早早地上了床。想到他的葡萄，他的觉也睡得特别香甜。

到了第二天早上，他兴冲冲地去看他的葡萄，却发现一点儿变化也没有。

“葡萄在哪儿？我的葡萄呢？我把苗种了下去，却没有长出葡萄。”

小男孩很疑惑，以为是自己的葡萄苗有问题，于是开始重新种了起来。然后过了一天后，他又去园里看时，仍然没有看到葡萄。

这时，有个老爷爷从他身边经过，小男孩提出了他的疑问。老爷爷摸着胡子对他说：“甜美的果实总是要用耐心来耕耘的。你才等了一晚上，怎么会有美满的收获呢？”

我们不能只看到成功的结果，而忽视了成功的过程。要知道，许多大企业在赚钱之前，早已奋斗了数十年，许多当今的富翁也是由身无分文一步一步走上致富之路的。

人们总是习惯于看到辉煌的结果，而遗忘了过程中的汗水和坚持。要知道，持久的耐心才能使我们成为成功的音乐家、医生、工程师乃至各行各业的专家。才华固然重要，但坚持不懈的行动更重要。任何带有重大突破的行动，都是由冗长沉闷的过程所组成的，都需要持久的恒心。要知道，有些废弃的油井，再挖十分之一的深度，原油就汩汩不绝；更要知道，出色的运动员在比赛场上所花的时间，不过是练习时间的千万分之一而已。

有这么一个故事：

公元前262年，秦昭襄王派大将白起攻打韩国，占领了野王城（今河南沁阳）。截断了上党郡（今山西长治）和韩都的联系，上党形势危急。韩国便想献出上党郡向秦求和，可上党的韩国将军死也不愿意投降秦国，打发使者带着上党的地图献给了赵国。

赵孝成王派军队接收了上党。过了两年，秦国又派王龁（音hé）攻打上党。上党的百姓纷纷逃往赵国，赵孝成王听说后，让廉颇率领二十多万大军去救上党。可当他们赶到长平时，上党已经被秦军攻占了。赵国于是驻兵于长平（今山西省高平市长平村），以便镇抚上党之民。同年四月，王龁攻赵，赵派廉颇为将抵抗。秦军打败赵军，廉颇退兵长平。

王龁本还想进攻长平。廉颇根据敌强己弱、初战失利的形势，决定采取坚守营垒以待秦兵进攻的战略。秦军多次挑战，赵国却不出兵。

王龁没办法，只能派人回报秦昭襄王说："廉颇是个富有经验的老将，不轻易出来交战。我军老远到这儿，长期下去，就怕粮草接济不上，怎么好呢?"

秦昭襄王请范雎出主意。范雎说："要打败赵国，就必须让赵国把廉颇换掉。"

过了几天，秦相应侯范雎派人带千金向赵国权臣行贿，用离间计，散布流言说："秦国所痛恨、畏惧的，是马服君赵奢之子——赵括，廉颇容易对付，他快要投降了。"赵王既怨怒廉颇连吃败仗，士兵伤亡惨重，又嫌廉颇坚壁固守不肯出战，因而听信流言，便派赵括替代廉颇为将，命他率兵击秦。

公元前260年，赵括领兵二十万到了长平，请廉颇验过兵符。廉颇办了移交，回邯郸去了。

赵括统率着四十万大军，声势十分浩大。他一心只求马上打败秦军，于是一反廉颇的部署，不仅临战更改部队的制度，而且大批撤换将领，使赵军战力下降，还下了命令说："秦国再来挑战，必须迎头打回去。敌人打败了，就得追下去，非杀得他们片甲不留才算完。"

秦见赵中了计，暗中命白起为将军，王龁为副将。白起一到长平，布置好埋伏，故意打了几阵败仗，使军队后撤。赵括在不明虚实的情况下，贸然采取进攻行动。白起把赵军引到预先埋伏好的地区，派出精兵二万五千人，切断了赵军的后路；另派五千骑兵，直冲赵军大营，把四十万赵军切成两段。秦国又发兵把赵国救兵和运粮的道路切断了，赵军首尾分离，粮道被断。秦军又派轻骑兵不断骚扰赵军。赵军的战势危急，只得筑垒壁坚守，以待救兵。

赵兵已断粮四十六天，饥饿不堪，甚至自相杀食。赵括走投无路，重新集结部队，分兵四队轮番突围，终不能出，赵括亲率精兵出战，被秦军射杀。赵括军队大败，四十万士兵投降白起。

就这样，四十万赵军，就在纸上谈兵的主帅赵括手里全部覆没了。

从上面的故事中，我们不难看出，赵军失败，莫过于赵括急于求胜。廉颇曾多次告诉于他，这次战争，关系着赵国的存亡，而且是一次持久战，需要颇多的防御设施，可是赵括不听。于是一到战场，就把廉颇的防御设施全部解除，然后开始了正面出击，结果被秦军前后夹击，打了个大败，赵括带兵突围，自己也中箭而亡。

做什么事情，都无需过于心急。冰冻三尺非一日之寒，每个人都应该很清楚自己到底有多少的能力，不可拿鸡蛋去与石头相碰，更不要一时心急，却忘记了自己本来的面目。

盲目的坚持是偏执

有些人性格有问题，做什么事情都显得有些偏执。

现实生活中存在许多固执的人，但固执并不等同于偏执。适当的固执，为人平添一份可爱的“原则美”，这并没有什么不好的，而偏执却往往容易把人生打成死结，伤害自己，也伤害他人，最后自己的人生也就显得处处不如意。

有这么一个故事：

从前，有一个人，害怕自己的影子，厌恶自己有脚印。于是他奋力奔跑，想离开自己的脚印。但是，他跑得越远，脚印越多，跑得再快，影子也能追上他。他自以为跑得太慢了，就加快速度，永不停止，最后绝力而死。

偏执的人就如上面故事中的人一样，总是会感觉自己有问题，或者别人有问题。其实那些问题都是他们自找的。

生活中很多人，很偏执，往往走极端，死不回头，还自以为是，分明是自己做错了，却总觉得是别人不对。当自己不能和别人取得一致意见时，从来不反思自己的对错，而总是去探究别人做错了什么。他们往往沉浸在一个固定的变态思维里，死不回头。

从前，某个国家的森林内，住着一只两头鸟，名叫“共命”。

这鸟的两个头“相依为命”。遇事向来两个“头”都会讨论一番，才会采取一致的行动，比如到哪里去找食物，在哪儿筑巢栖息等。

有一天，一个“头”不知为何对另一个“头”发生了很大误会，造成谁也不理谁的仇视局面。

其中有一个“头”，想尽办法和好，希望还和从前一样快乐地相处。另一个“头”则睬也不睬，根本没有要和好的意思。

这两个“头”为了食物开始争执，那善良的“头”建议多吃健康的食物，以增进体力；但另一个“头”则坚持吃“毒草”，以便毒死对方才可消除心中怒气。

和谈无法继续，于是只有各吃各的。最后，那只两头鸟终因吃了过多有毒的食物而死去了。

在和别人发生矛盾时请放人一马，这是你在为自己心灵的快乐开路。偏执者最突出的一个特征就是拒绝外部、坚持自我。

古时候有一个渔夫，是出海打鱼的好手。

他有一个习惯，每次打鱼前都要立下一个誓言。

有一年春天，听说市面上的墨鱼的价格最高，于是他立下誓言：这次出海只捕捞墨鱼，好好赚它一笔。但这一次鱼汛所遇到的都是螃蟹，他非常懊恼地空手而归。等他上了岸，才得知现在市面上螃蟹的价格比墨鱼还要高，他后悔不已，发誓下次出海一定打捞螃蟹。

第二次出海，他把注意力全放在螃蟹上，可这一次遇到的全是墨鱼。不用说，他又只能饿着肚皮回来了。他懊悔地发誓，下次出海无论是遇到螃蟹还是墨鱼，全部都打。

第三次出海，渔夫严格地遵守自己的诺言：不幸的是，他一只螃蟹和墨鱼都没有见到，见到的只是一些马鲛鱼，于是，渔夫再一次空手而归，渔夫没有赶得上第四次出海，他在自己的誓言中饥寒交迫地死去。

过于偏执的人，往往就是这样下场。他们不知道变通，也很难听取别人的建议，最后，人生总是感觉缺少快乐。

其实，对别人和周围世界要保持最大程度的宽容态度。只有内心是开放和包容，才能接纳不同的观念和事物，才能更有活力，更能保持宁静感和幸福感。

偏执型的人，他们是自我的独裁者，压迫者和限制者。假如偏执型的人不努力改变自己的性格，他们一定会给自己的生活带来极为复杂的不良后果。

一只公鸡早晨起来报晓。天亮，被主人提出来杀了。

又一只公鸡早晨起来报晓。天亮，被主人提出来杀了。又一只公鸡早晨起来报晓，天亮，还是被主人提出来杀了。

邻居不解，问："这些公鸡每天报晓都挺准时的，你杀它们干什么？"

那人说："早晨我有晚起的习惯，它们却叫得很早。"

邻居说："这不是它们的过错，报晓是公鸡的天职。"

那人说："这个我不管，我需要的是和母鸡交配的公鸡，而不是报晓的公鸡。"

邻居说："可公鸡是不能不报晓的，你难道不能用另外一种方式来解决问题吗？"

"这个很难，"那人说，"我曾想割掉它们的嗓子，后来又想扎上它们的嘴，可这样太麻烦，而杀它们却很省事。"

"那你为什么不改变一下睡觉的习惯呢？"邻居疑惑地问。

"改变我的生活习惯，这怎么可能呢！"那人说，"我有这个习惯已几十年了，怎么会为几只公鸡而去改变呢？再说我是主人，它们应该符合我的需求，它们的行为与我发生矛盾时，受损失的只能是它们，怎么会是我呢？"

于是那人一直保持着杀鸡的习惯。

生活中很多人，很偏执，往往走极端，死不回头。

我们常常将偏执的人称作“心灵变僵的人”正是这个缘故。在德语中，人们将偏执的人称作“硬脖子的人”，意思是这种人处于僵硬不能动的状态。试想一下，假如人的关节僵硬了，人便不能顺利行走。而当人的心灵僵硬了，他还能健康成长吗？肯定就不能了。

下面几条方法也许有助于偏执者改变观点：

(1)如果事情是可以通过观察来解决的，那你就亲自观察观察。眼见为实，这样有助于偏执者改变自己的观点。

(2)要去诚心了解与你不同的立场和生活背景的人所持的意见。你会发现，这将大大有助于改变井底之见。

(3)经常提醒自己不要陷于“敌对心理”的旋涡中。事先进行自我提醒和警告，处世待人时注意纠正，这样会明显减轻敌意心理和强烈的情绪反应。

(4)要懂得只有尊重别人，才能得到别人尊重的基本道理。要学会对那些帮助过你的人说感谢的话，而不要不疼不痒地说一声“谢谢”，更不能不理不睬。

(5)要在生活中学会忍让和有耐心。生活在复杂的大千世界中，冲突、纠纷与摩擦是难免的，这时必须忍让和克制，不能让敌对的怒火烧得自己晕头转向，肝火旺旺。

偏执是人生的峭壁，如果在峭壁上行走，是很容易发生可怕的事故。远离这道人生的峭壁，以通达的心理去接受新的事物，新的观念，你才能获得进步，才能生活得更好。

不攀比才能从容地生活

生活中并不缺少欢笑，只是因为人的视线被阻挡，盲目的攀比让心灵蒙上了灰尘，无法突破定式思维。如果换一种方式去思考，换一个角度去观察，很可能就会发现，生活并不是充满烦恼，快乐其实一直伴随左右。要记住，没有了星星还有月亮。只要自己去努力争取，总有一份属于你的幸福。

不攀比的心态才能摆脱逆境

有的人说生活就是一面鼓，敲之有音，声音的大小、长久就看你是不是积极地去敲，只要你用恒心敲鼓，总有一种和谐的节奏和旋律伴随着你一起创造自己的生活。

如果想要发展，那么，现实世界给我们的影响，是必须面对的。不能够向它屈服，也不可能有选择的权利。为了防止受到周围力量的压制和阻碍，唯一的办法就是寻找自己的中心，相信自己，不去理睬周围攻击性的言语，你只有听从内心深处的声音，才能真正做到和外界互动，并且满怀信心，充满信念，目的明确。

宋朝有个禅师叫宗元，门下有一个弟子法名道歉。道歉参禅已经多年，却总也不能开悟。

一天晚上，道歉诚恳地向师兄宗元诉说自己总不能悟道的苦恼，并请求宗元给予帮忙。

师兄宗元侃侃地说："能帮助我的师弟解决困难，是我在修行方面的一大功德，我当然乐意之至，不过有三件事我不能帮助你，那一定得你自己去做！"

道歉听师兄愿意帮助自己解除困苦，乐得不知道东南西北了，才区区三件事，在这个时候哪怕是三十、三百件他也要答应的。于是，忙问是哪三件事。

宗元师兄不慌不忙地说："师弟，我说的这三件事可不是容易做到的，你可要有心理准备啊。"

这时的道歉可真的是丈二和尚摸不到头了。不知道师兄会怎样帮自己，只能赔笑道："师兄，快点说了，不要再戏弄我了，难道还要师弟我给你施大礼不成?”这时道歉装出三分不悦。

宗元对他所说的话并没有放在心上,说道:“当你肚饿口渴的时候,我的饮食不能填饱你的肚子,我不能帮你吃喝,你必须自己饮食;当你想大小便的时候,你必须亲自解决,我一点儿也帮不上忙;最后,除了你自己之外谁也不能驮着你的身子在路上走。”

道歉听罢,不但没有责怪师兄取笑他的意思,反而是心扉豁然洞开,快乐无比。这时候他真的感到了自我的力量。

我们真的应该为道歉高兴,因为他真的成功了,他通过自己积极进取自觉地把握自己的行为,通过师兄的点悟走向了成功。

在欢乐的人群中你苦恼,在有事的时候你苦恼;在没有事的时候你还是苦恼。终于有一天,你会仰天长笑,大呼道:什么时候我们远离那些苦恼?

它使你厌倦了世俗,有时候你会很奇怪:什么时候自己开始讨厌小孩子了,哦,也许是那些苦恼缠身的后果。我们不能像滔滔江水一样,任它流去而不复还,只能苦守空城难开言了。撞撞幸运之星,只要幸运的话,你就可以唱好《空城计》。

保持一种积极的心态去做工作,因为拥有着积极的心态,在遇到困难的时候,也能攻克难关,能轻松地面对难题,并及时有效地解决。

人生苦短,每个人都有不同的感触,为什么有的人是富有的,为什么有的人是沮丧的,为什么有的人风光四射,为什么有的人活力照人。有活力的人有一颗积极跳动的心,而那些潦倒、沮丧、无精打采的人,他们的心也许是被冰封了,也许是枯竭了,也许有的还在苦难的边缘挣扎着、撕扯着、摆脱着。面对生活的钟声,有多少人能清楚地听清是多少下,有多少人能承受住它的轰鸣?

哲学家莫里丝·弗雷德曼说:“那是一种生活姿态,那是一片可以站立的土地,从那儿我们可以走出去,应对这个地球的大变革时代,以及不断变化的现实和荒谬。”如果我们随意放任变化的发生,而没有积极主动去参与、去迎合,不论是从社会角度还是个人角度,其结果都是对外部暴虐控制的退让。一旦我们失去独立自治和自由选择的权利,那么挫败、侵略以及暴力将是必然结果。如果你没能掌握自己,那么由于你的这种疏忽,可能控制你的不是环境就是别人。

其实,每个人的身上都潜藏着积极心态的特性,也许是你还没有发现,或者积极心态在你面前而你却和它失之交臂;好像总是无缘见上一面似的。

一个纽约的商人看到一个衣衫褴褛的尺子推销员,顿生一股怜悯之情。他把一美元丢进卖尺子人的盒子里,准备走开,但他想了一下,又停下来,从盒子里取了一把尺子,并对卖尺子的人说:“你跟我都是商人,只不过经营的商品不同,你卖的是尺子。”

几个月后，在一个社交场合，一位穿着整齐的推销商迎上这位纽约商人，并自我介绍："你可能记不得我了，但我永远忘不了你，是你重新给了我自尊和自信。我一直觉得自己和乞丐没有什么两样，直到那天你买了我的尺子，并告诉我是一个商人为止。"

拥有自信，自信是引领你走向成功的使者，拥有自信的人才能够取得成功。自信是每个人本身就有的潜意识，源自你的个人魅力，你要相信你自己，相信你能取得成功，相信你能拥有爱情，总之，你要相信自信的力量。一颗进取的心，总是不乏有自信相随，终生为伴。相反，只能是晓月当空，嗟叹人生，孤枕难眠，潦倒残生。

在没有得到纽约商人的箴言时，"推销员"已经在自己的意识中死去了，他已没有了梦想，没有了美好的追求。把自己定格在乞丐的行列中，什么是自尊、什么是自信，他已茫然。一句"你跟我都是商人……"使他大梦初醒，浑然有一种"大梦谁先觉，平生我自知"的感觉。推销员成功地找回了自信，并有了以后的发展，这恰恰说明了每个人的成功都与自信是分不开的。

拿破仑·希尔说："把你的心放在你所想要的东西上，使你的心远离你所不想要的东西。对于那些有积极心态的人来说，每一种逆境都含有等量或更大利益的种子。有时，那些似乎是逆境的东西，其实隐藏着良机。"他这样说了，也是这样做的，这句话一直促使着他把自己的全部身心投入到人生的目标之中，开始排除万难，坚持不懈，直到获得成功为止。

积极的人生就是一种自觉的人生，每个人都自觉地在享受着生活的乐趣，充分发挥想象，使生活过得更好。因为有了自觉，我们就可以少受到一些限制，在各种环境下寻找生活的快乐。世上无难事，只怕有心人，一语道破了一种自觉、自信能力的体现。

每一个成功者都在人生的战场上投入大量的精力、财力，他们从来就没有对自己的投入产生过太多的怀疑，因为他们已经懂得了只有付出才有回报的道理。只要是做一顿饭一定做得有滋有味，写一篇文章就要声情并茂，看球赛就想自己去打一场，进行一项实验就废寝忘食，总之，做什么事都是那么投入，那么有趣味。在不懈进取的历程中，积极投入精力，你很快就会发现自己，能看到自己的优点和缺点，从而最快地确定自己的生活目标。

人活在世上，不可能事事都是一帆风顺，问题会像熔炉一样锻炼我们的品质。当你在生活面前经受考验，克服逆境，挖空心思迎接挑战的时候，你很有可能会以一个有主见、机智并且是心情愉快的形象出现在人群中。如果你的生活无忧无虑，未经过任何的磨炼和考验，或者是你一见困难就要退避三舍，那么，你将会变得十分懦弱。在逆境中，你可以锤炼自己，造就自己坚强的品性。

法拉第曾经说过:“拼命去争取成功,但不要期望一定会成功。”他的话道出了一个引子,是告诉大家在看问题的时候,能看到事物的两个方面,好的和坏的。就好比辩证法一样,因为事物总是双面的,要辩证地看待每个事物。要看到事物正面的作用,它总是要大于或是强于负面作用的。一个成大事者总是能很好地处理积极心态和消极心态的矛盾。他们的心是敞亮的,总是能够迎接阳光,把心中的阴影驱赶到荒闭的角落,总是能及时地摆脱困扰,并愉快地创造着新的创业环境。

拥有积极的心态,你就会在成功之路上快速行驶,一路过关斩将,创造出一个又一个神话。

过于攀比和计较就会舍本逐末

要想在社会中生存,我们少不了与人交往,而在交往的过程中,各方要想完全“平等”几乎是不可能的,所以就不可避免地会有人“占便宜”,有人“吃亏”。

在与人交往的过程中,几乎人人都吃过亏,不过有些人吃亏是自愿的,而有些人吃亏是被迫的,有些人吃完亏不当回事,有些人吃完亏不甘心。可是不管我们愿不愿意,这都是必须经历的。

或许在很多人的意识中,吃亏是要不得的。然而并不是所有的便宜都值得去占,也不是所有的幸运都值得庆幸,换个角度想想,有时吃亏反而是件好事。

一位富商非常喜欢收集古董。他有两个仓库,一号仓库专门放置赝品,二号仓库则只放真品。

有个古董店的老板和富商相熟,一有新货,便会把东西带到富商那里。当然,其中有真品,也有赝品。不过,富商对此竟从不计较,说声“谢谢”后,无论真假,照单全收。

富商的管家觉得主人的行为非常奇怪,就问主人:“老爷,您明知那是赝品,为什么还要付钱呢?”

富商笑了笑说:“这你就不懂了,表面上看起来我好像吃了大亏,其实不然,因为这样古董店老板会认为我常给他赚钱的机会,所以,一旦得到真正的宝物,他会先拿到我这里来。如果我专门挑拣真品,把所有的赝品都退给他,下次他就不会再找我了,我也就收集不到那么多好古董了。”

这才是富商的聪明之处,如果他不愿“吃亏”,就根本无法收集到这么多珍贵的古董。吃亏的确意味着舍弃、牺牲,但如果一个人一点都不懂得忍让,总想占些便宜,最终吃亏的反而可能是他自己,因为你已经把人们对你的尊重和信赖弄丢了，这样算来却是“亏”大了。这样的人其实什么便宜都赚不到，不但人格没了，朋友没了，金钱也会消失，最终亏的还是他自己。

过于斤斤计较，得失心太重，反而会舍本逐末。吃一点亏，常常令人感激你宽广的胸怀，这也不失为拥有好人缘的一种办法。聪明的人用吃亏获得更多成功，而那些自认为聪明的人只愿意独享利益，这样的话会使利益的蛋糕越来越小，最终财源枯竭，失去长久成功的机会。在永远不想吃亏斤斤计较的算计下生活的人，总有一天会得不偿失。

在生命中，许多东西是不可以强求的，那些刻意强求的某些东西，也许我们终生都得不到，我们不曾期待的，反而常常会在我们淡泊从容时不期而至。

一位建筑师设计了位于中央绿地旁的办公大楼，由于大楼很大，设计了三个出入口。

大楼竣工后，人们问他：“通向办公大楼的人行道如何铺设？”

“先在大楼之间的空地上全种上草。”建筑师说。

夏天过后，通向大楼的草地上被进出大楼的人们踩出了三条小道。这三条小道走的人多的那条宽一些，走的人少的那条窄一些，但它们蜿蜒起伏，错落有致。

到了秋天，建筑师让施工人员沿着人们踩出的路痕铺就了通向大楼的人行道。这些人行道的设计既满足了人们行路的需要，又自然优美。

依常理而言，建筑师的人行道设计完全可以根据自己的主观意愿，或按照用户的要求，搞成平直的路面。但睿智的建筑师没有那样做，而是用十分简单聪明的方法找到了近似准确的答案。

天地间许多事情，只有顺乎自然，才能找到解决问题的最佳方法。与自然相抗，逆势而为，往往只会事倍功半。

任何事物都是有其两面性的，顺其自然也是这样，只不过人们更多的是关注它消极的一面，而忽略了它积极的一面。我们不能不在乎结果，不能不在乎名利，却不能过分追求这些东西，否则就会因此失去生活中的诸多乐趣。至于怎样才能做到既努力奋斗又不过分追求名利，怎样把握这个“度”，实在是难之又难。

我们来看一则寓言。

从前有位樵夫，他生性愚钝。

有一次他上山去砍柴，看见了一只从未见过的动物。于是，他上前问道：“你是什么呀？”

动物开口道：“我叫‘聪明’。”

樵夫就想：我现在就是很愚钝，缺少“聪明”啊！何不将“聪明”捉回去？

谁知，“聪明”突然问他：“你现在想捉我，是吗？”

愚钝的樵夫吓了一跳：我心里想的事它怎么会知道呢？我不妨先装出一副不在意的样子，趁它不注意时再趁机捉它。

这时“聪明”又对他说：“你又在想用假装不在意的模样来骗我，等我不注意时把我捉住，是吗？”

樵夫见自己的心事全被“聪明”看穿了，就很生气，心想真是太可恶了！为什么它总能知道我在想啥呢？

可是这种想法马上又被“聪明”知道了。它又开口说：“你因为没有捉住我而生气，对吧？”

此刻樵夫开始从内心检讨：看来我心中所想的事好像反映在镜子中一样，完全被它看穿。我应该把它抛开，专心砍柴。还是顺其自然的好，干吗生气徒增烦恼呢？

想到这里，樵夫就挥起斧头，用心地去砍柴。谁知一不小心，斧头掉下来，却意外地砸在“聪明”的头上，“聪明”就这样被樵夫捉回去了。

人的生命历程从某种意义上可以理解为一种缘，是一种必然与偶然互为表里的缘。有时候命运偏偏喜欢与人作对，你越是挖空心思地去追逐一种东西，它越是想方设法不让你得到。这时候，痴愚之人常常不愿善罢甘休，好像脑子里塞了一团毛线，越想越乱，他们陷在了自己所挖的陷阱里。然而明智之人明白知足常乐的道理，他们顺其自然，不去强求不属于自己的东西。

顺其自然，绝不是被动的人生，也不是自视清高或阿Q精神胜利法；顺其自然，不是在生命的海边临渊羡鱼，也不是在命运的森林里守株待兔。顺其自然是一种洞悉人生、承受一切命运际遇的大智慧；顺其自然，是对生命的善待与珍惜，是对人生的喝彩和致敬。

在日常生活与工作中，我们要学会顺其自然，不要去刻意强求不属于自己的东西。如果违背规律去办事，就会处处遇阻，举步维艰，而如果顺应规律去办事，就会得心应手，一路平坦。

别让攀比的抑郁遮住你的心灵

抑郁是一种常见的情绪困扰，是一种觉得无力应付外界压力而产生的消极情绪，常常伴有自卑、羞愧、痛苦、厌恶等情绪。较长时间的抑郁会让人悲观失望、精力衰竭、行动缓慢、心智丧失，被称作“心灵流感”。

抑郁心态并不是不可调整的。从深层来看，如果能够积极而正确地面对，抑郁会升华出清醒又精明的生存智慧。

在情绪抑郁时，要尽量想象自己很快活的样子，充满信心地去做事。你最好挺胸抬头，面带微笑！可能在开始时需要相当的勇气与努力，但是只要你一直坚持做下去，就会发现其实这并不是很难。

每个人在不同时期，都拥有着不同的心态。大部分人都可能会或轻或重地陷入抑郁。抑郁是一种极为复杂的情绪，是愤怒、痛苦、悲哀、焦虑、羞愧、自责、冷漠等情绪复合的结果。这是一种广泛的负情绪，但也是一种特殊的正常情绪，只是抑郁一旦超过了正常界限就会畸变为抑郁症，成为一种病态心理。由于每个人的心理素质不同，所以抑郁有程度强弱、时间长短之分。

对那些有抑郁心态的人来说，所有怜悯都无法穿透那堵将自己与世人隔开的墙壁。在那堵封闭的墙内，不仅拒绝他人哪怕是极其微小的帮助，还用各种方式来惩罚自己。在抑郁这座牢狱里，有抑郁心态的人同时充当着双重角色：受难的囚犯与残酷的罪人。正是这种特殊的心理屏障，使他们改变了对周围环境的正常感观。

那么，当我们感觉自己很抑郁时，应该采取什么样的对策呢？

第一，找个人倾诉一下。心里不快却闷着不说会闷出病来，应该学会将苦闷向他人倾诉。能将心中的苦处和盘倒给知心朋友并能得到安慰甚至获得计谋的人，心胸自然会像打开了一扇门。即便是面对不很知心的朋友，学会将心中的委屈不软不硬地倾诉给他人，也能让心情很快由阴转晴。

第二，转移自己的思路。当生气、扫兴、悲哀和苦闷的事情临头时，可以暂时回避一下，努力将不快的思路转移到高兴的思路上去。比如，换一个聊天对象、换一个房间、有意上街去看热闹、去串门会一个朋友或去干点活等。

第三，爱好执着。一个人若没有爱好，生活就会变得很单调，而且与那些有着几样令人羡慕的爱好的人相比，心中往往会平添几分焦躁与嫉妒。书法、绘画、写作、打球、集邮、玩牌、跳舞、钓鱼等都能丰富业余生活。当心情不快时，完全可以全身心投入到自己的爱好中去。

第四，亲近宠物。饲养一些猫、狗、鱼、鸟等小动物，或者栽植果、菜、花、草等，这些也能起到排遣烦恼的作用。当遇到不如意的事情时，主动和小动物亲近，小动物凭着和主人感情的基础，会逗主人开心，与小动物交流可以使不平静的心很快平静下来。

第五，少求多舍。俗话说得好"知足者常乐"，总是抱怨自己吃亏的人，的确很难高兴起来。少索取多奉献的人，总是笑口常开，心怀坦荡。整天和别人计较工资、提成、奖金、隐性收入的人心理怎么可能平衡？只有那些听之任之，给多少也不在意的人心情才会比较稳定。那些对他人能广施仁慈之心，包括当一些素不相识的路人遇到困难时也能毫不吝啬慷慨解囊的那些人，通常很少会有烦心事。

相信一切都是最好的安排

任何一件事情，都有其两面性，是好还是坏，全在于你自己怎么去看待。

有一位国王，他非常善于治理国家。在治国之余，他还经常微服出巡，了解民情。在他的治理下，国泰民安，到处呈现出一派繁荣的景象。

国王还有一位很能干的宰相，每当遇到什么重大事件时，国王都会先请教宰相，听一听他的意见。

忽然有一天，天上下起了大雨，国王的出巡计划被破坏了。国王就问宰相："这场大雨下得好不好啊？"

"这雨下得好啊！大雨过后，街道就会变得更加清洁干净，空气也会更为清新。国王您出巡时可以享受到雨过天晴后的美妙景色。"国王听后很高兴，顿感精神振奋。

又过了几天，国王要出巡时天气却变得很热，还未出宫就已经汗流浃背了。他问宰相："你说这样的天气出门好不好啊？"

"当然很好啦！"宰相不假思索地回答，"这样的天气很少有，国王趁机出巡将会更能了解人民在这种火热的天气下究竟做什么。"国王觉得宰相的话有道理，就很高兴地出巡去了。

有意思的是，国王和宰相都有一个共同的嗜好——打猎。每次国王打猎都只带宰相，因为他怕别人扫了他的兴致。

只是有一次，国王在检查猎器时，一不小心被猎器斩断了一截拇指，鲜血直往外流。国王赶忙包扎了伤口，剧痛之余征询宰相对这次意外的看法："我的拇指被斩断了一截，这事好不好啊？"

"好啊，国王陛下。"没想到宰相轻松自如地告诉国王，"这应是一件好事。"

国王听到宰相的回答后非常生气，他觉得宰相是在幸灾乐祸，于是下令将宰相关了起来。然后，国王走到被关在牢房里的宰相跟前，生气地问道："现在你被关押在牢房了，这事好不好呢？"

"当然好了，国王陛下。"没想到宰相依然很轻松地对国王这样说。

国王听后，更加生气了。他本以为宰相会承认自己的错误，谁知道宰相竟然如此执迷不悟。

"既然你认为好，那你就在这里多住几天吧。"国王说完，就悻悻地走了。

又过了几天，国王打猎的欲望又上来了。他想去打猎，却又碍于面子，不想释放宰相，只得自己一个人去打猎了。平时都是宰相带路的，因为他对地理环境比较熟悉，所以每次都能凯旋。可是这次国王在森林里追逐了半天，也没有任何收获。

国王很不开心，继续骑着马四处寻找猎物。天色渐渐暗了下来，国王也累了，牵着马儿走着走着，忽然发现自己竟然迷路了。

就这样，国王在森林里到处瞎撞，一不小心掉进了一个捕捉猎物的陷阱里。这个陷阱很深，国王几次想爬出来都没有成功。

国王大声喊叫，直到一阵杂乱的脚步声逼近。国王很兴奋，认为终于有人来救自己了。于是，他朝上面大喊救命，果然有人就过来将他救了出来。这时国王才发现，这些人都来自邻国的食人部落。他们把国王带到了部落里，准备烧烤后吃掉。

可怜的国王被绑在一根木桩上，脚下堆积着木柴，部落里的人马上要点火烧烤国王。国王非常害怕，可是此时任何举动都是无用的，他只有等死的分了。

食人部落的酋长指挥众人坐下，又命令一名巫师开始祭礼。仪式开始了，当巫师清洗国王的手指时，不由得连声叹息。众人都很奇怪，巫师说："我们族只吃完整的动物，但是他的拇指不完整，我们不可以吃他。"酋长走过去查看，果然发现国王的拇指少了一截，只好无奈地放走了国王。

劫后余生的国王非常激动，他马上赶回牢房去见宰相。一见到宰相他就哭了起来："现在我才知道你为什么说我的断指是好事了，我错怪你了。"接着，国王哽噎地问："但是我把你关在牢里十多天，你还说这是好事，这又该如何解释呢？"

"国王陛下，如果你不把我关在牢房里，我一定会跟你去打猎。我们都会被食人族捕获，你可以因断指而保全性命，但是我却必死无疑了，因为我是完整的啊！"

经过这件事，国王茅塞顿开，原来他所经历的每件事情，其实都是上苍最好的安排。

每个人的一生，都会遭遇很多挫折，也会经历很多快乐，只有积极乐观的人才能活得潇洒自在，才会不枉此生。当我们陷入绝境的时候，一定要相信天无绝人之路，危机和灾难总会过去。不论我们正在经历着什么事，不论我们感觉这件事对自己的影响有多大，都不要对生命绝望，因为毕竟我们还活着，这就说明我们是幸运的。要知道，上苍在关上了一扇门后，自然会为我们打开另一扇窗。

消极者看到人家给他半杯水，会抱怨"只"剩半杯水；积极者则会庆幸"还"

有半杯水。同样半杯水，您愿意将眼光定位于拥有抑或失去的那一半呢？这个选择对您的一生将有极大的影响。

有段西方俗谚是这样的：如果断了一条腿，你就该感谢上帝不曾折断你两条腿；如果断了两条腿，你就该感谢上帝不曾折断你的脖子；如果断了脖子，那也就没什么好担忧的了。

让攀比的烦恼远离你

既然我们生活在这个世界上，就要让每一天都活得有声有色。所以我们必须要调整好自己的心情，因为在生活中人不可能一点不愉快的事都没有，但只要你能够正确面对，烦恼自然会远离你。

有个叫乔治的人，已经结婚18年了，在这段岁月里，每天从早上起来到要上班的时间里，他都很少对自己的太太微笑，更别提对她说上几句话了。一句话，乔治的心情一直很差，几乎毫无快乐可言。

乔治为了让自己快乐起来，就去参加了一个培训班。老师要求他准备以《微笑的经验》为题发表一段谈话。他决定先体验一周的微笑感受，看看效果如何。

于是，乔治在准备去上班的时候，会提醒自己让心情好起来，并强迫自己改变过去的形象，用显得心情很好的样子对大楼的电梯管理人员微笑着说一声"早安"；他会用微笑跟大楼门口的警卫打招呼；同时他也对地铁的检票小姐微笑；甚至当他站在交易所时，他还用微笑面对那些以前从没有见过自己微笑的人。

就这样，乔治很快就发现一个现象，当他用微笑面对别人时，每一个人也会对他报以同样的微笑。他以一种愉快的心情去对待那些满腹牢骚的人：他一面听着他们发牢骚，一面让自己保持微笑，于是问题很轻易就解决了。

另外，乔治惊奇地发现，微笑还能给自己带来更多的收入，这让他感觉自己的心情越来越愉快。"生活原来是这么的美好啊！原来每一天我们都是可以如此快乐的！"他很感慨地告诉自己的妻子。

是的，我们的心情会直接改变我们的形象，有了好的心情，我们就会多一点微笑，而我们的笑容就是我们善意的信使。我们的笑容能够照亮所有看到它的人。对那些整天都皱着眉头、满面愁容的人来说，我们的笑容就如同穿过乌云的太阳；尤其对那些经常承受上司、客户、老师、父母或子女的压力的人而言，一个微笑就能帮助他们了解到一切都是充满希望的，也就是说，他们会明白这个世界是充满欢乐的。与此同时，因为我们的付出，好心情还能为我们赢得事业、尊重、友谊、爱情，赢得我们想象中的一切美好的未来。

生活在这个世界上的每一个人，都希望能够过上幸福美满的生活，希望自己能够有一个美好的未来，能够受到别人的关注，每当我们抱怨为什么自己失败多于成功的时候，不妨认真地反思一下，我们的心情是不是影响着这一切，我们的情绪是好的时候多，还是坏的时候多。也许真正的答案，就在其中。

放弃那些不属于自己的东西

我们没有资格，也没有必要去争取那些不属于自己的东西。

有位女作家自从来到美国加州以后，就过得十分惬意，她发现这里的气候条件得天独厚，环境非常优美，空气无比清新，在她看来，这里的阳光甚至都是格外迷人的。

女作家到美国没多久，有一次在午后出来漫步，突然觉得前面不远处有亮光，走近后才发现，原来是人行道上种植的一棵棵橘树，树上挂满了沉甸甸、黄澄澄的果实。这就是当地非常有名的花旗蜜橘，它是享誉世界的新鲜水果，能在美国亲眼见到这种果树，让女作家倍感荣幸。看到浑圆结实的果实，她不禁产生了一个疑问，这些诱人的果实，为什么会没有人采摘呢？难道是因为橘子的味道不好，或者说美国人不喜欢吃橘子？

女作家带着这个疑问，决定去弄清楚事情的真相。于是她顺着橘子树继续漫步，足足走了半个多小时，也没有一个行人经过这里。正当她准备调转方向回到住处的时候，前面出现了一个背着书包、脚踩旱冰鞋的美国中学生，这个孩子正奋力地朝她所站的方向滑来。女作家有礼貌地向他招了招手，并将自己的疑问向这个孩子说明。

对于女作家的疑问，这个孩子并没有马上进行回答，而是先拿出手帕擦了擦脸上的汗水。随后孩子向女作家解释了她所问的问题。其实，这里的橘子是很可口的，美国人也非常爱吃橘子。女作家又问孩子，那为什么橘子都快烂掉了也没有人吃呢？女作家觉得这样很浪费、很可惜。美国孩子却回答说："这是路边种植的橘子，不是我所种植的，我没有资格去吃，它也不属于我。"

这个孩子的背影渐渐地消失了，女作家却在孩子的回答中品味了很久——不属于自己的东西，是没有必要也没有资格去争取的。

很多人之所以不快乐，就是正因为觊觎着本就不属于自己的东西，因为得不到所以不快乐，而得到的人却可能因为心中的不安而感到忧郁。事实上，不是自己靠劳动所获得的东西，本身就是不属于自己的，幸福和快乐只有建立在自我努力的基础上才能够永远持续下去。

宋元更替的时候，各地战争不断，到处兵荒马乱。一天，许衡和几个朋友一起外出，途经刚被战争洗劫过的豫北地区，因为这里的百姓都逃难去了，所以大片的田地都荒芜了。当时正值盛夏酷暑之际，大家都顶着烈日在赶路，一个个汗流浃背、口渴难耐，走了很久也没有找到水喝。

正在此时，同行的一个朋友连喊带叫兴奋地向前跑去。原来在前面不远处的道路旁边挺立着一棵高大的梨树，树枝上挂满了黄澄澄的大梨。大家高兴地一哄而上，争先恐后地摘梨来解渴。只有许衡一个人坐在树荫下没有动，他好像没有看见那些大梨似的。

此时，他的一个朋友走了过来，递给许衡一个黄澄澄的大梨，并且很奇怪许衡为什么不去摘几个梨来解解渴。许衡接过这个梨，连连称赞是个好梨，并问朋友多少钱一个。朋友说不用要钱的，这是路边的野梨。许衡不赞同，他认为野梨肯定不会长这么大，这梨应该是有主人的。朋友很无奈地告诉他说："这兵荒马乱的日子还讲究什么家梨、野梨？吃了能解渴就行了。"许衡反驳道："这家的主人肯定是逃难去了，我们并没有征得主人的同意，这是一种不道德的行为。"

接着，许衡站起来用手指了指自己的胸口，很诚恳地对大家说："这梨虽然是无主的，但是我们每个人的心都是有主的。既然不是自己的东西，就不能随随便便拿来吃。"接着他又劝大家不要再吃了。众人都笑他太过迂腐。许衡听了别人的讥笑并不生气，但他表示自己宁愿口渴也不会吃这些梨的。

是啊，也许会有人觉得许衡很迂腐，可是只有这样的人，才能够活得踏实、快乐，因为他们有自己的做人原则。

从前，一个农夫在山里干活的时候，挖到了一尊价值连城的金罗汉，周围的朋友得知这件事以后，都跑过来向他道喜。不过农夫却一点也高兴不起来，因为过去他下地干活，只要吃得饱穿得暖就能够无忧无虑，快活自在，可是自从挖到了这尊金罗汉之后，他反倒是吃不香睡不稳。一个月以后，他就瘦成了皮包骨。

农夫之所以变成了这个样子，一方面是因为害怕别人会来偷这尊金罗汉，另一方面，也是最主要的原因，是因为他一天到晚都在绞尽脑汁地想："我只挖到了十八罗汉其中的一尊，那么其他的十七尊到底在什么地方呢？要是我能够挖到另外十七尊罗汉，不就发大财了吗？"正是有了这种贪念，这位农夫就再也没有快乐过。

人的欲望就像滚雪球般越滚越大，若不能及时收手，而是让它无休无止地进行膨胀，就会导致我们的心灵一直处于疲惫不堪的状态，所以对那些本来就不属于我们自己的东西，最好不要心存奢望。

重要的是心中那份满足

2002年1月13日，著名作家海明威短篇小说《老人与海》中主人公的原型——104岁的格雷戈里奥·富恩特斯去世了。

第二天，有27家网站发出这样一张问卷："有这样一个几乎什么都有的人，荣誉——他是诺贝尔奖获得者，地位——他是享誉世界的大师级人物，金钱——他是所在国家的大富翁，爱情——喜欢他的女人非常多，而且都愿意为他奉献一切……总之，他是一个让所有人都非常羡慕的人。可是，在他又一次获奖之后，没过几天，却选择结束了自己62岁的生命。而他的一个朋友——一个几乎一无所有的渔夫，却悠然自得地在海边颐养天年。现在请问各位：为什么一个拥有许多东西的人选择了自杀，而另一个一无所有的人却选择了活下去？如果你已经知道了答案，请把它告诉我们，我们将会把它刻在这位诺贝尔奖获得者的墓碑上，因为至今为止，他的墓碑还是空的。"

问题提出后，每家网站的点击率都非常高。一段时间之后，几家网站都根据点击率，公开人们所选择的答案。

A网站的最佳答案是——墓碑正面：无话可说；墓碑背面：生命是一种非常美好的东西，好到你不论选择以怎样的方式度过都像是一种浪费。

B网站的最佳答案是——墓碑正面：人生最大的满足来源于对目标的追逐；墓碑背面：一个人一旦在自己所从事的行业达到了巅峰，就会有一种空前的寂寞感，这种寂寞感带来的绝望与迷茫会把你送往天堂。

C网站的最佳答案是——墓碑正面：成功是一件非常可怕的事情；墓碑背面：人人都追求成功，其实，成功的背后常常隐藏着魔鬼，而失败背后才有一个拯救生命的天使。

当一些网站还在陆续公布答案的时候，大家对此已经失去了兴趣，因为那个渔夫的儿子，在这段时间内已经公开了一封信，据说是海明威在去世前一天写给渔夫，并交代他帮忙刻在墓碑上的。具体是什么内容呢？那就是——

人生最大的满足，不是对自己的地位、收入、爱情、婚姻、家庭生活的满足，而是对自己的满足。

这段话，应该引起所有人的思索。

古往今来，多少人为名利财富而心醉神迷，永无止境地追逐，结果往往是身体精神均受累。

人生在世，人们常常被名利所束所累，其实，名利对任何人来讲都是一种心理上的慰藉，只是对自我价值的一种评定。可是没有名利的人，常常会对自己的价值产生怀疑，进一步对自己存在世上的价值失去信心。因此，很多人不惜终身求索名利，最终使名利的绳索变成自己生命的绞索，断送了所有的快乐与欢笑。

其实，我们只有懂得守候自己心中的那份满足，才会成为一个真正快乐、幸福的人。

一位很有才华的年轻诗人，创作了无数吟风咏月、写景抒情的诗篇，可是他生活得并不开心。因为，他一直都不满足于自己只是写写诗，他更倾向于做一位科学家——那是门他一点都不了解的学科。

诗人去向一位老钟表匠请教。老钟表匠听了他的话后，没有说话，而是把他领到一间四面陈列着各种各样名贵钟表的小屋子里。这个诗人从来没有见过这么多名贵的钟表，它们有的能发出美妙的音乐，有的会发出鸟叫声，有的外形像飞禽走兽……正当他看得入神的时候，老钟表匠从柜子里拿出一个小盒子，打开后取出一只样式非常精美的金壳怀表。这只怀表不但样式精美，而且除了能准确地标明日期外，还能清楚地显示出星象的运行等信息，简直是一只无所不能的"魔表"。

诗人看后爱不释手，他很想拥有这只"魔表"，就开口询问价钱。老钟表匠微笑了一下，只要求用这只"魔表"换下诗人手中的那只普普通通的手表。

诗人当然非常愿意，比起这只"魔表"，自己的手表又算得了什么呢？诗人在得到这只"魔表"之后，珍爱至极，不论是吃饭还是走路，甚至连睡觉时，都会戴着这只表。

可是，过了一段时间之后，诗人渐渐开始对这只表不满意了。他跑到老钟表匠家，告诉老钟表匠希望换回自己原来那只普通的手表。

老钟表匠故作惊讶地问："你对这块珍贵的怀表还有什么不满意的地方吗？"

诗人如实相告："尽管它的功能非常多，但它每天都会快上几分钟。人们戴表本来是要它指示时间的，我现在戴着它却搞不清准确的时间，并且根本就没有人来问我星象的运行，所以这只表对我来说用处并不大，还不如我原来那只普通的手表有用。"

老钟表匠听后，还是微微一笑，把"魔表"放在桌上，意味深长地说："年轻人，我想告诉你的是'你认为好的不一定就适合你，现在你拥有的已经够多了'。"

这时，诗人才恍然大悟，终于明白了老钟表匠的深意。

伟大的哲学家苏格拉底在还是一个单身汉时，曾经和几个朋友一起挤在一间七八平方米的小屋里生活。这么多人同居一室，不方便是自然的，但他一天到晚总是笑呵呵的。

有人问他："你和那么多人挤在一起，连转个身都很困难，还有什么可高兴的？"

苏格拉底回答说："朋友们住在一块儿，随时都可以交流思想，交流彼此的感情，这难道不是一件很值得高兴的事情吗？"

过了一段时间以后，朋友们一个个都相继成家，最后都搬了出去。小屋子里只剩下了苏格拉底一个人，但是他每天仍然很快乐。

于是，那人又来问苏格拉底："现在别人都搬走了，就剩下你一个人孤孤单单的，你怎么还这么高兴呢？"

苏格拉底回答说："我当然高兴啦，因为我这里有很多书啊！每一本书就相当于一个老师，和这么多的老师住在一起，随时都可以向它们请教，这难道不值得令人高兴吗？"

几年之后，苏格拉底也成了家，搬离了这里，住进了一座大楼。这座大楼共有七层，他的家住在最低层。最低层在这座楼里的环境是最差的，上面的住户老是往下面泼污水，丢死耗子、臭鞋子、破袜子和乱七八糟的脏东西。苏格拉底仍旧能够自得其乐。

原先的那人又好奇地问："你住在这样的房间里，也会感到高兴吗？"

苏格拉底情不自禁地回答说："是呀，你不知道住一楼有多少好啊！进门就到家，不用费劲爬楼梯；搬东西也很方便，不必费很大的劲儿；朋友来访容易找，用不着一层楼一层楼地去挨个叩门询问……最让我满意的是，可以在屋前屋后的空地上养一丛一丛的花，种一畦一畦的蔬菜。这么多的乐趣，数也数不完啊！"

之后又过了一年，苏格拉底把他这一层的房间让给了一位朋友，因为这位朋友家中有一位偏瘫的老人，上下楼都很不方便。苏格拉底就搬到了楼房的最高层，可是每天他仍然很快乐。

那人忍不住揶揄地问："尊敬的苏格拉底先生，住在七层楼上是不是也有许多好处呀？"

苏格拉底回答说："当然啦，好处可是真不少呢！仅举几例吧：每天都需要上下几次楼梯，这非常有利于身体健康；光线也很好，看书写文章不会伤眼睛；没有人在头顶进行干扰，白天黑夜都有一个非常安静的环境。你说我住这么好的地方，能不高兴吗？"

再到后来，那人遇到了苏格拉底的学生柏拉图，就问他："你的老师总是那么快乐，可我怎么感觉，他每次所处的环境并没有他说的那么好呀。"

柏拉图回答说："决定一个人心情好坏的，是他的心境，而不是他所处的环境。"

任何对客观环境的不满和抱怨都是无济于事的，只有以乐观向上的心态去面对，才是解决问题的最佳途径。相同的瓶子，你为什么要选择装毒药呢？同样的内心，你为什么要将烦恼装满其中呢？

学会享受淡定的人生

不要羡慕别人腰缠万贯，他们不一定比你更快乐。

一位富翁在一个码头上遇到一个刚从海上捕鱼回来的渔夫。渔夫神情开朗，似乎一天的收获还可以。

这位富翁问渔夫："你要用多少时间才能抓到这么多鱼啊？"

渔夫回答："才一会儿工夫罢了。"

富翁又问："你为什么不多花点时间多抓一些鱼呢？"

渔夫不以为然地说："这些鱼已经够我一家人两三天的生活所需了。"

接着，富翁又问："那么除了捕鱼，你一天剩下那么多的时间都在干什么呢？"

渔夫说："我每天睡到自然醒，出海抓几条鱼，回来后跟孩子们玩一会儿，再跟妻子睡个午觉，黄昏时候到村子里的小饭店吃些小菜，喝点酒，跟朋友们玩玩吉他，我的日子过得充实而又忙碌。"

富翁是个经济学博士，他说："你每天应该多花一些时间去抓鱼，到时你就有钱去买一条大点的船。这样你就可以抓到更多的鱼，然后买更多的船，甚至会拥有一个自己的船队。到时候你就不必把鱼卖给鱼贩子，而是直接卖给加工厂了。然后你甚至可以自己开一家罐头加工厂。这样一来，你就可以控制生产、加工处理和行销整个过程。你的财富会像雪球一样，越滚越多，你还可以离开这个小渔村，搬到墨西哥城，再搬到洛杉矶，最后到纽约，在那里经营你不断发展壮大的事业。"

渔夫问："这要花多少时间呢？"

富翁说："如果一切顺利的话，大概需要 15 年到 20 年的时间。"

渔夫继续问："然后呢？"

这位富翁说："然后你就可以在家当国王了。时候一到，你就可以宣布股票上市，把公司的股份卖给投资大众。到时候你就发大财了，你可以轻轻松松地赚上几个亿，这要远比你现在的生活好得多。”

渔夫接着问：“然后呢？”

这位富翁就得意地大笑说：“到那时你就可以退休了，你可以搬到海边的一个小渔村去住。每天睡到自然醒，出海随便抓几条鱼，跟孩子们玩一会儿，再跟妻子睡个午觉，黄昏时分，你可以到村子里的小饭店吃些小菜，喝点酒，跟朋友们玩玩吉他什么的！”

渔夫很疑惑地说：“用得着那么费劲吗？现在我不就这样生活了吗？”

故事里的渔夫并不是没有追求，不求上进，而是他所追求的东西有别于富翁，因为他明白自己最想要的是什么样的生活，他现在的生活过得很快乐，他没有足够的阅历让他如那位富翁所说的那样去做，他自己很明白这一点，所以并不刻意去追求富翁的生活。更重要的是，他非常坦然地享受着自己的生活，并不在乎别人怎么看。

渔夫的智慧，就在于他用淡泊的心态去体悟生活，而不是和自己过不去，去追求不适合自己的目标。

对很多人而言，人生的苦恼，不在于自己获得多少，拥有多少，而是奢望得到更多。当一个人奢望得到更多，而自己又无能为力时，就会感到失落与不满。有些人甚至从此开始折磨自己，使自己变得一点都不开心。

在现实生活中，这种情绪非常普遍。人们在职业选择上更倾向于追求比较高的收入，但职业并不能保证也不能代表你个人的事业成功，让人艳羡的职务，能够看见蓝天白云的宽敞办公室，这些其实无法给你一份愉悦的好心情。

20 世纪 20 年代初，一群名噪一时的美国大亨汇集芝加哥。他们中间有：美国最大的钢铁公司总经理，美国最大的公用事业公司总经理，美国最大的小麦投机商，美国纽约股票交易所经理，一名总统内阁成员，美国最大的空头生意投机商，一家大银行行长，世界垄断集团的头目。他们的手中掌握了总数超过美国国库总额的财富，红极一时。

但 25 年后，他们又怎么样了呢？钢铁公司总经理死于银行倒闭，死前五年靠借钱度日；公用事业公司经理亡命他乡，身无分文死在异国土地上；小麦投机商因破产死于国外；股票交易所总经理释放于某监狱；内阁成员服刑期间获特赦死于家里；投机商死于自杀；银行行长死于自杀；垄断集团头目亦死于自杀。

这些人学会了赚钱，却没学会该如何生活。这些“叱咤风云”的人物的可悲之处在于，他们把赚钱当作了生活的唯一目标。从某种意义上讲，学会生活比学会赚钱更重要。

其实，只要我们珍惜已经拥有的，尽心尽力做好能够做到的事，把剩下的交给上天就可以了。这样，我们的心中就会保留一份悠然自得，就不会再责备、怨恨自己没有做好什么事情了。

在生活中，人们总是忙着追求这、追求那，可是我们只有两只手，我们能握住的东西毕竟有限，想要满足自己的全部欲望是不现实的，甚至还会因为追求太多而失去更多。假如我们处于这样的境地，还不如把握好手中的东西，淡定、从容地享受生活的快乐。

适合自己的才是最好的生活

有一天，悠闲自得的上帝突发奇想："如果让现在生活在世界上的所有生存者们再活一次，他们会如何选择呢？"于是，上帝便给众生发了一份问卷，让众生填写。

答卷收回后，结果让上帝吃惊不已：

蛇这样回答："如果让我再活一次，我想做一只青蛙，处处受人类的保护。而我们呢，无论走到哪里，都要遭人毒打，还要吃我们的肉，这样活着有什么意思？"

青蛙这样回答："如果让我再活一次，我想做一条蛇，人见人怕，都躲得远远的。而我们呢，被人们想方设法地杀了吃掉。"

猪这样回答："如果让我再活一次，我想做一头牛。虽然生活苦点，但是名声好。而我们似乎是傻瓜、懒惰的象征，就连骂人都说成'蠢猪'。"

牛这样回答："如果让我再活一次，我想做一头猪。我吃进去的是草，挤出来的是奶，做的都是力气活，也没有人给我评过功，发过奖？做猪多潇洒，吃了睡，睡了吃，肥头大耳，生活赛过神仙，好不逍遥自在。"

最有趣的莫过于人的答卷了。男人们一致填写为："如果让我再活一次，我想做一个女人，上电视、做广告、登报刊、印挂历，可谓是风光无限。"

而女人们的答卷一致填写为："如果让我再活一次，我想做个男人，时常出入酒吧、餐馆，不用干家务，还摆出一副大男子主义的架势，多快活！"

这则寓言值得掩卷细品，它写出了世人常犯的毛病。

实际上，我们每个人都不必总是眼红他人的生活，也许自己所拥有的才是最好的、最适合我们自己的。

适合他人的并不一定就适合你，你眼中他人的幸福或许对于她（他）而言正是一种苦难也未可知。找到最适宜自己的生活方式，活出自己的味道，即便是有酸有苦，也值得我们去珍惜与品味。

人不是活给别人看的

人类是很奇怪的动物，很多时候，会因为介意别人的看法而改变自己的初衷。明明告诫自己不用理会别人怎么说怎么做，可一旦事到临头，就很难跳出“要活给别人看”的怪圈。

其实别人的看法不一定就是一面澄净的镜子，人活着最重要的是问心无愧，其余不应受到太多束缚。

人活着，不是活给别人看的，而是为自己而活的。假如你每做一件事都瞻前顾后、畏首畏尾，就会活得没有自我，又怎会感到不累呢？

任何一个人都无法做到人人满意，虽然他已是竭尽全力了。因此，一个人不要因为别人的讨厌而失望，要时刻提醒自己：无论你做得多么出色，总会有人不喜欢你。

布思·塔金顿是美国20世纪最著名的小说家和剧作家，他的作品《了不起的安德森家族》和《艾丽丝·亚当斯》都曾经获得过美国文学的最高奖项——普利策奖。

在一次艺术家作品展览会上，两个小女孩虔诚地请他签名。布思·塔金顿当时没有自来水笔，只好说：“我没带自来水笔，用铅笔可以吗？”

其实他知道，她们自然不会拒绝的。这时的他只是打算表现一下一位著名作家谦和地对待普通读者的大家风范而已。

“当然可以。”女孩们果然爽快地答应了。她们的脸上都带着兴奋的神色，这让布思·塔金顿感到欣慰。

一个女孩很快就将精致的笔记本递给布思·塔金顿。他马上取出铅笔，潇洒自如地写上了几句鼓励的话语，然后签上了自己的名字。

谁知女孩看过他的签名后，眉头顿时皱了起来。她仔细看了看布思·塔金顿，问道：“难道你不是罗伯特·查布斯？”

“我不是，”布思·塔金顿非常自负地告诉她，“我是布思·塔金顿，《艾丽丝·亚当斯》的作者，还是两次普利策奖的获得者。”

不料，那个小女孩将头转向另一个女孩，耸耸肩不屑地说道：“玛丽，把你的橡皮借我用用。”她拿过橡皮后，飞快地把布思·塔金顿的签名擦掉了。

刹那间，布思·塔金顿感到非常失望，所有的自负和尊严瞬间化为难堪。

直到回到家里，他仍然为这件事而感到难过。这时，他的儿子走了过来，给了他一个橘子。他的儿子非常喜欢吃橘子，可他平常再好的橘子也不吃。于是，儿子就劝他说橘子富含维生素C，多吃橘子对身体有好处。

心情烦躁的他回答道："橘子再好我也不喜欢吃，因为我根本就不喜欢橘子的滋味。"话音刚落，他突然意识到什么，马上高兴起来。

原来，他悟到了一个道理：哪怕是像橘子这么好的水果，也照样有人不喜欢。其他的事又何尝不是这样呢？

在生活中，我们经常可以见到一些人无视自己的意愿，反而活在别人的标准里，在别人的评价里找寻自我存在的价值。这是多么可悲的事情啊！

过于在乎别人的看法，只会乱了自己的方寸，从而分散了自己本该用来思考的精力，人生也就因此会迷失方向。这样的人，只会活得越来越沉重。

我们应该怎么做呢？当然是坚持自我，不因别人的评价违背自己的心意，尊重自己的生活方式，做自己真正想做的事，成为自己真正想成为的人。只有这样，我们才能活得更快乐，才能真正体现自己的价值。

吃亏是福是生活学问

"吃亏是福"的思想，是中国的传统思想。这是中国哲人所总结出来的一种人生观。它包括了愚笨者的智慧和柔弱者的力量，领略了生命含义的旷达和由吃亏隐退而带来的宁静安稳。

因此，如果我们知道福祸经常是并行不悖的，而且福尽则祸也至，而祸退则福也来的道理，那我们就真的应该采用"谦""让""愚""怯"这样的态度来趋福避祸。所以"吃亏是福"不失为一种特殊的人生处世哲学。"吃亏是福"也是一种生活的学问。

所谓"吃亏"大多是指物质上的损失，倘若一个人能用外在的吃亏换取心灵上的平和与宁静，就会得到人生的幸福。记不清是哪位哲人曾写下过下面这段令人拍案叫绝的文字，的确是对"吃亏是福"的最佳诠释。

人，其实是一个很有趣的平衡系统。当你的付出超过你的回报时，你一定取得了某种心理优势；反之，当你的获得超过了你付出的劳动，甚至不劳而获时，便会陷入某种心理劣势。很多人拾金不昧，绝不是因为跟钱有仇，而是因为不愿意被一时的贪欲搞坏了长久的心情。一言以蔽之：人没有无缘无故的得到，也没有无缘无故的失去。有时，你是用物质上的不合算换取精神上的超额快乐。也有时，看似占了金钱便宜，却同时在不知不觉中透支了精神的快乐。所以先哲强调：吃亏是福，就是这样一个道理。

生活中，许多人以低调的姿态做着各种各样的好事。在不同程度上，我们常说的“圣人”当然就是他们。

是呀，吃亏就是福，生命中吃点亏不算什么。吃亏了能换取难得的和平与安全，能换取身心的健康与快乐，吃亏也是值得的。更何况，在吃亏后的和平和安全期内，我们能够重新调整自己的生命，并使它再度绽放出绚丽的色彩。

“和平主义”的信仰者，同时也一定是“吃亏是福”的信奉者。林语堂先生在《生活的艺术》中对所谓“和平主义者”这样描述：“中国和平主义的根源，就是能忍耐暂时的失败，静待时机，相信在万物的体系中，在大自然动力和反动力的规律运行之上，没有一个人能永远占着便宜，也没有一个人永远做‘傻子’。”

所谓大智者，经常是若愚的。且唯有其“若愚”，才彰显其“大智”本色。其中的“若”字在这里非常重要，不是“是”的意思，而是“像”的意思。

所以，在“吃亏是福”的前提下，人最难做到的一个是“知足”，另一个则是“安分”。“知足”则会对一切都感觉满意，对所获得的一切，内心充满感激；“安分”则使人从不奢望那些根本就不可能得到的，或压根儿就不存在的东西。没有痴想，也就没有邪念。表面上看来虽然“吃亏是福”以及“知足”“安分”会给人以不思进取之嫌，但这些思想也是在教导人们努力成为对自身有清醒认识的人，做一个正常清醒的人。这是因为，一个很明白的事实——不需要任何理论就能够证明的是，一切的灾祸，不都是在于人的“不肯吃亏”，或者说是“不知足”与“不安分”上吗？

所以，做人要低调些。低调是一种境界，一种品质，一种谋略，一种修养，一种海纳百川的胸怀，一种圆熟睿智的情怀，更是赢取人生、获得成就的金光大道。低调崇尚的是一种埋头苦干的作风、一种执着探索的精神、一种精益求精的风格，低调更是一个人安身立命的不变原则。

如果你愿意吃亏，并能够学会低调做人，也就学会了在为人处世时如何放对自己的位置。低调一点，谦虚一点，该说就说，该做就做，和气友善，甘心让人。低调做事就是脚踏实地，勤劳苦干，从小做起，从细微抓起，涉猎广泛，扎扎实实做出成绩来。

纵观古今，博览中外，真正成功者通常只是少数。而成事之道，就是要甘愿吃亏，低调做人。因为如果愿意吃亏，不心浮气躁，就能用平常心来面对喧嚣的尘世，就能够咬定青山不放松，就能够把事情做透、做深、做细。可以说，吃亏是一种低姿态的精明做人策略，是成功的秘诀之一，能否懂得这一点，将在很大程度上决定着你的成功进程。

做人不可耿耿于怀

在西汉桓宽所著的《盐铁论·毁学》中有这样一句话："君子怀德，小人怀土；贤士殉名，贪夫死利。"意思是说，如果你想成为君子，就不能像小人一样贪恋蝇头小利。用通俗一点的话说，就是做人不要太斤斤计较。

俗话说，人非圣贤，孰能无过？是人就难免会有过失，因此所有人都有需要他人原谅的那一天。做一个愿意理解并宽容他人的人，才会处处受欢迎。

在日常生活中，我们时常会遇到这样的人：遇到一点委屈或很小的损失就斤斤计较，听到与自己相左的意见或者碰到比自己强的人就耿耿于怀。我们也都有过误解他人与被他人误解的经历。

很多人一旦身陷争斗的旋涡之中，就会不由自主地焦躁起来，有时为了自己的利益，甚至只为了虚无的面子，也要强词夺理，一争高下。一旦自己得了"理"，就绝不饶人，非逼得对方鸣金收兵或者自认倒霉不可。这次你吹着胜利的号角得意地走了，"战败"的一方对你的"得理不饶人"愤恨难平，当然会伺机"讨还"。

所以，在争斗的时候，即使自己有理，也应让别人三分；给他人让出了台阶，也就为自己攒下了人情，留好了后路。

做人就应该宽以待人，要有主动"让道"的精神。在与他人交往的过程中，往往会因为双方个性、脾气、爱好、要求的不同，价值观念的差异等产生矛盾或冲突。这时我们应记住一位哲人的话："航行中有一条公认的规则，即那些操纵灵敏的船应该给不太灵敏的船让道。我觉得，这在人与人的交往中不妨借鉴一下。"

一个不愿意容忍他人缺点的人，是不会受到他人欢迎的。那种只知道对人吹毛求疵，爱没完没了地批评说教的人，怎么可能拥有亲密的朋友呢？人们对他只有敬而远之罢了。

有一个女人，总喋喋不休地向人诉说自己的邻居不爱干净。一次她故意将一位朋友领到家里，指着窗外说："您看那家绳上晾的衣服多脏啊！"可那位朋友却悄悄地对她说："如果你看仔细些，会发现脏的不是人家晾的衣服，而是你自家的窗户。"

在同一片蓝天下生活，我们为什么不能学着去宽厚地待人，放下对别人的指责呢？理解和容忍并不会给自己带来任何损失，狭隘的行为却会让我们在某些事情上吃亏。

有一个大学生毕业后顺利进入一家外资公司的外贸部工作，但不幸的是，他遇到了一个爱拍马屁，却什么本事都没有的主管。主管每天下班后装模作样地跟着日本课长拼命“加班”，把白天理好的文件弄得乱七八糟，一旦出了错，就会将责任全部推给这个大学生。

这个大学生不算是个好“争”的人，只好忍气吞声地等日本课长长出“火眼金睛”来，结果等了三个月，一句公道话也没有等来。

大学生一气之下，就去了另一家外资公司就职。在那里，工作卖力的他很快就博得了其他同事的称赞。但无论如何他也无法让苛刻、暴躁的经理满意。心灰意冷的他又萌生了跳槽之念，于是就向总裁递交了辞呈。

总裁没有竭力挽留他，只是告诉他自己处世的一条经验：假如你讨厌一个人，那么你就要试着去爱他。总裁还说，他在年轻时就曾鸡蛋里挑骨头一样在一位上司身上找优点，结果，他还真发现了上司两大优点，而上司也逐渐喜欢上了他。但气量不大的大学生还是无法忍受下去，最终还是递交了辞呈，跳到了另外一家公司。听说，这家公司的上司也非常让他受不了，他还想继续跳槽。

我们可以想象这个大学生以后的职场生涯也会由于忍受不了别人的缺点，而永远在跳槽。放不下狭隘的思想、斤斤计较的人，最终只会一事无成。

与人交往，气量一定要大一些，切忌斤斤计较。你给我半斤，我就给你八两，你敬我一尺，我就敬你一丈，对待他人的过失，则应抱着宽容的心态，这样才有利于人际关系的良性发展，才能更快地踏上成功之路。

很久以前，有一位住道士在山中茅屋修行。有一天，他在林中散步，一个小偷竟然光顾了他的茅舍。道士回到茅屋时，小偷正在屋中偷东西。他怕惊动小偷，一直都在门外等着。小偷出来见到道士后大吃一惊。道士却满脸笑意地对他说：“你走老远的山路来探望我，总不能让你空手而归吧！夜凉了，你披着这件衣服走吧！”道士把身上的衣服给了小偷，然后小偷逃走了。第二天，道士看到门口放着昨天披在小偷身上的外衣，叠得整整齐齐的。

这位道士以宽容之心感化了小偷，使小偷改邪归正，正所谓“以爱对恨，恨自然消失”。

宽容不仅是做人的美德，也是一种明智的处世原则，是人与人交往的润滑剂。将心比心，才能做到宽以待人，进而推己及人。将心比心，就是设身处地地为他人着想。还可以用角色互换的方法，假设自己站在对方的位置上，想一想会有什么样的反应和感觉，从而理解和体谅他人。懂得了这些，当别人理亏时，你就会大度地宽容对方，对方也才会在你理亏时容让你。

大部分所谓的厄运，只不过是因为对别人一时的计较、狭隘或刻薄，而在自己的前行道路上自设的一块绊脚石罢了；而大部分所谓的幸运，也是因为无意中对别人一时的宽容、恩惠或帮助，而拓宽了自己的成功道路而已。

别让计较害了你

很多人都会斤斤计较，其根源何在？计较的根源，其实就是猜疑。

猜疑是人性的一大弱点，它会让我们变得过分计较，从而破坏原本和谐的生活和感情。

猜疑也是一个谜阵，人们陷于其中就会方寸大乱，失去了原来的风度和修养。一个人一旦掉进猜疑的陷阱，就会处处神经过敏，事事捕风捉影。假如我们保持乐观的心情和清醒的判断力，也就不会有猜疑了。

在一棵大树上的鸟巢里住着两只鸟，一只雄鸟，一只雌鸟。它们为了储存过冬的粮食，采了很多水果回来，把鸟巢堆得满满当当的。这天，因为天气很好，光线强烈，鸟巢里的水果都被晒得脱水了，体积变得很小。此时雄鸟从外面采食回来发现原来堆得满满的水果似乎少了许多，就问雌鸟："我们一起辛辛苦苦地采集水果，为什么你吃了却不告诉我呢？"雌鸟说："我没有偷吃啊！"雄鸟生气地说："不是你吃了，水果怎么会少了这么多呢？明明就是你偷吃的，还不承认！"雌鸟十分委屈地说："我真的没吃！"雄鸟十分生气，就狠心地用嘴啄雌鸟，一直把它啄得遍体鳞伤。雌鸟忍受不了这样的虐待和委屈，就伤心地飞走了。不久之后，下了一场大雨，因为雨水的浸泡，水果又膨胀了起来，和原来一样占满了鸟巢。这时雄鸟才知道自己是多么愚蠢，顿时感到万分后悔。于是它一直啼叫，希望能把雌鸟唤回来，但是它再也没看到雌鸟的影子。

猜疑更是一种消极的自我暗示心理，是一种不符合事实的主观想象。有猜疑心理的人，看待事物的时候往往会先主观假定一个自己认为合理的看法，然后将很多毫无联系的现象经过自己的"合理想象"关联起来，从而证明自己的看法是正确的。为了达到这种目的，有人甚至会无中生有地制造出一些假象来，最后导致越猜越疑，越疑越猜。猜疑心使他们提心吊胆地生活，无法解脱出来，因此痛苦万分。如果一个人被猜疑占据了心灵，那就容易酿成无法挽回的悲剧。

在美国佛罗里达海域深处生活着两种奇怪的海洋生物，一种是头盔鱼，这种鱼的头上长着一个像头盔一样的东西。由于有了坚硬的头盔，通常而言形体小一点的动物对它根本构不成威胁，但这也给它的行动带来了诸多不便：因为头盔太沉重，它游动一阵就会感到非常吃力，必须停下来休息几分钟，才能继续向前游动。

还有一种动物叫做巨蝎虾。巨蝎虾长得既像蝎子又像虾，体重在10公斤左右。巨蝎虾有两把巨钳，动作敏捷，极擅捕食。但是它总是把握不准猎物所在的方位，感官非常迟钝。

而头盔鱼的感官，相对就灵敏得多，它的皮肤能够感觉到几公里以外的动物。因此，巨蝎虾和头盔鱼经常互相合作，一起进行捕食。

头盔鱼与巨蝎虾的特长各不相同，所以它们的分工很明确。头盔鱼负责指明方向，诱敌深入，巨蝎虾则负责跟踪猎物，并将其捕获，然后它们一起进食。在食物充足的季节，它们合作愉快，收获颇丰。但在食物匮乏时，它们就产生了矛盾。假如巨蝎虾按照头盔鱼指示的方向一连几天都不能捕到猎物，它就会认为头盔鱼是在玩弄自己，于是就会趁头盔鱼不备时向其发动攻击。这时头盔鱼本能地躲避，但是它的头盔太沉重，常常躲不开巨蝎虾的猛烈攻击，所以，为了不让巨蝎虾得逞，头盔鱼只得拼命自保。当头盔鱼被逼入绝境时，它会做出一些让人感到不可思议的事情来——与巨蝎虾同归于尽。头盔鱼会凭着自己灵敏的感官将巨蝎虾带到虎鲸聚集的地方，而后毫不犹豫地钻入虎鲸的口中。巨蝎虾就这样糊里糊涂地跟头盔鱼一起断送了自己的性命。

这两种动物的悲剧命运，就是由于它们相互猜疑造成的。有人不明白相互信任的道理，认为自己只能相信自己，其他人一概不值得信赖。我们总在无意识中对别人严格要求，总觉得自己永远是对的，别人一定是错的，于是开始猜疑别人，在猜疑中计较着个人的得失。每日都在这样“算计”的人，自然就感受不到生活的快乐。

猜疑心重的人，总是特别注意别人的态度，别人随口说几句话，可能他就会觉得是对自己有什么看法了。这类人心中充满疑惑，也不愿公开展示自己，整天闷闷不乐地活在自己的世界里。爱猜疑的人，在怀疑别人的同时也会怀疑自己，对自己的能力失去信心，变得自卑和消极。

为了不让头盔鱼和巨蝎虾那样的悲剧重演，我们一定要克服猜疑心，不能事事斤斤计较。

攀比没有幸福人生

“活得太累了”，这句话仿佛成了现代人的心声，很多人都经常发出这样的概叹。

是的，稍微有点人生阅历的人，谁不曾感到过深深的疲惫？

不过，一位活了90多岁的高寿老人的话或许能给我们一些启示：做个好人其实很容易，拥有幸福的人生也非常简单，那就是不要用自己的错误惩罚自己，不要用自己的错误惩罚别人，不要用别人的错误惩罚自己。

“有这样三条原则，我们就不会活得太累。”老人说。

总结出这“人生幸福三诀”的老太太，是位很有来历的知识女性，她叫张允和，丈夫是著名的语言学家周有光，妹夫是大文豪沈从文。

老人张允和也曾颠沛流离过，这“幸福三诀”正是她从自己的人生苦难和艰辛中大彻大悟得来的。

第一条，不要用自己的错误惩罚自己。

其实，生活中的很多烦恼，都源于自己跟自己过不去。“人非圣贤，孰能无过”，如果我们每犯一个错误，就终日沉浸于无尽的自责和哀怨之中，那么我们的人生就会像诗人泰戈尔所说的那样：错过了太阳，还将失去群星。懊恼与后悔并无用处，我们唯一该做的，就是设法弥补自己的错误，而非深陷自怨自艾的自责之中。

第二条，不要用自己的错误惩罚别人。

也许这个浅显的道理我们都明白，然而做起来却很难。我们通常会因为自己的过错而感到后悔，可是也有不少人尽管怪自己，但因为虚荣心作祟，还会去寻找能够替自己掩饰过错的人，于是，有些人就开始不由自主地拿自己的错误去惩罚别人。事实上，这对我们自身并没有益处，错误还在，而那些无辜的“替罪羊”也一定会奋起反抗的。

第三条，不要用别人的错误惩罚自己。

一座山中住着一位老人，他原本有个幸福的家庭，三个正处于花样年华的女儿把老人照顾得很周到。但是，有一天，不幸突然降临，一帮山贼路过这里的时候把他的三个女儿杀了。

突如其来的悲剧，使老人陷入了痛苦的深渊，他整日以泪洗面，沉默寡言，几乎没有人能体会他的悲痛和愤怒。随着时间的流逝，在亲戚朋友的劝慰下老人逐渐体会到，要让自己的生活步入常轨，唯一的办法是放下愤怒，原谅那些凶手。于是，老人走出家门，用他所有的时间来帮助别人获得心灵的平静以及宽恕他人。老人一天天快乐起来，重新拥有了那久违的平和心境。有人问他，为何不再怨恨那帮凶手？老人说，女儿在天上不希望看到他被痛苦所折磨，所以他放下愤怒是为了自己，希望自己好好地活着。

曾经被人深深伤害过的人，可以分为两种：一种人始终生活在愤怒及痛苦的阴影下，还有一种人却能获得超乎常人的平静与淡然。事实上，即使是遭逢剧变，也不该用仇恨的心态来面对生活，因为放过别人，实际上就是放过自己。也可以说心态决定了一个人过得快乐与否，假如我们选择了计较，那么我们就将在黑暗中度过余生;如果我们选择了忘记仇恨,就等于不再执着于别人犯的错误,那么我们的生活也定将变得更加快乐。

人人都要学会自我救赎,而要想让自己活得更开心,就要牢记本文中的这幸福三诀,这才是把自己救出坏情绪的最好办法。

活着就很好

人的处境总有不同,有人得意,有人失意,有人整天为生活奔波,有人悠闲度日。但有一点是相同的,那就是,我们都还活着。

其实,活着就好。

地震过后,一名富翁死里逃生。记者问他,经过这场大地震后,最大的感受是什么?

这位富翁是这样说的:“我最大的感受是‘活着就好’。经过这次地震,我明白了,其实生命才是最珍贵的,有了生命才会感到幸福的存在,能够活下来是多么的幸运,我一定会更加珍惜生命,珍惜生活。”

是呀,对于那些经受过生死考验的人来说:活着真好,只要活着,就是最大的幸福与快乐。

千万不要因为还没经历过生死,就把活着视为理所当然。生活总是变化多端,我们能够活着,其实本身就是一种幸运,为此我们应该充满感激之情。

对大部分人而言,生命会从始至终,寿终正寝,与草木同腐,这是一种正常的生命模式,我们也习惯了这样。而从另外一种意义上讲,一旦生命遇到变化,偏离了原来的轨道,裸露出其脆弱的本质时,能活着本身,何尝不是最大的幸福与快乐?

在汶川地震期间,有一位男子在地震废墟中被掩埋了50多个小时后,被探查到还有生命迹象,救援人员于是倾尽全力对他实施救援行动。但是,一块巨大的石板压在他的左腿上,而在这块石板的上面,则是一栋摇摇欲坠的楼房,若只顾一味拉出这位男子,就有可能使整栋房子倒塌,从而对楼内的其他人带来威胁。男子的妻子一直守在他的身旁,还对救援人员哭喊着:“求求你们,救救他,他不能死啊!”后来,这名男子被成功地救出,同时在这栋楼的废墟中还救出了几位老人和妇女,可是那名男子被当场锯掉了左腿。有媒体再次去采访这名男子时,只见他的妻子依旧陪护在他身旁,给他擦身子,做按摩,喂他吃饭,和他说话……她说:“就算失去了一条腿,可只要他还活着,对我来说就是最大的幸福。”

无论是对自己，还是身边的亲人来说，还有什么比在灾难中保住生命更重要、更美好的事情吗？还有什么能比活着更快乐、更幸福的事情吗？

生命是美好的，但处在平安之中的我们，却往往忽略了这一点。而那些真正与死神擦肩而过的人，才会豁然感悟其中的真谛，从而更加珍惜生命中的每一分每一秒。

一次，海明威所乘的飞机失事，在死里逃生后读到关于自己的讣告时，他说："一个人有生就有死，但只要你活着，就要以最好的方式活下去。"

我们正是知道了死，才掂出了生的分量。虽然我们经过长途跋涉以后，叩开的依旧是死亡之门，但还是应该去抓住生的每一个瞬间，发掘出生命的真实价值与意义。

现在，我们平安地生活在这个世上，太阳每天照耀着我们，春风每天吹拂着我们，我们还可以自由自在地做着自己想做的事，这一切难道不就是最大的幸福吗？

仅仅活着，其实并不是我们的生活目标，但它可以给我们这样一个提示：月有阴晴圆缺，未来的生活也许会提供给我们愉悦与幸福，但也可能是厄运与苦难。相对于厄运与苦难而言，像现在这样活着，其实不就很好吗？

不攀比才能放飞你的心灵

人生在于选择，选择乐观就会感到轻松，选择攀比就会感到压抑；选择随波逐流就会迷失自己，选择从容坦然则会快乐幸福。一位哲人说："你的心态就是你真正的主人。"一位伟人说："要么你去驾驭生命，要么是生命驾驭你。你的心态决定谁是坐骑，谁是骑师。"保持积极乐观攀比的心态，屏弃消极攀比的心态，才能拥有成功的人生。

不攀比才能让心灵澈明

耶稣说："人不能只靠面包过活，你的心灵需要比面包更有营养的东西。"你有多久没有唱歌，没有到大自然中走一走，没有读诗？是啊，有着极大工作压力，繁重的生活负担的现代人，我们有多久没有关照过我们日益憔悴的心灵了？

其实，每天忙忙碌碌工作的人，并不见得就不能洒脱。关键是要在忙中求闲，苦中见乐，紧张中求轻松。只要你学会享受生活，学会体验生活的快乐，世间一切皆美好。

或许，在某一个夏日的午后，你一觉醒来突然发现，由钢筋水泥簇拥而起的高楼将狭长的影子倾覆在熙熙攘攘的街道上，空中纵横的电线密如蛛网，偶尔栖落的几只可爱的小麻雀，远远望去，如活蹦乱跳的音符，透过喧嚣，竟给人以一种恬淡澈明的美妙。

在这样一个美丽的午后，你何不走出去，带着自己的心灵一起散步，带着自己的心灵一起看看天呢？

是的，抬头看看天吧，朋友，看看苍穹云卷云舒，你会发现，你的心灵从来没有这么惬意过！看看头顶上的那片天，浮云逍遥地飘在广阔的苍穹，似奔马，似群羊，似高山，似游丝。好白的云，好美的云，就在我们的头顶上，悄然无声地上演着一幕幕精彩绝伦的剧目。

你肯定会慨叹：生活中原来有这么美的天空，生活中原来有这么美的云彩！可是，为什么你的步履总是那么匆匆，你的鞋子总是蒙着一层细土，你的履底无缘阅读洁白美丽的云朵？你的心遗忘在何处了？你的眼睛在追逐着什么？你为什么从来没有发现头顶上这片可供心灵散步的青天?

仔细阅读头顶上的这片天吧,你的答案就在其中,天上的云彩最能明白你水一般的心境!

有个长发公主叫雷凡莎,她头上披着很长很长的金发,长得很俊很美。雷凡莎自幼被囚禁在古堡的塔里,和她住在一起的老巫天天念叨雷凡莎长得很丑。

一天,一位年轻英俊的王子从塔下经过,被雷凡莎的美貌惊呆了,从这以后,他天天都要到这里来,一饱眼福。雷凡莎从王子的眼睛里认清了自己的美丽,同时也从王子的眼睛进而发现自己的自由和未来。有一天,她终于放下头上长长的金发,让王子攀着长发爬上塔顶,把她从塔里解救出来。

囚禁雷凡莎的不是别人,正是她自己,那个老巫婆是她心里迷失自我的魔鬼,她听信了魔鬼的话,以为自己长得很丑,不愿见人,就把自己囚禁在塔里。

其实,人在很多时候不就像这个长发公主吗?人心很容易被种种烦恼和物欲所捆绑。那都是自己把自己关进去的,就像长发公主,把老巫婆的话信以为真,认为自己长得很丑,因此把自己囚禁起来。

就是因为自己心中的枷锁,我们凡事都要考虑别人怎么想,别人的想法深深套在自己的心头,从而束缚了自己的手脚,使自己停滞不前。就是因为自己心中的枷锁,我们独特的创意被自己抹杀,认为自己无法成功;告诉自己,难以成为配偶心目中理想的另一半,无法成为孩子心目中理想的父母、父母心目中理想的孩子。然后,开始向环境低头,甚至于开始认命、怨天尤人。

仔细想想,很多时候,在人生的海洋中,我们就犹如一只游动的鱼,本来可以自由自在地游动,寻找食物,欣赏海底世界的景致,享受生命的丰富情趣。但突然有一天,我们遇到了珊瑚礁,然后自己就不愿再动弹了,并且呐喊着说自己陷入绝境。这,想想不可笑吗?自己给自己营造了心灵的监狱,然后钻进去,坐以待毙。

人的一生的确充满许多坎坷,许多愧疚,许多迷惘,许多无奈,稍不留神,我们就会被自己营造的心灵的监狱所监禁。而心狱,是残害我们心灵的极大杀手,它在使心灵凋零的同时又严重地威胁着我们的健康。

不攀比才能让心灵升华

南宋僧人曾作一偈:“身是菩提树,心如明镜台。时时勤拂拭,勿使惹尘埃。”心如明镜,纤毫毕现,洞若观火,那身无疑就是“菩提”了。但前提是“时时勤拂拭”，否则，尘埃厚厚，似茧封裹，心定不会澄碧，眼定不会明亮了。

一个人，在尘世间走得太久了，心灵无可避免地会沾染上尘埃，使原来洁净的心灵受到污染和蒙蔽。心理学家曾说过：“人是最会制造垃圾污染自己的动物之一。”的确，清洁工每天早上都要清理人们制造的成堆的垃圾，这些有形的垃圾容易清理，而人们内心诸如烦恼、欲望、忧愁、痛苦等无形的垃圾却不那么容易清理了。因为，这些真正的垃圾常被人们忽视，或者，出于种种的担心与阻碍不愿去扫。譬如，太忙、太累；或者担心扫完之后，必须面对一个未知的开始，而你又不确定哪些是你想要的。万一现在丢掉的，将来想要时却又捡不回来，怎么办？

的确，清扫心灵不像日常生活中扫地那样简单，它充满着心灵的挣扎与奋斗。不过，你可以告诉自己：每天扫一点，每一次的清扫，并不表示这就是最后一次。而且，没有人规定你一次必须扫完。但你至少要经常清扫，及时丢弃或扫掉拖累你心灵的东西。

每个人都有清扫心地的任务，对于这一点，古代的圣者先贤看得很清楚。圣者认为，“无欲之谓圣，寡欲之谓贤，多欲之谓凡，得欲之谓狂”。圣人之所以为圣人，就在于他心灵的纯净和一尘不染，凡人之所以是凡人，就在于他心中的杂念太多，而他自己还蒙昧不知。所以，圣人了悟生死，看透名利，继而清除心中的杂质，让自己纯净的心灵重新显现。

我们都有清理打扫房间的体会吧，每当整理完好自己最爱的书籍、资料、照片、唱片、影碟、画册、衣物后，你会发现：房间原来这么大，这么清亮明朗！自己的家更可爱了！

其实，心灵的房间也是如此，如果不把污染心灵的废物一块一块清除，势必会造成心灵垃圾成堆，而原来纯净无污染的内心世界，亦将变成满池污水，让你变得更贪婪、更腐朽、更不可救药。

人的一生，就像一趟旅行，沿途有数不尽的坎坷泥泞，但也有看不完的春花秋月。如果我们的一颗心总是被灰暗的风尘所覆盖，干涸了心泉、黯淡了目光、失去了生机、丧失了斗志，我们的人生轨迹岂能美好？而如果我们能“时时勤拂拭”，勤于清扫自己的“心地”，勤于掸净自己的灵魂，我们也一定会有“山重水复疑无路，柳暗花明又一村”的那一天。

有人问古希腊大学问家安提司泰尼：“你从哲学中获得什么呢？”他回答说：“同自己谈话的能力。”

同自己谈话，就是发现自己，发现另一个更加真实的自己。

法国大文豪雨果曾经说过：“人生是由一连串无聊的符号组成。”的确，我们生活中的大多数时光都在很普通的日子里度过，有时，看似很正常的生活，感受上却似走进生活的误区。有点儿浑噩，有点儿疲惫，有点儿茫然，有点儿怨恨，有点儿期盼，有点儿幻想，总之，就是被一些莫名其妙的情绪、感受占据了内心，而懒得去理清。

于是，我们总是在冥冥之中希望有一个天底下最了解自己的人，能够在大千世界中坐下来静静倾听自己心灵的诉说，能够在熙来攘往的人群中为我们开辟一方心灵的净土。可芸芸众生，“万般心事付瑶琴，弦断有谁听？”

其实，我们自己，不就是自己最好的知音吗？世界上还有谁能比自己更了解自己呢？还有谁能比自己更能替自己保守秘密呢？朋友，当你烦躁、无聊的时候，不妨和自己对对话，让心灵退人自己的灵魂中，使自己与自己亲密接触，静下心来聆听自己心灵的声音，问问自己：我为何烦恼？为何不快？满意这样的生活吗？我的待人处世错在哪里？我是不是还要追求工作上的成就？我要的是自己现在这个样子吗？生命如果这样走完，我会不会有遗憾？我让生活压垮或埋没了没有？人生至此，我得到了什么、失落了什么？我还想追求什么？……

这样，在自己的天地里，你可以慢慢修复自己受伤的尊严，可以毫无顾忌地“得意”，可以一丝不挂地剖析自己。你还可以说服自己、感动自己、征服自己。有位作家说的一段话很有道理：“自己把自己说服，是一种理智的胜利；自己被自己感动了，是一种心灵的升华；自己把自己征服了，是一种人生的成熟。”把自己说服了、感动了、征服了，人生还有什么样的挫折、痛苦和不幸而不能征服呢？

让自己常有好情绪

唐代著名的慧宗禅师讲经而云游各地。有一回，他临行前吩咐弟子看护好寺院的数十盆兰花。

弟子们深知禅师酷爱兰花，因此侍弄兰花非常殷勤。但一天深夜，狂风大作，暴雨如注。偏偏当晚弟子们一时疏忽，将兰花遗忘在了户外。第二天清晨，弟子们后悔不迭：眼前是倾倒的花架、破碎的花盆，棵棵兰花憔悴不堪，狼藉遍地。

几天后，慧宗禅师返回寺院。众弟子忐忑不安地上前迎候，准备领受责罚。得知原委后，慧宗禅师泰然自若，神态依然是那样平静安详。他宽慰弟子们说：“当初，我不是为了生气而种兰花的。”

就是这么一句平淡无奇的话，在场的弟子们听后，肃然起敬之余，更是如醍醐灌顶，顿时大彻大悟……

“我不是为了生气而种兰花的”，看似平淡的偈语里，暗示了多少佛门玄机，又蕴含了玺少人生智慧啊！现实生活中，无限制增长的欲望、不满足现状的心态，还有那诸多数不清的烦恼与磨难，常常使人患得患失。因此，很多人抱怨命运，抱怨时运不济，抱怨人生多“苦”。

常言道：人生在世，不如意事常八九。其实，只要你严肃冷静地分析人生，痛苦与欢乐几乎是与生俱来的。造物主让你来到人世，享受世界的无限欢乐，但同时也要给你困苦、不幸的负重。人生就是一次爬山的旅行，辛苦是自然的，摔跤有时也难免，磨难就是这次旅行的代价。既然你能够愉快地享受人生，为什么不能快乐地接受生活赐予的苦难呢？况且，苦难已降临，生气烦恼又有何用？

栽种一株快乐的花朵于心田。无论生活面临怎样的境况，人生遭逢怎样的磨难，请让快乐的花朵开放在心灵的原野上，让灵魂的舞姿如花之绰约，满载着花的芬芳。

一名初探歌坛的歌手，他满怀信心地把自制的录音带寄给某位知名制作人。然后，他就日夜守候在电话机旁等候回音。

第一天，他因为满怀期望，所以情绪极好，逢人就大谈抱负。第十七天，他因为情况不明，所以情绪起伏，胡乱骂人。第三十七天，他因为前程未卜，所以情绪低落，闷不吭声。第五十七天，他因为期望落空，所以情绪坏透，拿起电话就骂人。没想到电话正是那位名制作打来的。他为此而毁了期望，自断了前程。

我们在为这名歌手深深惋惜的同时，也更深刻地明白了不良情绪带给人的危害。美国德克萨斯州立大学的史密斯教授，曾经针对受测者情绪的变化及其个人生理心理状态做了一个实验。

他在实验报告中指出：一般人在焦虑、愤怒、恐惧的状态下，会有一种来自脑下腺的激素肾上腺皮质激素分泌出来刺激肾上腺，因而影响受测者的生理状态。在这种情况下，受测者极易产生心跳加速、口干、胃部胀痛等生理现象。这种情形如果持续下去，就容易引起心脏病、高血压或胃溃疡等后遗症。

天有不测风云，人有旦夕祸福。日常生活中我们难免会遇到一些挫折、困苦等不愉快的事，而一味地生气、焦虑、怨恨，不但不会使事情好转，反而严重地伤害我们的身心健康。

人不会永远都有好情绪，任何人遇到灾难，情绪都会受到一定影响。这时，你一定要操纵好情绪的转换器。面对无法改变的不幸或无能为力的事，就抬起头来，对天大喊：“这没有什么了不起，它不可能打败我。”或者耸耸肩，默默地告诉自己：“忘掉它吧，这一切都会过去！”

被称为世界剧坛女王的拉莎·贝纳尔，突遇风暴，不幸在甲板上滚落，足部受了重伤。当她被推进手术室，面临锯腿的厄运时，突然念起自己所演过的一段台词。记者们以为她是为了缓解一下自己的紧张情绪，可她说："不是的，我是为了给医生和护士们打气。你瞧，他们不是太正儿八经了吗？"

拉莎·贝纳尔在面对无法抗拒的灾难时，没有恨天怨地，没有抱怨命运不公，相反，她勇敢地跳出悲伤、焦虑的圈子，重新燃起生活的激情。一句"他们不是太正儿八经了吗？"说这话时，她心中的情绪转换器一定调整到了最佳状态！后来，拉莎手术圆满成功后，她虽然不能再演戏了，但她还能讲演，她的充满生命热情的讲演，使她的戏迷再次为她鼓掌。

情绪是可以调适的，只要你操纵好情绪的转换器，随时提醒自己，鼓励自己，你就能让自己常常有好情绪。那么，当坏情绪突然来临时，如何调适，操纵好情绪的转换器呢？下面的方法可以供你参考：

散散步，把不满的情绪发泄在散步上，尽量使心境平和，在平和的心境下，情绪就会慢慢缓和而轻松。

最好的办法是用繁忙的工作去补充，去转换，也可以通过参加有兴趣的活动去补充，去转换。如果这时有新的思想，新的意识突然冒出来，那些就是最佳的补充和最佳的转换。

两位智者的对话

唐代的两位智者寒山与拾得（他们二人实际上是一种开启人的解脱智慧的象征）的对话从某种意义上来说对我们很有启发：

一日，寒山谓拾得："今有人侮我、笑我、藐视我、毁我伤我、嫌恶恨我、诡谲欺我，则奈何？"拾得曰："子但忍受之，依他、让他、敬他、避他、苦苦耐他、不要理他。且过几年，你再看他。"

那个高傲不可一世的人结局就可想而知了，而我们也一定可以想象得出拾得的胜利的微笑——尽管这可能是一种超脱圆滑者的微笑。不过，它的确会给我们的生活带来一些好处。

所以，如果我们知道福祸常常是并行不悖的，而且福尽则祸亦至，而祸退则福亦来的道理，那么，我们就真的应该采取"愚""让""怯""谦"这样的态度来避祸趋福。所以"吃亏是福"不失为人生一种特殊的处世哲学。"吃亏是福"也是一种生活的艺术。

"吃亏"大多是指物质上的损失，倘使一个人能用外在的吃亏换来心灵的平和与宁静,那无疑获得了人生的幸福。人人都知道郑板桥曾经说过“难得糊涂”四个字,但真正理解其含义的,又有几人呢?

当初郑板桥为官之时,将官场、世事看得太清楚、太明白、太透彻而又无以为释之时,又因其性情刚直,不谄媚、不圆滑,而不平不公之事太多,凭一己之力却又无能为力的时候,只好在“糊涂”之中寻求遁世之术。

如今,每个人都希望自己聪明,越聪明越好,越聪明越显示自己为人处世的高明。可是,任何事情都不是绝对的,聪明过头,并非是件好事。王熙凤不是机关算尽太聪明,反误了卿卿性命吗?看来一个人还是别过于精明,知道得太多,事事计较,反而会让人伤神。

聪明有大聪明与小聪明之分,糊涂亦有真糊涂、假糊涂之别。北宋人吕端,官至丞相,是三朝元老,他平时不拘小节,不计小过,仿佛很糊涂,但处理起朝政来,他却机敏过人,毫不含糊。宋太宗称他是“小事糊涂,大事不糊涂”。有一种人恰恰相反,只要是便宜就想占,只要是好处就想贪。为了一点小利,不顾前程;为了一点小过,争个你死我活。这种人看似聪明,其实再糊涂不过。

人毕竟没有三头六臂,当你事事比别人聪明时总会引起别人的反感和嫉妒,终究“明枪易躲,暗箭难防”,导致自己受到无谓的伤害,甚至牺牲。真正聪明的人,正直的人大可不必在一些琐碎小事上锱铢必较,此时“糊涂”一下又何妨?只要能在大事上,原则上保持清醒头脑就行了。为人处世,千万不要在小事上纠缠不休,搞得自己精疲力竭,心绪不宁,而到了大事面前,却又真的糊涂了。这样的生活,太得不偿失了。俗话说:真正聪明的人,往往聪明得让人不以为其聪明。这句话的本意不也就是难得糊涂的内涵吗?聪明的人表面愚拙,糊涂,实则内心清楚明白,这不是一种更为高明的处世艺术吗?

“糊涂”常可使我们心境平静,无欲无贪,正如“值利害得失之会,不可太分明,太分明则起趋避之私”一样。没学“糊涂”学之人终于在凡尘俗世中不得安宁矣。

在瞬息万变的现代社会中,许多事情非要寻出个究竟,有时也是不现实的,倒不如多一点“糊涂”,少一点执拗,何尝不是另一番开朗、超脱的生活风光呢?

让心情平静下来

“年复一年地过着单调的日子,没意思!难道就这样活着!”“恋人难寻!知己更难寻!有些心事,不知要说给谁听!”你是不是也常常有类似的烦恼与困惑?看似生活很正常,感受上却似走进生活的误区。有点儿茫然,有点儿遗憾,有点儿浑噩，有点儿疲惫，有点儿期盼，有点儿幻想，总之，就是被一些莫名其妙的情绪、感受占据了内心的思想，而懒得去理清。

你之所以会被这样的情绪困扰着，就是因为平时不善于自己与自己沟通、调节感受、清理思绪的缘故。经常和自己的心灵对话，你就会越来越认清自己，越来越认清生活，越来越认清生命的意义与价值。用心观察，你会发现生活中许多纷争，都因心烦气躁而产生。如果能于事发前，让心情平静下来，和自己的心灵对对话，那么许多的纷争就不会产生了。

心理学家们认为与自己心灵对话有如下作用：

1.自己的音调有一种使人镇静的作用，有一种安全感和人际交往的感受。

2.与自己大声对话可以调整大脑中紊乱的思绪，尤其是在紧张劳累时。

3.可以改善睡眠，因为冥思苦想属于混乱的内心对话。

4.把担心和忧虑的事情，自己讲出来就没什么问题了，压在心中的石头就会被搬掉，赶走烦愁，从而达到心理平衡。

5.与自己对话对一些个人问题可以较轻松地解决。就像对待朋友，澄清矛盾冲突，把问题摆到桌面上来解决，各自发表见解，在说的过程中，各种错误的见解和解决问题的可能性一目了然，最后决定就比较容易了。

关照心灵，与自己对话，问问自己：满意这样的生活吗？我要的自己是现在的自己吗？我希望自己是什么样子？生命如果这样走完，我会不会有遗憾？我的待人处事哪里有错？我是不是还要追求工作上的成就？我让生活压垮了或埋没了吗？我快乐吗？人生至此，我得到了什么、失落了什么？我还想追求什么……

平静下来！将琐碎的事情、生活的烦忧暂时抛到九霄云外。清净的心灵是美好生活、完整生命的基础。内心必然影响外在。想走出混乱、枯竭的过去，营造新生活吗？你不必急于寻求专家，学会自己与自己的心灵对话吧！当它是知己，当它是恋人，当它是导师，经常与它沟通，与它畅所欲言，它必会给你满意的解答！

不攀比才能乐观向上

乐观是指人们在遭受挫折打击时，仍然坚信情况会好转："道路是曲折的，前途是光明的。"乐观的人在逆境中不悲观，不绝望，信心坚定，斗志旺盛。他们充满活力，以豁达的态度生活，因此他们总是具有感染力与号召力，几乎所有成功的人都具有乐观的精神。

乐观是一种生活态度，真正的幸福来自内心，它不能以财富、权力、荣誉和征服来衡量。乐观是一种积极的处世态度，是以宽容、接纳、愉悦的心态去看待周边的世界。可是在现实生活中并不如真空状态简单纯一，不如意的事情是难免的。

美国有一对兄弟，一个出奇的乐观，一个却非常悲观。他们的父母希望兄弟俩的性格都能改变一些。

有一天，他们把那个乐观的孩子锁进了一间堆满马粪的屋子里，把悲观的孩子锁进了一间放满漂亮玩具的屋子里。

一个小时后，他们的父母走进悲观孩子的屋子时，发现他坐在一个角落里，一把鼻涕一把眼泪地在哭泣。原来，他不小心弄坏了玩具，怕父母会责骂自己。

当父母走进乐观孩子的屋子时，却发现孩子正在兴奋地用一把小铲子挖着马粪，把散乱的马粪铲得干干净净。看到父母来了，乐观的孩子高兴地叫道："爸爸，这里有这么多马粪，附近肯定会有一匹漂亮的小马，我要给它清理出一块干净的地方来！"

这个乐观的孩子就是后来的美国总统里根。他从报童到好莱坞明星，再到州长，直至当上了美国总统。这中间，乐观的性格起到了很大的作用。

同一环境下的两种不同心态的人，他们对事物的看法是不同的。人性的乐观和悲观，其实主要还是自己的心态问题。就好像两种性格的人走进同一片森林，悲观的人可能会说这里蚊子太多，闹哄哄的，影响了他欣赏花草的雅兴，而乐观的人可能会说这里除了美丽的花草，还有蚊子在唱歌，真是太美妙了。如果两个人再走出这森林，悲观的人可能又会说无聊、郁闷和压抑之类的话了；而乐观的人就会觉得四周一片明亮，自己的内心世界豁然开朗。

乐观是一种性格或倾向，让人能看到事情有利的一面，期待最有利的结果。乐观与悲观的最大区别就是对有利和不利事件原因的解释。乐观主义者认为，有利的、令人愉快的事情总是永久的、普遍的，他们能够促使好事发生，而一旦不利事件发生，他们也能将之视为是暂时的。

"天有不测风云，人有旦夕祸福。"生活中，事业不顺心、爱情变异、人际关系紧张等矛盾，难免找我们的麻烦。在这些变故面前，我们能否做到临变不乱，遇乱不惊，泰然处之？乐观是至关重要的。面对现实，以及面临生存的竞争，我们怎样才能将自己的心理调整到快乐状态，使乐观成为不可或缺的维生素，来滋养自己的生命？

第一，及时调整自己的情绪，保持乐观的心境。对生活中的酸甜苦辣、悲欢离合不必太在意，太苛求，更不要怨天尤人。因为世界上让所有人都注意的事情太少了。

第二，不攀比，不嫉妒。只要我们尽了力，发了光，问心无愧，虽然所处的境况还大有改进的余地，但也要怡然自得。

第三，要学会幽默和自嘲。遇到困难或不幸时，不要捶胸顿足，呼天喊地，痛不欲生，一蹶不振，而是要运用幽默或自嘲，驱走痛苦，保持达观洒脱的精神境界。

第四，要注意处理好人际关系。人际关系是保持乐观的客观条件之一。处理好人际关系需注意的环节很多。最重要的是克服一切以"自我为中心"的意识，不苛求别人先接受自己，要先接受别人。"屈己从人"，设身处地地站在对方的角度分析他的合理性。

第五，不为功利所累。人只有真诚地生活过了，经历过了，真的追求过，破灭过；真的爱过、恨过；才能有大智慧，才能真的看破何为虚枉，而不是一味追赶时髦，受功利实用的目的左右，才能够步伐稳健地走向自己的本色，在适合自己的位置上拓展。

第六，把主要精力用在工作上。松下助之幸认为："假如你发现工作适合自己的能力和个性，而拼命地工作，我认为这才是人生真正的乐趣。"因为事业上的追求，个人才能的充分发挥，常常是人们保持良好心态的原因。人生最大的快乐不在于占有什么，而是在追求的过程中。人生最辉煌的时刻，也正是他专心致志从事自己所热爱的事业，并取得成绩的时候。

人生既有阳光也有风雨，一个人要想赢得人生，就不能总把目光停留在消极的事情上，那只会使人沮丧自卑、徒增烦恼，让人生被生活的阴影遮蔽它本该拥有的光辉。

其实一时的困境并不意味着你的整个人生都是灰暗的，只要你永远保持乐观积极的心态，笑迎人生的一切，那么风雨过后，你一定能见到绚丽的彩虹。

抚去心灵的灰尘

古人云："见贤思齐焉，见不贤而内自省也""吾日三省吾身。"这就是说，看到别人的优点，就要设法使自己也具有同样的优点；看到别人的缺点，就要反省自己，看自己是否也存在类似的缺点。这就要求我们要经常反省自己，并从反省中获取前进的力量。

美国乔治大学的一名教授作了一项调查。在调查中，他选择了 1000 名在各自的领域非常成功的人士，针对"获得成功的方法"这个问题作了一份问卷调查。通过调查得知：这 1000 名成功人士中，有 900 多人有一个共同的特点，就是喜欢做自我反省。这名教授根据这一发现，提出“随时做自我反省，可以助你获得成功”这一观点，得到了很多人的回应。

夏朝时候，一个背叛的诸侯有扈氏率兵入侵，夏禹派他的儿子伯启抵抗，结果伯启被打败了。他的部下很不服气，要求继续进攻，但是伯启却说：“不必了，我的兵比他多，地也比他大，却被他打败了，这一定是我的德行不如他，带兵方法不如他的缘故。从今天起，我一定要努力改正过来。”从此以后，伯启每天很早便起床工作，粗茶淡饭，照顾百姓，任用有才干的人，尊敬有品德的人。过了一年，有扈氏知道了，不但不敢再来侵犯，反而自动投降了。

自我反省对人生来说有很多的帮助。比如：可以发现哪些地方做得不够好，需要改善；而哪些地方虽然做得已经很好了，但是里面还有很多值得继续努力挖掘的潜力，所以必须付出更多的努力。同时，在自我反省时，用已经获得的成功鼓励自己，可以增强一个人的自信心，更好地发挥自己的创造能力。

凯因斯是华尔街著名的经济学家，同时也是投资公司的著名高级顾问。凯因斯一生非常成功，年纪轻轻就已经是百万富翁了。当记者要他谈一谈自己的成功之道时，凯伊斯却说：“我有一个习惯，喜欢为自己制订计划。计划包括每一年的计划，也包括每一个月的计划，甚至还落实到了每一天。可以这样说，我之所以能够取得成功，这些计划有非常重要的作用。”

记者问：“计划？怎么利用这些计划呢？”凯因斯说：“只有计划是不行的，还要严格地执行计划。这就涉及到自我反省。我每天都要自我反省，看一看今天有什么收获，有什么地方做得不好。凡是没有做好的地方，必须得想办法弥补。同时，再想一想今天的成绩，用他们来鼓励自己来继续努力。用同样的方法，每一个月、每一年都要做这样的反省。”凯因斯最后补充说：“自我反省真的很有效果，既能发现自己的缺点，又可以知道自己的优点，合理地安排自己的工作与人生，这对于获得成功是非常有帮助的。”

一个具备反省能力的人，一定是能够不断提高自己的人。因为，反省的过程就是一个人心智不断提高的过程，是一个人心灵不断升华的过程；也是我们对所遵循的标准不断反思和不断提高的过程。在现实生活中，我们按照自己的理解去解决问题、处理麻烦；在不断失败和挫折的过程中，我们逐渐明白哪些地方需要不断纠正，哪些地方需要不断改善。

一个具备反省能力的人，一定是具有自我否定精神的人。自省的第一前提，就是要勇于认错，每个人都会有错误和缺点，有了错误，主动接受批评和自我批评，既不自负自傲，也不过分谦卑，认真反省自身缺点，从而不断改进自己、追求卓越。

一个具备反省能力的人，一定是可以对自己提出严格要求的人。他们不会害怕自我批判和自我否认，因为他们知道自我否认的目的是为了使自己达到一个更高的层次；他们总是能够找到自己的不足，力求改正这些不足；他们总是能够虚心听取别人的意见，从别人的批评中汲取营养，使自己变得更加完善。因此，在自我否认的背后，他们实际上有着充分的自信，相信能够使自己变得更优秀。

人的一生中，沉沉浮浮、起起落落是经常有的事情，所以这就要求我们必须随时做自我反省。反省的目的是，修正自己的错误，继续发扬自己的长处，尽量扬长避短，发挥自己的优势，为创造美好的人生服务。

学会调适自己的情绪

我们常常会逗泪眼汪汪的孩子说“笑一笑呀”，结果孩子勉强地笑了笑之后，跟着就真的开心起来了。情绪改变导致行为改变。心理学家艾克曼的实验表明，一个人总是想像自己进入某种情境，感受某种情绪，结果这种情绪十之八九真的会到来。一个故意装作愤怒的实验者，由于“角色”的影响，他的心率和体温会上升。

一位初探歌坛的歌手寄出自制的录音带给某位非常著名的制作人后，就日夜守候在电话机旁等候回音。

第一天，因为他满怀期望，所以情绪好极了，逢人就大谈抱负。第17天，他因为情况不明，所以情绪起伏，胡乱骂人。第37天，他因为前程未，所以情绪低落，闷不吭声。第57天，他因为期望落空，所以情绪坏透了，拿起电话就骂人。没想到电话正是那位制作人打来的。为此他自毁了期望，自断了前程。

人不会永远都有好情绪，但情绪是可以调适的。只要你随时提醒自己，鼓励自己，你就能让自己常常有好情绪，从而使坏情绪不常来打扰你。那么，我们应如何调适情绪呢？

1.转移情绪。人生的道路崎岖不平，难免有挫折和失误，也少不了烦恼和苦闷。此时此刻，应迅速把注意力转移到别的方面去。比如说，碰到不顺心的事情或在家中与亲属发生争吵，不妨暂时离开一下现场，换个环境，或者参加一些文体活动，或者同别人去侃大山。这样很快就会把原来的不良情绪冲淡以致赶走，而重新恢复心情的平静和稳定。

2.宽以待人。人与人之间难免会产生矛盾，朋友之间也难免有争吵、有纠葛。只要不是大的原则问题，应该与人为善，宽大为怀。绝不能有理不让人，无理争三分，更不要为一些鸡毛蒜皮的小事争得脸红脖子粗，甚至拳脚相加，伤了和气。

3.忆乐忘忧。在人生的旅途中，有时铺满鲜花，有时忧心如焚，有时荆棘丛生，有时其乐融融。对此应进行精心的筛选，不能让那些悲哀、凄凉、恐惧、忧虑、彷徨的心境困扰着我们。对那些幸福、美好、快乐的往事要常常回忆，以便在心中泛起层层涟漪，激发人们去开拓未来，而对那些不愉快的事情，诸多的烦恼则尽量要从头脑中抹掉，切不可让阴影笼罩心头，而失去前进的动力。

4.淡泊名利。生活中有很多人把名利看得很重。得陇望蜀，欲壑难填，财迷心窍，官瘾十足。有的人为了名利，不择手段，一旦个人目的没达到，或者耿耿于怀，疑窦丛生；或者心事重重，一蹶不振。不要斤斤计较，更不要把名利看得太重，否则，容易导致心理失衡。

5.憧憬未来。追求美好的未来是人的天性，也是人类生存和社会进步的动力。只有经常憧憬美好的未来，才能始终保持奋发进取的精神状态。不管现实如何残酷，都应该始终相信困难即将克服，曙光就在前头，相信未来会更加美好。不管命运把自己抛向何方，都应该泰然处之。

6.拓宽兴趣。兴趣是保护人们良好心理状态的重要条件。一个人的兴趣越广泛，适应能力就越强，心理压力就越小。比如，同样是从领导岗位上退下来，有的人觉得无所事事，很容易产生无用、被遗弃等失落感。而有的人则觉得退下来后无官一身轻，可以充分利用这些时间看书、写字、创作、绘画、弹琴、舞剑、养鸟、钓鱼、种花等等。总之，兴趣越广泛，生活越丰富、越充实、越有活力，会觉得生活中到处充满阳光。

7.向人倾诉。心情不快却闷着不说会闷出病来，有了苦闷应学会向人倾诉。首先可以向朋友倾诉，这就需要先学会广交朋友。如果经常防范着别人的“侵害”而不交朋友，也就无愉快可谈。如果没有朋友，不仅遇到难事无人相助，也无法找到可一吐为快的对象。把心中的苦处能和盘倒给知心人并能得到安慰甚至计谋的人，心胸自然会像打开了一扇门一样明朗。除此之外，我们可以向亲人倾诉，学会把心中的委屈和不快倾诉给他们，也常会使心境立即由阴转晴。

除此之外，还要经常锻炼身体，合理饮食，养成良好的生活习惯，这些对于调适自己的情绪也是至关重要的。坏情绪会来，也会去。没什么了不起的，也没什么值得恐慌的。轻松地面对它、接纳它，它会感谢你的盛情，不再打扰你。

攀比会让人轻浮急躁

我们常常心不在焉，我们常常坐卧不宁，我们常常没有耐心做完一件事，我们常常计较自己的得失，我们常常感到身心疲惫……我们到底是怎么了？原因很简单——我们太浮躁了。

浮躁，按照字面理解，它是轻浮急躁之意。我们的人生因浮躁而虚浮，乃至肤浅、平庸。浮躁是人类所面临的普遍状态。

为什么我们的心境会反复振荡于得意、狂喜、傲慢、迷茫、不安、沮丧、焦虑、恐惧甚至绝望之间？我们为什么会如此浮躁？浮躁是因为我们缺乏幸福感，缺乏快乐，太过于计较得失。其实说白了，浮躁就是失衡的心态在作祟。当太闲太忙、缺乏信仰、压力太大、急于成功、过分追求完美等问题出现并不能得到满意的解决时，便会滋生浮躁。

在现实生活中，浮躁既是一种不理智的情绪，又是一种不健康的心态，还是一种不良的精神面貌。而这种情绪、心态和精神面貌，在不少人身上或多或少地存在着，又影响着人们，带有一定的普遍性，这就需要重视了。

从前，有一个年轻人想学武术。于是，他就找到一位当时武术界最有名的老者拜师学艺。老者把一套拳法传授于他，并叮嘱他要刻苦练习。一天，年轻人问老者："我照这样学习，需要多久才能够成功呢？"老者说："10个月。"年轻人又问："我晚上不去睡觉来练习，需要多久才能够成功？"老者答："10年。"年轻人吃了一惊，继续问道："如果我白天黑夜都用来练拳，吃饭走路也想着练拳，又需要多久才能成功？"老者微微笑道："那你今生与武术无缘了。"年轻人愕然……

年轻人练拳急于求成，反而延缓了成功的期限，这就是急躁的负面影响。无论是治学为人，还是做事、管理，如果沾染了浮躁，不但出不了成果，解决不了问题，还会陷入盲目性，导致新问题的发生。

浮躁的心态是要不得的，它是获取幸福生活和成功路上的绊脚石，必须铲除。一个人只有静下心来踏踏实实做事，才不会被浮躁所左右。下面是一些在你出现浮躁的情绪时，用以调整的方法：

1.运动。运动可使心率加快，促进血液循环，改善机体对氧的吸收利用，从而使人精神振奋。

2.观花。花草的颜色与气味有调节心情的作用。青、蓝、绿色明快而幽静，可减轻人的紧张与焦虑；烦躁、愤怒时不宜看红色；沮丧、悲伤时应避免紫、黑色；另外，茉莉、柠檬、玫瑰等花香，可沁人心脾，调神益智。

3.赏乐。音乐可促进大脑产生更多的类似镇静剂的内啡呔的化学物质，以镇静安神。情绪不佳时，可先听两三支与你心情相近的曲子，再逐步调节，以达到你希望获得的心情。例如，忧郁不悦时，不妨先听几段较为哀伤低沉的乐曲，然后再听些明快昂扬的旋律，便能收到明显的效果。4.逗笑。这是一种令人笑口大开的欢乐艺术，它有利于调节情绪，消除身心疲劳，家庭中若常有欢声笑语洋溢其间,那你和你的家人一定少有忧愁烦恼。

5.阅读。阅读能转移人的思想,带你进入另一个天地,冲淡你的烦恼。

6.游玩。情绪忧伤苦闷时,不妨涉足户外,置身于春光明媚、青山绿水、莺歌燕舞的自然景观之中,心情自然会好转。

7.慢呼吸。放慢呼吸频率,深吸气并尽量延长屏气的时间。

8.倒数数。从20起倒数,或者闭上眼睛想象一棵枝繁叶茂的大树。

9.散步。如果条件允许,到办公室外散散步。

10.回忆。回忆你处理类似局面的成功经历,或者回味过去成功时所经历过的美好感觉。

11.转移。将注意力集中在周围的具体事物上,比如路上行人的面孔、办公桌上的文具等,试着观察一下细节。考虑你今天即将开始的工作,先做什么后做什么,转移对情绪的注意力。

12.打招呼。进办公室前放松脸部肌肉,面带微笑,立即开口向同事问好,即使不愿意也要强迫自己这样做。

13.倾诉。如果明确是什么事致使你心情浮躁时,可以对自己进行一下安慰:凡事想开点;也可以把不开心的事情讲给同事听,释放内心压力。

处在这个千变万化的世界中,人人都有过浮躁的心态,这也许只是一个念头而已。一念之后,人们还是该做什么就做什么,不会迷失了方向。然而,当浮躁使人失去对自我的准确定位时,往往是各种心理疾病的根源,是成功、幸福和快乐的绊脚石,是人生的大敌。无论是做企业还是做人都不可浮躁,如果一个企业浮躁,往往会导致无节制地扩展或盲目发展,最终会失败;如果一个人浮躁,容易变得焦虑不安或急功近利,最终迷失自我。

不攀比知足常乐

有了一颗知足的心,人才会有真正的喜悦、真正的宁静、真正的幸福。知足常乐,是一种与世无争而又安于平凡的心境,也是一种不经意间的幸福。

知足可以理解为:别人有花园洋房、名牌时装,我不羡慕,房小可以安排得紧凑点,照样收拾得窗明几净,衣服穿不起名牌,青衣布衫也舒适;别人的钱比自己多,我不嫉妒,钱少可以俭朴点、量入为出;别人吃山珍海味,我不眼馋,粗茶淡饭也照样吃得健康结实,并且同样香甜。

常乐可以理解为:有一份糊口的工作,虽然薪水不高,但能维持日常的生活,想想也欣慰。有一位爱自己的配偶,也许是一个最普通的人,没有权、钱与美貌，但有一份真挚的爱情比什么都珍贵。还有孩子，也许学习成绩平平，但身体健康，活泼可爱……这些难道说不是乐事吗？其实，仔细想想，身边的乐事数也数不清。这是多数人的一种最实际的生活。

真正的喜悦不是每天都追求到了什么，而是每天都怀有一颗满足的心愉快地生活。满足的秘诀，在于知道如何享受自己所有的，并能驱除自己能力之外的物欲。既然“遍地黄金”的日子还没有到来，既然注定目前只能“一部分人先富起来”，既然我们都是普通人，那么，其他就显得无足轻重，还是安心、脚踏实地过平民百姓的生活，知足者常乐！

假如能闭上眼睛想想自己的生活，我们就会觉得自己拥有的太多了。但如果我们不懂得珍惜已经拥有的东西，得到得再多又有什么意义。

很久以前，有一个樵夫，每天上山砍柴，日复一日，过着平凡的日子。

有一天，樵夫跟平常一样上山砍柴，在路上捡到一只受伤的银鸟，银鸟全身包裹着闪闪发光的银色羽毛。樵夫欣喜说：“啊！我一辈子从来没有看过这么漂亮的鸟！”于是把银鸟带回家，专心替银鸟疗伤。

在疗伤的日子里，银鸟每天唱歌给樵夫听，樵夫过着快乐的日子。

有一天，邻人看到樵夫的银鸟，告诉樵夫他看过金鸟，金鸟比银鸟漂亮上千倍，而且，歌也唱得比银鸟更好听。樵夫想，原来还有金鸟啊！

从此，樵夫每天只想着金鸟，也不再仔细聆听银鸟清脆的歌声，日子越来越不快乐。

有一天，樵夫坐在门外，望着金黄的夕阳，想着金鸟到底有多美。此时，银鸟的伤已康复，准备离去。银鸟飞到樵夫的身旁，最后一次唱歌给樵夫听，樵夫听完，只是很感慨地说：“你的歌声虽然好听，但是比不上金鸟的动听；你的羽毛虽然很漂亮，但是比不上金鸟的美丽。”

银鸟唱完歌，在樵夫身旁绕了3圈告别，向金黄的夕阳飞去。

樵夫望着银鸟，突然发现银鸟在夕阳的照射下，变成了美丽的金鸟。梦寐以求的金鸟，就在那里，只是，金鸟已经飞走了，飞得远远的，再也不会回来。

人常常在不知不觉之中成了樵夫，自己却不知道。不知道原来金鸟就在自己身边。

只希望大家都不要无意间变成了樵夫。

有些人总是过多地考虑自己的利害得失，结果总是跟在成功者的后面跑来跑去，两手空空地走完了自己的一生。知足者能够认识到无止境的欲望和痛苦。由于人太贪婪了，欲望太强了，而其自身的能力又有限，这样必然会导致自己应有的下场。

你愈是拒绝在你现状中寻求可以令你满意的事物，你的不满就会持续得越久。你愈不满，就愈沮丧，愈乞求于憧憬、期望。与其埋怨你目前的处境，倒不如珍惜目前所拥有的一切，愉快地过平常人的生活。

“知足者常乐”，这是人们通常说服自己求得心理平衡的道理，也是糊涂修身的原则之一。老子也说：“知足之足，常足矣。”

人生应学会享受寂寞

一个人静静地坐着的时候，让躁动的心情平复下来，享受寂寞带来的宁静和恬淡。人生中有无数次的等待，也有无数次的寂寞。有一首歌中唱道：“长长的站台，寂寞的等待”，是啊，在长长的生命旅程中，我们不知要在多少站台上寂寞地等待自己的未来，而忍耐寂寞，我们要学会在寂寞中寻找身边的每一份快乐，而不是想以往不开心的事，快乐和忧伤都只是一个过程，只是生活的一种表现形式，要好好把握每一个片段，忘却烦恼，抛除杂念，分享快乐。有时候，你不寻找，快乐就会稍纵即逝。

寂寞往往能够产生巨大的创造力。古今中外许多作家、艺术家、科学家、哲学家和政治家，就是在寂寞中埋头于事业，发奋钻研创造，在心灵的世界体会到无穷的乐趣。

命运的坎坷、离群索居、漂泊异乡等等是许多人都曾体会过的寂寞；先天独特的个性，再加上环境的压抑，教育的影响，风俗习惯的潜移默化和经历的磨难，会使人得不到世人的理解，也将产生难以排遣的寂寞感。我们大多数人容易将寂寞看成是一种压力，使自己处于一种不良的心态中。其实，换个角度，寂寞未尝不是一种有益的体验。

人原本就是个体，因而，应该具备独处的能力，并且要善于享受寂寞。寂寞并不可怕，它就像个沉默寡言的朋友，虽然不会对你谆谆诱导，但会引领你认清生活的本质及生命的原貌。

然而，不少人却害怕亲近它，而借热闹来躲避它，麻痹自己。PUB 里，歌手在台上驱赶寂寞，顾客在声色中收集虚假的活力；KTV 里，经营者将寂寞摒于门外，点唱者则放声高歌：我怕寂寞！寂寞别来烦我！

有的人一生都在躲避寂寞，临死了还想不开，不仅丧礼办得热闹，还要活人陪葬。古代的富贵人家和现代的某些部落的族人就都是这样。然而，这样真的能驱逐寂寞吗？若那些人死后有知，真的能因此而不寂寞吗？

你看游山玩水的旅人寂寞吗？你看埋首研究的专家寂寞吗？你看专心练琴的钢琴师寂寞吗？别急着评断！因为你不是他们。须知，寂寞不是外在的，而是内心的！

一名离婚的中年男子每逢假日便泡在保龄球馆或舞厅。他并不爱打保龄球或跳舞。他要的是人群，是热闹，误以为这样就不会寂寞。殊不知，如此更加深了他内心的寂寞。因而，每次疯狂过后回到家，就更寂寞难耐，简直要被寂寞掐死了。

寂寞，是一种感受。当你想要躲避它时，表示你已经深深感受到它的存在。而越是躲避，感受就越深；越是躲避也就越寂寞。寂寞有时也像醋心极重的精灵，你越不欢迎它，它越会使坏作恶。

寂寞是很珍贵的。面对寂寞不用逃避，要去拥抱它、享受它。难得寂寞与我相伴，伴随我无忧无虑，不用担心上司变化无常的脸孔，不用面对同事尔虞我诈的争斗。在家打开电脑散散心，再为自己泡杯香茶，听听悠扬的乐曲，让自己尽情享受这份恬静的寂寞，什么尘世间争名夺利的是是非非，大喜大悲的恩恩怨怨，像云烟一样灰飞烟灭。几十年的劳累而得到今天的寂寞，会使你有说不出的轻松与舒畅，真正体验到寂寞的享受。所以寂寞并不可怕，只要学会积极地利用它、享受它，所有的烦恼就会从寂寞中消失掉。

乐由心生，福由心造

鲁迅笔下的阿Q自出生那一天起，一直是人们诋毁和鄙视的对象，但是，他的那套生存哲学却值得人们学习。他始终能把悲哀的情绪化解开，使之变成快乐的理由；把失败的过程反过来看成是成功的结果，进而获得胜利的喜悦。这样的人生能不快乐吗？

米拉奇是一个乐观者，于是，凯特决定去拜访他。

米拉奇乐呵呵地请凯特坐下，笑嘻嘻地听她提问。

"假如你一个朋友也没有，你会高兴么？"凯特问。

"当然，我会高兴地想，幸亏我没有的是朋友，而不是我自己。"

"假如你正行走，突然掉进一个泥坑，出来后你成了一个脏兮兮的泥人，你还会快乐么？"

"当然，我会高兴地想，幸亏掉进的是一个泥坑，而不是无底洞。"

"假如你被人莫名其妙地打了一顿，你还会高兴么？"

"当然，我会高兴地想，幸亏我只是被打了一顿，而没有被他们杀害。"

"假如，你在拔牙时，医生错拔了你的好牙而留下了患牙，你还高兴么？"

"当然，我会高兴地想，幸亏他错拔的只是一颗牙，而不是我的内脏。"

“假如你正在打瞌睡时，忽然来了一个人，在你面前用极难听的嗓门唱歌，你还会高兴么？”

“当然，我会高兴地想，幸亏在这里号叫着的是一个人，而不是一匹狼。”

“假如你的妻子背叛了你，你还会高兴么？”

“当然，我会高兴地想，幸亏她背叛的只是我，而不是国家。”

“假如你马上就要失去生命，你还会高兴么？”

“当然，我会高兴地想，我终于高高兴兴地走完了人生之路，让我走近死神，高高兴兴地去参加另一个宴会吧。”

“这么说，生活中没有什么是可以令你痛苦的，生活永远是快乐组成一连串乐符？”

“是的，只要你愿意，你就会在生活中发现和找到快乐——痛苦往往是不请自来，而快乐和幸福往往需要人们去发现，去寻找。”米拉奇快乐地说道。

你是否能够对自己的心下达命令？倘若生气时就生气，悲伤时就悲伤，懒惰时就偷懒，这些只不过是顺其自然，并不是好的现象。你必须掌握好自己的心舵，下达命令，来支配自己的命运，操纵自己的快乐。

释迦牟尼说过：“妥善调整过的自己，比世上任何君王更加尊贵。”这也就是说，妥善调整自己比什么都重要。任何时候你都必须勇敢地掌握好自己的心舵，把自己调整得明朗、愉快、欢乐而有希望。

英国作家萨克雷有句名言：“生活是一面镜子，你对它笑，它就对你笑；你对它哭，它也对你哭。”如果你把自己看成弱者、失败者，你将郁郁寡欢；如果你将自己看成强者，你将快乐无比。你可以快乐，只要你希望自己快乐。

其实，掌控你心灵的，并不是上帝，而是你自己。我们每个人都应该牢牢地记住这句话，每个人的手里都握着关系成败与哀乐的大权。世界上没有绝对幸福的人，只有不肯快乐的心。

学会善待自己，不攀比

皮尔·卡丹给年轻人的忠告：不要对自己不满意，更不要虐待自己，这是一种很不明智的做法。我们要学会善待自己，这样才能对得起自己。

善待自己，并不是一种羞耻，而是一种光荣。因为这并非出于一种夜郎自大的无知和狭隘，而是源于对生命本身的崇尚和珍重。

善待自己，不是让我们自我姑息，自我放纵，而是要求我们勤于律己和矫正自己。我们拥有的关怀和爱抚都有随时失去的可能。这时候，我们必须要学会为自己修枝、浇水、施肥,使自己不会沉沦为一棵枯荣随风的草,而成为一枝笔直葱茏的树。

善待自己,不是让我们虐待自己,而是让我们在最痛楚最孤立无援的时候;在必须独自穿行黑暗的雨夜,没有星光也没有月光的时候;在我们独立支撑着人生的苦难,没有一个人能为我们分担的时候,我们要学会自己送自己一束鲜花,自己给自己画一道海岸线,自己给自己一个明媚的笑容,然后怀着美好的情感和愿望活下去,坚定地迎来一个又一个崭新的清晨。

让我们本着爱心、同情和宽厚的态度对待自己。视自己为友,而不要用没完没了的苛评来妄自菲薄。别人的赞美与鼓励是那么的难以掌握,为什么我们不能自己多赞美与鼓励自己呢?毕竟,自己比任何人都更容易控制,也会很轻松就可以做得到。我们应该珍视自己的健康,学会爱自己。爱自己是非常重要的。这么说吧,这是你唯一的自己,无可替代。所以要以朋友之道待己,就像你友善地对待他人一样。要是你的为人之道是慈悲为怀,随遇而安,那么以一种慈悲心对待自己,就是在为善之路上迈出了第一步。

善待自己和自私不同。自私公开排斥对他人的真诚关切,自私者只对自己感兴趣,他替自己攫取一切,给予令他痛苦,而掠夺使他快乐。他对外在世界所持的唯一立场是:我能从中获取什么。他对他人的需要漠然置之,对他人的尊严无所顾忌。他心目中仅有他自己。他评判每一个人和每一事物的唯一标准是看其是否于己有利,他根本无意于爱他人。

我们每个人都要学会爱自己,不爱自己的人,怎么会真正地爱别人呢?反之,不爱别人的人,又怎能期待别人爱自己呢?可事实往往是:不爱自己的人,却又非要别人爱自己,喜欢自己不可,别人若不能满足自己的期待,则对别人会有不满的情绪。这是一种不健康的心态。

在人生的旅途中没有人可以陪伴我们走完一生,除了你自己。因此,从今天起,我们要学会善待自己。

善待自己就是要善待自己的身心,要通过不断地锻炼身体和培养积极向上的精神风貌,树立奋发有为和知足常乐的健康心态,对自然界永远保持一种良好和谐的互动关系,使我们的身心得到充实和快慰。这种身心正是我们不断地从善待他人的过程中得到的最大的回报。

生活需要阳光心态

拥有一份阳光心态,就会舒畅很多,什么叫阳光心态?简单地说,阳光心态就是成功学＋阿Q精神。同样是一片天空，有的人看到的满是乌云，有的人看到的却是乌云背后的灿烂阳光。最后的结果是，前者的人生愁云惨淡，后者的人生阳光明媚。

“二战”时期，法国被德国占领了，二十几万军队从敦刻尔克进行大撤退，整个法国弥漫在失败的消极情绪中，而有一海相隔的英国在空军和海军方面也是不及德军。这时，英法的政治家中有两种观点，一种是主张继续抵抗德军，另外一种是主张和谈。但是后来持抵抗德军的观点渐渐占了上风，整个英法人民团结一心，抱着坚决抵抗的积极心态，并未屈服于德军的狂轰滥炸。当时，英国伦敦被炸得惨不忍睹，但是，正是由于人们的积极的心态，使英国一直都未屈服，最终使德国不得不放弃了征服英国的计划，也正是从此以后，英法抗击德国的战争才慢慢扭转了不利的局势，直至最后诺曼底登陆，开辟第二战场，最终取得了反法西斯战争的胜利。可以想象，如果当时反抗侵略的国家和人民没有积极的心态，心中充满了消极的情绪，那么，整个战争的结果会怎样，整个战争的历史恐怕要重新改写了。

从心理学的角度来讲，积极的心态可以使你的能力得到最大的释放，也许你平常没有能力完成的事情可能在积极心态的鼓励和支撑下完成了。比如说：参加比赛的运动员，很多时候你可能遇到的对手是很强的，也许比你强很多，这时如果你觉得对方强，你就对比赛的结果放弃了，那么你是无论如何也不可能在比赛中取得胜利的。而如果你抱有积极的心态，对于强劲的对手，不言放弃，积极争取，努力拼搏，很可能最终的胜利就是属于你的了。

塑造阳光心态可以从4个步骤进行：

第一步，养成一种习惯，发现生活的美好方面。要学会欣赏每个瞬间，要热爱生命，相信未来一定会更美好。

第二步，宽容过去。要学会忘记、谅解、宽容。不原谅等于给了别人持续伤害你的机会。帮了别人的忙要立刻忘掉，不要让自己对别人的恩惠成为自己的包袱。

第三步，学会利用现有资源把事情做成而不是消极等待。身在曹营心在汉，做事不投入，你将失去另一个机会，你现在走的每一步都是通向未来的进步的阶梯。

第四步，服务他人。金钱的价值在于使用，人的生命价值在于被需要。有时要定一些格言来激励自己。爱人者人恒爱之，敬人者人恒敬之；懂得关怀获得朋友，懂得放心获得轻松，懂得遗忘获得解脱。

积极的、阳光的心态，能够不断地改善我们的生活态度，进而改变我们的命运，让我们有一种始终生活在晴朗天空下的快乐之感。让我们始终拥有一种向上的不可战胜的力量，有了这种心态，即使遇上了会影响我们一生的不幸或是灾难之事，我们也依然能够从不幸的阴影中走出来。

化解嫉妒和攀比，才能自得其乐

嫉妒和攀比心理产生是差别和比较的产物，属于一种内心情绪体验。差别和比较的结果是形成心理不平衡，而这种不平衡常常是消极的。嫉妒心理总是与不满、怨恨、烦恼、恐惧等消极情绪联系在一起，构成嫉妒心理的独特情绪。

不同的嫉妒心理有不同的嫉妒内容，但主要是在 4 个方面表现得尤为突出：名誉、地位、钱财与爱情。有的还表现为一种综合性的笼统内容，即只要是别人所有的，都在其嫉妒之内。

佛经上有一则故事：在古远时代，摩伽陀国有一位国王饲养了一群象。象群中，有一头象长得很特殊，全身白皙，毛柔细光滑。后来，国王将这头象交给一位驯象师照顾。这位驯象师不只照顾它的生活起居，也很用心教它。这头白象十分聪明、善解人意，过了一段时间之后，他们已建立了良好的默契。

有一天，这个国家举行一个很大的庆典。国王打算骑白象去观礼，于是驯象师将白象清洗、装扮了一番，在它的背上披上一条白毯子后，才交给国王。

国王就在一些官员的陪同下，骑着白象进城看庆典。由于这头白象实在太漂亮了，民众都围拢过来，一边赞叹、一边高喊着："象王！象王！"这时，骑在象背上的国王，觉得所有的光彩都被这头白象抢走了，心里十分生气、嫉妒。他很快地绕了一圈后，就不悦地返回王宫。一入王宫，他问驯象师："这头白象，有没有什么特殊的技艺？"驯象师问国王："不知道国王您指的是哪方面？"国王说"它能不能在悬崖边展现它的技艺呢？"驯象师说"应该可以。"国王就说："好，那明天就让它在波罗奈国和摩伽陀国相邻的悬崖上表演。"

隔天，驯象师依约把白象带到那处悬崖。国王就说："这头白象能以三只脚站立在悬崖边吗？"驯象师说："这简单。"他骑上象背，对白象说："来，用三只脚站立。"果然，白象立刻就缩起一只脚。

国王又说："它能两脚悬空，只用两脚站立吗？""可以。"驯象师就叫它缩起两脚，白象很听话地照做。国王接着又说："它能不能三脚悬空，只用一脚站立？"

驯象师一听，明白国王存心要置白象于死地，就对白象说："你这次要小心一点，缩起三只脚，用一只脚站立。"白象也很谨慎地照做。围观的民众看了，热烈地为白象鼓掌、喝彩！国王愈看心里愈不平衡，就对驯象师说："它能把后脚也缩起，全身悬空吗？”

这时，驯象师悄悄地对白象说：“国王存心要你的命，我们在这里会很危险。你就腾空飞到对面的悬崖吧！”不可思议的是这头白象竟然真的把后脚悬空飞起来，载着驯象师飞越悬崖，进入波罗奈国。

波罗奈国的人民看到白象飞来，全城都欢呼了起来。国王很高兴地问驯象师：“你从哪儿来？为何会骑着白象来到我的国家？”驯象师便将经过一一告诉国王。国王听完之后，叹道：“人为何要嫉妒一头象呢！”

嫉妒的人总是拿别人的优点来折磨自己。别人年轻他嫉妒，别人长相好他嫉妒，别人身材高他嫉妒，别人风度潇洒他嫉妒，别人有才学他嫉妒，别人富有他嫉妒，别人的妻子漂亮他嫉妒，别人学历高他嫉妒……德国有一句谚语：“好嫉妒的人会因为邻居的身体发福而越发憔悴。”所以，好嫉妒的人总是40岁的脸上就写满了50岁的沧桑。

适度地羡慕是可以理解的，但过度地羡慕往往就会变成了嫉妒，这就需要格外注意了。从古至今，嫉妒者似乎永远是一个小丑的角色，沦为人们的笑料。

东汉末年的周瑜便是一个很好的“典范”，在孙、刘对垒中，周瑜数次在计谋上输于诸葛亮，在“既生瑜，何生亮”的悲凉感慨中郁郁而死。周瑜的嫉妒心可谓世上少见，嫉妒而死也不值得人们去叹惜。现实生活中，为了别人评上了比自己高的职称而指桑骂槐；为了别人得到领导的厚爱而愤愤不平；为了别人的条件比自己好而郁郁寡欢的也大有人在，给本已不大平静的生活平添了几多烦恼和些许忧愁。

心理学家研究证明，嫉妒心强的人易患心脏病，而且死亡率也高；而嫉妒心较少的人群，心脏病的发病率和死亡率均明显低于其他人，只有前者的1/3～1/2。此外，如头痛、胃痛、高血压等，易发生于嫉妒心强的人，并且药物的治疗效果也较差。

嫉妒实在是一把双刃剑，伤人亦害己。一个人若有一点嫉妒心，本属正常，它或许还是自己前进的动力，奋发的源泉。可这种情绪犹如野草，稍一放纵便蔓生滋长，遍布整个心灵，同时也给自己的生活蒙上了一层阴影。因此，我们必须走出嫉妒的阴影，下面几种方法你不妨参照一下：

1.把精力集中在自己的理想和奋斗目标上，不去或少去关注别人的成败是非，辛勤的汗水定会为你带来可喜的佳绩。

2.人须有“度”，能容纳别人，乐观处世。容纳是一种美德，靠个人的修养意识。有“度”方能无妒，才能控制嫉妒之心滋生。

3.善于转移自己的注意点。看到别人的成功，就去想别人为成功所付出的代价；看到别人的优势，就告诫自己，外在的客观条件并非成功的第一要素，自己内在的才智、毅力并不比别人差多少，关键是有无自信心。

4.工作及社交中的嫉妒心理往往发生在双方及多方的比较中，因此注意自己的性格修养，尊重与乐于帮助他人，尤其是自己的对手。这样不但可以克服自己的嫉妒心理，而且可使自己免受或少受嫉妒的伤害。同时还可以取得事业上的成功，又能感受到生活的愉悦。

其实，芸芸众生，大千世界，由于每个人的机遇与境遇不同，人难免分出个三六九等，或飞黄腾达、意气风发，或穷困潦倒、默默无闻。对于他人的成功，可以羡慕，但不要嫉妒。羡慕，就是积蓄你自己大量的精力、时间、智慧去产生应该属于你范围内的积极嫉妒心理，这会让一个人充满了向上的动力，从而促成自己的成功；不嫉妒，就是要洒脱和不甘于落后，给予他人真挚的祝福，对自己充满必胜的信心，这才是强者的风度。

不攀比才能展现真实自我

《修炼当下的力量》一书中说："过去会透过现在的缺席而永续存活。能够塑造未来的是你此刻意识的质量，而未来，当然只能以当下的形式被经历。"既然过去和未来都取决于当下，那么我们只有进入当下，活在当下不去攀比，展现真实的自我，才能把握幸福人生。

拥有当下才是最重要的

有时候，人们会为了过去的事情而伤心不已，以为自己将永远活在过去里。有时候，人们觉得自己现在的努力不过是为了一个美好的未来，自己的希望在未来里，所以自己是为了未来而生活的。其实，这些想法都是错误的。我们活着能够感受到得就只有当下，生活中的任何事情都不可能存在于当下之外。过去的感觉虽然通过回忆传递到了我们的内心，但是它已经过去了，不会再出现在当下的生活中了。而未来的事物不确定，我们也无从把握。所以，我们真正拥有的就是当下的一切，我们能够感知的也只有当下。

曾读过这样一个故事：

一位智者旅行时，曾途经一座古城的废墟。岁月已经让这个古城满目沧桑了，但依然能辨出它昔日辉煌时的风采。智者想在此地休息一下，就随手搬过一个石雕坐下来。

他望着废墟，想象着这里曾经发生过的故事，不由得感慨万千。

忽然，他听到有人说："先生，你感叹什么呀？"

他四下里望了望，却没有人。原来声音来自那个石雕，那是一尊"双面神"石雕。

他从未见过双面神，就好奇地问："你为什么会有两副面孔呢？"

双面神说："有了两副面孔，我才能一面察看过去，牢牢吸取曾经的教训；另一面瞻望未来，去憧憬无限美好的明天。"

智者说："过去的只能是现在的逝去，再也无法留住；而未来又是现在的延续，是你现在无法得到的。你不把现在放在眼里，即使你能对过去了如指掌，对未来洞察先知，又有什么实在意义呢？”

听了智者的话，双面神不由得痛哭起来：“先生啊，听了你的话，我才明白，我今天落得如此下场的根源。”

“很久以前，我驻守这座城池时，自诩能够一面察看过去，一面瞻望未来，却唯独没有好好把握现在。结果这座城池便被敌人攻陷了，美丽的辉煌都成了过眼云烟，我也被人们唾骂而弃于这废墟中。”

的确，忽略了现在，就等于自讨苦吃。把握住了现在，即把握住了幸福的秘密。如果你老想着昨天和明天，那么“今天”就永远没有成果，等你老去的时候，“昨天”也就会一事无成。

有位哲人说：世界上有三种人。第一种人只会回忆过去，在回忆的过程中体验感伤；第二种人只会空想未来，在空想的过程中不务正事；只有第三种人注重现在，脚踏实地，慢慢积累，一步一步踏踏实实地走向未来。因此，我们要珍惜当下。要知道，拥有当下才是最重要的！

不攀比，全然融于当下

我们可能都遇到过这样的问题：过去犯过很严重的错误，因而内心深处受到了很大程度的谴责，可是却不知道应该用什么方法来弥补。这个时候，我们的内心是期待有一段时间或者有一个事件来拯救自己的。能够拯救我们的不在以后的空间和时间内，而就在此时此刻。

在美国新泽西州市郊的一座小镇上，一个由26个孩子组成的班级被安排在教学楼最里面一间光线昏暗的教室里。他们中所有的人都有过不光彩的历史：有人吸过毒，有人进过管教所，有一个女孩甚至在一年之内堕过3次胎。家长拿他们没办法，老师和学校也几乎放弃了他们。

就在这个时候，一位叫菲拉的女士担任了这个班的辅导老师。新学年开始的第一天，菲拉没有像以前的老师那样对这些孩子进行一番训斥或给他们一个下马威，而是为大家出了一道题：

有3个候选人，他们分别是——

A 笃信巫医，有两个情妇，有多年的吸烟史，而且嗜酒如命。

B 曾经两次被赶出办公室，每天要到中午才起床，每晚都要喝大约1公升的白兰地，而且曾经有过吸食鸦片的记录。

C 曾是国家的战斗英雄，一直保持素食习惯，热爱艺术，偶尔喝点酒，年轻时从未做过违法的事。

菲拉给孩子们的问题是：

“如果我告诉你们，在这3个人中，有一位会成为众人敬仰的伟人，你们认为会是谁？猜想一下，这3个人将来各自会有什么样的命运？”

对于第一个问题，毋庸置疑，孩子们都选择了C；对于第二个问题，大家的推论也几乎一致：A和B将来的命运肯定不妙，要么成为罪犯，要么就是需要社会照顾的废物；而C一定是一个品德高尚的人，注定会成为精英。

然而，菲拉的答案却让人大吃一惊：“孩子们，你们的结论也许符合一般的判断，但事实是，你们都错了。这3个人大家都很熟悉，他们是‘二战’时期的3个著名人物——A是富兰克林·罗斯福，他身残志坚，连任四届美国总统；B是温斯顿·丘吉尔，英国历史上最著名的首相；C的名字大家也很熟悉，他叫阿道夫·希特勒，一个夺去了几千万无辜生命的法西斯元首。”学生们都呆呆地瞅着菲拉，他们简直不相信自己的耳朵。

“孩子们，”菲拉接着说，“你们的人生才刚刚开始，以往的过错和耻辱只能代表过去，并不能代表一个人的一生，每个人都不是完人，连伟人也有过错。从现在开始，从过去的阴影里走出来吧，努力做自己最想做的事情，你们都将成为了不起的优秀人才……”

菲拉的这番话，改变了26个孩子一生的命运。如今这些孩子都已长大成人，他们中有的做了心理医生，有的做了法官，有的做了飞机驾驶员。值得一提的是，当年班里那个个子最矮也最爱捣乱的学生罗伯特·哈里森，后来成了华尔街上最年轻的基金经理人。

“原来我们都觉得自己已经无可救药，是菲拉老师第一次让我们觉醒：过去并不重要，我们还有可以把握的现在和将来。”孩子们长大后这样说。

过去的错误不可能影响我们的一生。如果我们一直带着对过去的愧疚生活，就没有办法融入当下，更不会有一个美好的未来。所以，不管我们身处何种境地，都应该全然地融入当下，开始新生活。

放下过去，放下攀比

当刘翔从北京奥运会赛场上退下来的时候，他说：“下一次我一定会做得很好。”当程菲因为一个动作而出现失误的时候，她说：“下一次我会吸取教训。”尽管因为没有注意到自己的伤而不能在比赛中坚持下来，但是刘翔没有一直活在悔恨之中，而是鼓足了勇气面对未来的路；尽管练习了多次的动作没能发挥到最好，但是程菲也没有抓住自己过去所犯的错误不放，而是在总结经验后，期待下一次精彩的绽放。

可是，在生活中，有太多的人喜欢抓住自己的错误不放：没能抓住发展的机遇，就一直怨恨自己不具慧眼；因为粗心而算错了数据，就一直抱怨自己没长大脑；做错事情伤害到了别人，为没有及时的道歉而自责良久。

人生的很多问题都是对过去所犯的错误的一种追悔。在生活中，谁能没有一点“旧伤”？谁能一生了无遗憾？我们每个人都想让自己所做的每一件事都正确，从而达到自己预期的目的，可这只能是一种美好的幻想。人不可能不做错事，不可能不走弯路。做了错事，走了弯路之后，有谴责自己的情绪是很正常的，这是一种自我反省，是自我解剖与改正的前奏曲。正因为有了这种“积极的谴责”，我们才会在以后的人生之路上走得更好、更稳。但是，如果你一味地纠缠住过去的错误不放，或羞愧万分、一蹶不振，或自惭形秽、自暴自弃，那你这就是愚人之举了。

卓根·朱达是哥本哈根大学的学生。有一年暑假，他去当导游，因为他总是高高兴兴地做了许多额外的服务，因此，几个芝加哥来的游客就邀请他去美国观光。观光路线包括在前往芝加哥的途中到华盛顿特区做一天的游览。

卓根抵达华盛顿以后就住进威乐饭店，他在那里的账单已经预付过了。他这时真是乐不可支，外套口袋里放着飞往芝加哥的机票，裤袋里则装着护照和钱。

可是，卓根突然遇到晴天霹雳。当他准备就寝时，才发现由于自己的粗心大意，放在口袋里的皮夹不翼而飞了。他立刻跑到柜台那里报失。“我们会尽量想办法。”经理说。

这时，卓根的零用钱连两块钱都不到。因为一时的粗心马虎，让自己孤零零一个人待在异国他乡，应该怎么办呢？他越想越是生气，越想越是懊恼，于是想到了很多办法来惩罚自己。

这样折腾了一夜之后，他突然对自己说：“不行，我不能再这样一直沉浸在悔恨当中了。我要好好看看华盛顿。说不定我以后没有机会再来，但是现在仍有宝贵的一天待在这座城市里。好在今天晚上还有机票到芝加哥去，一定有时间解决护照和钱的问题。”

“我跟以前的我还是同一个人，那时我很快乐，现在也应该快乐呀。我不能因为自己犯了一点错误就在这白白地浪费时间，现在正是享受的好时候。”

于是他立刻动身，徒步参观了白宫和国会山，并且参观了几座大博物馆，还爬到了华盛顿纪念馆的顶端。他去不成原先想去的阿灵顿和许多别的地方，但他到过的地方，他都看得很仔细。

等他回到丹麦以后，这趟美国之旅最使他怀念的却是在华盛顿漫步的那一天——因为如果他一直抓住丢皮夹的错误不放，那么在华盛顿那宝贵的一天就会被白白浪费。

放下过去的错误，向前看，才能有更多的收获。我们一生当中会犯很多错误，如果每一次都抓住错误不放，那么我们的人生恐怕只能在懊悔中度过。很多事情，既然已经没有办法挽回，就没有必要再去花时间惋惜悔恨了。与其在懊悔中挣扎浪费时间，还不如抓紧时间把握当下。

操纵你的是内在的信念

如果有人冒犯你，请先不要愤怒。愤怒是不能解决任何问题的，只会让你更激动，让你被愤怒蒙蔽了双眼和心灵，以致不能正确地看清事物的木质、判断事物的好坏。其实，真正干扰你的不是别人的行为，别人的行为不会直接作用于你身上。真正干扰你的是你自己的想法，只有你自己的想法才会对你的行动产生影响。所以，先放弃你对一个行为的判断吧，尝试一下下面介绍的方法，也许可以让你在愤怒时回归到理性上来。

第一，想一想你和别人的关系。所有的人来到世上都是要相互合作的，你也是社会的一分子，需要与他人合作。

第二，想一想别人在用餐、睡觉或在别的场合时都是怎样的？在他们冒犯别人的时候，是带着怎样的情绪的？

第三，如果别人正在做着他们自己的事情，你不必感到不快；而人们有时候会出于无知而不知不觉地在做着一些不正当的事情。但在他们自己看来，他们只是在追求自己的真理，他们也不愿意被剥夺为人处世的能力。所以，当他们由于无知犯错而被人指责不正直、背信弃义、贪婪的时候，他们是很痛苦的。

第四，要想到你自己也和他们一样，犯了很多不自觉的错误。也许你已经纠正了这种错误，但难保你不会再犯。何况你戒除这些错误，很大程度上还是出于不纯的动机，比如出于怯懦、害怕失去名誉，或者其他的原因。

第五，当你断定别人在做着不正当的事情时，你也要想一想你的判断是否正确。因为很多事情另有隐情，你必须全面了解，才能对别人及他们的行为作出正确的判断。

第六，在你烦恼、愤怒和悲伤时，想一想生命是很短暂的，也许下一秒你就会死去，何必为这些小事来伤神呢？

第七，实际上，困扰你的并不是别人的行为，而是你对于这些行为的看法。那么消除这种看法，放弃那些认为某件事情是极恶的东西的判断，你的怒火就能够得到平息。怎样才能消除这种判断呢？只需要明白一个道理：就是别人的恶行并不是你的耻辱，只有你自己的恶行才是你的耻辱。如果你为别人的恶行也感到耻辱，那你就是在代替别人受过了。

第八，要想一想，由于这种行为引起的烦恼和愤怒带给你的痛苦，比这种行为本身带给你的痛苦要多得多。

第九，保持一种和善的气质是令任何人都无法拒绝的，但这种气质要是真实的、发自内心的，而不是一种表面上的微笑。始终和善地对待他人，即使最暴躁无礼的人，也不会对你怎么样。你可以用一种温和的态度纠正别人的错误，循循善诱地给别人讲道理，不带着任何斥责、怨恨的感情，亲切和善地关心对方的感受，也不要做给旁人看。

按照上面的方法，你就会发现，只要自己恢复了平静和理性，那些打扰到你内心的事物就几乎不存在了。可见，真正影响到你的生活的，是隐藏在你内心深处的想法。所以，只要能够控制住自己的内心，你就掌握了人生的主动权。

把一切掩埋在微笑之下

命运会带给我们很多苦楚，可是如果我们保持乐观的心态，那么即便有再多的苦楚，我们也能将其掩埋在微笑之下。

钟爱东，百亩鱼塘的主人，被评为省“巾帼科技兴农带头人”。从一名普通的下岗女工到身价千万的养殖大王，不惑之年的钟爱东仍然勤劳淳朴。事业几经起落，她说，横下一条心，没有过不去的坎儿。

1997 年 1 月 1 日，这是钟爱东不能忘却的日子。这一天，本以为捧上“铁饭碗”的她下岗了。在这家工厂工作了近 20 年，还成了厂里的“一把手”。钟爱东说，她把全部的心血、最好的青春年华，都给了工厂，甚至没有时间照顾年幼的孩子。“当时觉得，心里有什么东西被人硬掰了下来。”钟爱东说。那天，她哭了。

下岗后，她接到的第一个电话是花都区妇联打来的。她说，就是这个电话，在最艰难的时候教会她“用笑容去迎接困难”。钟爱东在当厂长的时候就经常与周围的农民接触，知道养殖水产有赚头。看准这一点，她拿出了仅有的 2000 元“箱底钱”，又东奔西走借了些款，一咬牙承包了 200 亩低洼田。资金不够，就赚一分投入一分，滚动式周转。几个月下来，钟爱东天天“泡”鱼塘、搞技术，200 亩低洼田变成了水产养殖地。钟爱东说，那时鱼塘就是她全部的生活了。她每天早上都要花一个小时绕鱼塘走上一圈。

钟爱东没想到，生活中的第二次打击来得这么快。1997 年 5 月 8 日，是钟爱东伤心的日子。那一天，一场大洪水淹没了她刚刚建好的鱼塘。站在堤坝上，看着不断上涨的洪水一点点吞没了鱼塘，钟爱东绝望地回了家。“哪里跌倒就从哪里爬起来。”钟爱东说，这是当时丈夫说的唯一的一句话。倔强的钟爱东这次没有流泪，她开始带着工人挖塘、养苗，引进新技术、新鱼种，被洪水淹没的鱼塘一点点“回来”了。

钟爱东成了远近闻名的“鱼王”，鱼塘越做越大，自己还开了家公司。多年的艰难经营，“养鱼为生”的钟爱东对技术情有独钟。她说，一个没有创新、没有新产品的企业，就像脱水的鱼。

钟爱东有个温暖的四口之家。她说，在最困难的时候，家人的支持成了她的精神支柱。她说：“当初好多次想放弃，是他们帮我挺过了难关。”屡经磨难，钟爱东说最重要的是要学会如何看待失败，下岗、失败都不用怕，路是自己走出来的，认定目标走下去，一定会成功。

生命，有起有落，有悲有喜，起伏不定，但是太阳却依然光亮，月亮仍然美丽，星星依旧闪烁……一切的一切仍旧是那么和谐，而生命，依然会有着更绚烂的色彩等待我们去欣赏。明天，总是美好的，只要我们有信心，在艰难中咬紧牙关，就能够在痛苦中盼来欢乐。

善待生命中的每一分钟

非洲有一个部落，婴儿刚生下来就“获得”60 岁的寿命。从 60 岁算起，随着婴儿长大，以后逐年递减，直到 0 岁。人生大事都得在这 60 年内完成，此后的岁月只需要颐养天年了。

好独特的计岁方法，人生不过是我们从上苍手中“借来”的一段岁月而已，过一年“还”一岁，直至生命终止。可惜我们常会产生这样一种错觉：日子长着呢！于是，我们懒惰，我们懈怠，我们怯懦……无论做错什么，我们都可以原谅自己，因为来日方长，觉得不管什么事放到明天再做也不迟。

终有一日，当死亡的阴影笼罩我们时，我们才悚然而惊：糟了，总以为日子还长着呢，怎么死亡说来就来了。那些未尽的责任怎么办？那些未了的心愿怎么办？那些未实现的诺言怎么办……可面对死亡通知书，人们只能踏上那条不归路。追悔也罢，遗憾也罢，那个早已写好的结局无人能够更改。面对即将降临的死神，也许人们会在迷迷糊糊中想起“譬如朝露，去日苦多”的感叹，想起“少壮不努力，老大徒伤悲”的教诲，可一切都悔之晚矣。

生命既然是借来的一段光阴，当然是过一天少一天了。而面对自己日渐减少的寿命，谁又能无动于衷呢？那个倒着计岁的非洲部落，他们的人生智慧真是令人惊叹。

有人算过这样一笔账：假如一个人能活70岁，而每天睡觉8小时，那么70年会睡掉204400小时，合8517天，为23年零4个月，那么，这个人还剩下46年零8个月的时间。此外，闲聊、看病等时间，再加上退休后不工作的时间，约合36年零2个月。如此算来，一个人活到70岁，自己只有10年零6个月的时间可以用来做些事，更何况并不是人人都能活到70岁的。

由此看来，我们能真正拥有的时间寥寥无几。树枯了，有再青的机会；花谢了，有再开的时候；燕子去了，有再回来的时刻；然而，人的时间一旦逝去，就难以挽回了。因此，时间对于我们每一个人来说都是最宝贵的财富，要珍惜时间，爱护生命，利用好生命中的每分每秒。

世上没有任何事情是值得攀比和忧虑的

忧虑是一种过度忧愁和伤感的情绪。正常人也会有忧虑的时候，但如果是毫无原因的忧虑，或虽有原因，但不能自控的忧虑，使人整天显得心事重重、愁眉苦脸，就属于过度忧虑了。如果你不能及时调整自己，一味地忧虑下去，那么你只是在折磨自己，而事情却不会发生任何的改变。

一个商人的妻子不停地劝慰着她那在床上翻来覆去、折腾了足有几百次的丈夫："睡吧，别再胡思乱想了。"

"嗨，老婆啊，"丈夫说，"几个月前，我借了一笔钱，明天就到还钱的日子了。可你知道，咱家哪儿有钱啊！你也知道，借给我钱的那些邻居们比蝎子还毒，我要是还不上钱，他们能饶得了我吗？为了这个，我能睡得着吗？"他接着又在床上继续翻来覆去。

妻子试图劝他，让他宽心："睡吧，等到明天，总会有办法的，我们说不定能弄到钱还债的。"

"不行啊，一点儿办法都没有啦！"

最后，妻子忍耐不住了，她爬上房顶，对着邻居家高声喊道："你们知道，我丈夫欠你们的债明天就要到期了。现在我告诉你们：我丈夫明天没有钱还债！"她跑回卧室，对丈夫说："这回睡不着觉的不是你，而是他们了。"

如果凌晨三四点的时候，你还在因忧虑而失眠，似乎全世界的重担都压在你肩膀上：到哪里去找一间合适的房子？到哪儿找一份好一点的工作？怎样可以使那个啰唆的主管对你有好印象？孩子们的学费怎么办？……

你的脑子里有许多烦恼、问题。其实，只要你采取一个简单的步骤，深呼吸，轻轻闭上眼睛，告诉自己“不要怕”，那么你的烦恼将会减轻很多。

仔细想想“不要怕”这有魔力的字眼，不要让你的心仍彷徨在恐惧和烦恼之中。忧虑消极而无益，既然你是在为毫无积极效果的行为浪费自己宝贵的时光，那么你就必须阻止自己的忧虑。

请记住，世上没有任何事情是值得忧虑的。你可以让自己的一生在对未来的忧虑中度过，然而无论你多么忧虑，甚至忧虑而死，你也无法改变现实。

不要攀比，不要心急

生活中，很多人害怕面对失败，所以，他们在失败的结果还没有出现以前，就先放弃努力了。这样的人注定了会一事无成。纵观世界上那些成功人士的生平经历，就会发现，他们都是在经历过无数次的失败后，重新开始拼搏才获得最后的胜利的。

1510 年，帕里斯出生在法国南部，他一直从事玻璃制造业，直到有一天看到一只精美绝伦的意大利彩陶茶杯。

“我也要造出这样美丽的彩陶。”这是他当时唯一的想法。

帕里斯建起烤炉，买来陶罐，打成碎片，开始摸索着进行烧制。几年下来，碎陶片堆得像小山一样，可他理想的彩陶却仍不见踪影。后来，他无米下锅了，只得回去重操旧业，挣钱来生活。

帕里斯赚了一笔钱后，又烧了三年，碎陶片又在烤炉旁堆成了山，可仍然没有结果。连续几年，他挣钱买燃料和其他材料，不断地试验，都没有成功。长期的失败使人们对他议论纷纷，都说他愚蠢，是个大傻瓜，连家里人也开始埋怨他。但他只是默默地承受。

试验又开始了，他十多天没有脱衣服，日夜守在炉旁。燃料不够了，他拆了院子里的木栅栏，怎么也不能让火停下来呀！又不够了！他搬出了家具，劈开，扔进炉子里。还是不够，他又开始拆屋子里的板。噼噼啪啪的爆裂声和妻子儿女们的哭声，让人听了鼻子都是酸酸的。马上就可以出炉了，多年的心血就要有回报了，可就在这时，只听炉内“嘭”的一声，不知是什么爆裂了。所有的产品都沾染上了黑点，全成了次品。

又失败了！帕里斯受到了巨大的打击，他独自一人到田野里漫无目的地走着。不知走了多长时间，清悠的大自然终于使他恢复了心里的平静，他平静地又开始了下一次试验。

经过16年无数次的试验，他终于成功了，而这一刻，他却非常平静。他的作品成了稀世珍宝，价值连城，艺术家们争相收藏。他烧制的彩陶瓦，至今仍在法国的罗浮宫顶上闪耀着光芒。

帕里斯的成功之路是艰辛而漫长的，他的成功来得何等不易。在一次又一次的失败中一次又一次的重新站起，这正是帕里斯成功的原因所在。

成功人士不会在失败以前就放弃，即使是面对失败的结果，也会把它当作是学习和积累经验的机会。有人认为失败一无是处，只会给人生带来黑暗。其实，每一次失败可以让人们从中学习到很多东西，并使人们从中吸取教训，重新回到通往成功的道路上来。

失败是不可避免的，甚至是必要的。失败表示你愿意尝试和冒险，它表明你正在做事情。你从失败中积累的经验越多，你成功的机会就越大。

西奥多·罗斯福说："最好的事情是敢于尝试所有可能的事，经历了一次次的失败后赢得荣誉和胜利。这远比与那些可怜的人们为伍好得多，那些人既没有享受过多少成功的喜悦，也没有体验过失败的痛苦，因为他们的生活暗淡无光，不知道什么是胜利，什么是失败。"在这个世界上，有阳光，就必定有乌云；有晴天，就必定有风雨。从乌云中挣脱出来的阳光才能更加灿烂，经历过风雨洗礼的天空才能更加湛蓝。人们都希望自己的生活如丝顺滑、如水平静，可是命运却偏要给予人们波折坎坷。这是因为困难和坎坷只不过是人生的馈赠，能使你的思想更清醒、更深刻、更成熟、更完美。

所以，不要性急地在失败的结果出现之前就放弃，更不要害怕失败。在失败面前，只有永不言弃的人才能傲然面对一切，才能最终取得成功。

摆脱心理时间上的攀比

生活中，实际事物上所花费的时间，我们称之为钟表时间。但是在实际事物已经被解决或者尚未被解决的时候，我们容易产生一种心理时间，即对过去的深切怀念和对未来的过度憧憬。

然而，不管心理时间定格在过去还是未来，都不利于我们对现在的把握和眼前的发展。因为昨天只是一种记忆，随着时间的流逝，这种记忆会逐渐被淡忘；明天只是一种虚幻，过度的想象只会增加莫名的痛苦。

人的一生最有害的两种情绪莫过于为往事悔恨和为未来担忧。如果你真的被这两种情绪所困扰，那你就是生活在乌托邦之中。这两种情绪不会帮你改变过去与未来，却会使你陷入惰性与悲观的泥潭，从而失去现在。

我们的身体和心灵都生活在现在，也只能为现在而存在，为什么要去浪费时间回顾往事、忧虑未来呢？实际上，过去的事情不论多么值得留恋或是多么需要悔恨，那只是毫无意义的心理反应。“过去”已经过去了，已经不存在了，而未来尚未到来，也是不存在的。人生就像登高爬山，爬在中途的时候，不必往下看，也不要往上看。因为你不大可能看到顶峰，何必要为看不清楚的未来费神费力，分散注意力呢？

有一个国王，常为过去的错误而悔恨，为将来的前途而担忧，整日郁郁寡欢。于是他派大臣四处寻找一个快乐的人，并把这个快乐的人带回王宫。大臣寻找了好几年，有一天，当他走进一个贫穷的村落时，听到一个快乐的人在放声歌唱。寻着歌声，他找到了正在田间犁地的农夫。

大臣问农夫：“你快乐吗？”

农夫回答：“我没有一天不快乐。”

大臣喜出望外地把自己的使命和意图告诉了农夫。农夫不禁大笑起来，说道：“我曾因为没有鞋子而沮丧，直到我有一天在街上遇到了一个没脚的人。”

快乐是什么？快乐就是珍惜你现在拥有的一切。快乐就是如此简单。

美国诗人朗费罗说：“不要老叹息过去，它是不再回来的。要明智地改善现在。”过去的已经过去，不再属于我们，为什么不好好地把握现在呢？

当然，也有将心理时间定格在未来的人，他们主张为将来牺牲现在。如果采取这种态度生活，那就意味着没有现在，只有未来，不仅要避免眼前的享受，而且要永远回避幸福。因为我们所指望的将来的那一天一旦到来，也就成为那时的现在；而在那时的现在又要为那时的将来作准备。如此明日复明日，现在为将来，幸福岂不是永远可望而不可即吗？

寄希望于未来，如果作为学习和工作上的奋斗目标，期望生活改善，事业有成，这并不错。人应该生活在希望中，把自己从目前消沉的情绪中解脱出来，这么做仍是为了抓住现在的时光去做脚踏实地的努力，而不是回避现实去空想未来。

由此可见，不论是过去还是未来，都不是我们人生的主旋律。我们只有摆脱心理时间，生活在现时和希望中，才能更好地把握人生。

活出真实的自己

时间并不能像金钱一样让人随时储存起来，以备不时之需。人们所能使用的只有被给予的那一瞬间，也就是今天。如果不能充分利用今天而让它白白虚度，那么它将一去不返。所谓“今天”，正是“昨天”计划中的“明天”。而这个宝贵的“今天”，不久将消失，成为“明天”回忆里的“昨天”。对于我们每个人来讲，得以生存的只有现在——过去早已消失，而未来尚未来临。昨天，是张作废的支票；明天，是尚未兑现的期票；只有今天，才是现金，才是有价值的。

人要学会在现时中生活，因为只有现时里才有真实的自我。需要注意的是，“现时”一词，它更加强调的是“现在”这一时间概念。现时生活是人们真正生活的关键所在。细想一下，除了“现在”，人们永远不能生活在任何其他时刻，人们所能把握的只有现在的时光。

现时，是一种难以捉摸而又与你形影不离的时光，只有你完全沉浸于其中，才可得到一种美好的享受。因此，你应该充分享受现时的每分每秒，而不必去考虑已过去的往日和还未到的将来。抓住现在的时光，你才能够有所作为。

回避现实往往导致人们对未来的理想化。惋惜和期望都是回避现实的最为常见的做法。你可能会想象自己在今后生活中的某一时刻会发生一个奇迹般的转变，你一下子变得事事如意、幸福无比、财富无限。你可能期望自己在完成某一特别任务——如大学毕业、结婚、生小孩或职务晋升之后，你将重新获得一种新的生活。然而，当想象或期待的那一刻真正到来时，你却并没获得自己原先想象的幸福。未来永远没有你所想象得那么美好，它也只是一种切切实实的将要到来的“现时”。

为什么许多年轻人婚后不久就哀叹生活与婚姻的不幸，其中不乏一个原因——他们曾经将婚姻生活幻想得过于幸福美满，而当这一切真正到来时，他们却因为没有珍惜而错过了现时的快乐。

当然，如果生活中的某些方面并没有达到你原先的期望，你可以通过对未来的再一次理想化而将自己从低沉的情绪中解脱出来，但千万不要让这种恶性循环成为你的固定生活模式。

如果你也像托尔斯泰书中的伊凡·伊里奇那样回顾自己的一生，你将会减少很多没有必要的遗憾：

如果我到目前为止的整个生活都是错误的，那该怎么办？他忽然意识到以前在他看来完全不可能的事也许的确是真的——他也许真的没有按照他本应做的那样去生活。他忽然意识到，自己以前那些难以察觉的念头——尽管出现之后便随即被打消——或许才是真实的，而其他一切则是虚假的。他的工作职责、他的生活以及家庭的整个安排，还有他的一切社会利益和表面利益，也许完全都是虚无的。他一直在为这一切进行着辩解，然而现在，他蓦然感到自己的辩解是苍白无力的。

你也许正好与伊凡·伊里奇相反，你是为那些你所没做的事情耿耿于怀。如果你以自暴自弃的方式度过现在的时光，你就会永远地失去现在。因此，你现在应该去做的事情十分明显——行动起来，珍惜现在的时光，不放过一分一秒。

欣然地接受现实

当失败或挫折到来的时候，人们很容易产生万念俱灰的沮丧情绪。但这时正是人们在跟命运作战的时候，即使是受了打击也不能消沉，因为一旦人们自己失去了作战的信心和动力，那么就只能做失败者了。要勇敢地面对失败带来的悲哀，做命运的强者。

其实，有时候悲哀不是单纯的苦涩，乐观自信的人即使是面临困境，也能从中找到对自己有利的地方。

莲娜有一个悲惨的童年，10岁时母亲因病去世。父亲是一个长途汽车司机，经常不在家。因此，莲娜自从母亲过世以后，就必须自己洗衣做饭，照顾自己。

然而，老天爷并没有特别关照她。在她17岁那年，父亲在工作中因车祸不幸丧生。从此莲娜再也没有亲人能够依靠了。

可是，噩梦还没有结束。在莲娜走出悲伤，开始独立养活自己之时，却在一次工程事故中，失去了左腿。

然而，一连串的意外与不幸，反而让莲娜养成了坚韧的性格。她独立面对随之而来的种种困难，也学会了使用拐杖，即使不小心跌倒，她也不愿伸手请求人们帮忙。

后来，她将所有的积蓄拿出来，开了一个养殖场。但老天爷似乎存心与她过不去。一场突如其来的大水，将她的最后一丝希望——养殖场都夺走了！

莲娜终于忍无可忍了，她气愤地来到神殿前，怒气冲冲地责问上帝："你为什么对我这么不公平？"

上帝听到责骂，现身后满脸平静地反问："哪里不公平呢？"

莲娜将她的不幸，一五一十地仔细说给上帝听。

上帝听完了莲娜的遭遇后，又问："原来是这样啊！的确很凄惨，那么，你为什么还要活下去呢？"

莲娜听到上帝这么嘲讽她，气得颤抖地说："我不会死的！我经历了这么多不幸的事，已经没有什么能让我感到害怕。总有一天我会靠着自己的力量，创造自己的幸福!"

上帝这时转身朝向另一个方向,"你看!"他对莲娜说,"这个人生前比你幸运许多,他可以说是一路顺风地走到生命的终点。不过,他最后一次的遭遇却和你一样。在那场洪水里,他也失去了所有的财富。不同的是,他之后便绝望地选择了自杀,而你却坚强地活了下来!"

正是悲惨的生活成就了莲娜的坚强,所以生活的悲哀并不如同表象展示出来的那样,只带给我们伤痛;而是在用另一种方式来完善我们的精神。

在哀痛者的心里,悲哀无疑会划下不可磨灭的痕迹,然而若能正确地、欣然地接受它,它就能发挥出巨大的积极作用。因为没有经历过苦楚的人,内心就不能变得坚韧,承受不了打击。而只有经历过哀伤的人,才能在重压之下变得更加坚强、更加勇敢。

不要生活在下一个时刻

艾米是一个可爱的小姑娘。一天,邻居告诉她格林家的牧场有很好的草莓可以采摘,并以每夸脱 13 美分的价格收购。艾米听到这消息高兴坏了,马上回家为采摘作准备。

到了家里,她没有提着篮子出门,却想先算一下采 5 夸脱草莓可以挣多少钱。于是她拿出一支笔和一块小木板开始算起来,计算结果是 65 美分。"要是能采 12 夸脱呢?"她计算着,"那我又能赚多少呢?""上帝呀!"她得出答案,"我能得到 1 美元 56 关分呢。"艾米接着算要是她采了 50 夸脱、100 夸脱、200 夸脱,格林先生会给她多少钱。她将时间花费在了这些计算上,一下子已经到了中午吃饭的时间,她只得下午再去采草莓了。

艾米吃过午饭后,急急忙忙地拿起篮子向牧场赶去。而这时大家快把好的草莓摘光了,可怜的小艾米最终只采到了 1 夸脱草莓。

这个故事读起来引人发笑,可是笑过之后,又会让人想到,自己是不是也犯过同样令人发笑的错误呢。

事例中的小艾米就是一个典型的空想者。空想者总是活在下一个时刻,还没有买彩票,就开始考虑中了 500 万以后要如何分配这些钱财。他们像极了寓言故事里的两兄弟:看见一只大雁飞过,他们便开始争吵,这只大雁究竟是要清炖还是红烧。等他们吵出结果时大雁早就飞走了。忽略现在,生活在下一个时刻,似乎是很多人都会犯的通病。

可是,人只能生存在今天,只有把握住今天的人才能成为快乐的人,才能满意地度过一生。然而，生活中太多的人习惯生活在下一个时刻，他们总是慌慌张张的，好像有永远忙不完的事。

有时候，我们自己都要奇怪为什么我们不能活在当下，而是不停地为未来而烦恼。

也许人总是有欲望的，如果得不到想要的，就会不停地去想自己所没有的，并且保持一种空虚感。即使得到想要的，还是会在新的欲望下产生同样的想法。因此，尽管得到了自己想要的，人们仍旧不高兴。于是人们开始浮躁，开始把希望寄托在未来。

我们总是忙不迭地过日子，一刻也不停地瞎转。我们总是急着等节假日的来临，总是盼望孩子快快长大，总是希望自己赶快退休在家待着。等我们真的退休后，又担心生命会在下一分钟结束。

我们常常不是为昨天的逝去而懊丧，就是为明天的到来而担忧，根本没有时间享受当下生活的轻松。因此，能认真地活在当下反而成了一种愿望。其实，这个愿望要实现起来并不困难。活在当下，就是享受正在做的，而不是即将要做的。我们必须摆脱对"下一刻"的迷恋和幻想，"下一刻"的事大多数不切实际，不要让"下一刻"剥夺了我们此刻的生活。

所以，我们不要一边吃饭一边想着办公室中的工作，不要一边工作又一边担心下班会不会塞车。在当下，有很多值得我们体会的美好事情。我们可以为每一天的日出欣喜不已；我们可以分享与家人、朋友相处时的甜蜜；我们可以学会与自然和谐共处，去聆听海浪之声，去仰望璀璨的星空。

属于当下的时间很有限，不要让欲望和烦恼挤掉它。

学会接受不可更改的事实

很多时候，我们都喜欢设想：假如自己出生在富裕的家庭多好，假如自己长得漂亮一点、身材再高挑一些多好，假如当初报了另一所大学多好，假如他不出现在错误的时间多好，等等。如果这些设想都能够成立，那么这个世界一定会变得非常完美，至少是我们觉得非常圆满。

遗憾的是，人生不过是一张单程车票，所有走过的、经历过的都成为不可更改的历史。所有欢欣的、悲伤的，无论你愿意接受还是不愿意接受，都成为不可更改的事实。

一天，一位很有名气的心理学教师给学生上课时，拿出一只十分精美的咖啡杯。当学生们正在赞美这只杯子的独特造型时，教师故意装出失手的样子，咖啡杯掉在水泥地上成了碎片，这时学生中发出了一片惋惜声。教师指着咖啡杯的碎片说："你们一定对这只杯子感到惋惜，可是这种惋惜也无法使咖啡杯再恢复原形。今后在你们生活中发生了无可挽回的事时，请记住这破碎的咖啡杯。"

这是一堂很成功的心理教育课，学生通过摔碎的咖啡杯懂得了：人在无法改变失败和不幸的厄运时，要学会接受它，适应它。

在现代社会中，竞争日益激烈，让人懊悔的不可更改的事随时都会发生。那么这个时候，我们又该如何去应对呢？

最好的、最实用的办法就是接受已经发生的、不可改变的现实，并从这个现实出发，再另行考虑。不要在那里想着怎样才能改变这种现实，或者是心有不甘而想着要如何才能回到过去。那样做，既不能如你所愿真的回到过去，又会浪费你解决问题的宝贵时间。与其这样，还不如接受这个失败的现实，积蓄力量，等待时机，东山再起。

不要抱怨上天的不公，也不要抱怨命运的坎坷。很多有所成就的人，如肌肉萎缩的霍金、天生失明的海伦·凯勒、身材矮小的邓亚萍，他们之所以能取得卓越的成绩，并不是因为上天多么青睐他们，而是因为他们勇于接受无法改变的事情，然后再在此基础上奋发图强。

遭遇寒冬，很多的人会幻想暖春来慰藉自己。这本无可厚非，但若是沉溺在幻想中，这些幻想就会成为我们心灵的枷锁，让我们学会逃避，不敢面对事实真相。我们要学会敢于接受真相，不和过去的事情较劲。这样我们才有精力去"改造"自己不尽如人意的命运。

鲁迅说过："真的猛士，敢于直面惨淡的人生，敢于正视淋漓的鲜血。"那么，就让我们做这样一个真正的猛士和勇者，直面不如意的现状，并在此基础上想方设法去改造它吧。

随时都可以改变

这个世界上不会有人一生都毫无转机，穷人可能会发达为富人，富人也可能沦落为穷人。富有或贫穷，胜利或失败，光荣或耻辱，所有的改变都可能会在一瞬间发生。

比如，一个人要戒烟，如果他总认为戒烟是一个渐进的、缓慢的过程，要逐渐地戒，那他永远也戒不了烟。他只有在某天突然感觉到再抽下去会得癌症，肺会完全烂掉，才会痛下决断，马上采取戒烟措施，才有可能戒掉烟。

CNN的老板特德·特纳，年轻时是一个典型的花花公子，从不安分守己，他曾两次被布朗大学除名。他的父亲也拿他没办法。后来，他的父亲因企业债务问题而自杀，他因此受到了很大的触动。他想到父亲含辛茹苦地为家庭打拼，他却在胡作非为，不仅不能帮助父亲，反而为父亲添了无数麻烦。他决定改变自己的行为，要把父亲留给自己的公司打理好。从此，他像变了一个人似的，成了一个工作狂，而且不断寻找机会，壮大父亲遗留的企业，最终将CNN从一个小企业变成了世界级的大公司。

其实，人的改变就在一瞬间，只要我们思想上有了一种强烈的要改变的意识，改变就会出现。一瞬间的改变可以成就一个人的一生，也可以毁灭一个人的一生，所以，我们不能忽视一瞬间的力量。

鲁迅认为中国落后是因为中国人的体格不行，被称为东亚病夫，于是他去日本学习医学。但一次在课间看电影的时候，他看到日本军人挥刀砍杀中国人，而围观的中国人却一脸的麻木，当时其他的日本同学大声地议论："只要看中国人的样子，就可以断定中国必然灭亡。"

鲁迅思想上顿时发生了改变。他说："因此我觉得医学并非一件紧要事，凡是愚弱的国民，即使体格如何健全，如何茁壮，也只能做毫无意义的示众的材料和看客，病死多少是不必以为不幸的，所以我的第一要素是在改变他们的精神，而善于改变精神的是，我那时以为当然要推文艺，于是想提倡文艺运动了。"

从此，鲁迅决定弃医从文，以笔为枪，去唤醒沉睡中的中国，中国也多了一位伟大的思想家和文学家。

禅宗讲求开悟，认为得道在于顿悟，在于一刹那的开悟。其实人生也是这样，人的想法也能在一瞬间的触动下改变。当我们改变后，我们就能洞察生命的本性，就能将蕴藏在内心中的意识和潜能都充分地发挥出来。

你想要达到成功的巅峰，也需要顿悟。从你的内心深处升起的那分卓越的渴望，将会在瞬间改变你的一生。

昨天的总要在今天归零

一老一少两个和尚出门化斋，经过一条湍急的河流，见一年轻女子踌躇不前，便问其原因。女子答道："小小女子，过不了大河。还望两位大师相助。"

小和尚看了眼年长的和尚，露出为难之色。当他正想开口说点什么的时候，老和尚已经背起了年轻女子向河中走去。没多久，老和尚已经将女子背过了河去。等女子缓缓走远后，小和尚也上了岸。

老和尚看到小和尚一脸凝重，便笑道："那个女子已经走远了，你怎么还想着刚才的事情？"小和尚涨红着脸，不知说些什么才好。老和尚准备去河边洗把脸，将手中的钵递给小和尚，让他拿一会儿。当小和尚接过钵时，突然惊叫一声，老和尚转身问道："怎么了？"小和尚羞红着脸不敢出声。原来刚才在拿钵的时候，小和尚的手颤抖了一下，差点将钵打碎。

人已走远，事已过去，于是老和尚的心思重回化缘，而小和尚却久久不忘刚才老和尚背女子过河一事，以至于在替老和尚拿钵的时候不能专心。

对于过去发生的事情，我们无能为力。至于未来，它还没有发生，我们对于它的一切不过是想象。只有当下，才是最真实的；也只有抓住当下，才是幸福的。

曾任英国首相的劳合·乔治有一个习惯——随手关上身后的门。有一天，乔治和朋友在院子里散步，他们每经过一扇门，乔治总是随手把门关上。

"你为什么每次都要关上这些门呢？"朋友很是纳闷。

"这对我来说是很必要的。"乔治微笑着说，"我这一生都在关我身后的门。你知道，这是必须做的事。关上身后的门，也就意味着将过去的一切都关在了门外，不管是美好的成就，还是不太美妙的回忆。然后，你又可以重新开始。"朋友听后，对乔治的智慧很是佩服。

"我这一生都在关我身后的门。"多么经典的一句话！我们难免会经历一些风吹雨打，心中难免要留下一些痛苦的回忆。我们需要总结昨天的失误，但我们不能对失误耿耿于怀。伤感也罢，悔恨也罢，都不能改变过去，不能使我们更聪明、更完美。如果我们总是背着沉重的旧包袱，为逝去的流年感伤不已，那只会白白耗费眼前的大好时光，也就等于放弃了现在和未来。

因此，抛开过去，让昨天在今天全部归零，我们才能整装待发，快乐出行。

不攀比才能坦然面对失意与挫折

人生没有迈不过去的坎，我们要以泰然的心态来面对人生挫折和他人打击。不要冲动，不去攀比，不要生气，不要急躁，遇到任何事情，都要坚持理智。只有始终做到气定神闲，我们才能闲庭信步于人生的花园里。

不攀比就不会生气

德国学者康德说过："生气是拿别人的错误惩罚自己。"的确，很多人遇到一点儿不顺心的事，便不问原因地火冒三丈，怒不可遏，这样非但解决不了问题，还会影响自己的心情，让问题尖锐化。

有这么一个故事：

一对刚结婚的男女，去海边度蜜月，一天，他们在海边游泳，正在他们游得很开心的时候，看到一只鲨鱼向他们这边游来。

于是他们拼命地往岸边游，可是他们游得太慢了。鲨鱼与他们的距离越来越近，这时，那个男的，用脚使劲地踢那个女的，然后又把自己的手划开了一道很长的伤口。

那个女的，不知道为什么，在这种关键时刻，自己的丈夫怎么这么使劲地踢自己，当自己上岸的时候，看到丈夫却还在海里被鲨鱼紧追着。她的心里很复杂，又担心，又生气，幸运的是，一艘船经过把他救了上来，这时的男子，由于流血过多，已经昏迷不醒。

女的看到丈夫这样，一想起在大海里用脚踢自己，就更生气起来，把结婚戒指从手指上拿了下来，扔向了他。这时，一个老人走了过来，对那女的说，他踢你是为了让你更快地游到岸边，而他自己让自己流出那么多的血，就是为了吸引鲨鱼去追他，这样你就有足够的时间游回岸上。女的一听，原来是这么一回事，就抱着丈夫哭了起来。

在生活中，很多时候，我们往往都是在不知事情的真相的时候而生气，而当我们知道事实内幕后，又会为生气而懊悔，既然这样，当我们生气的时候，为何不让自己先静下心来思考一下呢？

其实大家都讨厌生气，那为何那么多的人，整天为这，为那而生气？因为每个人都会有很多烦恼。但不管烦恼怎样，我们必须明白，每个人都是为了追求快乐、幸福来到这个世上的，既然目的都一样，那为何不把事情看得开一点，而且生气的结果是，不但没有解决任何问题，反而损害了我们自身的健康。

一个爱生气的人，因为连续几天的倾盆大雨站在院子中央，指着天空大骂："你这糊涂、不长眼睛的老天，下这么多雨可把我给害惨了。屋顶漏了，衣服湿了，粮食潮了，柴火湿了……我倒霉你有好处吗？还不停，还不停……"

这时，邻居出来对他说："你骂得这么带劲，连自己被雨淋也不顾，老天一定会被你气死，再不敢随便下雨了。"

"哼，它能听到就好了，可实际上一点用都没有。"骂天者气呼呼地回答。

"既然如此，那你为什么还在那儿白费劲呢？"邻居问。

骂天者顿时语塞，邻居继续说："与其在这儿骂老天，不如先修好屋顶，再向我借些柴火，烘干衣服，烘干粮食。并不是天天下雨，不如趁下雨这个时候在屋里做些平时没空做的事情吧。"

与其做一个骂天者，倒不如做一个信天者好了。邻居的话说得很对，既然没有能力支配别人，那就一心一意地支配自己好了，这样更容易得到生活中的舒适。

难道不是吗？生气是解决不了任何问题的，在很多时候，还使我们面临的问题加重。其实，只要我们把一切看得开一点，包容一点，很多让我们生气的东西，都将不复存在。

古时有一个妇人，特别喜欢为一些琐碎的小事而生气。

她也知道自己这样不好，很想改正，可还是没有改掉。此时一位长者听说这事，对她说："你可以去找个僧人，他们对制止生气最有办法。"妇人一听大悦，便去求一位高僧为自己谈禅说道，开阔心胸。

高僧听了她的讲述，一言不发地把她领到一座禅房中，落锁而去。

妇人气得跳脚大骂，骂了许久，高僧也不理会。妇人又开始哀求，高僧仍置若罔闻。妇人终于沉默了。高僧来到门外，问她："你还生气吗？"

妇人说："我只为我自己生气，我怎么会到这地方来受这份罪。"

"连自己都不原谅的人怎么能心如止水？"高僧拂袖而去。

过了几天，高僧又来了问她："还生气吗？"

"不生气了。"妇人说。

"为什么？"

"气也没有办法呀。"

"你的气并未消逝，还压在心里，爆发后将会更加剧烈。"高僧又离开了，只留下妇人一人独自在禅房静静地思索。

又过了几天，高僧第三次来到门前，妇人告诉他："我不生气了，因为不值得气。"

"还知道值不值得，可见心中还有气。"高僧笑道。

当高僧的身影迎着夕阳立在门外时，妇人问高僧："大师，什么是气？"

高僧将手中的茶水倾洒于地。妇人视之良久，顿悟。说道："我明白了，气便是别人吐出，而你却接到口里的那种东西，你吞下便会反胃，你不看它时，它便会消散了。气是用别人的过错来惩罚自己的蠢行，何苦要气？"

高僧于是放了妇人说道："你终于明白这个道理了。"

在人生中，我们会遇到很多让我们情绪波动的事情，但我们不是为了生气而生活，很多事情，其实是没有一点儿让我们生气的价值的，碰上了这些让自己生气的事，先学会说"没关系"，遇到让自己生气的人，也别忘了提醒自己，看是不是自己的原因，每个人都有根据自己的选择来行事的权利，我们不可能要求每个人都按着我们的思路来办事。

集市有一妇女正站在一居民楼上，想跳楼自杀。当地的民警立即赶到现场，经过半个多小时苦口婆心的劝说，这位妇女终于放弃了跳楼的念头，民警将其安全解救下来。

经过询问，民警了解到，这名妇女在农贸市场卖菜。四五天前，她和临近的一位卖菜的老汉发生口角，事情的起因是老汉卖菜的价格比她的稍微低了点。原来，这位妇女的菜摊和老汉的挨着，前几天老汉把自己的菜价调得比她的低，结果生意就比她的好了点。这位妇女看不过去，就和老汉理论，说着说着两人就吵了起来，吵了半天也没吵出个结果来。回到家后，这位妇女越想越生气，就把这件事和丈夫说了。第二天她的丈夫就和她一起来到市场，找老汉"算账"，丈夫把老汉揍了一顿，为妻子出了气。

老汉的家人报了警，由于老汉受了点轻微伤，经民警调解，这位妇女和她的丈夫赔偿老汉医药费等共1000元钱，但是这位妇女觉得这钱赔得冤枉，一时非常生气，就想跳楼一死了之。

事后，这位妇女对民警说："我也是一时太生气了，为这点儿小事就要跳楼，要是真跳下去，我不仅是害了自己，也害了我的家人。"不是吗？这个故事就是告诉我们，不要对一些小事斤斤计较，耿耿于怀。用包容的心去面对让自己生气的事，毕竟生气是解决不了任何问题的，不要认为生气是正直、坦率、豪放性格的表现。退一步也不意味着懦弱，反倒是化解矛盾的良策，如果由此冰释前嫌，换得云消雾散，海阔天空，那何乐而不为呢？

当你在生活上或工作中遇到让自己生气的事情时，不妨读一读下面这首

《不气哥》：

"人生就像一场戏，因为有缘才相聚。相扶到老不容易，是否更该去珍惜？为了小事发脾气，回头想想又何必。别人生气我不气，气出病来无人替。我若气死谁如意？况且伤神又费力。"

这首诗幽默、诙谐地告诫人们遇到别人的打击、伤害、不公平的事情时，想开一点，少生闷气，以免气大伤身。

其实，生气只会害了自己，一个人生气，别人都在笑，何苦呢！人活在世上不容易，遇到上火的事情应该先冷静下来，思考一番，先把气压一压，好好想想办法，把不利转化成有利，也许一时冲动会坏了一件好事，但只要静下心来好好考虑，就会把坏事变成好事。

保持应有的冷静

古今中外，凡是有所成就的人，定有遇事不慌，沉着冷静的特点，也只有这样，他们才能正确地在危难中判断局势，灵活应变，取得成就。

一位有26年飞行经验的老驾驶员，在介绍他飞行史中最不平常的经历时说："第二次世界大战时，我是F6型飞机的飞行员。一天，我们接到战斗命令，从航空母舰上起飞后，来到东京湾。我按要求把飞机升到离海面400英尺的高度做俯冲轰炸，400英尺在今天其实并不算什么，但在当时，这是个很高的高度了。正当我以极快的速度下降并开始做水平飞行时，我的飞机的右翼突然被击中，整架飞机翻了过来。人在飞机中，是很容易失去平衡的，尤其在天和海都是蓝色的时候。飞机中弹后，我需要马上判断我的位置，以便决定我应该向上还是向下操纵我的飞机。在我的飞机中弹的最初，在那生死攸关的关键时刻，我什么也没有做，没有去碰驾驶舱里任何控制开关，我只是强迫自己冷静、思考，决不能激动！于是，我发现蓝色的海面在我的头顶上，我知道了自己的确切位置，知道了我的飞机是翻转的。这时，我迅速推动操纵杆，把我的位置调整过来。在那一瞬间里，如果我冲动地依靠我的本能，一定会把大海当作蓝天，一头撞进海里，葬身鱼腹了。"

这位飞行员最终感慨道："我的冷静救了我的性命。"

在人生中，我们每个人都免不了会遭到这样那样的灾难。有一些人，面对从天而降的灾难，处之泰然，总能使宁静和开朗永驻心中。也有的人面临突变而方寸大乱，一蹶不振，从此浑浑噩噩。为什么受到同样的心理刺激，不同的人会产生如此的反差呢？其实主要的原因在于是否能够冷静应变。

中国历史上的昆阳大战，是一场以少胜多的著名战役，这场战役，汉光武帝刘秀的冷静应变的性格发挥了重要作用：

西汉末年，政治腐朽，经济凋敝，民不聊生，危机四起。

这时，出身于外戚的王莽，便趁机夺取权力，终于在公元8年，自立为国王，改国号为“新”。

做了国王后的王莽，为了缓和尖锐的阶级矛盾，颁发诏令，进行改制。王莽改制没有能够解决社会危机，又对一些少数民族发动战争，结果，劳民伤财，损失惨重，不仅加重了国内人民的负担，而且破坏了自汉武帝以来中央与周边民族的稳定关系。沉重的赋役，残酷的刑法，反而使百姓陷入更大的痛苦之中。于是，终于爆发了全国性的农民大起义。

公元16年，王莽派更始将军廉丹和太师王匡率军企图一举消灭“赤眉”。结果被起义军打得大败。这时“绿林”军慢慢地发展起来了，而且他们还打着要恢复汉朝的旗号，这在对新朝极度失望的农民心中，很有号召力。

公元22年正月，绿林军各路大军会合，大破官军，并包围了南阳。起义军队伍迅速扩大，发展到10多万人。在此形势下，刘玄被推举为帝，改元更始。并派刘秀等人率部分兵力迅速攻下昆阳、定陵、郾县等地，与围攻宛城的主力形成犄角之势，与赤眉军在洛阳会师，西入长安，消灭王莽政权。

绿林军使王莽感到了前所未有的威胁，于是他急令司空王寻、司徒王邑前往洛阳，征发天下州郡军队进行讨伐，五月，王邑王寻指挥42万大军从洛阳出发，犹如一块巨大的乌云，浩浩荡荡地向昆阳压进。

而这时在昆阳的刘秀等人所带领的人马，不到一万人，敌我对比悬殊太大，各位将领都畏惧起来，纷纷商量着弃城逃走。只有刘秀一直在分析着局势，他对他们说：“现在我军正在围攻宛城，倘若我们一走，昆阳城一破，我们就像散沙一样，被敌人各个击破，只有死路一条，如今只有集中所有的力量，拼死一战，才能有死里逃生的可能。”大家都感觉刘秀说得很对，于是就派王凤、王常留守昆阳，刘秀去定陵和郾城调救兵。

刘秀刚走，昆阳城就被王莽军里三层外三层包围了个结结实实。

当时王莽军中有一个叫作严尤的人，对王邑王寻两人说：“昆阳城虽然很小，但是城墙很坚固，一时半会攻不下，还不如转移目标，去攻打现在还在攻打宛城的义军主力，主力消除，昆阳城的军队自然会被消灭。”王邑感觉这样简直是对他的侮辱，于是说：“我领兵将近50万，敌人不过一万不到，如果连一个小小的城池都拿不下来，还不被人耻笑？”于是大造云梯，命令攻城。杀声震天，箭矢如雨点一般射上城头，城中守军连头都抬不起来。

这时，义军王凤看城破只在旦夕之间，便来请降，王邑王寻拒绝接受。此时的他们，真可谓志得意满，但他们万万没想到的是，一场巨大的灾难，正在悄无声息的靠近。

六月初一，雷雨大作，一切似乎都在预示着什么。完成部署的刘秀增援部队，拔营向昆阳城下进发，而刘秀亲自率领一千多名骑兵作为先锋，距王莽军四五里时列成阵势，准备接战。

王邑王寻自恃兵力雄厚，骄妄轻敌，一看对方只来一千来人，就随便派出了几千人迎敌，刘秀首当其冲，一下子连杀王邑军数十人，大家看见刘秀这么凶猛，于是一个个勇猛无比，把敌军杀得大败。

王邑王寻一看，自己几千人，就这样被杀得崩溃。拿对方没有一点办法，便撤退，可是，军中这时被刘秀人马杀得混乱，乱军中，王寻被杀，王邑逃走。

这样，40多万人的大军，群龙无首，就像敌军的俎上鱼肉，这时，刘秀又叫人放出宛城已经被义军攻破的消息，本来就士气低落的王莽军，一听到这消息，更加不振，再加上昆阳守军突然也开门夹击，杀声震天动地，王莽军全军崩溃，逃的逃，死的死，这时天空突然暗了起来，电闪雷鸣，就在昆阳城外的一场暴雨中进行着一场杀戮。

这一战，昆阳守军不到一万人加上刘秀后来的一千人对抗王莽军46万，大胜而告终。

其实对于有良好心态的人来说，出现一时的危机未必就是坏事，它恰恰给你提供了一个大显身手的舞台。毕竟，危机同时也常常潜藏着某种转机，而这种转机，总是偏爱遇事冷静的人。如果你缺少冷静，遇到危机就显露惊慌失措或悲观失望情绪，那么危机就会像疾病一样，从你的表情、言行迅速传染他人，其局面就愈发不可收拾。

第二次世界大战中，斯大林在德国法西斯侵略者兵临莫斯科城下时，仍照样举行节日庆典和阅兵典礼；汉高祖刘邦在鸿门宴中，生死存亡之间，仍能保持微笑。历史上还有许多的英雄，他们的镇静和自尊保持到生命的最后一刻。

其实，在人的生命中，难免会出现一些危机，如果我们不能时刻地保持冷静，就很可能使自己陷入困境之中，那么人生也就很难再有晴天的来临。

包容自己的不如意

生活中，总有一些人，认为幸福都是别人的，而自己天生就是被上帝抛弃的人，只会遭受不幸。在人生中，稍微遭受一点失意，就认为世界上种种美好的东西就与自己无缘了，于是开始自暴自弃，陷入自卑自怜中。

有个女孩唱歌动听优雅，但遗憾的是，她却长着一口龅牙，十分难看。

一次，她参加了歌唱比赛。当她在台上表演时，总是有意识地去掩饰自己难看的牙齿。如此一来，她的表演让评委和观众都觉得好笑，结果她的歌唱比赛以失败告终。

赛后，一个音乐人找到了这个女孩，然后很认真地告诉她："你会成功的，但是你必须忘掉你的牙齿。"

慢慢地，女孩忘记了自己长着龅牙的生理缺陷。在一次全国大赛中，她极富个性的表演，令所有的观众和评委都为之倾倒，她终于脱颖而出。

这个女孩就是美国著名的歌唱家——卡丝·黛丽。她的龅牙同她的名字一样响亮，甚至代表了她的形象，成了一种美丽的象征。

在这个世界上没有任何人是完美的，每个人都或多或少的有着不如意的地方。因为世上的每个人都如同被上帝咬过一口的苹果，他们都是有缺陷的。因此，要学会包容自己的缺陷，勇敢地面对生活中的不如意，并将这些不如意的东西化作自己前进的动力。

"上帝，为什么要这样对我？难道是我做错了什么吗？我看不到树木，看不到小鸟，看不见颜色，我什么都看不见，我还能干什么？"当乔治双目失明的时候，他常常这样悲伤地问自己。

每个亲人、朋友以及许多好心人，当他们知道乔治双目失明之后，都细心地关怀他，照顾他——当他过马路的时候，也会有人来搀扶他；当他坐公共汽车的时候，总是有人为他让座。但乔治把这一切都看成是别人对他的同情和怜悯，他不愿意一直这样被同情、怜悯。

直到有一天，一件事情改变了乔治悲观的人生态度。那天，他来到了附近的教堂里，莱恩神父亲切地对乔治说："这个世界上没有完美的东西，他们都是有着或多或少的缺陷。有的人缺陷比较大，因为上帝特别喜爱他的芬芳。"

"上帝真的没抛弃我吗？"乔治疑惑地问莱恩神父。

"是的，你不是上帝的弃儿。但是上帝肯定不愿意看到他的孩子在悲观失望中度过他的一生。"莱恩神父轻轻地回答道。

"谢谢你，神父，您让我找到了力量。"乔治高兴地对神父说道。从此他把失明看作是上帝的特殊钟爱，开始振作起来。

包容自己的不如意，才能让自己的人生如意起来，因为很多东西，已经成为了现实，我们就不能埋怨，只有坦然地去面对，人生才会有快乐。

有一天，素有"森林之王"之称的狮子，来到了天神面前："我很感谢你赐给我如此雄壮威武的体格，如此强大无比的力气，让我有足够的能力统治这整片森林。"

天神听了，微笑着问："但是这不是你今天来找我的目的吧！看起来你似乎为了某事而困扰呢！"

狮子轻轻吼了一声，说："天神真是了解我啊！我今天来的确是有事相求。因为尽管我的能力再好，但是每天鸡鸣的时候，我总是会被鸡鸣声给吓醒。神啊！祈求您，再赐给我一个力量，让我不再被鸡鸣声给吓醒吧！"

天神笑道："你去找大象吧，它会给你一个满意的答复的。"

狮子兴冲冲地跑到湖边找大象，还没见到大象，就听到大象跺脚所发出的"砰砰"响声。

狮子加速地跑向大象，却看到大象正气呼呼地直跺脚。

狮子问大象："你干吗发这么大的脾气？"

大象拼命摇晃着大耳朵，吼着："有只讨厌的小蚊子，总想钻进我的耳朵里，害得我都快痒死了。"

狮子离开了大象，心里暗自想着："原来体形这么巨大的大象，还会怕那么瘦小的蚊子，那我还有什么好抱怨呢？毕竟鸡鸣也不过一天一次，而蚊子却是无时无刻地骚扰着大象。这样想来，我可比它幸运多了。"狮子一边走，一边回头看着仍在跺脚的大象，心想："天神要我来看看大象的情况，应该就是想告诉我，谁都有不如意的地方，而它并无法帮助所有人。既然如此，那我只好靠自己了！反正以后只要鸡鸣时，我就当作鸡是在提醒我该起床了，如此一想，鸡鸣声对我还算是有益处呢！"

在人生的道路上，谁都会遇上一些不如意的事情，很多人会习惯性地抱怨老天亏待我们，进而祈求老天赐给我们更多的力量，帮助我们渡过难关。但实际上，就像狮子和大象一样，每个人无论多么强大，都会有自己不如意的地方。

其实，只要我们把一切往好的方面来看，不如意的事情也会变得如意起来。

赖斯利说："人生的意义不在于我们有什么不如意的地方，而在于我们怎样对待。如果用包容的心态去对待，我们的人生就会变得更加美丽；如果用狭隘的心态去对待，我们的人生就会变得阴暗。"

是的，既然每一个人都有不如意的地方，那何必总是去注意那不如意的地方呢？懂得用一颗包容的心去接纳自己，人生就不怕没有美丽的地方。

别让阴影笼罩自己

对于人来说，痛苦与失败的历练往往是人生不可或缺的一部分，没有痛苦和失败，人生永远不可能完整，就像没有挣扎的蝴蝶，永远不可能飞翔。

在中国的历史上，有很多著名的人都是在自己人生最低谷的时候，才看到了阳光。譬如三国时的刘备，一直都是打着败仗走过来，后来走的路也是起起伏伏，最后还是在曹操挥军南下的时候，被打得大败。可就在这个时候，他与孙权联合起来，开展了中国历史上有名的赤壁之战，从此与曹、孙三分天下。汉高祖刘邦也是，经常被项羽打得落花流水，就拿有名的彭城之战来说，自己40多万的人马，被项羽3万骑兵几乎瞬间击溃。可是刘邦并没有对项羽有丝毫恐惧，而是赶紧从汉中再调军队来备战，最后，在垓下，项羽的人马几乎全被歼灭，使项羽在乌江自刎。其实，只要项羽沉住气，还是可以卷土重来的，可是他却一直被失利的阴影给笼罩着。

像刘备和刘邦这样几乎一直失利的人，最后都能取得胜利，我们为何不能？可现实中，就有很多很多像项羽这样被一次失败所打击，就感觉人生不会有胜利的人，其实，聪明人都知道，失利往往只是暂时的，如果自己一直在阴影当中，只会给自己带来更大的失利。

可很多人经历了一点点过失，就怨天尤人，以为这个世界上，好像自己最不幸，其实，当我们在前门失去一样东西时，上帝又把更好的东西从后门送了进来。只要我们仔细检查一下自己的后门，就会得到一些意想不到的收获。换个角度来思考，我们就不难发现，那些失利，其实并不算什么。

1950年4月，身为四野12兵团副司令兼40军军长的韩先楚，执意要在谷雨前发起海南岛登陆作战，当时金门失利的阴影正重重地笼罩在我军高级指挥员的心头，倔强的韩先楚把自己的意见直接捅到了中央。

为此，邓华专门前来审查韩先楚的作战计划。韩先楚认为如果在谷雨前的5天内(4月20日前)再不发动海南岛登陆作战，攻打海南岛就要往后再拖整整一年。因为我军渡海工具基本上是没有动力的风帆船，非得依靠谷雨前的季风过海不可，韩先楚决意发起海南岛登陆作战，他打电报给中央："如果兄弟部队43军没有准备好，我愿亲率40军主力单独渡海作战。"

韩先楚知道自己立的是或者胜利或者死亡的军令状，他比谁都清楚金门失利给我军带来的震撼，他清楚现在连四野最能打的"旋风纵队"的战士们心里都在犯嘀咕，那些如狼似虎的将士们在流传"革命到底革到海底"，"今天咱吃鱼，明天鱼吃咱"之类的泄气话，连他的参谋长宁贤文都用大石砸脚自伤以逃避渡海作战。谁都没怕过的虎狼之师40军，这次心里发虚了，金门那个隔大陆只有几公里的屁大个小岛都没拿下来，现在要攻打的是远离大陆100多公里的中国第二大岛。

基于对战争天才韩先楚的信任，他的海南作战计划被批准了。

1950年4月16日19时30分，一代名将韩先楚置个人生死和军事荣誉于度外，在没有海空军配合的情况下，冒着丧师琼州海峡的极大风险亲率40军、43军4个师3万关东子弟乘坐400多艘风帆船从雷州半岛灯楼角起渡，跨海进军海南岛。

1950年4月17日凌晨3时，40军在用木制风帆船战胜国民党炮舰拦截后，胜利抢滩海南临高角，开始冲击国民党滩头阵地，韩先楚随先头部队一起在敌火下涉水抢滩，一个连的战士急得冒着敌人炮火冲过来，把韩先楚死死按在一块巨石后不准他再往前冲，用身体给他堆了一个人体碉堡。

当日凌晨6时，在北京总参作战室的聂荣臻打断一名处长的战斗报告焦急地问："先楚在什么位置？"处长回答说已经上岛，通宵站在作战图前的聂帅重重地坐在椅子上说："有这一句就够了。"

果然，国民党名将薛岳率12万众苦心经营一年的"伯陵防线"顷刻间土崩瓦解。仅仅3天，被侵华倭军惧称为"长沙之虎"的黄埔一期高才生薛岳，就被韩先楚撵出了天涯海角。

打下海南后，人们发现将军独自一人面对大海坐了一夜，谁也不知道他在想什么。

3个月后，朝鲜战争爆发的第二天，美国第七舰队进入台湾海峡，公开出面挽救奄奄一息的国民党政权。人们这才知道将军的战略眼光。如果不是他力排众议，用自己的一切做抵押，利用最后可以利用的5天时间打下海南，中国就将有两个台湾，而失去最后一个出海口。

其实，每个人都能像韩先楚将军那样，在失利的情况下，激励自己，然后在很短的时间里，取得成绩。千万别被那些所谓的失利的阴影笼罩着，从生命价值的意义上看，我们经历过失利的压迫，表明我们已经具有了一双让人生飞起来的翅膀，就像恺撒所说过的那样：我来了，我看到了，我征服了！

有时不是失去阻碍了我们前进的脚步，而是自己被自己束缚了。如果我们认为自己失去了一切，就会意志消沉，把人生过得灰暗颓废，可你身上的潜力还在，只要善于抓住利用，你就能将失去的重新弥补回来。

人生起起伏伏，只要我们不放弃，跌到谷底之后自然就会上升，就能乘胜追击，迎来又一个繁荣。所以忘记你现在的失去，要知道路没有走到尽头的那天，一切都还有机会，而一切的机会又都在我们手中。聪明的人会把失去的当成一种成功前所投下的资本，任何成功都是在克服困难中得来的。

失去并不糟糕，糟糕的是你以为自己失去了一切；失利也并不重要，重要的是被失利的阴影所笼罩。

不攀比不失意

人生，色彩斑斓；生活，五味俱全。人，难得到这个世上。谁不愿人生如画般灿烂美丽？谁不想生活如风似云般洒脱自如？

在人生中，只要你有所追求，就会有失意，正如要结果而花必然落去一样。并且追求的目标越高，追求得越执着，失意也就往往越多，这才是生活的真实。每当我们回头，去遥望过去的时候，总觉得一事无成。想到自己在全力以赴的事情，到最后还是失败了，就觉得前途十分惨淡，心情也异常烦躁。而事实却不是这样，我们要明白，你有得意的时候，必然也有失意的时候，即使跌倒了，胜利其实也并没有离你而去，只是它在你看不见的地方向你招手，因此，我们不必灰心，更不必泄气。

在人生的道路上历经了无数次失败的小江，走进心理医师的诊疗室，向心理医师倾诉他一生不幸的遭遇。

他说："我经历无数次失败，早年求学，没有一次考试能够顺利过关；踏入社会，经营过许多生意，皆因负债收场；然后四处求职碰壁，就算有一份工作，也是没能做多久就被老板开除；现在连自己的老婆也接受不了我，要求跟我离婚……"

心理医师问他："那么，你现在想怎么样呢？"

他万念俱灰地回答："我此刻只想一死了之。"

心理医师说："你有没有小孩？"

小江说："有呀，那又怎么样？"

心理医师笑了笑："还记得你是怎么教你的小孩走路的吗？从他第一次双手离开地面颤颤巍巍地站起来，是不是所有家人都会为他喝彩，为他鼓掌？"

小江似有所悟地说："是的。"

心理医师继续道："小孩刚学会走路时，很容易跌倒，你是不是轻轻扶起他，告诉他'没关系，再试试看。'"

小江说："对，我会帮他。"

心理医师说："孩子刚起步的时候，总是会跌倒，经过无数次的练习，还是走得不稳，你会不会失去耐性，告诉他，再给你一次机会，如果再学不会走路，以后终生都不准再给我走路，干脆我买个电动轮椅给你。"

小江说："不会，我会再帮助他、鼓励他，因为我相信，孩子他一定能学会走路的。"

心理医师说："那就对了，你才跌倒过几次，就想放弃了？"

小江抗议道："可是，小孩子有人协助他，提携他，而我……"

心理医师说："你知道吗？真正能帮助你、鼓励你的人就是你自己。"

小江想了想，朝心理医师重重地点了点头，昂首阔步地走出了诊疗室……

人生中，谁敢说自己总是得意的，哪怕是温室里的花朵，也会有枯萎的一天。但如果做到了，在失意的时候，不生气，不懊悔，仔细地想想，自己到底在哪个环节错了，那么你就离成功更近了一步。

大学毕业后的刘刚进入一家大型公司工作。由于踏实肯干、能力突出，没几年就坐到了市场部经理的位置，他的前途一片光明，心情自然是春风得意。

天有不测风云，没过多久，公司出于战略调整的考虑，撤销了市场部，刘刚的经理职务也自然就没有了，他在一夜之间沦为一个普通的业务员。刘刚难以接受这一现实，心情低落，对工作也没了热情，甚至有了得过且过的想法。

一天下班后，刘刚被总经理叫住，约他到郊外爬山。他们费了好大的精力才爬到山顶。正当刘刚迷惑不解的时候，总经理指着远处的一座高山问道："你说咱们这座山和对面那座，哪个更高大？"

他回答道："当然是那座山了，全市第一嘛！"

总经理缓缓地点了点头："那么我们现在怎么才能到达那座山的山顶上呢？"

刘刚怔了怔："先从这座山下去，再上那座山。"

总经理回过头来笑道："你说得很对！有时候人往低处走也不完全是坏事。你一定很希望我把你直接放在销售经理的职位上吧？其实，就像我们刚才说的，销售和市场也是两座山，除非你是天才，能直接跳过去，我们这些凡人只有一步一步去做比较实际。更何况，在你面前的，不仅仅只有这两座山，远处还有许多更高的山！"

刘刚明白了总经理的意图，回去之后，他开始主动学习销售方面的知识，慢慢又找回了以前的工作热情。一年后，他坐上了销售部经理的位子。两年后，他成了总经理助理。

世事无常，其实，失意就像老天，偶尔会下雨，没什么大不了的，用一颗平常心去对待，一切以前认为很坏的事情并不是很糟糕。其实，在通向追求目标的途中我们难免会有所失意，纵观古今，事业的成功者，谁不曾失意？如果你在失意的苦闷中不能自拔，一蹶不振，失魂落魄，那只会把人生导向可悲的境地。我们要明白，每个人只要活着，就要生存；既然要生存，就会有各种目标；既然有目标，就会伴随着失意，如果我们不把那些使我们消沉、痛苦的事情放下的话，我们的人生就会缺少快乐，我们的目标也就很难达到。对于那些曾经的失意，我们也要正视它，并吸取教训，转个弯继续再来。终日想着那些不幸的失意和已经走过的错误路途，只会越来越加剧自己的伤痛。我们只有先将身上的灰尘拍落，这样才能再轻松应战。

不如意的背面是福气

当我们遭遇失意的时候，需忍耐，要相信乌云终会散去，曙光总会出现。福祸之间其实也总是在不断转化的，只要坦然地面对，就会等到福气的来临。

有这么一个故事：

有个宋国人很喜欢仁义道德，几十年来奉行不悖，他仗义疏财，自己却过着十分简朴的生活。他家里养了一头黑母牛，几年了都不曾下过牛犊。

这一年，这牛忽然怀上了，一家人十分高兴。

可是等到生产的时候，生下来的却是一头白牛犊，一家人十分诧异，就跑去问孔子是怎么回事。孔子回答说："这是天神降祥瑞到你家，快拿去杀了祭天，感谢他给你们家的赐福吧！"于是一家人照孔子所说的办了。

可是过了不多久，他的父亲却双目失明了。一家人都埋怨孔子，说他撒谎，不但福没有降下来，反而降下了祸。

又过了两年，那牛又生了一只白牛犊，他父亲又叫他去请教孔子，儿子说："上一次，孔子已经骗的我家够惨了，你还相信他？"

他父亲说："圣人的话开始并不灵验，必须经过很长时间才能得到验证，事情还没有结果，你就再去问一次吧。我虽然瞎了眼，可心里有一种感觉，好像这是上天为了我们好，而不是害我们，也许我们会因祸得福呢！"

儿子就又问孔子，说那牛又生了一只白牛犊，问是吉是凶，孔子说："这是好兆头啊，是上天给你家降了祥瑞，你们把它杀了祭天，也许会有好结果的。"

儿子回来之后，把孔子的话告诉了父亲，并问要不要照孔子的话办。父亲说："照孔子说的办。"

于是一家人又把牛犊杀了祭天。过了一年后，儿子的眼睛也无缘无故瞎了，一家人都埋怨孔子，说他说了假话，并决定再也不相信他了。

又过了几年，楚国进攻宋国，占了宋国大片土地，宋国的青壮年都被征去作战，死伤无数，这两父子因为瞎眼没有上前线，就待在家中喂养那头老牛。

后来战争结束了，宋国平安了。不久两父子的眼睛也恢复了视力。

不要悲伤，不要泄气，只要我们坦然地面对人生中的灾祸，就不怕没有光明的日子。相反，如果一直闷闷不乐，采取消极的方式去面对，你可能无法等到光明到来的那一刻。

因为世界上的任何事情都有其两面性，有得也有失，并且得失是相对的，得中有失，失中有得，就如同人们吃药一样，在治病的同时，也给身体带来种种的副作用，在一定程度上危害人的身体。

有这么一个故事：

波伊提乌是公元6世纪古罗马最重要的哲学家之一，他的著作无论是在当时还是现在，对人们的思想都有着重大影响，也是西方哲学的奠基石。不过，波伊提乌并不是轻而易举就取得了这样的成绩，他的名著《哲学的慰藉》中就向大家展示了一段他“因祸得福”的经历。

波伊提乌曾是一位杰出的政治家、演说家，住在东哥特王朝和罗马国王忒奥地利克的宫殿里。在当时，他享有很高的声誉和社会地位，与另一位名人沃伦·贝蒂相比，波伊提乌远胜于他。

此外，他的家庭生活也很美满，儿子同样是个才华横溢的人。波伊提乌的生活看上去非常完美，因此大家都很羡慕他。越来越多的人开始嫉妒波伊提乌，并在国王面前诽谤他。有的人甚至暗示国王说波伊提乌是叛变分子。最后，国王听信了大家的谗言，并把莫须有的叛国罪安到波伊提乌身上。一夜之间，他就由哲学家沦为了阶下囚。

最开始，波伊提乌不停地呐喊，仿佛要让全世界的人知道自己遭受到的不公正待遇，希望得到平反。然而这有什么用呢？国王能听得进去吗？那些诬告他的人可能幡然醒悟吗？平时的朋友……哦，别忘了，这是叛国罪，如果有谁要帮助波伊提乌，那么结局会和他一样。

波伊提乌不得不告别往日奢华的生活，住进了阴暗的牢房。

渐渐地，他明白了一个道理：呐喊是没有用的！不过自己还能思考。于是，他开始整理自己的思绪，寻找解决人类问题的根源。通过努力，波伊提乌发现了著名的“命运转盘”。在“命运转盘”中，只有“轴心”是亘古不变的。这个“轴心”是指最基本的、不会随着命运变化而改变的真理，也被称作自然法则。波伊提乌还提出，只要人掌握了这些真理以及主导这些真理的智慧，那么当你身处逆境时，就不会轻易向命运妥协，而是保持积极清醒的头脑和积极向上的生活态度，寻找人生最宝贵的东西。

“命运转盘”给波伊提乌带来了无上的荣誉。伟大诗人但丁在《神曲》和《地狱》中都曾描写道：任何力量都不能阻止命运转盘旋转，它主宰着整个民族的兴盛和衰亡……

我们试想，没有牢狱之灾，波伊提乌可能取得如此伟大的成就吗？牢狱这场“祸”恰恰就是诞生其哲学思想的“福”。

我们通常都会面临一些看上去像“祸”的事情，比如老板突然安排了一堆任务，自己却没有时间做完；上司总是吹毛求疵，对自己态度恶劣；今天辞职了，明天还能找到工作吗？但是若能换一个思路却又成了另一番景象：老板给我那么多任务，说明我的工作能力强，我一定要尽力完成，说不定还有升职的机会呢；上司对我要求严格，是因为我做得还不够好，我争取要做得更加完美；虽然辞职了，但是凭我的能力，完全可以找到下一份工作，说不定还更好呢……

祸并不一定都是绝对的祸，如果它不幸成了祸，那么只是你一厢情愿的想法促成了灾祸的发生。当我们面对挫折的时候，一定要先保持良好的心态，然后再学波伊提乌，思考“转祸为福”的方法，若能做到这样，那么还有什么事情值得你苦恼呢？

在挫折面前要坦然

一个有追求、有梦想的人，就会遭受到比普通人更多的挫折，他们也会把头昂得很高很高。但不同的人对人生的挫折总会有着不同的理解。对弱者来说，挫折会使他们感到畏惧。对强者来说，挫折就像他们的指明灯一样，指示着他们一路走下去，而处于顺境中的人无异于弱者，因为一旦遇到挫折便会一蹶不振。其实人生就是一道道坎组成的，只有让你经历越来越多的坎坷，只有让你时刻知道在挫折面前把头昂起来，你的人生道路才会变得越来越平坦。

一天，有一头驴不小心掉进了一个深坑里，农夫绞尽脑汁来想办法救出驴子。但是过了许久，驴子还是在坑里痛苦地哀号着。最后，农夫决定放弃努力，他想这头驴子年纪也大了，不值得大费心机去把它救出来。

为了避免别的驴子再掉下去，他决定将这个很深的坑填起来。于是，农夫便请左邻右舍帮忙一起将坑中的驴子埋了，将坑填平。邻居们人手一把铲子，开始将泥土铲进深坑中。

驴子很快了解到自己的处境，叫得更凄惨了。但出人意料的是，一会儿，这头驴子就安静下来了。农夫好奇地探头往坑底一看，眼前的景象令他大吃一惊。铲进坑里的泥土落在驴子的背部时，驴子将泥土抖落一旁，然后站到铲进的泥土堆上面。

很快，这头驴子便踩着越堆越高的泥土得意地升到坑口，然后在众人惊讶的表情中快步地跑开了！

和这头驴子一样，在人生的旅程中，人也难免会陷入“坑”里，各式各样的“泥沙”也会倾倒在我们身上，而想要从这些“坑”中脱困的秘诀就是：将“泥沙”

抖落掉，然后站到上面去！

只要放松自己，告诉自己希望是无所不在的，即使身处"深坑"之中也能思考，并有所创造。生活中所遭遇的种种困难挫折，一方面是掩埋我们的"泥沙"，另一方面，也是一块块垫脚石。只要我们锲而不舍地将它们抖落掉，然后站上去，那么即使是掉落到最深的坑里，我们也能安然地脱困。

其实，不管你在哪里，遇到哪种挫折与困境，只要你高昂着头，就总会有希望降临在你的头上。如果你选择低着头，就好比一个生了疾病的人，觉得自己的病没有康复的希望，那么他就真的可能会患上永不能康复的疾病。

让我们在这里重温一下探险之王哥伦布的传奇：

哥伦布年轻的时候，曾经过着海盗生活，这不是值得惊奇的事，因为当时一些良好的家庭，都愿意把孩子送到海盗船上去工作，使孩子可以增长一点见闻，尝尝人生，而且还可以赚一点钱。

哥伦布还在求学的时候，偶然读到一本毕达哥拉斯的著作，知道地球是圆的，他就牢记在脑子里。经过很长时间的思考和研究后，他大胆地提出，如果地球真是圆的，他便可以经过极短的路而到达印度。

许多有常识的大学教授和哲学家们都取笑他的想法。因为，他想向西方行驶而达东方的印度，岂不是傻人说梦话吗？

他们告诉他，地球不是圆的。然后又警告道，你要是一直向西航行，你的船将驶到地球的边缘而掉下去……这不是等于走上自杀之途吗。

然而，哥伦布对这个问题很有自信，只可惜他家境贫寒，没有钱让他实现这个冒险的理想。他想从别人那儿得到一点钱，助他成功，但一连空等 17 年，还是失望，所以他决定不再向这个"理想"努力了。

因为使他忧虑和失望的事太多了，竟使还不到 50 岁的他的红头发完全变白了。灰心的哥伦布，这时只想进西班牙的修道院，去度过后半生。正在这时候，罗马教皇却怂恿西班牙皇后伊莎贝露帮助哥伦布。教皇先送给哥伦布 65 元，算是路费。但他自觉衣服过于褴褛，便用这些钱买了一套新装和一匹驴子，然后启程去见伊莎贝露，沿途穷得竟以乞讨糊口。

皇后赞赏他的理想，并答应赐给他船只，让他去从事这项冒险的活动。

困难的是，水手们都怕死，没人愿意跟随他去，于是哥伦布鼓起勇气跑到海滨，捉住了几位水手，先向他们哀求，接着是劝告，最后用恐吓手段逼迫他们去。

另一方面他又请求女皇释放狱中的死囚，答应这些死囚如果冒险成功，就免罪恢复他们自由。一切准备妥当，1492 年 8 月，哥伦布率领三艘帆船，开始了一个划时代的航行。

航行没几天，就有两艘船坏了，接着剩下的一艘船又在几百平方公里的海藻中陷入了进退两难的险境。哥伦布亲自拨开海藻，才使船得以继续航行。

在浩瀚无垠的大西洋中航行了六七十天，也不见大陆的踪影，水手们都失望了，他们要求返航，否则就要把哥伦布杀死。哥伦布用鼓励和强压手法，总算说服了船员。

天无绝人之路，在继续前进中，哥伦布忽然看见有一群飞鸟向西南方向飞去，他立即命令改变航向，紧跟这群飞鸟。因为他知道海鸟总是飞向有食物和适应它们生活的地方，所以他预料到附近可能有陆地。果然，哥伦布前行不久，发现了美洲新大陆。

当他们返回欧洲报喜的时候，又遇上了四天四夜的大风暴，船只面临沉没的危险。在十分危急的时候，哥伦布想到的是如何使世界知道他的新发现，于是，他将航行中所见到的一切写在羊皮纸上，用蜡布密封后放在桶内，准备在船毁人亡后，使自己的发现能够留在人间。哥伦布他们总算很幸运，终于脱离危险，胜利返航了。

人生中难免会有很多挫折或障碍，同时所有的挫折都藏匿着成长和发展的种子。但能够发现这种子，就需要我们不畏惧挫折，哪怕自己走向绝路的时候，千万别忘了自己鼓励自己，并昂起你的头，看向远方，只有这样我们才能聚集全身力量，走出困境。

看淡生活中的不平事

生活，有时候并不像我们想象得那样美好，它往往存在着偏心。有的人从生下来就显得那样顺利，干什么都一帆风顺，心想事成，没有什么坎坷，事业、爱情，都让人羡慕；而有的人，从生下来就注定是个倒霉蛋，生活的艰辛，事业的挫折，情感的失意，无不困扰着他，甚至有时连小小的打算都难以实现。

罗宾遭到女友抛弃后，去请教大师指点，他说女友还活得好好的，感到愤恨难平。大师非常诧异，问他为什么。

罗宾回答："我们在一起时发过重誓，先背叛感情的人在一年内一定会死于非命，但是到现在两年了，她还活得很好，老天真是太没长眼睛了，难道听不到人们的誓言吗？"

大师笑了，他告诉罗宾，如果人间所有的誓言都会实现，那人早就绝种了。因为在谈恋爱的人，除非没有真正的感情，全都是发过重誓的，如果他们都死于非命，这世界还有人存在吗？老天不是无眼，而是知道爱情变化无常，我们的誓言在智者的耳中不过是戏言罢了。

“人的誓言会实现是因缘加上愿力的结果。”大师说。

“那我该怎么办呢?”罗宾问。

大师没有直接回答他这个问题,而是给他讲了一个寓言:

“从前有一个人,用水养了一条非常名贵的金鱼。一天,鱼缸被打破了。这个人有两个选择,一个是站在水缸前诅咒、怨恨,眼看金鱼失水而死;一个是赶快拿一个新水缸来救金鱼。如果是你,你怎么选择?”

“当然赶快拿水缸来救金鱼了。”罗宾迅速而有理智地说。

“这就对了,你应该快点拿水缸来救你的金鱼,给它一点滋润,救活它。然后把已经打破的水缸丢弃。一个人如果能把诅咒、怨恨都放下,才会懂得真正的爱。”大师语重心长地对他说。

罗宾顿悟,面露微笑,欢喜而去。

生活确实有它不公平的一面,绝对的公平是不存在的,世界不是根据公平的原则而创造的。如果我们遇到不公平的事,也不要整天怨天尤人。其实,怨也没有用,他丝毫改变不了你的境遇,只能徒然增加自己的烦恼而已。

在付出与回报的天平上,总会出现不尽如人意的误差,苦苦的追寻换来的也许只是一身的疲惫,挥洒的汗水也不总是换来期待中的收获,因此,我们要学会看淡,才能轻装上路。

这是一个出身于贫寒单亲家庭的黑人小男孩,他只有7岁,由于长期的营养不良,他显得瘦弱,但是眼睛却是明亮的。然而这天的事情,使这双明亮的大眼睛暗淡下来。

老师让同学们为“社区基金”捐钱。小男孩手里攥着自己捡垃圾挣的3美元,激动地等待着老师叫他的名字,然后他便可以自豪地走上讲台捐出自己挣的血汗钱。但老师没念他的名字,他感到很奇怪,于是问老师为什么不叫他的名字。

老师厉声地说:“我们这次募捐正是为了帮助你和像你这样的穷人,这位同学,如果你爸爸出得起你5美元的课外活动费,你们就不用领救济了。何况,你没有爸爸……”

这些无情的话语如霹雷闪电一般,狠狠地击中了男孩的心。小男孩眼含泪水冲出了学校,羞辱没有击垮他,而是让他变得坚强。

从此,他拼命学习和做工。这个黑人小男孩就是当今美国著名的黑人电台节目主持人狄克·格里戈。

可见,不公平并不一定是坏事,它可以摧毁人的自信,但也可以催促人奋进。就看你能否忍耐,选择向下还是向上。

自然也有失衡的一面,譬如豹吃狼,狼吃獾、獾吃鼠、鼠又吃……只要看看大自然就可以明白，这些对于受到威胁的弱者来说永远是不公平的，强者生存，弱者灭亡，优胜劣汰，没有公平可言。飓风、海啸、地震等等自然灾害对所有生命来讲都是不公平的。同样，人生也有失衡的一面，人类社会里，贫穷、战争、疾病、犯罪、吸毒等等不平等的现象此起彼伏。

我们只有面对生活中不公平的人和事的时候，学会看淡，生命才能承受。生活给予我们那么多的压力，只要我们能够平心静气地把一切看得淡然一些，那些烦恼自然就会清除。如果你没有好的家境，你可以经过漫长而坚韧的努力，最后获得突出的成绩。如果你这次没评上职称，但是你忍耐下来了，从改进自己的工作入手，最后也许就会成为公司独当一面的人物。不必羡慕别人拥有的东西，只要你肯做，你也一定会拥有。

既然如此，你又何必对生活中不平的事情耿耿于怀呢？人的心理常常受到伤害的原因之一，就是要求每件事都必须公平。其实，世界上根本就没有绝对的公平，所以我们不要事事都拿着一把公平的尺子去衡量。

微笑使你的心平和

有一种语言在世界各地是相通的，那就是微笑。当你不知道如何展开话题时，微笑是最好的交流开端，当别人与你发生冲突时，微笑是最好的调节剂。当你遭受磨难、挫折、失败时，对自己微笑一下，很多不良的情绪，就会慢慢地消去。

俗话说：“抬手不打笑脸人。”笑容是一种令人感觉愉快的面部表情，它可以缩短人与人之间的心理距离，为深入沟通与交往营造温馨和谐的氛围；它可以让人在磨难中保持冷静，让自己能够清醒地面对现实；它还可以在你快生气的时候，使你的心平和起来。因此，有人把笑容比作人生的润滑剂。

杰克结婚18年了，因为他在公司的职位一直提升不上去，老板又不给他加薪，所以自从结婚那天开始，因为经济问题，他的妻子就很难见到他的笑脸。甚至，他跟妻子说上二三十个字，都是一种奢侈，因此，杰克被称为百老汇街上脾气最坏的人。

前一段时间，杰克起来后，看到镜中满脸忧愁的自己，就对自己说：“杰克，今天要改掉你以前的习惯，你要微笑，从现在开始。”

杰克坐下来吃早餐的时候，微笑着向自己的妻子打招呼说：“亲爱的，早餐做得不错！”杰克的妻子惊讶地张大嘴巴，老半天都没有合拢。

到了公司，杰克微笑着向每一个遇到的人打招呼。他们显然都很惊讶，不过，他们也都欣然地接受了，并且同样报以微笑。

就这样，杰克坚持做了两个月。他的家庭里也多了很多的欢乐，就连以前很讨厌的工作，做起来似乎也感觉轻松了许多。半年过后，杰克就成功获得了一次提薪的机会。

微笑是最自然大方，最真诚友善的交际方式。如果你想让自己压抑的情绪能够得到释放，最好，就是微笑一下。

日本人非常聪明，他们有这样一句格言："如果你不能微笑，那么你的人生就会缺少阳光。"就是因为这样，日本人在给员工培训的时候，多半都是先要看看这个人的微笑是否具有魅力。也许，大多数人都能接受要对自己喜欢的人，或者喜欢的事报以微笑的态度。可是，当不喜欢的人以及不喜欢的事出现在我们面前时，就不知道能不能笑得出来了。

在现代社会中，我们不可能不与自己不喜欢的人打交道。俗话说，林子大了，什么鸟都有。生活中的我们，难免会遇到我们所不喜欢的，甚至是深深恨恶的人或事。遇到了这样的人以及事，我们怎么办？我们还是得带着笑容去面对。

笛卡儿出生在一个贵族家庭，1616 年，笛卡儿获得了法学博士学位。但是，笛卡儿并不满足于自己的知识，他决心出外游历。笛卡儿选择了当兵，因为当兵在当时来说，是一种最简便、最经济的旅行方式。

一天，笛卡儿来到一座城门前面，看到有许多人在那里围观。笛卡儿挤进人群一看，原来城墙上贴着一张纸，上面写着一道数学难题，正在向众人征询答案。他对这道题很感兴趣，不过由于语言不通，他不能完全理解题目的意思。

"你能帮我一个忙吗？"笛卡儿笑着对身旁一个人说。

"什么事啊？"那个人的态度很傲慢。

"由于语言的原因，我不能完全理解这道题的意思，你能帮我把这道用荷兰文写的难题译成拉丁文或法文吗？"笛卡儿的脸上还是挂着微笑说。

"你想解答这道题？"那个人轻视地看着笛卡儿。

"是的，先生！您能帮我吗？"笛卡儿脸上的微笑仍然没有消失。

"年轻人，真是不知天高地厚。"看着笛卡儿的笑容，那个傲慢的人出于礼貌，为他把这道题口译了出来。

"先生，你好！"两天后，笛卡儿找到了那个为他翻译的人。

"有什么事吗？"那个人显得有些不耐烦。

"再次感谢您那天帮助了我！"笛卡儿笑着，深深地鞠了一躬。

"没什么！"那个人见笛卡儿如此，也就不好意思再说什么了。

"那天回去以后，我做出了一个答案，不知您是否有时间帮我看一下？"笛卡儿笑着，将写好的答案，双手递了上去。

“嗯！”那个人不情愿地接过了答案。

可是，看完后，他大吃一惊，笛卡儿的答案完全正确。两个人后来成为了朋友，那个为笛卡儿翻译的人就是著名学者贝克曼。

有些人天生就很傲慢，有些人天生就很感性，不管怎么样，不管对方有什么缺点，我们都应该试着用微笑去接受和面对一切。

试着用微笑面对烦恼和忧愁，并不是让我们欺骗自己，相反，我们会因此而感到心情宁静、豁然开朗。尝试着微笑面对周围的每一个人，不难发现知心的朋友会变得越来越多，以前的很多矛盾都会冰释消融，处理生活中那些所谓烦琐的问题，也会变得轻松了。

面对不如意要能想得开

美国著名的心理学家威廉·詹姆士说：“一个人懂得改变心态，从而就能改变自己的一生。”的确，人生的成功或失败，幸福或坎坷，快乐或悲伤，有相当一部分是由人自己的心态造成的。人一辈子，不顺心的事谁不会遇到呢？如果事情已成定局，无可更改，那就想开一点，坦然去接受，这才是明智的选择。

有这么一个故事：

有位老太太找了一个油漆匠到家里粉刷墙壁。油漆匠一走进门，看到她的丈夫双目失明，顿时流露出怜悯的目光。可是男主人开朗乐观，每天都和他的妻子有说有笑，还不时地和油漆匠开开小玩笑，油漆匠在这里工作得十分轻松惬意。

一天，油漆匠忍不住问这位男主人，为什么如此的快乐。

男主人笑了笑：“为什么不快乐呢？我在一次事故中失明，虽然我再也看不见阳光和鲜花，但是我能感受到阳光的普照，闻得到鲜花的芬芳，还有一个健康的身体，最重要的是我的妻子不离不弃，对我的爱一如既往，比起那些瘫痪不能自如走动，没有温馨家庭的人，我已经很幸运了，所以我没有理由不快乐。”油漆匠感动地点点头。

一周后，工作完毕，油漆匠取出账单，老太太发现比原来谈妥的价钱打了一个很大的折扣。她问油漆匠：“怎么少算这么多呢？”

油漆匠回答说：“我跟你先生在一起觉得很快乐，他对人生的态度，使得我觉得自己的境况还不算最坏。所以减去的那一部分，算是我对他表示的一点感谢，因为他使我不再把工作看得太苦！生活，只有看得开，才能活得快乐。”

油漆匠对这位太太丈夫的推崇，使她流下了眼泪，因为这位慷慨的油漆匠只有一只手。

其实，生活中，每个人都可能遇到这样或那样的不幸，诸如亲人不幸死亡、朋友分手、身患重病……但你需要知道的是，这一切都不重要，都不会构成致命的创伤。最致命的创伤来自我们自己心灵深处，因为我们死抱着残缺不放，所以越来越痛苦，那些看得开的人则活得自在坦然。赔了钱又怎样，不能再赔了好心情；被针扎了手指又怎样，还好没扎到眼睛；被上司批评了又怎样，回到家，还有家人温暖的关怀。所以我们既然活着，就要想得开。

康熙在他登基60周年的时候，举办了千叟宴，作为皇帝，他敬了三杯酒。第一杯酒敬给了孝庄皇太后，感谢她养育了自己，并且辅助他登上了皇位；第二杯酒敬给天下黎民百姓和大臣，感谢百姓的努力，大臣的辅助，才有了今天普天同庆的大好局面；第三杯酒则敬给了鳌拜、郑经、吴三桂、噶尔丹这些逆臣。

大臣们对这第三杯所敬十分不解，都感到非常惊讶。康熙明白大臣们的意思，于是解释道："我要感谢他们，是他们逼我走上了皇位，逼我不断进步，让我时刻感到危机，如果没有他们，就没有今天的康熙，也没有今天这样繁荣的社会，所以我感谢他们。"

把一直和自己作对的人当成自己感激的人，这不得不说是康熙的一大智慧。烦恼又怎样？痛恨又怎样？一味抱怨自己遇到这些奸臣又何济于事？康熙想得很开，他把这些逆臣的对抗当成磨炼自己的机会。一个人在取得成功的道路上，不可能一帆风顺，总有千千万万的对手，是这些对手，逼迫你去努力、去进步，如果没有这些对手，那么你是万万不能够取得成功的。想得开，让康熙受万人景仰，同时还为自己创造了一个好心境。

很多时候是我们的心灵导致我们绝望，只要我们放弃绝望的思想，换一个角度想问题，把一切都想开些，就不会死钻牛角尖，就会豁达起来，发现阳光依旧照耀着你，月光仍然爱抚着你。如此看来，痛苦或是快乐完全取决于你的一念之间。

事实也的确如此，心态决定你是否快乐，只要我们能够以乐观的态度对待命运，命运也就不是那么可怕的东西了。

相信人生永远都有希望

在漫长的人生中，我们常常会遭遇各种挫折和失败，会深陷许多意想不到的困境，这时，请不要轻易给自己下结论，更不要轻言放弃。其实，只要心头那个坚定的信念之火永不熄灭，并不断努力去拼搏，哪怕自己即将面临绝望的境地，只要再坚持一下，再奋斗下去，就一定会有重大收获。

有这么一个故事：

一场突如其来的沙暴，让一位独自穿行大漠者迷失了方向，更可怕的是，自己装干粮和水的背包也不见了。他翻遍所有的衣袋，只找到一个泛青的苹果。

“哦，我还有一个苹果。”他惊喜地喊道。

他攥着那个苹果，深一脚浅一脚地在茫茫的大漠里寻找着出路。饥饿、干渴、疲惫一起涌来。望着茫茫无际的沙海，有好几次他都觉得自己快要支撑不住了，近乎绝望的他幻想着自己死时的惨状，双腿蹒跚地向前挪移着。有几次差点就倒了下去，可是，看一眼手里的苹果，他抿抿干裂的嘴唇，陡然又添了些许力量。

已数不清摔了多少跟头了，只是每一次，他都挣扎着爬起来，踉跄着一点点地往前挪，心中不停地默念着：“我还有一个苹果，我还有一个苹果……”

三天后，他终于走出了大漠。那个他始终未曾咬过的青苹果，已干巴得不成样子，他还宝贝似的攥在手中，久久地凝视着。

太阳因为永不放弃，才最终冲破重重迷雾，光耀万里；江河因为永不放弃，才流泻千里，到达浩瀚无边的大海；小草因为永不放弃，才不计星星点点的渺小，最终连成一片，绿茵满地。记得电视剧《士兵突击》里忠厚老实的许三多说的那句话，“不抛弃，不放弃！”就是这样一句朴实而又震撼人心的话，打动了无数观众。简简单单的六个字，凸显的不仅是一个战士的崇高品质，而且让我们懂得事不分大小，只要不放弃，就一定能获得最终的胜利。

如果把人生的困境或挫折比做沙漠，信念便是那个“苹果”。俗话说“人生不如意之事十有八九”，人这一辈子总会遇到一些坎坷和波折，绝大多数人的人生历程都不是一帆风顺的，甚至会遇到生死的考验。对待人生中的逆境拥有坚定的信念、乐观的心态，对我们走出困境具有决定性的作用。事业受挫、失去工作、家庭危机、环境压力、城市生活缺乏归属感，在每一个年龄段、每一个层次的人都会遇到不同的问题。无论生活怎样艰难，只要你心中永存一个“希望”，不轻易放弃自己的理想和目标，那么，每受挫一次，自身就会变得更加强大。

因为我们从失败中吸取了教训，在挫折中磨炼了意志，从而为以后的成功奠定了坚实的基础。

1973 年 12 月，史德芬出生在美国宾夕法尼亚州的拉昆村。当母亲看到儿子只有半截身体时，她哭得死去活来。好在父亲比较冷静，再三安慰妻子说：“我们要面对现实，不要绝望，生命还在，希望就还在。”

史德芬一岁半的时候，做了两次手术，腰部以下的神经无法恢复，连坐都成了问题。医生却劝史德芬的母亲，凡事要尽量靠他自己的意志和能力去做，这样才可以锻炼他。

母亲接受了医生的忠告，尽量让史德芬自己料理自己的日常琐事。几个月后，史德芬奇迹般地坐了起来。不久，他开始尝试用双手走路。到了上学年龄，史德芬也走进了校门，但每天都要靠装上重达 6 公斤的假肢和一截胴体来支撑着身体去学校。坐着轮椅上厕所很不方便。每次都有同学帮助他，加上几位老师的细心呵护，史德芬大受鼓舞，并以积极的心态来面对生活的每一天。史德芬非常热爱生命，他更爱身边的每一个人。

后来史德芬成了一位摄影迷。一有空儿，他就挂上相机，摇着轮椅到附近的公园去。他一边给人拍照，一边说："你的眼睛真漂亮，等洗出来我要挂在房间里珍藏。"说得姑娘们喜滋滋的。史德芬还会帮妈妈买东西，有时也替邻居洗车、剪草，这对一个没有下肢的人来说，需要很大的毅力，但他都做到了。

后来，史德芬成为美国有名的小影星，他成功地主演了影片《兄弟》。他对记者说："我在生活中没有困难，遇到困难就和大家一样，找出方法解决就行了。"

史德芬身残志坚的精神不仅感动了周围的人，更让大家受到感染，学会了珍爱生命。史德芬的邻居说："每个人都有烦恼，但是只要看到史德芬，就会觉得自己的烦恼是何等的渺小。"还有一位邻居说："我们热爱史德芬，因为有了他，我们增加了战胜困难的勇气，我们要像史德芬那样，对生活充满自信！"所以，不论遇见多大的困难与阻碍，请别轻易放弃。

有时，希望就如同一根绳子，一根年久破旧随时会断掉的绳子。其实，绳子已经断了很多次了，只是倔强的人们硬是把它打了一个又一个的结，继续坚持向上爬。虽然绳子越来越短，似乎希望也越来越遥远，而且，随着绳子每次的断裂，我们身上的伤疤也越来越多。然而就是靠着永不认输的意志力，我们忘了疼痛继续努力，向着自己的目标奋斗。

许多历经挫败而最终成功的人，他们感受"熬不下去"的时候，比任何人都要多。但是，他们却在即使感到"已经熬不下去"时，也"咬咬牙再熬一次"，虽然是屡战屡败，但却愈败愈战，终于在最后一刻，看到了胜利的曙光。

一个刚毕业的大学生正在为找工作发愁，已经找了两个多星期了，一点音信都没有。路过微软公司，学计算机专业的他鼓足勇气进去应聘。但是该公司表示并没有刊登过招聘广告。正当人事部门的负责人疑惑不解的时候，这位年轻人自信地解释说，自己找了很久的工作，但是都碰壁，今天贸然进来，是因为不想放过任何一丝机会。

人事部门的负责人觉得年轻人很有勇气，于是就破例让他一试。面试的结果不太让人满意，因为年轻人毫无准备，所以人事部门的负责人问他的问题多半都回答得没有逻辑，表现糟糕。年轻人千般解释，人事部门的负责人认为他不过是找个托词下台阶，就随口应道："等你准备好了再来试吧。"

一周后，年轻人再次走进微软公司的大门，这次他依然没有成功。但比起第一次，他的表现要好得多。人事部门的负责人似乎也看到了这个年轻人有潜力可挖，给他的回答仍然同上次一样："等你准备好了再来试吧。"就这样，这个青年先后5次踏进微软公司的大门，最终被该公司录用。

在成功的战场上，我们不但要有跌倒之后再爬起的毅力，拾起武器再战的勇气，而且从被击败的一刻，就要开始下一拨的奋斗，甚至不允许自己倒下，不准许自己悲观。那么，我们就不是彻底输，只是暂时地"没有赢"而已！

心里有希望，事情就会有转机。

要学会自我安慰

在这个世界上，每个人每天都要面对许多不顺心的事情。譬如你无缘无故被解雇了，譬如你老公在外面突然有了其他女人，譬如孩子的成绩又开始下滑了等等，不仅仅被自己不顺心的事，影响着自己的情绪，身边的人不顺心的事情，也在时时刻刻地影响着我们。

如果不能正确处理好这些事情的话，我们的意志就会慢慢地消沉。因为一个人长期地沉浸在这样心理不平衡的状态中，会严重地影响我们的生理及心理健康，对自己百害而无一利。因此，当别人不能给我们安慰的时候，我们一定要学会自我安慰。

有这么一个笑话：

风刮起了漫天的风沙，一个抽烟人走在路上，看不到远方的东西，只能看到离自己几米地方的事物，他掏出火柴点烟，背过身去，用后背迎风，然后划火，一边说："点烟不过三，过三不点烟。"三根火柴划过了，烟还是没点着，于是他大声说："点烟不过七，过七不点烟！"又划了四根火柴后，烟仍没点着，他轻声安慰自己："管他三七二十一。"

听了这个笑话你或许不会感到好笑，但它确实有积极的一面。因为他用自我安慰抑制了愤怒。很多人都是被上面的这些人生中的小事情给影响着，其实这些事情并没有什么大不了的，因为我们每天都可能遇到。如果我们每天都被它纠缠，只会使我们的精神处于崩溃的边缘。

当我们失意被烦恼纠缠，当我们过得不是比别人好的时候，我们要懂得来安慰自己，平息怒火，消除忧愁，稳定自己的情绪。然后慢慢地能做到淡泊名利，不计得失，就能敞开胸怀，消化种种不快，欢乐便会步入你的生活。

有这么一个故事：

一次，暴风一连吹了三天三夜，风势很强劲，很猛烈，甚至把撒哈拉的沙子吹到法国的隆河河谷。暴风十分热，吹得人头发似乎全被烧焦了，喉咙又干又焦，眼睛热得发疼，嘴里都是沙砾。人似乎站在玻璃厂的熔炉之前，被折腾得接近于疯狂的边缘。但阿拉伯人并不抱怨。

暴风过后，他们立刻展开行动：把所有的小羊羔杀死，因为他们知道那些小羔羊，反正是活不成了；而把小羊杀死，可以挽救母羊。在屠杀了小羊之后，他们就把羊群赶到南方去喝水。

所有这些行动都是在冷静中完成的，对于损失，他们没有任何忧虑抱怨。部落酋长甚至说："这还算不错。我们本以为也许会损失所有的一切，但是感谢上帝，我们还有百分之四十的羊群留了下来，可以从头再来。"

住在撒哈拉的阿拉伯人是我们的榜样，无论在多恶劣的条件下，他们都保持着快乐平安的心境——因为他们学会了自我安慰。

其实每个人都应该学会安慰自己，来排除这些困扰心灵的烦恼。人要尊重自然规律，面对社会现实。由于财富、地位、人事关系的差异，世界上没有绝对的公平，相反，有时不公平的事比公平的事还要多，这就是现实。倘若心理有什么不平衡，情绪不佳时，就得安慰自己，想想那些生活在贫困中的人们，想象那些为了救人而义无反顾地牺牲自己生命的英雄，对自己现在的生活应当感到无限的欣慰和满足。

曾经有一个作家讲述了自己这样的一段经历：

作家乘车子横越大沙漠时，一只轮胎爆了，司机又忘了带备用胎，所以他们只剩下三只轮胎。又急又烦的作家问那些阿拉伯人该怎么办。他们说，着急于事无补，只会使人觉得更热。车胎爆掉是上帝的意思，没有办法可想。

于是，他们又开始往前走，就靠三只轮胎前进。没过多久，车子又停了，汽油用光了。但阿拉伯人并不因司机所带的汽油不足而向他大声咆哮，一路上还不停地唱歌。

在事情已成定局难以挽回的时候，我们就应该使用精神胜利法来维护自尊心和自信心，以图再度振作。上面的阿拉伯人不是这样的吗？很多事情，已经成为现实，你对它抱怨，就像上面的司机一样又烦又急，却于事无补，还不如坦然面对。看看下面的这个故事，或许会对你有所启示：

几只狐狸同时走到葡萄架下，却无法吃到葡萄。第一只自我安慰说葡萄是酸的，自己不想吃，走了。

第二只不断地使劲往上蹦，不抓到葡萄誓不罢休，最终耗尽体力死在葡萄架下。第三只狐狸吃不到葡萄便破口大骂，抱怨人们为什么把葡萄架得这么高，不料被农夫听到，一锄头把它打死在地。第四只因生气抑郁而死。第五只犯了疯病，整天口中念念有词："吃葡萄不吐葡萄皮……"

想想，哪只狐狸的情商更高？

心理学家认为，人的自我评价和好恶来自于价值选择，当消极的情绪困扰你的时候，改变你原来的价值观，学会从相反的方向思考问题，你的心情和情绪就会发生良性变化，这也是那些懂得自我安慰者常用的方式。

当烦恼来临的时候，与其在那里唉声叹气，惶惶不安，不如拿起心理调节的武器，从相反方向思考问题，使情况由阴转晴，摆脱烦恼。

两个花匠去卖花盆，途中翻了车，花盆大半打碎。悲观的花匠说："完了，坏了这么多花盆，真倒霉！"而另一个花匠却说："真幸运，还有这么多花盆没有打碎。"后一个花匠运用反向心理调节法，从不幸中挖掘出了幸运。

俄国作家契诃夫曾写道："要是火柴在你口袋里燃烧起来了，那你应该高兴，而且感谢上苍，多亏你的口袋不是火药库。要是你的手指扎了一根刺，那你应该高兴，挺好，多亏这根刺不是扎在眼睛里。"

达尔文曾经说过："愤怒，以愚蠢开始，以后悔告终！"普希金也告诫过人们："假若生活欺骗了你，不要忧郁，也不要愤慨，不顺心的时候，暂且容忍，相信吧，快乐的日子就要到来！"其实，我们愤怒，我们生气，不会给别人带来什么好处，而且只会给自己带来更多的伤害，只有自己安慰自己，才能扭转自己的心情。

在我们生命中，还有无数自我安慰的例子，譬如生了女孩的父母说，女儿是棉毛衫，儿子是滑雪衫；譬如吃了亏的人说，吃亏是福；譬如丢了东西的人说，破财免灾；譬如侥幸逃过一劫的人说，大难不死，必有后福；譬如弄不到官的人说，无官一身轻，有职多约束等等。

很多情况下，人们的痛苦与快乐，并不是由客观环境的优劣决定的，而是由自己的心态、情绪决定的。遇到同一件事，有人感到痛苦，有人感到快乐，情商不同的人会得出不同的结论。但其中，起到主要作用的，还是自我安慰，那些懂得自我安慰的人，是很容易在失败和困境中降低自己的挫折感的。

世界上那么多人，每个人在自己的世界中都是巨大的，可是在别人眼里通常又是微不足道。我们不能期许命运之神的特别眷顾，如果我们不能从外界得到救赎，起码我们还可以自我安慰！

相信你并没有失去一切

一位哲人说："一个人的快乐，不是因为他拥有的多，而是因为他计较的少。"这里说的计较，很多时候就是对失去的计较。因为我们每个人总会对未来怀着更好的期望，而这种期望值越高，就会对失去越在乎。假如你失去了亲人、失去了金钱、失去了双腿……总之你觉得失去了一切，可是人最宝贵的生命你不还拥有吗？只要你还活在这个世上，你就不能说自己失去了一切。就像2008年汶川地震，难道那些受灾的人不是失去了家、亲人、财物，甚至是健全的身体吗？可是他们仍然坚强地活了下来。经历这次灾难，让他们更加明白了生命的宝贵，只要生命还在，一切都还有希望。

有一年秋天，郭沫若到普陀山游览，在梵音洞里偶尔拾到一本笔记，打开来一看，扉页上写有一联："年年失望年年望，处处难寻处处寻。"横批："春在哪里。"翻看下去，里面写着一首绝命诗，还署着当天的日子。

郭沫若看罢着急，立刻让随行的同志去寻找失主。众人四下里找寻，终于及时找到了那位欲绝命之人，原来是一位神色忧郁、行动失常的姑娘。

经过了解，这位姑娘因为考大学三次落榜，爱情又遭受了挫折，于是决心"魂归普陀"。

郭老关心地对她说："下联和横批太消沉了，这不好，我替你改一改，你看如何？"姑娘低头不语，郭老吟道："'年年失望年年望，事事难成事事成。'横批：'春在心中'。"

这一改，使姑娘感动不已。好一个"春在心中"的教诲，把这位姑娘对人生的态度从绝望中转化为进取。

走在人生的旅途中，我们似乎总想寻觅一份永恒的快乐与幸福，总希望自己付出的所有真心、真情能够得到别人的理解，能找到一直去珍惜的生活。然而世事无常，失去一些就像老天偶尔会下雨，没什么大不了的，用一颗平常心去对待，一切都会好起来的。每个人都应该忘掉一切不幸的遭遇，我们应当从记忆中抹去一切使我们消沉、痛苦的事情，只有把这些放下了，忘记了，我们才能更好地开始另一段人生的路途。

所以，对于那些曾经的失败，生命中的失去，我们要正视它，并吸取教训，转个弯继续再来。终日想着那些不幸的经历和已经走过的错误路途，只会越来越加剧自己的伤痛。只有先将身上的灰尘拍落，才能再轻松应战。有这么一个故事：

克利斯朵夫·利瓦伊曾是一位杰出的演员，深受观众的喜爱。然而一场意外，让他成为一个高位截瘫者。克利斯朵夫·利瓦伊再也无法继续他的演员梦了，这让他备受煎熬。

出院后的克利斯朵夫·利瓦伊只能坐在轮椅上，再也无法行走了。他以为自己的一生将就此枯萎，一想到自己再也没有机会回到电影行业，他的内心就会袭来一股巨大的悲伤。

一次，克利斯朵夫·利瓦伊和家人一起外出散心，汽车在蜿蜒的盘山公路上穿行。克利斯朵夫·利瓦伊目光呆滞地望着窗外，他忽然发现，每当车子即将行驶到无路的关头时，路边都会出现一块“前方转弯”的交通指示牌，而转弯之后，前方的路依然开阔。

当“前方转弯”几个大字一次次进入他的眼球的时候，猛然间，他恍然大悟：原来，不是路已到尽头，而是该转弯了。从此，克利斯朵夫·利瓦伊以轮椅代步，当起了导演，他再一次回到了深爱的影视行业。努力和付出让他首次执导的影片就荣获了金球奖，不仅如此，他还用牙咬着笔，创作出了他的书稿。

有时，不是失去阻碍了我们前进的脚步，而是我们自己被自己束缚了。如果我们认为自己失去了一切，就会意志消沉，把人生过得灰暗颓废。但你身上的潜力还在，善于抓住利用，你就能将失去的重新弥补回来。人生起起伏伏，跌到谷底之后就会上升，只要我们不放弃，就能乘胜追击，迎来又一个繁荣。

所以，忘记你现在的失去，要知道路没有走到尽头的那天，一切都还有机会，而一切的机会又都在我们手中。聪明的人会把失去的当成一种成功前所投资的资本，任何成功都是在克服困难中得来的。失去并不糟糕，糟糕的是你以为自己失去了一切。

不要计较小事情

生活中有太多不值得我们去计较的小事，我们要以一种包容平和的心态去面对，学会看开、看淡、看远、看透、看准，做到这几点的话，那么我们的人生就不会缺乏快乐。其实包容了一个苦难，就会有了一个超越自我的契机；包容了一个人的缺点，就多了一份舒适；包容一个人的愤怒，就扩宽了我们的胸襟等等。否则，我们就会因这些丝毫没有价值的小事所烦恼。有这么一个故事：

作为一名职业校对员，安妮曾经校对过北美航空公司的《飞行员手册》、联邦基金会的《行业教育研究报告》和其他数不清的著名刊物。

在生活中，安妮也会不自觉地检查单词拼写和标点符号是否准确。听别人讲话时，安妮总在考虑他的发音是否正确，停顿是否得当。

一天，安妮去教堂做礼拜，听牧师朗读一段赞美诗。突然，安妮听到他读错了一单词，她顿时浑身不自在起来，一个校对员的声音在心里不停嘟囔："他读错了！牧师竟然读错了！"就在这时，一只小飞虫从安妮眼前慢慢飞过。安妮耳边突然响起了一个更清晰的声音："不要盯着小飞虫，忽视了大骆驼。"对呀，怎么能因为一个小错误而忽视了整段赞美诗？过了一会儿，飞虫在安妮面前稍作停留，然后径直飞走了。

每个人其实都想做得最好，但每个人都不可能把现实中的事情，做得如想象中的那样完美。因为有外界的干扰，譬如上司无缘无故训斥你，街坊没头没脑痛骂你，老婆赌气回娘家，儿子不争气，老师上门来告状，评职称被人挤了名额，分房子没挤上"末班车"等等。外界的这些的事情，无时无刻地在影响着我们的情绪，影响着我们能力的发挥。

俗话说，烦由心生。那么多的烦恼，其实由于人的本性拥有着贪婪、嫉妒、虚荣等心理欲望，这种本能的欲望在外界的诱发下，使我们的心灵不能处于平衡。所以，每个人都会有各种生气的理由，但是面对人生的不如意和困惑，我们必须要学会忍让，学会"化干戈为玉帛"，不要让那些不值得的小事破坏了自己的情绪，只有这样，我们才能寻得到快乐。一本书上有这样一个小故事：

记得在他小的时候，他感觉自己的情绪就一直没有好过，总是会因为一些小事便动不动就会感到痛苦。有人稍微碰到他，他就会生气。有谁让他情绪不好，他就大声地骂，用力地打人，要不然就会放声大哭，仿佛要掀起屋顶。每一次他情绪失落的时候，大家就会躲得远远的，害怕被扫到台风尾。

有一次，他跟小弟闹别扭，他的脾气又来了，气得脸红脖子粗，两手叉腰，一边跺脚一边骂。

这时候妈妈静静地走了过来，拿着一个镜子放在他的前头。他看到了自己，眉头紧锁，面容皱皱的，恐怖而好笑，原来情绪不好时是这样的丑啊。

后来妈妈告诉他，当我们情绪不好的时候，就要多想曾经那些令我们快乐的事情。

从此以后，每次他心情低落的时候，就去想好的一方面，那些惹他生气的小事也就没有了，情绪也真的就不那么坏了，时间一长，也就慢慢地改变了自己的毛病。

从上面的小故事让我们知道，面对生活中的小烦恼，没有必要那么较真。多包容一些，会发现另一片天空。

当烦恼来临时，我们也并非只能束手无策。要想排除烦恼的困扰，就要学会包容和忍让，要去除嫉恨之心，就要学会宽宏大度，要学会理解人、体贴人，能够以诚待人，以情感人，不要常常为一些小事耿耿于怀。如果双方都逞强好胜，矛盾就会愈积愈深，最后发展到势不两立的地步，既破坏了人际关系，又影响相互团结，还有损身心健康。

“总为小事伤神的人，他们的一生是短暂的”这句话对那些经过岁月风雨的人来说，理解更加深刻。生活中，我们把时间浪费在鸡毛蒜皮的小事上，不仅耗费我们的精力，还会破坏我们的情绪，那是非常不值得的。记住，我们不能为了小事而影响我们的生活，而是为了让生活变得更美好才生活。

人生没有最糟的时候

人生最糟的时候是什么？是损失金钱，失去爱情，亲人离开，遭人陷害，还是被病痛折磨得够呛？不，这些都不是最糟的时候，只要你的生命尚存一口气息，只要你还活在这个世界上，你就没有理由抱怨自己的现状太糟。除此之外，任何东西你失去了，哪怕你现在一无所有，也只不过是从头再来。

人生是一段漫长的路程，不要因为一时的失意就否定自己。要用平常心去看待人生中的起落，不能因为一次的得失就断定一生的成败。人生的路上不可能永远一帆风顺，总有潮起潮落之时，有时，失败也未必是坏事。没有昨天的失败，也许未必有今天的成功。人生最大的敌人是自己，只有敢于承认失败的人，敢于再次站起来，才能最终战胜自己，战胜命运。面对失败，我们没什么可抱怨的，从哪里跌倒，就从哪里爬起来。

李洁初中毕业的时候，在叔叔的印刷厂帮忙，每个月有2000多元的工资。后来，她就自己出来单干，帮市区里的小旅馆和小餐馆印信纸、信封、筷子套、牙签袋等，一年也能赚个六七万元。这时候她已经结婚，并生有一个男孩，家庭算得上是幸福的。

2005年的一天，她记得很清楚，那天早晨有人找她印一些收据，实际上是一些发票，给的价钱特别高，不到1000元的成本，就能赚1万元。李洁觉得有点不妥当，但因为利润高，她还是印了。结果是，事情很快败露了，她被判了两年刑。对这次举动，她总结为“胆子太大了”。

她在监狱里待了一年半，这期间，丈夫和他离了婚，并要走了儿子的抚养权，每每想到这些，她就想一死了之。但是，生性倔强的她，终于还是熬了过来，因表现良好，被提前半年释放。

回到家中，她不打算再做印刷生意了，就从哥哥那里借来3万元钱，开始了投资生涯。为保守起见，她找的都是店面，她投了一间商铺，只交了1万元定金，几个月后转手就赚了4万多。靠着"胆子大，眼光好"，到2007年年底，她手里的2万已经变成20多万。

2007年的年底，看着股票市场一直在牛市坚挺，再加上对2008年存有太多的憧憬和梦想，她抽出自己的全部资金投进股市，计划着和2008年的奥运会一起风光一回。初期，的确赚了一笔，但是让人猝不及防的金融危机来了，股票暴跌，她的20多万仅仅剩下6万多。同时，之前投资的两家商铺，也一直租不出去，只能眼睁睁亏钱。

李洁感觉自己又一次被扔进了黑暗，那么无助，又那么无奈，年近30岁的她，一下子沧桑了许多。她在床上躺了整整两天两夜，第三天早上，她爬起来，用冷水洗了一把脸，对着镜子里的自己说，这辈子监狱都做了，还有什么事情不能承受？大不了从头再来！

这个世界上大多数人都失败过，一些人越战越勇，排除万难迎来了成功，而另外一些人却从此一蹶不振，陷入人生的泥沼。其实，所有的不幸都不可怕，可怕的是我们丧失了斗志，失去了面对困难的勇气。只要我们的生命还在，跌倒了就爬起来，所有的伤痛都可以疗愈。

有一首诗写道："白云跌倒了，才有了暴风雨后的彩虹；夕阳跌倒了，才有了温馨的夜晚；月亮跌倒了，才有了太阳的光辉。"在坚强的生命面前，失败并不是一种摧残，也并不意味着你浪费了时间和生命，而恰恰是给了你一个重新开始的理由和机会。

一次讨论会上，一位著名的演说家面对会议室里的200个人，手里高举着一张100美元的钞票问："谁要这100美元？"一只只手举了起来。

他接着说："我打算把这100美元送给你们当中的一位，在这之前，请准许我做一件事。"他说着将钞票揉成一团，然后问："谁还要？"仍有人举起手来。他又说："那么，假如我这样做又会怎么样呢？"他把钞票扔到地上，又踏上一只脚，并且用脚碾它。而后，他拾起钞票，钞票已变得又脏又皱。"现在谁还要？"还是有人举起手来。

"朋友们，你们已经上了一堂很有意义的课。无论我如何对待那张钞票，你们还是想要它，因为它并未贬值，它依旧值100美元。"

在人生路上，我们又何尝不是那"100美元"呢？无论我们遇到多少的艰难困苦，或是失败受挫多少次，我们其实还是我们自己，我们并不会因为一次的失败，而失去固有的实力和价值，我们并不会因为身陷挫折而贬值。

现实中有太多的人曾无数次被逆境击倒，被欺凌，甚至被碾得粉身碎骨，而失魂落魄觉得自己一文不值。事实上，生命的价值不依赖我们遇到的挫折或是困境而改变。无论发生什么，或将要发生什么，我们永远不会丧失价值。无论肮脏或洁净，衣着齐整或不齐整，我们依然是无价之宝。只要我们抱着大不了再次奋斗的勇气，下次的成功就一定属于自己。

面对挫折让我们想想卧薪尝胆的越王勾践，想想在奥运赛场上倒下又爬起来的运动员，想想从黑暗无声的世界中挣脱的海伦。我们不难发现，挫折是完全可以战胜的，所以，面对挫折我们要勇于战胜挫折，而非一蹶不振。心情低落是没有用的，如果你觉得从来没有这么糟糕过，那你就对自己说：反正不会有比这更糟的时候了。这时你就会觉得心中豁然开朗很多，你就有了直面从零开始的勇气。

让信念支撑我们走出磨难

我们生活在这个世界上，因为有美好的追求，才诞生了无数斑斓的梦想，因为有坚强的信念，才催生了无数坚挺的身影。信念的力量是伟大的，它支持着我们生活，催促着我们奋斗，推动着我们进步，正是它，创造了世界上一个又一个的奇迹。

天才小提琴家马莎患有癫痫症，一直以服药控制病情。直到有一天药物都不起作用了，医生无奈之下割除了她一部分脑叶。之后她动过许多次手术，但奇怪的是，每一次手术都没有影响她的演奏能力。后来医生才发现，原来在马莎很小的时候，她的大脑就已遭到破坏，原脑叶的演奏能力神奇地被其他脑叶所取代。

一个大脑遭到破坏的人竟有如此非凡的成就，这不能不算是一个奇迹，而这个奇迹的创造，不能不说是由马莎坚强的信念所支撑而产生的。信念的力量是惊人的，它可以改变恶劣的现状，带给人们无限的希望，缔造令人难以置信的神话。

一个没有信念，或者不坚持信念的人，只能平庸地过一生。而一个坚持信念的人，永远也不会被困难击倒。信念是推动一个人走向成功的动力，拥有信念的人永远不会被眼前的困难吓倒，也不会迷失前进的方向，因为他们的心里只有永不放弃的目标。

著名的胡达·克鲁斯老太太在70岁高龄之际才开始学习登山，别人都认为她的举动只不过是闹着玩玩，她那老迈的身体根本不可能登上多高的山峰。但老太太始终坚信，一个人能做什么事不在于年龄的大小，而在于怎么做。

她凭着自己坚定的信念，一次次创造自己生命的极限，最后她成功地登上了几座世界有名的高山。而且她还在95岁那年，成功登上了日本的富士山，打破了攀登此山年龄最高的纪录。

影响我们人生命运的往往不是环境，而是我们持有什么样的信念。当信念开始在心中支撑我们的人生的时候，我们离成功的目标就越来越近了。

一代宗师孔子，毕生都在探讨钻研、宣传“仁”的思想，周游列国，困难重重，无数次的挫折和失败，阻碍着他的前进。可孔子却一如既往，从未动摇过他心中的梦想，最后，他的思想终于走入人们心中，他也永垂青史。勾践卧薪尝胆终报家仇国恨，司马迁惨遭宫刑写成千古巨著，唐三藏历经艰难险阻终于取得真经。翻开史书，古今中外，大凡仁人志士，明达贤者，无不经过困苦磨炼走向成功。无数事实告诉我们，只要心中有了信念，就没有闯不过的“火焰山”，没有战胜不了的艰险。

在矿难中，几名矿工被困在一个狭小的空间里。没有食物，没有水，在此刻一切都显得不是那么重要，因为通风口被堵上了，空气越来越稀薄将是他们致命的伤害。在这极度恶劣的情况下，他们很快就会窒息而死。虽然猜得到营救人员在努力着，但他们生还的机会还是十分渺茫。

矿井下的情况确实不容乐观，一些人都抱着必死的心。矿工队长带了表，让大家都休息，节省体力。每隔一段时间队长就会报一次时间。时间一分一秒地过去，奇迹居然出现了，他们活着等到了营救队伍。

所有人都存活了下来，只有一个人死了，就是那个报时间的队长。原来，开始他的确是准确报时的，但是，当他发现同伴们不安的情绪之后，便开始“虚报”。半小时他说15分钟，一小时他说半小时，两个小时他说一个小时……结果其他人都在信念的支撑下活了下来，唯独他死去了。

信念可以挽救生命，是创造成功和制造奇迹的源泉。坚强的信念会让人突破极限，脆弱则会让人不堪一击。人生也一样，如果我们在做任何事情之前，没能树立起一个坚定的信念，只是一味地采取消极的态度，告诉自己这也无法实现，那也不可能做到，那等待我们的就只有失败。

冷静思考，不攀比，放弃幻想

养成一种冷静不攀比的思考方式，我们便不会被物质奴役，便能保持精神的自由。我们本来就是一无所有，生没有带来什么，死也不可能带走什么。那么，便不会有所有的不够吃、不够穿、不够漂亮、不够优秀、不够快乐和不够幸福；一切归零之后，便了无牵挂、轻装上阵。

攀比永远体会不到快乐

宋代词人辛弃疾有一句名言："物无美恶，过则为灾。"拥有，本该是一种原始而简单的快乐。但拥有得过多了，就会失去最初的欢喜，变得患得患失。

佛祖说，满足不在于多加柴草，而在于减少火苗；不在于积累财富，而在于减少欲念。只有抱着随时清零的心理状态，才会有情趣去欣赏世界可爱的一面，体会到他人的人情道义和善良，才能有机会感受到真正的快乐。

据说，蜈蚣在最初被造时并没有脚，但它仍可以爬得和蛇一样快。

有一天，它看到羚羊、豹子和其他有脚的动物都跑得比自己快，心里非常不高兴，便自我安慰似的念叨着："哼！有那么多的脚，当然跑得快了。"

于是，蜈蚣向造物主祷告说："造物主啊，我希望拥有比其他动物更多的脚。"

没想到，蜈蚣的这一请求不久后便真的实现了。造物主把许多只脚放在蜈蚣面前，任凭它自由取用。

蜈蚣迫不及待地拿起这些脚，不停地往自己身上贴，从头一直贴到尾，直到再也没有空间了，它才依依不舍地停止。蜈蚣心满意足地看着满身是脚的自己，暗暗窃喜："现在，我可以像箭一样飞出去了！"

然而，等它想要迈开脚步"狂奔"时，蜈蚣才发现自己完全无法控制这些脚。每一只脚都"各行其道"，要想让它们保持一致，蜈蚣必须要以百倍的精力去关注，才能使一大堆脚不致互相跌绊而顺利地往前走。这样一来，它走得反而比以前更慢了，而且还累得气喘吁吁。

过多的欲望也许从短期的表面上来看，的确得到了一些；但事实上，从长远的发展看，最终得到的都不会很多。想来，人之所以活得疲累，不是因为使之快乐的条件还没有攒齐，而是想要拥有的东西太多，从而成为痛苦的奴隶。

为什么孩子们总是快乐的？因为他们的要求单一而纯粹，没有更多的“附加值”。对于一个喜欢零食的孩子来说，一座金山也不如一包糖果能令他快乐；对于一个喜欢在野外玩耍的孩子而言，一团可以变幻出各种玩具的黏土胜过满屋子的高级玩具。

快乐其实很简单，生活原本也没有那么多的烦恼。想想自己童年时是多么容易快乐，就会明白幸福的源泉在哪里了。

西方有一句著名的话：“Life is a journey！”也就是说，生命如同一段旅程。在这段旅程中，每个人都背着一个空行囊向前行走。一路上，人们会捡拾到很多东西：地位、权力、财富、友谊、爱情、责任、事业……不断捡拾，于是行囊便渐渐被装满。然后，背负太多，沉重得让前进的阻力越来越大，迈步的表情越来越痛苦，快乐也就渐渐地消失了。

人生而无物，本来就该怀着满足。但当被给予了其一后，自然而然就想拥有其二。如此发展到最后，就形成了一种可怕的贪欲：只要自己没有的，就是好的，就一定想要。当欲望之火被点燃后，烦恼就来敲击心门了；当贪求更多时，痛苦便来缠身了。

从前，在一个百万富翁的隔壁，住着一对磨豆腐的小两口。曾有谚语说，人生三大苦，打铁撑船磨豆腐。但磨豆腐的小夫妇却乐在其中，一天到晚歌声笑声，传到百万富翁的家里。

百万富翁的夫人一时间便感到失落万分，对丈夫说：“我们有这么多钱，怎么还不如隔壁家磨豆腐的小两口快乐呢？”

百万富翁说：“这有什么，我让他们明天就笑不出来。”

当天晚上，百万富翁隔着墙扔了一锭金元宝。第二天，磨豆腐的家里果然就鸦雀无声了。

原来，夫妇俩正在合计呢！他们捡到了“天下掉下来的”金元宝后，对着这“飞来之财”便想，磨豆腐这种又苦又累的活儿以后是不能再做了。可是，如果做生意，赔了怎么办？不做生意？总有坐吃山空的一天。丈夫心里还想，生意要是做大了，是该讨房小媳妇，还是该休了现在这个黄脸婆？妻子则在琢磨，早知道能坐等发财，当初就不该嫁给这磨豆腐的。

一寻思二琢磨，之前快乐的小两口现在谁也没有心思说笑了，烦恼已经开始占据他们的内心。更令小两口痛苦的是，下一个金元宝会什么时候“掉”下来呢？这样，就能想买什么就买什么了。

当我们苦恼的时候，应该想想实际上是因为我们拥有了太多的东西，这样便能释怀。难道不是吗？想一想，这样的现象在生活中应该不难见到：填饱肚子又求珍馐，娶了娇妻又求美妾，有了房舍又求华厦，谋得一职又求升官，得到千钱又求万金……宝贵的一生就在不断追求“拥有”中苦恼地度过。

然而，对于穷乡僻壤、困窘在山洼子里的孩子，拿到一本书、一支笔，就会激动的几夜难眠；拄着双拐的人们，如果有朝一日能够凭借自己的力量站起行走，哪怕只是一小步，也足以让他们心驰神往；干旱的花草仅仅需要一些水源，便能够继续绽放生命的美丽……这是一种简单而纯粹的要求，一旦获得，便拥有了无尽的甘甜。

拥有多少，到底有什么标准呢？正所谓“良田万顷，日食几何？华厦千间，夜眠几尺？”有钱人名下千金万土，但日夜畏惧、心难安稳。读书人知足常乐，以天下为己任，心怀众生。“一箪食，一瓢饮，在陋巷，人不堪其忧，回也不改其乐。”

最朴素的道理告诉我们：有用比拥有更有价值。就像那个在行驶的火车上掉了一只新鞋的老人，在众人皆惋惜的时候，把另一只鞋子也扔到了窗外。老人的解释是：“这一只鞋无论多么昂贵，对我而言已经没有用了；如果有谁能捡到一双鞋子，说不定他还能穿呢！”这看似的“失去”何尝不是另一种拥有？老人从中得到的内心快乐，又岂是用物质可以兑换？

所谓拥“有”，是有限有量；所谓空“无”，是无穷无尽。如能以“有用”的胸怀来顺应真理，以“有用”的财富顺应人间，让“因缘有”“共同有”来取代私有的狭隘，让“惜福有”“感恩有”来消除占有的偏执，如此，心灵的源泉便不会枯竭，快乐便汩汩而流。

外表简单一点，内涵就会更丰富一些；需求简单一点，心灵就会更宁静一些；环境简单一点，空间就会更广阔一些。人们既然能找个理由难过，就一定能找到方法快乐。也许，获致快乐最好的方法就是，珍视此时所拥有的，遗忘不属于自己的。

学会放手

“手把青秧插满田，低头便见水中天。心地清净方为道，退步原来是向前。”这是弥勒菩萨化身的布袋和尚看到农人插秧时所做的一首诗。农人手拿着青秧一步步往后退，退到田边，退到最后，就把所有的秧苗全部插好了。正因为倒退着插秧，才不至于踩坏秧苗，而迅速地插完。

有时，退让并不是完全的消极，如同放手并不等于失败。我们抓住不放的，未必就是最有价值的,心灵的重负也完全取决于一拿一放之间。不要拒绝五指张开的尝试,那一刻,就是打开井盖、融入天空的开始。

关于放手,有一个5分钱硬币和3万元古董花瓶的故事:

一位年轻妇人正在厨房里做饭,忽然听见从客厅里传来4岁儿子极度恐慌的声音:"妈妈,妈妈,快来呀!"

年轻妇人闻声便下意识地跑到了客厅,才发现原来儿子的手卡在了一个花瓶中无法脱出,因此痛得连声直叫。

她想帮儿子将手从花瓶中拉出来,可试来试去也无济于事。看着儿子脸上挂满了泪水,年轻妇人心疼至极,便找来一个锤子,小心翼翼地把花瓶敲破了。

费了很大的劲,儿子的手终于出来了。

这时,儿子紧紧攥成一个拳头,怎么也不松开的小手吓坏了年轻妇人。她想,难道是孩子的手在花瓶里卡得太久而变形了?

等她将儿子的拳头小心地掰开时,一面彻底松了口气,一面让她哭笑不得:孩子的手没事,他的小手心里紧紧攥着的,是一枚5分钱硬币——而那个刚刚被她敲碎的,是一个价值3万元的古董花瓶。

原来,淘气的儿子不小心将几枚硬币扔进了花瓶,便想把它们取出来。可由于紧紧攥住硬币的拳头大过了瓶口,于是就怎么也出不来了。

年轻妇人不由问儿子:"你怎么不放下硬币,把手松开呢?那样你的手就可以出来,妈妈也就不必打烂这个花瓶了。"

儿子只回答了一句话:"妈妈,花瓶那么深,我怕一松手,硬币就跑掉了。"

为一枚5分钱的硬币,砸烂了一个价值3万元的花瓶,这个故事听起来未免有些可笑。但唏嘘一笑之后,我们可曾意识到,这个发生在4岁孩子身上的故事,其实也普遍存在于你我之间?有多少人正是由于将手中的东西抓得太紧,最后导致了因小失大,甚至悲剧?这些人手中紧抓的"硬币",在他们看来都是十分重要的东西,比如利益、成就、权力、面子、学识……但也许从未有人帮他们点破:这些其实都只是那"5分钱",人生的"3万元"和更有价值的追求,应该是感知幸福的能力。这决定了我们是否能有一颗平静而快乐的心,以及和谐而广阔的生命。

想来,人们之所以紧抓"硬币"不愿松手,可能是因为害怕一旦放手,这些本来已属于自己的东西就再也没有了。但假若我们再往下想,这种害怕失去的心理其实是因为内心的不安而造成的,至少现在的快乐还并不是那么充盈。

然而,所有对生命有大悟的人都告诉我们:真正的幸福与快乐并不在于手中拥有多少外在的物质,而在于内心能够容纳多少高贵而美妙的思想。人的一生从某种角度来说,就是一种不断拥有和不断失去的过程。如同断奶的过程:

母乳喂养是维系两代人情感和生命的纽带，但每个人都必经的断奶，就是一种放弃，同时也标志着长大。

在经历过无数次的拥有与失去之后，才能意识到，获得幸福与快乐的关键并不是去无休止地追求什么，而是在适当的时候学会去放弃什么。上幼儿园、小学、中学、大学，后者总是对前者的放弃。我们需要不断放弃已经熟悉的环境、已经适应的生活，才能实现自身的成长。然后，还有更多奢侈的欲望、冗赘的负担和消极的思想，等着我们有一天能够真正放下。

放手并不是逃避与屈服，就如同划船时，船桨是往后划动才可以使得船舶向前行驶。退后，有时是为了更好地前进。那么，放手，就是退后中向前。

如今的吴小莉已经很少在荧屏上露面，作为一位曾名满天下的主持人，当被问及从台前到幕后的转变会不会产生失落感时，吴小莉这样回答：

"我退到幕后既是事业的需要，也是我个人的主动选择。从事管理工作当然少了很多观众的关注与追捧，可是我会找到另一种满足。虽然工作岗位有了变化，但当新闻大事发生时我其实仍然在场。我个人和我们的频道共同存在着，所以不会有失落感，而是换了另一种成就感。我主动选择这样的岗位是因为这样生活更规律些，可以调配出时间照顾我的家庭。"

在分秒必争、名利挂帅的当代社会，吴小莉用柔和的进退方式换得了轻松惬意的生活。放手之后，天地打开。或疏放挺秀或清幽淡雅，心灵与自然的共鸣便源源不断。

要想在人生的大风浪中驾驭好生命之舟，我们就应该像巴尔扎克所说"常常学船长的样子，在狂风暴雨之下把笨重的货物扔掉，以减轻船的重量"。请记得：一叶落，荒芜不了整个春天。于是，放心，放手，然后烦琐清零，回归简单，便心喜欢生。

放弃你对完美的幻想

俄国作家车尔尼雪夫斯基曾说："既然太阳上也有黑点，人世间的事情就更不可能没有缺陷。"也就是说，缺陷体现了有血有肉的真实与自然，反倒彰显了事物本身的魅力。

抱有完美的幻想，往往容易把简单的问题复杂化。最后只得沮丧、羞愧地承认自己达不到完美的标准，从而因受阻而感到无力与自卑。接受不完美的缺憾，才是客观和唯物的态度。如此，一切顺应规律，回归本初。

这个世界上所有的缺陷与遗憾都是"被上帝咬过一口的苹果"，这样的比喻是何等的新奇而幽默，又是怎样的善解人意。它来自于这样一位盲人的故事：

有一个从小就双目失明的孩子，一直为这一缺陷而倍感沮丧。他悲观地认为自己这两只“瞎了的”眼睛从一开始就是不完美的，且再也没有能力扭转。于是，他放弃了任何追求，浑浑噩噩地消度人生。

某日做梦，偶遇一位智者，开导他说：“世上每一个人都是被上帝咬过一口的苹果，都是有缺陷的人。有的人缺陷比较大，是因为上帝特别喜欢他的芬芳。”

盲人突然从梦中惊醒，恍然大悟，心情顿觉开朗起来。从此，他把失明看作是上帝对自己的特殊偏爱，振作起来，不断向命运挑战。后来，他成为一名远近闻名的优秀按摩师，为许多人解除了病痛。

人类历史上有太多的天才俊杰都“被上帝咬过一口”：失明的文学家弥尔顿，失聪的大音乐家贝多芬，不会说话的天才小提琴演奏家帕格尼尼。也许，由于上帝的特别喜爱，他们都被狠狠地“咬了一大口”。

其实，追求完美本身并无可厚非，我们可以把它视作一种浪漫的憧憬与希望，或是生活的一个过程和体验。但如果把浪漫凌驾于现实之上，把幻想寄托于现实之外，一味地追求某种超越人生现实的终极完美，那么，自我人生悲剧的序曲也就开始奏响了，接下来的生活必将在一种虚无的痛苦中凌迟自己的生命之躯。

我们生活的目的在于发现美、创造美、享受美。紧紧盯着完不成的极限、遥不可及的梦想，最后，只能抓狂在自己的苛求中，倍受折磨。君未见：

尼采想要和太阳一样，结果他疯了；

而断臂的维纳斯却流芳至今，正是“美中不足”成就了它的经典。

对于我们人类而言，提倡这种“美中不足”是符合自然规律的。从某种意义上讲，人是“没有完成”的动物。而未完成则是一种人生的常态，也是一种积极的心态。生活中有很多的遗憾和缺陷，如能以积极健康的心态来面对，也不失为人生的另一种完美。

曹雪芹写完《红楼梦》的第一稿后，万万没想到竟然不慎遗失，其遗憾之深足以让他悲痛欲绝。不得已，第二稿才得以问世，可最后留下来的也仅仅是前八十回而已。

舒伯特的交响曲《未完成》只有两个乐章，明显不同于一般至少有三到四个乐章的交响曲。后人一再试图续写，却终告失败。值得玩味的是，这“未完成”的曲子在古典音乐史上却比任何“完成”都被认为更接近完美。

由此，我们可以说：对完美抱有片面的幻想，便不免要走向狭隘。这不仅是对自己，也是对他人。因为当我们总是想着要做到最好的时候，也就不知道该如何下手了。或者犹豫不决，或者专注于细节而忽略全局，往往不能清晰地审辨自身所处的环境，极易忽略现实生存环境对自身的影响，从而使自己徘徊、挣扎于现实与理想之间而难以自拔，甚至沦丧。

另一方面，对凡事都有完美意识的人，往往也会要求他人他物达到自己心中拟定的理想标准。当这种要求不能达到时，便会产生痛苦和偏见，使自己孤立于超完美意识的藩篱之中，同样沉沦不拔。

我们应该认识到，一个人若真的达到“完美”了，从某种意义上说，便是一个可怜的人。因为他永远无法体会有所追求、有所希望的感受；也永远无法体会接收到别人带给他一直梦寐以求的东西时的喜悦。

正所谓“水至清则无鱼，人至察则无徒”。就像在文物鉴赏领域，有这样一个普遍而简单的道理：鉴别一件宝物是真品还是赝品，其中一点就要看它有没有瑕疵；真正天然形成的宝物或多或少都要有点遗憾之处，而非人工仿制的那样完美无缺。

事物的发展、演变都有其自然性和规律性，正如春光苦短，夏日暑长，秋季萧瑟，冬风凛冽，一年四季都会有遗憾。那么，在漫长的人生道路上，也不可能总是一马平川。正是有了沟沟坎坎、挫折打击这些“残缺”，我们到最后才可以说：“人最宝贵的是生命，生命对于每一个人只有一次。人的一生应当这样度过：当回首往事时，不因虚度年华而悔恨，也不因过去的碌碌无为而感到羞耻……”

人人都会有不足，生活中总会有缺憾。当你还执着于完美的追求而不肯放弃时，不妨想想“每个人都是被上帝咬了一口的苹果”这句话。不必对自己求全责备，心宽了，很多事情就简单了，生活也就变得明朗起来。希望下面这句话能够带给正在读此篇文章的你一种慰藉与鼓舞，每当纠结于自我内心而混乱时，默念，便会感到一种力量：

我拥有的就是最好的，因为这是我能得到的。

学会降低你的期望值

关于幸福感，经济学上有个简单而有意思的公式：幸福＝效率/期望值。

显而易见，商值的提高无非两种途径：增大分子，降低分母。首先，提高效率，究竟是能增加幸福感还是会使人变得更加紧张焦虑，这尚且处于争议之中；且这是个并非短时间内就能有所改善的“技术活”，所以我们在此就不予讨论了。

那么，降低期望值就显得是一个更为现实而有效的方法。因为，它仅仅涉及一个心态调整的过程。只要不奢求过多，可接受的范围就将扩充不少。

心理学对“期望值”有着这样两方面的定义：

期望值是指人们对自己的行为和努力能否导致所企求之结果的主观估计，即根据个体经验判断实现其目标可能性的大小。

期望值是指社会大众对处在某一社会地位、角色的个人或阶层所应当具有的道德水准和人生观、价值观的全部内涵的一种主观愿望。

同时，针对很多的烦恼，心理学家认为可以遵循以下一些方法去行事：

当期望值无法得到满足的时候，最有效也是最简便的一个技巧就是，降低你的期望值。通过提问，认真倾听自己内心最真实的声音，从而准确地掌握期望值中最为重要的部分，然后对其进行有效的排序。

由此可以看出，期望值这个底盘越大，幸福感的塔顶便越尖细——无论这种期望是对物质，还是精神。

在现实生活中，人们总是不断地设置一个又一个的期望“高地”，然后一个又一个地去攻克、去占领，以为这样便可以得到幸福。殊不知，习惯了不断提高期望值的思维后，当我们费尽心机地实现了这个目标，消除了一个烦恼后，很快，便又会产生新的、没有实现的目标，继而又会为此烦恼。如此反复，永无尽头。

从那个关于幸福的经济学公式来看，一个人体会幸福的感觉不仅与现实有关，还与自己的期望值紧密相连。如果期望值大于显示值，人们就会失望；反之，就会快乐。在同样的现实面前，由于期望值不一样，我们的心情和体会就会产生差异。

往往，一些过高的期望其实并不能给我们带来快乐，却反而一直左右着我们的生活：不满足于“蜗居”的现状，在寸土寸金的房地产时代为了一套宽敞豪华的寓所而拼命至死；身边有一个爱你的人还不够，非要在大千世界里苦苦追求那个你爱的人，才算是拥有了完美的婚姻；孩子择校时，区重点不行，非要享受到全市最好的教育，才有可能成为最有出息的人；努力工作以争取更高的社会地位和金钱，这样才能买高档商品，穿名贵皮革，跟上流行的大潮，永不落伍……如此如此。

可是，富裕奢华的生活是需要付出巨大代价的，而且并不能带给人相应的幸福感。如果我们降低对物质的需求，改变这种奢华的生活目标，就将会节省出更多的时间来充实自己。轻闲的生活会让人更加自信而果敢，懂得珍视人与人之间的情感，以提高生活质量。幸福、快乐、轻松就是简单生活追求的目标，这样的生活才更能让人体味到“原生态”的甘醇。

由此可以说，当我们对生活感到失望时，几乎都是因为对经历过的事情抱有太高的期望。我们把生活想象得应该是以某种特定的方式呈现，但凡和事先预想的不一样，就会感到沮丧万分。

其实，如果仔细回想一下曾经走过的路便不难发现，在自己整个的生命历程中，至少某些部分是合乎我们所期许的。人只有在不同条件、不同阶段中随时调整自己的目标、心态和期望，才不至于被日子所奴役。当我们试着把期望值降低时，即使事情最后没有达到预期的效果，也不会因此太过失望。

经历过生死的人往往都懂得幸福：

"非典"时期，很多人都写下"能活下去就是最大的幸福"的话语；

地震过后，从废墟中走出的孩子们只希望自己"能有根彩色的铅笔"。

我们一边在为他们的感恩和质朴而动容，但同时，也不禁会发出这样的感叹：难道非要到人的生命受到莫名的威胁或者生命的进程有了具体的时间表时，人们才会从忙碌与压力中挣脱出来吗？

降低期望值，就从这一刻开始吧。通过心理调节，使自己能够平静地对待目标，从而减轻或消除心理负担。在这个世界上所有获得幸福的途径中，这种方法的投入产出比也许是最高的。

但有一点需要注意的是，降低期望并不是让我们放弃认真地工作，懈怠于生活。这只是意味着，只要尽力而为了，就不必太在意结果是否合乎预期。因为，沉淀下来的生活才能让人体悟到生命的真谛所在，而这种沉淀就要求内心对周围一切的期望是简朴的。

的确，人生不同的结果起源于不同的心态。假如感到世界变得一片灰暗，那是因为你的内心不够阳光。只要降低一分期望，便会得到一分幸福。丢弃过高的要求，走近自己的内心，认真地体验生活、享受生活，我们就会发现，生活原本就是简单而富有乐趣的。

攀比多烦恼就多

禅宗第六代祖师慧能那首著名的偈语："菩提本无树，明镜亦非台。本来无一物，何处惹尘埃。"这是一种何等空灵透彻的人生境界。

也许在现实生活中，我们一时无法企及至如此层次，但至少应该参透"天下本无事"的道理，做到不要"庸人自扰之"。往往，烦恼就是给自己的捆绑。而解铃还须系铃人，能给自己心灵"松绑"的，也只有我们自己。

很多时候，我们的烦恼与忧虑都是自找的，不肯让自己放松下来，自己和自已较劲。就如同下面这个故事中的年轻男子一样：

一个年轻有为的男子已经有了令人羡慕的一切：能够从中获得成就感的事业、拥有健康身体的父母、温柔体贴的妻子……可他整日却心事重重，总说体会不到快乐的感觉。于是，男子毅然放下了手中的一切，四处去寻找解脱烦恼的秘诀。

有一天，他来到一个村落的山脚下。只见一望无边的稻田中，一位牧童骑在牛背上，吹着横笛。笛声悠扬，逍遥自在。

年轻人不禁走上前去询问："你看起来很快活，能教教我有什么方法能解脱烦恼吗？"

牧童欢快地说："来，和我一起骑在牛背上。笛子一吹，什么烦恼也没有了。"

这个年轻的男子试了试，心中仍然低沉郁闷。于是，他又继续寻找。

后来，男子来到一条河边，看见一位老翁坐在柳荫下，手持一根钓竿正在垂钓。老人神情怡然，自得其乐。

于是，男子走上前去鞠了一个躬："请问老翁，您能赐我解脱烦恼的办法吗？"

老翁看了他一眼，慢声慢气地说："来吧，孩子，跟我一起钓鱼，保管你没有烦恼。"

年轻男子又试了试，还是不怎么奏效。

无奈中，他只得再走下去，继续寻找。不久，他来到一个山洞里，看见洞内有一个老人独坐在洞中，脸上浮现出平和而安然的笑容。

年轻男子作了作揖，向老人说明来意。

长髯者微笑着摸摸胡须，问道："如此说来，你是来寻求解脱的？"

男子赶忙上前应和道："是啊。我已深受其苦，却一直久无良方。还望前辈不吝赐教啊！"

老人半晌不语，然后抬起头对男子笑笑："那么你跟我说说，是有谁捆住了你吗？"

"……没有。"

"既然没有人捆住你，又谈何解脱呢？"

确实，当我们在感慨被烦恼包围了的时候，也许从未曾细细想过，生活本来无意与我们作对，和我们过不去的一直是我们自己而已。所谓的烦恼，大都是人们无故寻愁觅恨，从而捆绑住手脚的无形网罩。事实上，生活中99%的烦恼其实都不会发生。

快乐的人前行，口袋里装的都是祝福；疲惫的人前行，口袋里装的都是烦怨。同样都是一条路走过来的人，只是快乐的人会把那些不必在意的庸扰丢掉，而疲惫的人却选择了捡起。这样的人生性过于敏感，以有思想、爱思考而自得；喜欢漫想，同时也喜欢把简单的事情想得过于复杂，让自己的心中盛满了太多本不应该有的东西。不知不觉中，烦庸淤杂的琐碎一圈一圈缠绕住了身心，直至把自己弄得动弹不得。这样的人生，活得何其劳累！

也许有人还不知道，文中开头提到的慧能禅师那首偈语的渊源，本是来自于第五代祖师遴选继承人时，一位神秀禅师所做的偈语："身是菩提树，心如明镜台。时时勤拂拭，莫使惹尘埃。"从更为现实的角度去看，也许这两句话对于生活中大多数性情中人来说更为合适，对于生活在熙熙攘攘、名来利往的现代社会中的人们更具有普遍的指导意义。

因为，作为一个在纷繁复杂的现代社会中不停奔波的普通人，虽然极其向往内心能达到无忧无愁、六根清净的人生境界，但即使是那些品质高尚、受到众人敬仰的人，其心灵深处同样也会或多或少地产生一些忧虑与消极的思想，由此给自己带来一些不必要的心理压力。

国画大师张大千先生有一缕长长的胡须。一次，朋友无意间开了一句玩笑，问他晚上睡觉时胡须怎么放。结果那天晚上，他彻夜失眠了，不知道把胡须放到哪里才好。

就像张先生事后自己回忆时说："平常都不会担心这方面的事，怎么一在意就出问题了？"

只不过，像张先生一样的"简单之人"在面对内心烦忧之时，能够及时予以反省并修正，以此获得自我的解脱与心灵的宁静。正如神秀禅师所说的"时时勤拂拭，莫使惹尘埃"。

如此说来，要想获得身心的轻松，并实现内心真正的愉悦与安详，关键在于我们怀着怎样的方式去思考，抱着怎样的心态去生活。九九归一，是一种返璞归真的卸载与清零。只有卸去诸如消极虚伪的思想、懦弱偏执的个性、自暴自弃的心态这些心灵包袱，并用善良的天性和积极的姿态去弥补某种空虚时，才能纯净而轻松地享受生活。当我们用内心的慈善、勇气、高尚和真诚等美好的品质取代压迫心灵的种种负担之时，也就等于给自己"松了绑"，同时，更是实现了身性的纯净和人格的升华。

要懂得人生减法

于丹曾说："人到三十岁以后，就应该开始学着用减法生活，也就是学会舍弃那些不是你心灵真正需要的东西。人的内心就像一栋新房子，刚搬进去时，都想着要把所有的家具和装饰摆在里面，结果到最后发现这个家被摆得像胡同一样，反而没有让自己能够落脚的舒服地方了，于是开始想着舍弃或丢弃一些不需要的东西……”

人的心灵如果被所得堆得太满，最后就会为其所累；唯有用减法，才可以平衡生活。当生活的旁枝末节被减得越多，生命的主干保留得也就越清晰。而我们迈向成功和成熟的可能性就会随之增大，拥有的快乐也会更多。

可以说，几乎每一个生活在现代社会中的人都有过这样的经历：

手机短信的收件箱满了，屏幕上方的那个邮件小标识一闪一闪的，似乎在提示着机主必须删除一些收件箱的短信，才有空间接收新来的下一条。

其实，从某种意义上讲，世间万物都是有限的，包括那“比海宽比天广”的人心。只进不出，早晚有塞不进去的时候；只加不减，也早晚会有被彻底压垮的一刻。人生之初，生命本身就是对“我”这个个体的一种“加法”，然后便源源不断：生理的满足、物质的享乐、人情的温暖、业绩的肯定。再后来，这加法的速度做得越来越快，情形也越来越急：多加份薪水，多加些成就，多几个朋友，多几分幸运……可谓多多益善。

于是，我们开始畏惧和害怕，谈“减”色变，患得患失。友情的失去、生意的亏损，都会让我们沮丧，让我们畏缩。于是，人们便死死抱着这样一种态度，守着这样一条底线：拒绝做减法。

不懂得做减法的人，整日被太多的欲望缠身，最终无法享受到生活的轻松。只想着用加法获取更多的人，到头来却失去了心灵的轻松和快乐。在人生的道路上，如果想要感受到心灵的轻松，就要使自己的生活更加简单与宁静，这时就需要我们学会在人生各个阶段，定期卸下包袱，随时寻找减轻负担的方法。

每天早晨，和大多数人一样，我们背着过去的包袱出门，直到入眠方休；到了第二天早晨，又再度背起昨天的包袱……就这样，生命越往前走，我们发现身上的包袱和负担就越重。这是因为，我们把每一个过去的昨天都放在背包里，把每一个阶段的是非、得失都扛在了肩头，如此，道路只会越走越沉。

一个青年因终日郁郁寡欢，便想求教一个悟道之解。他背着一个大包裹，千里迢迢地跑来找慧能大师。他说：“大师，我是那样的孤独、痛苦和寂寞。长期的跋涉使我疲倦到极点；我的鞋子破了，双脚被荆棘割伤了，手也流血不止，嗓子因为长久的呼喊而喑哑……”

大师看着他肩上背的大包裹，问：“孩子，你的大包裹里装的是什么？”

青年说：“它对我来说简直太重要了！里面是我每一次跌倒时的痛苦，每一次受伤后的哭泣，每一次孤寂时的烦恼……靠了它，我才能走到您这儿来。”

慧能大师没有直接对青年的话做出任何评判，只带着他来到河边，并坐船过了河。

上岸后，大师说："现在，你把船扛起来赶路吧！"

"什么，扛了船赶路？"青年很惊讶，"它那么沉，我能扛得动吗？"

"是的，孩子，你扛不动它。"大师微微一笑，说："过河时，船是有用的；但过了河，我们就要放下船赶路。否则，它会变成我们的包袱。痛苦、孤独、寂寞、灾难、眼泪，这些对人生都是有用的，它能使生命得到升华；但须臾不忘，就成了人生的包袱。放下它吧！孩子，生命不能太负重了。"

青年如醍醐灌顶，恍然大悟。他放下包袱继续赶路，发觉自己心情愉悦，步子也比以前轻快了许多。原来，生命是可以不必如此沉重的——只要敢于"减下"负担。

在一直行进的道路上，我们是否意识到自己肩上那有形或无形的"背包"？我们的背上又扛了多少不必要的包袱？比如过去的失败和曾经做过的错事，又比如得了第二要争第一，好了还想更好的"上进心"……这些是不是一直在不断地"加"进了"背包"里，而我们是不是又一直在扛着越来越重的包袱前进？

那么，你准备还要扛多久？

德川家康说过："人生不过是一场带着行李的旅行，我们只能不断向前走，并且沿途不断抛弃沉重的包袱。"如果希望人生旅程是快乐的，就要尽快放下身上的包袱，丢弃那些多余的负担，减掉那些"不值得"背负的东西。天使之所以能够飞翔，是因为她有轻盈的翅膀；当给翅膀附带上了过多额外的重量时，她也就不能再飞向更远的地方了。

也许人生就是如此，当我们在某一方面拥有太多的时候，在另一方面可能就要付出相应的代价；当准备放弃某一方面时，往往冥冥中就已经注定了在另一方面将有所收获。人生最大的遗憾在于：轻易放弃了不该放弃的，却固执地坚持不该坚持的。

所以，从整个生命历程的长远角度来看，真正有益的事情并不是获取更多，而是有选择地剔除掉那些多余冗繁的事物。去冗除繁，是用减法生活的一种体现，也是一种人生的成长方式。同时，只有那些真正体验过人生百味的人，才会拥有这样洒脱而成熟的智慧。如此，我们的内心将会因为外在冗繁的减除而实现真正的丰盈。

清空你的心灵

众所周知，电脑系统中专门配置了"回收站"，用来收集那些已删除的垃圾文件。连接网络的电脑每天都会产生成百上千兆的垃圾信息，必须定期清空，否则就会影响电脑的运行速度。

而在每一个人的心灵深处，也都有一个“回收站”，同样被装载了很多“垃圾信息”。只有定期清空，才不至于让这些“垃圾”填满心灵、危害身心，进而吞噬灵魂。“CPU”的回收站清空了，才会使整个身心系统运行畅快，空间旷达而明丽。

一个年纪轻轻的男子事业初成，被所有人赞誉为“进取向上”。可他自己却感到生活越来越沉重，心脏的负荷越来越大。于是，便千里迢迢来见智者，寻求解脱之法。

智者给男子一个篓子，让他背在肩上，并指着一条沙砾路说：“沿着这条路，你每走一步就捡一块石头放进去。回来后告诉我有什么感觉。”

过了一会儿，男子走到了头，对智者说：“我每走一步就觉得后背的分量又重了一点，这使得我不得不把腰又往下弯了一截，感到心脏越来越憋得慌。”

智者笑笑，对年轻男子说：“其实，你自己已经回答了你为什么感觉生活越来越沉重的原因。当我们来到这个世界上时，每个人都背着一个空篓子。随后，我们每走一步都要从生命的旅途中捡一样东西放进去，所以才有了越来越累的感觉。”

为什么现在的人们都会感到活得是那么疲累，甚至发出“快要崩溃”的呐喊？想来，就像这个年轻男子一样，在不断“追求”和“进取”的过程中，遭遇困境、嫉妒、争夺，由此产生了许多“成功”的“附属品”：抱怨、怀疑、消极……它们像垃圾一样，被丢到每一个人心灵深处的某个角落。

诚然，生活的压力、工作的竞争的确会让人经常处于紧张状态：然而夜深人静，当我们审视自己内心的时候，却不得不承认，我们心灵的回收站里已经装载了太多的“垃圾信息”。所有的欲望汇聚成一片汪洋，我们的心灵便在其中载沉载浮，无法自拔。如此，我们生活的“系统”怎能不被痛苦和焦虑的“病毒”攻击至瘫痪呢？

或许，我们也会逐渐意识到一些陈芝麻烂谷子的过期“文件”对自己是个祸害，所以就把它们归放在心底某一角落的“回收站”，搁置不理。以为这样就已经把它们丢到了脑后，为心灵腾出了空间。

然而，很多人都会有这样的体会：每隔一段时间，无名的抑郁与困扰总会萦绕于心，产生一种说不出的烦躁和焦虑。要知道，冰冻三尺，非一日之寒。种种不良的情绪并非单单由某件事情一时引起的，而是由很多愁思长时间堆积而成的。

有时候，一件突发的事情并不至于令我们怒发冲冠、暴跳如雷；但如果在这件突发事情之前，已经有许多不快积压于心，这便成了定时炸弹，一触即发。其实，每个人都不想把事态弄得如此复杂，更不想让自己如此没有风度，但沉默的火山一旦爆发，便一发而不可收。

这就如同生活中的垃圾，如果每天下楼时不顺手带下去的话，房间就无法保持干净整洁，空气也就不再清新。更可气的是，它们会时常跳蹿出来，重新浮现在我们脑海之中，让我们如牛反刍，流汤化脓，腐蚀着心灵。

她生性怀旧，细腻而敏感，总喜欢收藏生活中的点点滴滴。结果泥沙俱下，日积月累，从第一根杂草到丛生的荒芜，以至于艰于呼吸，难于视听，颇有不堪重负的感觉。

每当此时，亲朋好友便总会开导她，不能让自己总纠缠在昨天的回忆中，应该走出并清空心灵的阴影，去涉足那清新奔流的小溪，活出一份新鲜与明丽。

后来她发现，当一个人真能清除烦恼和痛苦，记住快乐和幸福时，便会突然感到原来人可以活得这样轻松、这样自在、这样潇洒；生命的美丽和精彩是这样简单而朴素。

当我们乘上时代快车的那一刻开始，就注定了要面临机遇与竞争压力并存的局面。在人生取得一个又一个“辉煌”的同时，倦怠而失意的情绪也接踵而至。孤独寂寞、憋闷疲惫，如果所有这些负面情绪不能得到及时有效地发泄与排解，日积月累，就有可能导致“死机”甚至“系统崩溃”。

当然，我们完全可以把经验、关怀、友谊、爱情等都存放在心灵中“我的文档”里，但同时也要懂得“清空”。敢于清空是一种智慧：清空个人的恩怨，可以获得平和的心态和融洽的人际关系；清空伤害带来的阴影，可以摆脱恐惧和烦恼的纠缠；清空曾经成功的沾沾自喜，可以永远保持进取的姿态。只有让心灵“回收站”里保持清爽，我们才会轻松和洁净，才会不为世事所累，不让名利缠身。

因此，时常用个人独有的“优化大师”清理一下“信息垃圾”，对心灵的回收站做一次彻底的清空，无疑是让我们心理扩容的最好方法。这个“优化大师”，可以是我的“平常心”，也可以是你的“归零欲”，亦可以是他的“空杯态”。只要能让整个身心系统运行畅快，旷达而明丽的，就是属于你自己最好的优化工具和优化频率。

如此，心灵便能重新拥有本来的空间，去容纳一些快乐的事情，让我们有更多的精力和更新鲜的活力去做好分内的事情。

学会让自己停下来

有位哲人曾经说:“当我们正在为生活疲于奔命的时候,生活已经离我们而去。”匆忙的人生列车不可能一直都奔跑下去,只有在中途刹车停下来,适时补充给养,才能更有动力地朝着下一阶段的目标前进。

衡量一辆车的等级优劣,最重要的条件之一就是看它的制动系统。所谓“制动”,有“制”才有动。如同在漫长的人生旅途中,只有懂得并擅于“刹车”的人,才有最大的可能实现长远的目标。

几年前,他的电脑里新装了一款游戏“极品飞车”。真实的场景、方便的操作,玩起来很是上手。尤其是极速行驶时,车“飞”起来的刺激更是让他沉迷。

玩游戏时,他不断加速、加速,两旁的建筑物飞似地后退,他完全沉浸于飞驰的刺激当中。不好,前方突然有个急弯,由于车速太快而来不及转弯,车撞上了路旁的建筑。在他调整车身时,后边的车手从身边疾驰而过,瞬间便消失了踪影。所以,他虽然极喜欢这款游戏,却一直没有获得过游戏中的名次——在享受疾驰乐趣的时候因为突然出现的急弯使车倾翻,浪费了时间,使他远远地落在最后。

他的舍友也玩飞车,同样的弯道,舍友却能自如地穿过。

问及原因,舍友很不在意地说:“你刹车啊。”

的确,如此简单的一个道理,他却需要别人的提醒:刹车减速不就可以很容易地转过那个急弯了吗?转过弯后再加速,没有了调整车身的麻烦,不知节省了多少时间。如此,跑第一也就没那么难了。

几乎在所有驾车教练的口中,刹车都是最基本、最简单,但也是最重要的原则。开快车的感觉的确会很刺激,但关键是提速之后的处理:怎样保证在最紧急的时候能够刹住车?更进一步来说,我们如何保证不会失控?

想要跑得快,首先要学会能够及时地停车,才不用担心因为车速过高而出现车毁人亡的后果,才可以放开手脚地去奔驰。开车时,一个懂得随时准备好刹车的人才算得上是一名好司机。如果当看到危险后才开始刹车,往往为时已晚。这就像热播过的电视连续剧《奋斗》中,徐志森教陆涛开车的场景。

徐志森对陆涛说:“你只要记得,遇到状况,就踩刹车。”

当陆涛终于把车撞上路牌的时候,徐志森淡定地说:“你看到了吧,不刹车就会失控,而失控是最坏的情况,因为没有人知道失控后会发生什么。”

在跑长途路时,老司机都知道有这样一个重要法则:要不定期地踩一脚刹车，一是为了防止车速过快而来不及处理紧急情况，另一方面，也是为了时刻把握刹车的灵性。也就是说，一味地加速再加速，是要担负着最终让刹车失灵的极大风险。而在平日的行驶中，也要适时地停下来看一看车子的各个部件是否完好，性能是否优良；除此之外，还要定期给车子清洗、保养、抛光、打蜡等，以延长车子的寿命。

从某种意义上来讲，人和车一样，也是一台机器。长时间不停地奔跑，对于车来说会出现抛锚的损害，而对于人，也许后果就会更加严重。在现实生活中，工作、应酬、发财、名利……为了实现一个又一个的目标，满足一个又一个的欲望，我们每天都在这条"人生"的道路上匆忙地奔跑着，从未停止过，纵然身心疲惫，伤痕累累。岂知我们这台机器也有倦怠、抛锚的时候，也需要我们能够及时"刹车"，抖落尘埃，修复创伤，恢复元气，看看前方的路是否能继续走得通。

在行车中学会刹车犹如在生活中学会自控，行车失控犹如行为失控、感情失控、精神失控，都会给我们带来很大的祸患。学会刹车，才能安心上路；学会自控，才能安心生活。而这种自控，便是一种懂得停止归零，从而重新起步加速的艺术。

及时调整自己

前中国国家女子排球队主教练陈忠和说过："在球场上，碰到传手不稳、守备疏忽的情况，我就会叫暂停，以求安定军心，鼓舞士气；遇到阵脚混乱，频频失分时，我也要叫暂停，为的是指导战略，稳定情绪。"

在人生的战场上，如果我们一时遭到节节挫败，感到力不从心的时候，也不妨叫一次暂停。让自己享受可贵的宁静，整理杂乱的思维，重新计划。这是一种技巧，一种缓冲，在给我们带来休整的同时，也重拾欣赏的眼光，以便更好地前进。这短暂的暂停在漫长的人生中简直是萤尺之时，却可能让我们扭转颓废，重整旗鼓，再度出击。

很多时候，我们总是不甘落后、不甘平庸，总在更新着理想，更新着目标。不断更新的理想和来不及实现的现实间总有一段距离，这让我们觉得落后和恐慌，让我们一刻也无法放松。我们总生活在理想中的未来，而非现在。所以，只有奋力地奔跑、再奋力地追赶。

原来，我们很少想到自己已经拥有的，却常常看到尚未得到的。于是，没有的就成了理想——我们的理想就是这样被制造出来的。因为有理想，所以必须不断追赶；因为有理想，所以对现在总是不满；因为有理想，所以把现在过得很不理想。

丽红从参加工作后，就一直是个“拼命三郎”：在杂志社做编辑时，因为大出血而住院。可就在卧床休息的二十天里，她仍然在床上不分昼夜地赶稿子。后来在某集团工作时，因为太多的加班熬夜，竟然在副总裁面前汇报工作时当场“失声”。外派工作时，她白天走访市场，晚上熬夜赶写报告，竟然在周一早晨给员工训话时晕倒在众人面前。她要处理太多的突发事件、公关事件，时时应酬，顿顿喝酒，最后竟喝到不能起床，喝到阑尾炎发作还没有时间去做手术。丽红就像在跑步机上行走的人，从来不曾停歇过，总是脚步匆匆、马不停蹄。

终于有一天，生命的传送带还在继续运转，而前进的齿轮却坏了——她彻底崩溃了——同时，也终于有机会停了下来。

在长时间休养的日子里，丽红发现，她离开了原杂志社，杂志社照样存在；离开了原集团公司，公司照样在赚钱；离开了那些老下级，他们也各自活得很精彩。现在，就只剩下她自己，没有把自己照顾好，成了朋友关注、家人揪心的对象。

于是，她拿出封存了十几年的私人日记本，写下了这样的话：

“是的，我该停一停了，把背上的包袱放一放，好好地喘一口气。把急行军的步伐放缓一下，去呼吸一下负氧离子，看一看风景。让世上的纷纷扰扰暂时归于平静安宁，让惊乱繁杂的生活从今天开始归于简单平淡……我终于明白，人生的遥控器其实就掌握在自己的手中，在我40岁时，把‘人生遥控器’果断地中止了快进键，按下了暂停键。”

我们应该辩证地看到，忙碌有时候的确是一种幸福，只要能清醒地知道忙碌的意义；清闲有时候也是一种境界，只要不会为此而麻木。生活中有太多的波折，当我们在遇到挫折时，何必要选择“重启”呢？按下“暂停”键，思考一下，也许问题就会迎刃而解。

暂停不是原地踏步、得过且过，而是坐下沉思，反省自身；暂停也并非停滞不前、坐以待毙，而是调整方向，重新计划；暂停亦不是精神颓靡、自暴自弃，而是一种蓄势待发，广采众家精华，再起斗志。

也许，在我们过去平凡的生活中，还没有触摸到生命的本质。如若有一天，当生命最真实的状态展现在眼前时，我们就有可能得到新的领悟。

杰克已经是一位功成名就的商人了，但他仍想扩展商业版图，把生意做到地球的另一边。

就在前往西岸的考察途中，他和同事一行十数人突遇灾祸，被困在太平洋中。他们毫无希望地在大海中漂流了长达一个月之久，最后竟奇迹般地获救。

回来后，杰克好像变了一个人：缩小了自己的贸易公司，开办起一家养老院。每天和老人在太阳底下喝咖啡、聊天，唱歌、下棋，笑声不断。

周围人都惊讶于杰克如此巨大的改变，当被问及原因时，他回答说："自从那次海上遇难后，我学到了人生中最重要的一课，那就是：如果你有足够的新鲜水源可以喝，有足够的食物可以吃，就绝不要再奢求任何事情。"

的确，我们其实已经拥有了很多，却仍然在不断追赶着自己欠缺的。所以，得到越多就越发停不下来，向前追逐的路永无尽头。这时我们就需要一种暂停的勇气，不仅让身体得到休息，更重要的是让心灵得以卸载。

人生就像一场旅行，沿途的风景以及看风景的心情远胜于目的地的达成。在人生的旅途上，别忘了暂时停下来驻足片刻，欣赏一下路边绽放的美丽。生活的意义不在于忙碌后的结果，而在于实现梦想的过程。在努力打拼的同时，别忘了学会随时暂停，学会享受生活。或许，幸福的生活正在后面奋力地追赶着我们，只要暂时停一停，它自然就会与我们会合。

认清那些困扰你的事

"再回头看一遍那些曾经无比困扰过我们的事，就会发现竟然没有一件不是琐碎的小事。"这是著名成功学大师卡耐基对他的学员们所说的话。

如果现在重新审视那些曾经让我们头痛不堪、烦扰无比的"过不去的坎儿"，就会发现占据了我们内心大部分空间的，几乎有99%都是像跳蚤一样琐碎的小事。它们的危害就在于虽不致死，却带来了无数肮脏的垃圾，困扰并腐蚀着心灵。

那么，我们现在正在面临的一些"天大的"困扰也是一样，在一段时间以后，也会变得是那么微不足道。

有一位中年农夫，时常感到生活的枯燥和困苦，便上山找到一位禅师，哭诉道："禅师，几十年了，我一直没有感到生活中有丝毫的快乐…房子太小、孩子太多、妻子性格暴躁……您说我应该怎么办啊？"

禅师想了想，问他："你们家有牛吗？"

"有。"农夫点了点头。

"你回去后，把牛赶进屋子里来饲养。"

虽然农夫有些丈二和尚摸不着头脑，但他很虔诚地听从了禅师的指导。可一个星期后，农夫又来找禅师诉说自己的不幸。

禅师问他："你们家有羊吗？"

农夫说："有。"

“那就把它放到屋子里饲养吧。”

可这些丝毫都没有扭转农夫的苦恼。于是他又找到禅师。禅师问他：“你们家有鸡吗？”

“有啊，并且不止一只呢。”

“那就把你所有的鸡都带进屋子里去养。”

从此以后，农夫的屋子里便有了七八个孩子的哭声、太太的呵斥声、一头牛、两只羊、十多只鸡。三天后，农夫就受不了了。他再度来找禅师，请他帮忙。

“把牛、羊、鸡全都赶到外面去吧！”禅师说。

第二天，农夫来看禅师，兴奋地说：“太好了，我家变得又宽又大，还很安静。我感到从未有过的愉快啊！”

事实上，农夫的日子与以前相比没有丝毫的改变，但从此以后他却感到生活中处处充满了乐趣。也就是说，原来在农夫看来“道高一尺”的烦扰，比起后来“魔高一丈”的骚乱，简直是可以忽略不计了。

如此看来，我们就要学会经常重新审视一下那些困扰着自己的事情，到底有多少危急的成分是值得我们真正担心焦虑的。不要身陷于眼前的状况，那样很容易就会把事实的本质无限扩大，给自己徒增枷锁。

生活的实例告诉我们，快乐和烦恼是一对孪生兄弟，就像硬币的两面。选择了烦恼，就只能成为痛苦的奴隶；若翻转一面，即可拥有快乐的翅膀。真正的快乐是一种心境，是一种为营造和保持良好心境而做出的正确选择。

曾经，科学家对人的忧虑进行过科学的量化统计。结果发现，几乎100%的忧虑是毫无必要的。统计显示，40%的忧虑是关于未来的事情，30%的忧虑是关于过去的事情，22%的忧虑是来自微不足道的小事，4%的忧虑是来自我们改变不了的事实；剩下的4%的忧虑是来自那些我们正在做着的事情。

快乐是自找的，困扰也是自找的。所以，每当唉声叹气、忧心忡忡的时候，不妨把我们烦恼忧愁的具体事件写下来，然后按照上述科学家的发现为自己的困扰归类，看看它是属于哪一个部分里的。最后很可能连我们自己都感到可笑而费解：当时为什么会被这样的事折磨得死去活来？真是没有必要。

这是一件发生在第二次世界大战时期真实而富有戏剧性的事情，讲述者正是故事的主人公罗勃·魔尔。

1945年3月，我在中南半岛附近276英尺深的海下，学到了一生中最重要的一课。

当时，我正在一艘潜水艇上。我们从雷达发现一支日军舰队——一艘驱逐护航舰、一艘油轮和一艘布雷舰——朝我们这边开来。我们发射了三枚鱼雷，都没有击中。

突然，那艘布雷舰冲着我们直愣愣地开来（一架日本飞机，把我们的位置用无线电通知了它）。我们潜到了150英尺深的地方，以免被它侦察到，同时做好了应付深水炸弹的准备。同时还关闭了整个冷却系统和所有的发电机器。

3分钟后，天崩地裂。六枚深水炸弹在四周炸开，把我们直压海底——276英尺的地方。深水炸弹不停地投下，整整15个小时，有十几、二十个就在离我们五十英尺左右的地方爆炸——若深水炸弹距离潜水艇不到17英尺的话，潜艇就会炸出一个洞来。

当时，我们奉命静躺在自己的床上，保持镇定。我吓得无法呼吸，不停地对自己说：这下死定了……潜水艇里的温度几乎有100多度，可我却个自得全身发冷，一阵阵直冒冷汗。

15个小时后，攻击停止了，显然那艘布雷船用光了所有的炸弹后开走了。而这15个小时，在我感觉好像有1500万年。我过去的生活在眼前一一出现，我记起了做过的所有坏事和曾经担心过的一些很无聊的小事：我曾担忧过，没有钱买自己的房子，没有钱买车，没有钱给妻子买好衣服。下班回家，常常和妻子为一点芝麻事而吵架。我还为自己额头上一个小疤——一次车祸留下的伤痕发过愁。

多年之前那些令人发愁的事，在深水炸弹威胁生命时，显得是那么荒谬、渺小。我对自己发誓，如果我还有机会再看到太阳和星星的话，我永远不会再忧愁了。

在那15个小时里，我从生活中学到的，比我在大学念四年书学到的还要多得多。

在重新审视过那些困扰过我们的事情后，会惊奇地发现一个“怪象”：人们往往都能很勇敢地面对生活中那些偌大的危机，却常常被一些琐碎的小事搞得垂头丧气。如此而言，当我们再次被所遇到的“困境”搅得团团转的时候，请静下心来告诉自己这样一个事实：生命太短促——眼下的这件事真的值得我丢不开放不下吗？

这样，我们的心灵空间就会腾出不少地方，恢复它本应有的空旷和达观。没有了一个个“小跳蚤”的骚扰，内心世界自然就会变得清静。在重新翻过一遍土的田地上，无论是开的花还是结的果，都将是纯美而健硕的。

你不可能让每个人都满意

经典励志书《秘密》的作者在揭示生命中的磁石时说：“对于你来说，没有什么限制，除非是你自己强加给自己。你就像鸟儿一样，你的思想可以从任何障碍物上飞过，除非你将限制加之于上而束缚它们，或囚禁它们，或剪断它们的翅膀。”

这种限制就是众人之口。让每个人都满意，显然是不符合客观规律的。一是由于个体的差异性，所谓众口难调；另外，自身的局限性也决定了我们的不完美。如此，只有顺应了自然规律，才不至于在迷失自我的泥沼中团团旋转，疲惫不堪。

如果不根据自己的实际情况，具体问题具体分析，而一味地迎合不同人的不同意见，最终只会落得竹篮打水一场空的结果，就像这个故事中的农夫：

一位农夫带着他的小儿子，赶着一头驴到邻村的集市上去卖。

没走多远，就看见不远处有三五个女孩聚在一起，对他们指指点点。一个姑娘大声说：“嘿，快瞧，还有这样的傻瓜，有驴子不骑，宁愿自己走路。”农夫听到这话，立刻让儿子骑上驴，自己高兴地在后面跟着走。

不久，他们又遇见一群老人。只见这些人正在激烈地争执：“喏，你们看见了吗，如今的老人真是可怜。让懒惰的孩子骑着驴，自己都这把岁数了，却在地上走。”农夫听见这话，连忙叫儿子下来，自己骑上去。

走了一半的路程时，路边有一群妇女和孩子，七嘴八舌地对他们喊着：“嘿，你这个狠心的老家伙！怎么能自己骑着驴，让可怜的孩子跟着走呢？”农夫闻声，赶紧叫儿子上来，和他一同骑在驴的背上。

快到市场时，一个城里人对身边的人说道：“哟，瞧这驴多惨啊，竟然驮着两个人，真怀疑这是不是他们自己的驴。”另一个人插嘴说：“哦，谁能想到他们这么骑驴啊！依我看，不如两个人驮着驴子走。”农夫和儿子又急忙跳下来，用绳子捆上驴的四条腿，找了一根棍子把驴抬了起来。

就这样几经更换，这对父子卖力地抬着驴走向集市。在通过闹市入口的小桥时，又引起了桥头上一群人的哄笑。驴子受了惊吓，挣脱了捆绑撒腿就跑，不想却失足落入了河中。

农夫最终又恼怒又羞愧地空手而归。

如此把这样的故事讲出来，似乎十分可笑。然而，这种任由别人支配自己行为的事情并非只在故事里出现。生活中我们常常因为别人的不满意而烦恼不已，费尽心思迎合每一个人。他人要求怎么做就怎么做，谁抗议就听谁的。我们小心翼翼过活，唯恐有一个人不满意。但结果还是会有人不满意，所以我们为此又开始劳心伤神。

希望拥有和谐的人际关系，希望在这个社会中如鱼得水，这几乎是所有人的愿望。但我们不可能让每一个人都满意，不可能让每一个人都对我们展露笑容。通常的情况是，我们以为自己照顾到了每一个人的感受，可还是有人不满，甚至根本不领情。原因就在于，世界之大社会之杂，各人的价值观念不同，每个人的利益也非一致，如此，立场与感受自然也就不同。面面俱到是不可能，也是不需要的。

其实我们应该认识到，众口难调本就是人类的自然属性。美国著名心理学家马斯洛认为，每个人都有归属和自尊的需要。表现在每一个体身上，就是希望自己能得到别人的认可，希望别人能给自己肯定和积极的论述。如此看来，在乎别人对自我的评价，也是件很正常的事。

关键在于，是把他人的意见当成参考的佐证，还是为了获得满意而“三易其道”。知道自己的路，明辨所追求的目标，笃定地踏实每一步。也正是因为这种简单的坚持，才使得心无杂念，思想空灵，一切变得简单而易行。

古今中外对此早有论断，并且存有某种默契的一致：

西方文艺说：一千个读者眼中就有一千个哈姆雷特；

东方民俗言：萝卜青菜，各有所爱。

我们或者委曲求全，或者甘于现状，或者平凡如己，或者胸怀天下——但总会遇到一点不可改变的是：因为承担着“白菜”的角色，势必会或多或少地遭到“萝卜们”的不满。变成萝卜吗？不可能，也没有那个必要。

由此想到一句网络谐语：“治一种病的药是好药；治多种病的药是止痛片；包治百病的药是假药；药到病除的是毒药。”这话说得也许过于极端，但也可以从另一侧面说明一个道理：凡事做到百分之百的“一边倒”，就假了。也就不简单了，就劳神费心了，就不轻松了，也就抑郁沉闷了。

所以，当众口难调时，别忙着改变自己，附和他人的口味。重要的是，要活得认真，做得真实。坚持自己的“按本色做人，按角色做事”。按照事情发展的本来面目，简简单单走好自己的路，才能爽爽朗朗收获自己的快乐。

一无所有也坦然

一无所有是一种财富，它让人产生改变命运的激情；一无所有也是一种资本，让我们拥有了无牵挂、轻装上阵的心态。当环境把你逼到了一无所有的境地，不要怕，这是一种“恩宠”，实际上就相当于给了你一把挖掘宝藏的锄头。

一位大师让三个徒弟上山砍柴。临出门前，给大徒弟带上了一把伞，以防天气有变；给二徒弟了一根拐杖，告诉他山路不好走时可以用的上；而最小的徒弟却从师父那里什么也没有得到。

小徒弟不免伤心噘嘴，小声嘀咕说：“我最小，本该受到最多的照顾，可师父却这样对我……”

大师早就看出了小徒弟的心理，却含笑不语，只让三个徒弟赶紧上路。

傍晚时分，三个徒弟纷纷归来，都背回了两大捆柴。但大徒弟却被中午开始下的雨淋得浑身湿透；二徒弟跌得满身是伤；唯独小徒弟却安然无恙。

大师把三个人叫到了一起，三人见面后对彼此的结局都感到颇为诧异，不禁说出了各自的情况。拿伞的大徒弟说：“当天空开始飘起零星小雨时，我因为有伞，就大胆地在雨中走；可当雨下大的时候，我却没有地方也腾不出手来撑伞了，所以被淋得湿透了。但当我走在泥泞坎坷的路上时，我知道自己手里没有拐杖，所以走得非常仔细，专挑平稳的地方走，所以竟没摔一个跟头。”

接着，带着拐杖的二徒弟说：“我正因为自己带了拐杖，所以当走到沟沟坎坎的地方时，便毫不在意，没想到竟连连跌跤。但是，当大雨来临的时候，我知道自己没带伞，所以尽量拣着那些能躲雨的地方走，身上自然也就没有怎么被淋湿。”

这时候，小徒弟似乎明白了师父的用意，有些激动地说：“我知道你们为什么拿伞的被淋湿了，带拐杖的跌伤了，而我却安然无恙的原因了！当大雨来时我躲着走，路不好走的地方我便格外小心，所以我既没淋湿也没有跌伤。”

大师仍然像刚出发时一样，慈爱地看着小徒弟，又转向大徒弟和二徒弟，对他们说：“你们的失误就在于，你们有了自认为可以依赖的优势，便觉得少了忧患。”

许多时候，我们并不是跌倒在自己的弱项上，而是在自以为有优势、绝不会出任何问题的地方出了差错。往往，弱项和缺陷能让人保持足够的警醒，而优势则容易让人忘乎所以。在困境之中，大多数人都会下意识地千方百计寻找救命稻草。然而，心理上的依赖情结越是严重，做起事来就越会马虎。更严重的是，也许困难最终得到了解决，可我们自己却从中没有学会任何面对困难、解决问题的经验，从而在依赖中错失了一次有助于成长的好机会。可以说，拥有的东西越多，顾虑越大。相反，若一无所有，反而倒什么都能豁得出去了。

拥有的东西越多，开创新的事业时需要放弃的东西就越多，不少人就难以割舍，从而空幻想一场。“一张白纸”是一种格外的“恩宠”，因为我们会发现，这种轻装上阵的心态本身就是一笔宝贵的财富。

记者在以色列采访时，从外交官到商贸工部官员、再到成功的企业家，都众口一词地认为“我们成功的秘密，真的就在于我们一无所有”。

从经济社会发展的自然条件来看，以色列真的可谓是“一无所有”：国土面积小，国土资源质量也不高。他们没有邻国引以为豪的石油，有的却是占国土面积一半以上的沙漠和半沙漠地区。

可是，贫瘠的自然资源让以色列人更加重视发挥人的作用。他们把科技作为立国之本，注重科研成果在经济社会发展中的转化，在各个领域都体现出高科技含量和精细化经营。比如，以色列严重缺水，但他们的节水灌溉和旱作农业技术却因此而举世闻名；废水复用、人工降雨、海水淡化等非传统水资源的开发利用也相当成功；在水资源管理的很多具体细节上，都做到了世界最好的水准。

从辩证的角度看，“优势”和“劣势”是对立统一的，相互依存又相互转化。从来没有绝对的“优势”，也没有绝对的“劣势”。资源丰富的地方，往往产业结构单一，经济对资源的依赖性较强，反而限制了其他产业的发展；资源缺少的地方，往往却能形成一些对资源依赖程度小的可持续发展产业。

在我国也有不少地方资源稀缺、信息闭塞，用传统的眼光来看，可谓是“一无所有”。但如果能像以色列一样，充分发挥人的智慧和能动性，把“一无所有”变成自身发展的优势，同样会推动经济社会的健康发展。比如浙江温州，人多地少，缺少自然资源，但温州人却创造了以加工制造业和民营经济为特色的温州模式，成为全国发展的楷模。

所以说，“一无所有”在某些时候也是一种优势。正是因为一无所有，才会有那股甩开膀子放手干的豪爽气息，有不顾一切地内在驱动力，这也是改变命运的关键所在。

唤回失落的快乐

梁启超说过：“老年人常思既往，少年人常思将来。唯思既往也，故生留恋心；唯思将来也，故生希望心。”思想的负担减轻了，心灵的压力也就释放了。然后，才会有轻装上阵的动力和对未来的憧憬。

“少年之思”再回归到本初，便是童言无忌、童心无讳，而有的全是真实和客观。当为生活忙碌而感到不堪重负的时候，不妨唤回最初的那颗质朴而纯净的童心。它会让你远离喧嚣，静静地听到来自心底的声音，在自然中享受简单，一切便返璞归真。

“花儿为什么会开？”这是一名幼儿园老师出给小朋友们的题目。

“标准答案”是：因为天气变暖和了。

而孩子们的声音是：“花儿睡醒了，它想看看太阳。”“花儿一伸懒腰，就把花朵给顶破了。”“花儿想伸出耳朵听听，小朋友在唱什么歌”……

幼小的心灵之所以幻想无边，是因为他们不受拘束。也许，我们也曾经有过这样多彩的答案，也曾经幻想着把它保留下来，但随着生活中一段段往事，诸如“阳光很活泼”“雪化了是春天”，多边形也就都变成了没有棱角的圆。

如果现在的你听到这样的说法都会因为觉得生动而感慨的话，那么也许，童心真的正在离你远去。但同时，别悲伤——心会动，就说明它还是鲜活的，还有唤回童心的希望。

的确，大多数人都会把“无忧无虑”“快乐”这样的词语和童年所联系，那时的纯洁、天真和欢笑是那么地令人怀念。长大以后，生活变得复杂艰辛，忙忙碌碌占据了时间的大部分，生活在千篇一律的轨道中度过。闲暇越来越少，繁重越来越沉，连微笑都成了奢侈品。我们一个人孤独地站在这个世界上，端着架子，想着票子，还要梗着脖子。奋斗到最后，有可能还会无奈地发现，一直以来苦心经营、孜孜以求的，竟不是我们真正想要的生活。

原来，一切都被我们复杂化了。

许多事情是不需要经过轰轰烈烈才可以获得享受的。回归童心，便是简单处事，获得最自然、最真实的快乐。我们往往容易忽略手边最容易获得的快乐方式，比如重新拿起画笔，再次放声歌唱，与家人下一盘飞行棋；任由想象天马行空，不拘泥于现实，不羁绊于年龄，心灵回到思无邪，一切带到人之初。如此赤子之心，简单地来，简单地往，就能体会到生活在“浪荡”中显露出的情与趣。

“你必须保持童心。”说这话的，是那个从小被老师骂为“差生”、那个当年大胆创办《童话大王》的“童话级人物”郑渊洁。在20多年的创作生涯中，尽管也曾遭到非议，但他始终都保持着一颗不泯的童心。

郑渊洁爱狗是出了名的，他的著名童话作品《大灰狼罗克》便是以他的第一条爱犬为原型创作的。为此，他特意把家从城里搬到了远郊。有次应朋友之邀去客串电视剧，一场哭戏怎么也过不了，不是表情做作就是没有眼泪。情急之下，郑渊洁想起了之前死去的一条爱犬，一下就难过得不行，失声痛哭，等镜头拍完了都停不住。

他认为，保持童心似乎不是一件可望而不可即的事情，成长的历练和岁月的侵蚀是不会带走人的好奇心和童真心的。他曾说：“我的想象力和童心似乎永远不会枯竭，因为这些都来自于广博的生活。在生活中，像加油、验车这样的日常琐事我全都自己去做，不找别人替代，因为我要接触真实的生活。我有来自各行各业的很多朋友，我也可以从这些朋友身上观察生活。”

每一个人都是从童年走过。童年的心，一张白纸般天真无邪，对世界充满爱；童年的心，纯真而可人，对眼前景物求新，对世间事物求奇，因而勤观察好追究，打破砂锅问到底。以童心看世界，春风暖，夏雨凉，秋高气爽，冬雪融融，日出月落皆有意，红花绿草皆含情。因而，在童心的境界里，无纷争，无怨恨；没有名利扰攘，没有你争我夺。即使偶尔碰撞也会风吹乌云散，雨后见彩虹。这样的时光，又怎会不快乐？

许多悲观的人相信，生命是一件绝对严肃的事情，所以他们坚持把欢乐压抑下去。我们也常以为傻里傻气的“孩子行为”是心态和思想上的不成熟。因此，就有了世界上太多过于痛苦地纠结，过于认真的较劲。

有时就是一盆水，孩子也会玩上半天，装了又倒，倒了又装，周而复始，不知疲倦。如此简单重复的动作，对于孩子而言，他们从中找到了自己的乐趣，所以能享受很长时间。但对于成年的我们，工作就像倒过来倒过去的水一样，被看作是简单无聊的。可如果我们也能充满童心，从中发现事物本身的情趣，想必也会像孩子一样乐在其中，再不会感到枯燥乏味了。

其实，往往生活在“游戏世界”里的儿童才是真正的“贵族”。他们总是心无旁骛，浑然忘我地沉浸在事物本身之中，在自由的生活里尽情地挥洒。可是，生活中真的有那么多“游戏世界”吗？没有。但以童心看世界，就可以让想象的翅膀不会折断，可以让复杂的问题简单化。而这种率真，就足以让这个多彩的世界从此不再褪色。

不必再抱怨生活的阴晴圆缺，世事变幻本非人力所能及，又何必为此杞人忧天？活得简单，再简单点，快乐就会萦绕。请记得：当露水打湿了你的新鞋时，要想着蹲下身，轻轻地擦去花儿草儿的眼泪，嘴角上扬，并记录下“人花两相映”的笑容。一如小时候拉着妈妈的手，仰头问：“花草怎么都哭了，是不是她们昨天晚上吵架了？让我来安慰你。”

珍惜现在与拥有

“真的，生命没有彩排，每一天都是现场直播。”这是少年作家吴子尤的母亲柳红女士在儿子去世后的一次《生命的礼赞》栏目中所说的最后一句话。

的确，人生每天都是现场直播，没有排练的机会，也没有谁能一直站在原地等着我们。珍惜现在一切的拥有，迈好眼下的每一步，勇敢并谨慎于每一个开始。及时抓住能把握住的美好，生活才会无怨无悔。

吴子尤，一位才华横溢的少年作家，与李敖成为忘年之交。然而却在小小年纪横遭厄运，但直到生命的最后时刻，他依然如前，一直笑对人生。

2004 年，因为胸腔纵隔肿瘤压迫神经住院治疗，手术后不幸失去了造血功能。从此，14 岁的子尤开始了一场与病魔的持久战。经历了一次大手术、两次胸穿、三次骨穿、四次化疗、五次转院、六次病危，却以超乎常人的乐观度过着自己的花样年华。在2005年9月，一本记录他8～15岁成长过程的作品集《谁的青春有我狂》出版。

"青春是属于我的，标记着我激情的一月一年。人说青春是红波浪，那就翻滚着绘出最美的一线。眼前只有柄孤独的桨，握在手中就是把战斗的剑。我在这里写着刚有开头的小说，每过完一天就翻过一页；每翻过一页，又是新的一天。为什么我依然热爱考验？因为别人让天空主宰自己的颜色，我用自己的颜色画天。"

终究，写下上面这首如歌诗句的作者，于2006年10月22日去世。

事隔许久，子尤的母亲柳红女士在一次电视栏目《生命的礼赞》中被邀为嘉宾。其间，朗诵了这样的一篇文章：《珍惜生命》。

那是2005年8月的最后一天，在北京大学百年讲堂的开学典礼上，子尤从轮椅上起身，向他所在的中学校友讲了一番话。结尾时，他用力而深情地说："要珍惜呀。"我知道他说的是珍惜生命的意思。那时候我们在生死线上，可是他依然有他的追求和向往；兴致勃勃地走在他自己的道路上。他对我说，我每一秒钟都和上一秒钟不一样；他总结自己的生活是一路快乐美好。他说，是舒服，是享受！他还说，我活得欣喜若狂。

我和子尤经历疾病和死亡的日子是一个理解和实践珍惜生命的过程，我们懂得了珍惜生命就要珍惜生命的价值，尽其所能做有意义的事情。有意义的事儿，可大可小，可多可少。做，一定比不做好；多做，一定比少做好；今天做，一定比明天做好；持久地做，一定比半途而废好。

我们通常认为，人生如台历，撕去旧页，新页展开；每天如彩排，今天过去，还有明天；一遍不满意，可以再来。其实昨天已成为过去，明天尚且未知；当下稍纵即逝，不复重来。如果把每一天都当作生命的末日来过，我们会更加珍惜更有意义的人生。

而什么是有意义的人生呢？这真是需要我们沉下心来好好想一想的问题。人们常常忽视自己的内心、身体、亲人和孩子的想法。不注意春夏秋冬花开草长，不注意音乐旋律的升降变化。特殊的人生际遇使我有机会接触了很多癌症患者，每一位走近生命尽头的人，都想再看一次星星，再凝视一次海洋。而多少住在海边附近的人，他们却懒得看一眼。每天晚上有多少人会仰望星空？谁又真正用心去品尝，触摸生命，去感受平凡事物中的不平凡？

以前我也浑然无知、不假思索，直到变故降临，彻底改变了我的生活，才开始思索。我从中学到了很多很多，我学会了享受过程，而不是结果。我愿意告诉人们，看看田野里的百合花，摸摸婴儿耳朵上的绒毛，在庭院的阳光下阅读，与朋友分享喜怒哀乐。真的，人生没有彩排，每一天都是现场直播。

的确，人生每天都是现场直播，没有排练的机会，也没有谁能一直站在原地等着我们。就如台湾作家林清玄的散文中所讲："生命最有趣的部分，正是它没有剧本，没有彩排，不能重来。"人生而偶然，死亦必然。我们登上生命的舞台，与自己的肉体相逢于人间，这便是一种缘分。没有那么多的"如果"，这一次过去了，下一次也就不一定会有。就像世界著名艺术家们每一次上台都如履薄冰，努力练习，务求在观众面前呈现的是最完美的一面。那是因为他们深知，每一场演出都是全新的一次，也是关键甚至是唯一的一次。

如此，我们便要有抓住这一次的决心，以及无怨无悔的气魄。既然人生没有剧本，也不许彩排，那么我们就更要及时抓住当下所能把握住的美好，谨慎前行，不踏歧路，珍惜我们每一个开始，迈好脚下的每一脚步。

青春不再重来，爱亦不会重来，生命更是没有重新来过的机会。眼前有的景，我们要去看；手头有的福，我们要去享。生活中有很多简单中的平淡，如水扬清波，如风过疏林，但每一个却都是心头的日子，潜着香，藏着甜，是我们自己真正活过的一天。

给自己打开一扇窗

"怯懦囚禁人的灵魂，希望才可感受自由。"这是电影《肖申克的救赎》里主人公安迪所说的一句话。

也许，现实生活的残酷远没有电影结局所表现出来的画面那般动人，但当我们面临人生困境的时候，是绝望还是希望，却是可以从中获得的。就像那句话："你不必害怕沉沦与堕落，只消你能不断自拔与更新。"而这种更新的基础，就是内心永远憧憬着未来的希望。它像一扇窗，让我们不再受制于紧紧包裹着的世界，倾听内心的世界，感受自由，体味轻舞飞扬的人生。

影片中，安迪在高墙里和瑞德聊天："我希望去墨西哥的一个小岛；我希望去太平洋，用墨西哥语言说，那里叫作'失去记忆的地方'；我希望有一个小旅馆；我希望有几只废弃的小船，然后自己动手把它修好，带着我的客人去海上钓鱼……"

而这里的高墙，就是横阻于灰暗的囚禁和纯净的自由之间的一扇屏障，是肖申克监狱的界限。更多的，它是囚禁人们内心的枷锁。

安迪就是要在这所监狱里残度余生的囚犯。在1947年的美国，缅因州的一位年轻的银行家安迪被指控枪杀了妻子和她的情夫，因此被判终身监禁，从此开始了在肖申克监狱里的生活。安迪并没有杀人，但在监狱里的每个人都声称自己是“被冤枉的”，因此他的无辜显得是那么苍白可笑。

肖申克监狱里还有另一名罪犯，是那里的“权威人物”，因谋杀罪被判终身监禁，已服刑20年，但数次假释都未获批准，他叫瑞德。之所以“权威”，是因为瑞德可以为囚犯们弄来香烟、糖果、酒，甚至是大麻。瑞德答应安迪帮他弄到了一把岩石锤，让他雕刻石头来消磨监狱里的时光。

而安迪面对残酷的现实，在20年的时间里，利用这把小小的岩石锤挖通了牢墙。终于，在一个风雨交加的夜晚，安迪爬过500码的下水道，逃出。

获得自由的安迪揭发了典狱长的恶行，并且利用典狱长贪污受贿的钱在太平洋买了座小岛。后来，瑞德获得假释。在一个阳光明媚的天气里，两位老友终于在太平洋上那座自由的小岛上重逢。

不管经过多长时间，不管经历过怎样的困局，安迪的希望最终都实现了。因为，他一直在默默体会着自己的内心，从而确定了那个始终如一的目标。那么，他所要做的事情便显得越来越简单明了——懂得坚持的重要，明白希望的含义。一个单纯的希望，便让安迪有了“忙着去活”的充足动力。对生活充满信心，感受生命的美好。

诚然，生活中有太多的东西是不以人的意志为转移的，也有很多时候是令我们失望的。也许，我们做着自己并不喜欢的工作，我们一直没有缘分和自己相爱的人在一起；就连每年过生日或除夕零点时许下的愿望也都不一定能实现。太多的希望都只是在人们双手合十中跳跃，却从来没能进入过我们的生活。

然而，那长存于我们每个人心中的自由和希望，是如此迫切地需要救赎。这就如同需要一个公正的上帝，来通过安迪，安慰和拯救更多的灵魂。

在囚犯们外出劳动时，安迪争取了警卫队长的信任，通过自己的会计专长为大家赢得了两箱冰镇啤酒。囚犯们兴高采烈地喝着久违的啤酒，而安迪只是坐在一旁微笑着注视这一切。

就连瑞德都说：“那一刻，我们坐在春光下喝着啤酒，像自由人在修理自家的屋顶一样，我们是万物之主。”

其实，安迪冒着生命危险想要赢取的，绝非这区区两箱啤酒。他从来不曾放弃的，是他自己和其他囚犯自由的追求，哪怕这种希望只有一点点。

从这个细节我们不难看出，尽管自己身陷冤狱，尽管自由已经被剥夺殆尽，但是安迪却从未丧失信心，一直对未来充满希望。影片中说：“有一种鸟是永远也关不住的，因为它的每片羽翼上都沾满了自由的光辉。”

安迪第二次做出惊人的举动是在播音室里，他通过高音喇叭向囚犯们播放了歌剧《费加罗的婚礼》，让整个肖申克监狱都为之震撼。也许他们“听不懂意大利女士唱的是什么，也根本没想听懂，因为有些东西无须言语来表达。”但是，音乐却从麦克风中穿透出去，华美的女高音带着空灵的自由在高墙内飞翔，听着这涤荡灵魂的天籁，那一张张曾经写满过罪恶的囚犯们的面孔，还有平日里穷凶极恶的狱警们的面孔，都在这一刻变得虔诚而高贵。

这音乐让“每一个人都相信，那是世界上最美好的事物，美得无法用语言描绘，美得让人心痛。歌声高亢悠扬，超越了囚犯们的梦想，就像一只美丽的小鸟飞进了高墙，使他们忘记了铁栏的束缚。此时此刻，肖申克里的所有人都感受到了自由”。

在最易磨灭希望的监狱里，安迪用这些方式提醒着自己和身边的人们——这世上还有无法用高墙铁栏围起的地方，这是任何人都无法随意触摸的：这便是存于每一个人心底的希望，只要有希望，一切就都有可能。

六年里，安迪每周给州长写一封信，希望得到捐助扩建图书馆。开始人人都说不可能，但他最终建成了全美最大的监狱图书馆，让囚犯们享受着音乐的洗礼，接触到外界的知识。在辅导年轻囚犯考取高中文凭时，安迪将对方揉烂的试卷从废纸篓中拾起，寄出，最终使对方获得了文凭认证。

人们总是在尚未开始之前就事先揣度着事情的难度，从而判定它“不可能实现”。这是一种心理惯性，是人们自觉不自觉地用自己编排好的“复杂”局面来混淆视听的一种借口。然而，安迪只用了 20 年，就把在别人看来需要 600 年的牢墙挖穿了；忍着熏天的臭气，爬行了在别人看起来不可思议的 500 码距离——当他站在瓢泼的雨中张开双臂，享受着向往已久的自由时，我们从这个自由者的身上，只体会到一种深刻的力量——希望！

影片教会我们一句话——Hope can set you free(希望让人自由)。其实，希望是一个极其简单的物象，它让我们笃定地相信没有什么事情是不可能实现的。在纯粹而直白的心灵中，默念着希望这个词语，心灵的衣襟便会生出许多荡漾。依赖着希望，我们每一个人的小小快乐便能如此骄傲，并绵延不绝。

学会让生活更快乐

美国舒勒博士在他《快乐的态度》中揭开了永远快乐的秘诀，其中之一就是：热心帮助别人。正如泰戈尔所说：“我们的生命是天赋的，我们唯有献出生命，才能得到生命。”

如果想获得真正的快乐，那么就要学会不计回报地为他人付出。从个人的利益圈中跳出来，关心他人，奉献社会。付出意味着发自内心、超越自我的一种持续的快乐，它的长久来自于对过程的体验。正所谓“予人玫瑰，手留余香”，一个懂得付出和给予的人，不仅能温暖照亮他人的路，也会滋润自己的心。

学会付出是美好人性的体现，一个懂得付出和给予的人不仅能温暖别人的内心，而且也会滋润自己的灵魂。付出意味着发自内心、超越自我的一种持续而长久的快乐。正如罗曼·罗兰说的：“快乐和幸福不能靠外采的物质和虚荣，而要靠自己内心的高贵和正直。”

在一个偏远的村落里，有一条崎岖的小路，这是人们每天干完活从山上回家的必经之路。到了晚上，没有路灯的道上一片漆黑，人们经常会因为看不清而相互撞到。据说，在每天下山的人群中，有一个瞎子，每天都会打着灯笼回来。一位僧人听说后，便想来此一探虚实。

僧人在天色已黑的时候从那条路往下走，途中因为光线不好，被行人撞了好几下。忽然听到旁边有人说：“这个瞎子真奇怪，明明看不见，却每天晚上打着灯笼！”

僧人被那个人的话吸引了。等那个打灯笼的人走过来的时候，他便上前近距离地看了一看，那人真的是双目失明了。可是僧人仍然不解心中疑虑，便问道：“你真的什么也看不见吗？”

盲人说：“是啊，我从生下来就没有见到过一丝光亮，对我来说，白天和黑夜是一样的。”

僧人被这话弄得更加一头雾水：“既然如此，你为什么还要打着灯笼呢？是想让别人觉得你可以看见路吗？”

“不是的”，盲人笑笑说，“我听别人说，每到晚上，这条路上都没有灯光，人们都变成了和我一样的盲人。”

“哦，原来如此”，僧人不禁对眼前的这位盲人肃然起敬：“你是如此善良地为了别人啊！”

这时，盲人却严肃地回答说：“不是，我是为了自己！”

僧人简直陷入了这位盲眼人的“迷圈”之中。盲人似乎感觉到了对方的疑惑，接着问：“一路走来，你有没有被人撞到过？”

僧人说：“有啊，就在刚才，我被两个人不小心碰到了胳膊，现在还疼呢。”

盲人不急不躁地说：“这就是了。我虽然什么也看不见，但却从来没有被人撞到过。因为我的灯笼既为别人照了亮，也让别人看到了我，这样他们就不会因为看不见而碰伤我了。”

僧人顿悟，感叹道：“我辛苦奔波就是为了找佛，其实佛就在我的身边啊！”

盲人为别人照亮了路，却也因此避免了被撞到。一个懂得付出的人，在给予别人的时候，不仅得到了别人的尊重与爱戴，而且自己的心灵也得到了释放与净化。

但很多时候，有些人付出了却仍旧感受不到快乐，是因为他在潜意识里就要求接受者的回报，就在“索取”另一种形式的得到。这种功利化的付出并不是从内心涌动出来的善，它被复杂的世事算计得不再简明而单纯，所以自然也就快乐不起来。

人的一生，为他人付出的越多，心灵就越富足，就越会获得坦荡、自若的生活。心灵富足的人必会爱人。因为爱就是给与，爱就是富足，爱就是宽广，爱就是一切。

付出、奉献、分享和帮助，这是我们真正的立身之本。只要我们养成习惯，我们就会拥有越来越多的可付出、可分享、可给与和可帮助。付出一点点，生活才会变得充满了爱意的快乐：付出越多，快乐也就越多。

2005 年感动中国人物丛飞，十年以来倾其所有资助失学儿童和残疾人，累计捐款捐物 300 余万元，而自己却一直过着清贫的生活；

同样是“感动中国”的洪战辉，面对不幸、贫穷与孤苦，顽强坚持十余载，终于使父亲病情好转，妹妹健康成长，自己考上大学，全家人重新团聚；

16 岁的谢芳秋，为了救一名非亲非故的聋哑人而落下了终身残疾，事后，不顾自己的伤痛，还依然惦记着那位被救的聋哑人；

道德模范吴天祥，为群众做好事、办实事，几十年如一日。对待人民群众不是亲人胜似亲人，深受拥护和爱戴。

还有太多这样的“普通人”，他们甘于付出，乐于付出，哪怕付出的是生命。他们的行动让我们懂得：付出其实不需要理由，它往往是在不经意间，用一日又一日的坚持，构筑了一份感动，成就了一种伟大。

而更多的付出其实就在我们日常生活中，如举手般简单易行。哪怕再小、再短暂，也同样可以让快乐直沁心脾：主动搀扶过街的盲人、向贫困灾区伸出援助之手；而更多的，是关心自己身边的亲人，逢年过节的一声问候；关注周围的新老朋友，逢喜表祝贺、遇挫传鼓励……也许，我们不经意的举动在别人的心中，就已经盛开起鲜艳动人的花朵。

予人玫瑰的手上总留有一缕芳香，在浓郁的玫瑰香中，彼此都得到了快乐。不求索取，不求回报。这样，人人都有了玫瑰，人人的手上都有了玫瑰的馨香。在生活的花园中播撒爱心的种子，孕育出的便是生生不息的感念，收获到的便是淡雅如菊的安详。

不攀比，活在当下才能快乐

生活是杯，福分是水，可是如果杯子里只有一半的水，我们是应该注意满的部分还是未满的部分呢？都不是。我们需要的是用自己的平安和喜乐续满杯，直到杯子里的幸福溢满当下的心田为止。

不攀比才能有乐观的内心

我们每天都要经历不同的事情，随着事情发展的好坏，我们的心情会跟着起伏。于是，从表面上来看，是事情在影响着我们的心情。但是，事情的存在是客观的，不论心情好坏，我们都不可能让已经发生的事情消失或者发生改变。我们所谓的"好"与"坏"，不过是在自己的心里给事物下的定义。好的程度，坏的程度，也是按照心情来衡量的；事情对我们产生的影响，也是通过自己的内心来判断的。我们内心的判断，决定了我们的态度、心情甚至命运。

我们对待生活的态度，取决于自己的内心。同样，生活带给我们的影响，也取决于我们的内心。如果内心是悲观的、消极的，那么我们从生活中接收到的一切信息都将是伤感的、痛苦的；如果内心是乐观的、积极的，那么我们从生活中接收到的一切信息都是幸福的、快乐的。

有一位哲学家，当他是单身汉的时候，和几个朋友一起住在一间小屋里。尽管生活非常不便，但是，他总是觉得自己很快乐，很幸福。

有人问他："那么多人挤在一起，连转个身都困难，这样的生活也能算幸福吗？"哲学家说："和朋友们在一块儿，随时都可以交换思想、交流感情，这难道不是一种幸福吗？"

过了一段时间，朋友们一个个相继成家了，先后搬了出去。屋子里只剩下了哲学家一个人，但是每天他仍然很快活。

那人又问："你一个人孤孤单单的，这样的生活你还觉得幸福吗？"

哲学家说："我有很多书啊！一本书就是一个老师。和这么多老师在一起，时时刻刻都可以向它们请教，这怎能不让人觉得幸福呢？"

几年后，哲学家也成了家，搬进了一栋大楼里。这栋大楼有七层，他的家在最底层。在这栋楼里底层环境是最差的，楼上的人家老是往下面泼污水，丢死老鼠、破鞋子、臭袜子和其他杂七杂八的脏东西。那人见他还是一副自得其乐的样子，好奇地问："你住这样的房间，也感到幸福吗？"

哲学家回答说："是呀！你不知道住一楼有多少妙处啊！比如，进门就是家，不用爬很高的楼梯；搬东西方便，不必费很大的劲儿；朋友来访容易，用不着一层楼一层楼地去叩门询问……让我特别满意的是，可以在空地上养些花，种些菜。这些乐趣呀，数之不尽啊！"

后来，那人遇到哲学家的学生，问道："你的老师总是觉得自己很幸福，可我却感到，他每次所处的环境并不那么好呀。"

学生笑着说："决定一个人幸福与否，不在于环境，而在于心境。"

福由心生，我们的心灵就如同一块磁石。积极乐观的心灵，吸引过来的总是幸福和快乐；消极悲观的心灵，吸引过来的总是伤感和悲痛。幸运的人，并不是命运的天平总是倾向于他，而是他在内心里不停地呼唤幸运，所以他最终获得了幸运；不幸的人，总是一遍又一遍地诅咒生活，本来并不悲惨的生活，却因为他的抱怨、沮丧变得乱七八糟了。

不攀比才能坦对祸福

生活中，每个人都会遇到挫折，遭受苦难。面对这些困境，有的人会不战自败，他们捶胸顿足、怨天尤人，却从不尝试战胜困境。这样的人永远也无法走出困境，走向成功。

真正的成大事者，会在逆境中满怀希望，同时，也以积极的态度去挑战困境，主动在困境中寻找暗藏的幸福。即使前进的道路坎坷，荆棘绕身，他们也绝不后退，一直走向成功的终点。

贝多芬在青年成名之后，逐渐成长为一名优秀的音乐家，创作了数以百计的音乐作品。但从 1816 年起，贝多芬的健康状况越来越差，后来耳病复发，不久他就失聪了。

作为一个音乐家，失去了听觉，就意味着将要离开自己喜爱的音乐艺术，这个打击对贝多芬而言简直比判了死刑还要痛苦。但是，贝多芬并没有向命运屈服，他开始了与命运的抗争。除了作曲外，贝多芬还想担任乐队指挥。结果，第一次预演时，他指挥的节奏比台上歌手的演唱慢了许多，使得乐队无所适从，混乱不堪。当别人将"不要再指挥下去了"的纸条传给他时，贝多芬顿时脸色发白，慌忙跑回家，痛苦得一言不发。

贝多芬仍没有放弃。他极力克服耳聋带给他的困难。耳朵听不到,他就拿一根木棍,一头咬在嘴里,一头插在钢琴的共鸣箱里,用这种办法来感受声音的振动。这样,他不仅创作出了比过去更多、更优秀的音乐作品,还能登台担任指挥了。

1824年的一天,贝多芬又去指挥他的《第九交响乐》,博得全场一致的喝彩,场上一共响起了五次热烈的掌声,然而,他根本没有听到。直到一位女歌唱家把他拉到前台时,他才看见全场观众纷纷起立热烈鼓掌的样子。这种狂热的场面,让贝多芬激动不已。

贝多芬一生的波澜壮阔,传达着这样一句撼天动地的宣言:"我将扼住命运的咽喉,它绝不能使我屈服!"

"祸福相依"最能说明痛苦与快乐的辩证关系,在困境中同样孕育着机遇和幸福。贝多芬"用泪水播种欢乐"的人生体验,生动形象地道出了痛苦的正面作用。传奇人物艾柯卡的经历也很生动地阐明了快乐与痛苦的内在联系。

艾柯卡靠自己的奋斗当上了福特公司的总经理。可是,1978年7月13日,有点得意忘形的艾柯卡被妒火中烧的大老板亨利·福特开除了。在福特工作32年,当了总经理8年,一帆风顺的艾柯卡突然间失业了。艾柯卡痛不欲生,认为自己要彻底崩溃了,于是他开始酗酒。

可就在这时,艾柯卡接受了一个新挑战——到濒临破产的克莱斯勒汽车公司出任总经理。凭着自己的智慧、胆识和魅力,艾柯卡大刀阔斧地对克莱斯勒进行了整顿、改革,并设法向政府求援。他舌战国会议员,争取到了巨额银行贷款,开始重振企业雄风。

在艾柯卡的领导下,克莱斯勒公司在最黑暗的日子里推出了K型车的计划。此计划的成功令克莱斯勒汽车公司起死回生,成为仅次于通用汽车公司、福特汽车公司的第三大汽车公司。

1983年7月13日,艾柯卡把生平仅有的面额高达813亿美元的支票交到银行代表手里。至此,克莱斯勒汽车公司还清了所有债务。而就是在5年前的这一天,亨利·福特开除了他。事后,艾柯卡深有感触地说:"奋力向前,哪怕时运不济;永不绝望,哪怕天崩地裂。"

"痛苦像一把犁,它一面犁破了你的心,一面掘开了生命的新起源。"不知痛苦,又怎能体会到幸福和快乐?痛苦就像一枚青青的橄榄,品尝后才知道它的甘甜。当然,这品尝需要勇气。其实,要让自己幸福,非常简单,那就是:少一分欲望,多一分自信。在身处绝境时,要懂得苦中求乐,要懂得咬牙坚持。冲破逆境的束缚,寻找到新的契机,这才是人生的真谛。

抛弃束缚你的东西

考门夫人在《荒漠甘泉》一书中说："我们一生最得意的纪念，最宝贵的经历，最可夸的生理，最有效的侍奉，常会被后来的软弱、失败、跌倒、灰心、冷淡、退缩等等吞噬。许多成大事业的人，往往结局都是如此。想起也觉得可怕。虽然是事实，但并非无法避免。戈登说：要避免这种悲剧，只有一个稳妥的方法，那就是时时与神有新鲜的接触。"

有宗教信仰的人，会把人生的希望寄托于神。可是不管是有神论者还是无神论者都可能会遇到这样的难题，就是曾经的记忆禁锢了自己的思想，以往积累的经验没有帮助我们进步，反而限制我们朝着更好的方向发展。

古希腊的一位哲人在风烛残年之际，知道自己时日不多了，就想考验和点化一下他那位平时看来很不错的助手。他把助手叫到床前，说："我的蜡所剩不多了，得找另一根蜡接着点下去，你明白我的意思吗？"

"明白，"那位助手赶忙说，"您的思想光辉是得很好地传承下去……"

"可是，"哲人慢悠悠地说，"我需要一位最优秀的传承者，他不但要有相当的智慧，还必须有充分的信心和非凡的勇气……你帮我寻找一位好吗？"

"我一定竭尽全力。"助手答道。

哲人笑了笑。

那位忠诚而勤奋的助手，不辞辛劳地通过各种渠道开始帮哲人寻找传承者。可他找来的人都被哲人否决了。

一次，当那位助手再次无功而返时，病入膏肓的哲人硬撑着坐起来，说："真是辛苦你了，不过，你找来的那些人其实都不如……"

"我一定加倍努力，"助手恳切地说，"找遍五湖四海，我也要把最优秀的传承人选挖掘出来。"哲人听了笑笑，不再说话。

半年之后，哲人眼看就要告别人世，最优秀的传承人选还是没有眉目。助手非常惭愧："我真对不起您，令您失望了！"

"失望的是我，对不起的却是你自己，"哲人很失意地闭上眼睛，停顿了许久，才又不无哀怨地说，"本来，最优秀的就是你自己，只是你被以前的经验蒙蔽了双眼，不敢相信自己，才把自己给忽略、丢失了……其实，每个人都是最优秀的，差别就在于如何认识自己，如何发掘和重用自己……"一代哲人就这样永远地离开了他曾经深切关注着的世界。

那位助手后悔莫及，以至于自责了整个后半生。

这位助手一直用过去的经验来评价现在的自己，所以他丧失了传承哲人衣钵的好机会。

在生活中，有很多人会犯跟那位助手一样的错误。我们都习惯于用过去的经验来评定自己，比如，过去曾把一件事情做得很好，那么再次遇到同样的事情，就以为凭借原来的经验也可以做得很好；过去没尝试过的或者曾经令自己失败的事物，再次面对的时候仍觉得自己不行……过去的思维总是限制着我们重新认识现在的自己，所以以往的那些经验并不一定总是有利于我们的发展。有利的经验，我们要吸取，但是对于那些可能阻碍未来发展的经验，我们就要大胆地摒弃。如果实在分不清什么是有益的，什么是有害的，那么我们就应该及时地把自己清零，每天都用一个崭新的自己跟生活对接。

何必等待，当下即可快乐

如果你遇到了挫折，遭到了失败，心情低落到了极点，情绪坏到了极点，那么请先让自己冷静下来，铺开一张纸，把自己的挫折和失败都列在这张纸上。当然，你还要找出一张纸，列出可能让你得到快乐的事情，不要放过任何一个快乐的源泉，比如，你长得漂亮、你的身体很健康、你的家人对你很好，等等。紧接着，你就可以将两张纸进行对比了。这个时候，你就会发现，让你快乐的理由远远多于让你悲伤的理由。既然如此，你就不该再将自己放置在悲伤痛苦的阴影当中了。

多年以前，一个女孩因为失手伤人而坐牢了。尽管后来被释放，她仍然很痛苦，就到教堂祷告，希望上帝能够分担她的痛苦。看到女孩一脸悲伤，一位牧师问她发生了什么事。这个女孩泣不成声地说："我好惨啊，我多么的不幸啊，我这一辈子都忘不了这件事情了……"

听罢她的陈述，牧师对她说："这位小姐，你是自愿坐牢的。"

女孩被牧师的话吓了一跳，说："你说什么？我怎么可能自愿坐牢？"

牧师对她说："你尽管已经从牢里出来了，但你的心，天天心甘情愿地被关在牢里，那你不是自愿坐在心中的牢里吗？"

"这是什么意思呢？"女孩不解地问。

"你天天在脑中回放这件往事，这与你重蹈覆辙有什么区别呢？你改变不了环境，但你可以改变自己；你改变不了事实，但你可以改变态度；你改变不了过去，但你可以改变现在；你不能控制他人，但你可以掌握自己；你不能预知明天，但你可以把握今天；你不可能样样顺利，但你可以事事尽心；你不能延伸生命的长度，但你可以决定生命的宽度；你不能左右天气，但你可以改变心情……”

生活本身已经有那么多问题了，如果你又在脑子里提炼出那么多的不快乐，那么你就是在增加自己的心理负荷。每天都要面对那么多无法预测的事情，还要承受自己制造的不快乐，这本身难道不是一种愚蠢的行为吗？

来看看怎么才能停止制造不幸吧！你总是想着不快乐的事情，是因为你带着惯有的悲观情绪去想问题。那么，只要你停止用悲观的眼睛看世界，就会开心很多。

其实，一个人在任何时候都面临着快乐和不快乐两个选择。也许你不能在任何环境下都选择快乐，但是你必须要知道，我们在任何时候都可以快乐。那么，何必要等待下一刻的快乐呢，当下就让自己快乐起来吧。

时刻保持精神的喜悦

在疾病中战胜病魔，在奄奄一息中战胜死亡，在逆境中战胜困难，这些都是人生真正的胜利。尽管在夺取胜利的过程中，人们的身体上可能要承受很大的痛苦，可是等到了胜利以后，那分来自精神上的喜悦，早已覆盖了最初的疼痛。

1985 年，美国女孩辛蒂还在医科大学念书。有一次，她到山上散步，带回一些蚜虫。她拿起杀虫剂，为蚜虫去除化学污染，突然，她感觉到一阵痉挛。原以为那只是暂时性的症状，谁料，她的后半生从此陷入不幸。

杀虫剂内所含的某种化学成分使辛蒂的免疫系统遭到了破坏，香水、洗发水等日常生活中接触的化学物质都让她过敏，连空气也可能使她的支气管发炎。这种“多重化学物质过敏症”到目前为止仍无药可医。

起初几年，她一直流口水，尿液也变成绿色，有毒汗水的刺激使她背部出现了一块块疤痕。她甚至不能睡在经过防火处理的床垫上，否则就会引发心悸和四肢抽搐。后来，她的丈夫用钢和玻璃为她盖了一所无毒房屋——一个足以逃避所有威胁的“世外桃源”。辛蒂所有吃的、喝的都得经过处理，她平时只能喝蒸馏水，食物中也不能含有任何化学物质。

很多年过去了，辛蒂看不到一棵花草，听不见一声悠扬的歌声，感觉不到阳光、流水和风。她躲在没有任何饰物的小屋里，饱尝孤独之余还不能哭泣，因为她的眼泪跟汗液一样也是有毒的化学物质。

然而，坚强的辛蒂并没有在痛苦中自暴自弃。她一直在为自己，同时也为所有化学污染物的牺牲者争取权益。1986 年，她创立了“环境接触研究网”，以便为那些致力于此类病症的研究人士提供一个窗口。1994年辛蒂又与另一组织合作，创建了“化学物质伤害资讯网”，向人们介绍化学物质的危害。目前这一资讯网已有来自32个国家的5000多名会员，网站不仅发行了刊物，还得到来自美国、欧盟及联合国的大力支持。

在面对记者的采访时，辛蒂说：“如果是曾经的苦难换回了今天的成绩，那么我所承受的一切痛苦都是值得的。”

很多人抱怨苦难，害怕苦楚，是因为他们没有体会到战胜困难之后的喜悦。真正能够有所成就的人，不会惧怕生活的考验，只会怕生活给予的考验不够多。

上帝似乎很热衷这种游戏，即在给予人们苦楚之后再赠予人们甘甜。所以，如果我们的身体还在困境之中，就应该提前释放自己的精神，用自己的思想指引身体的行动，不放弃当下战胜困难的机会。当我们实现了最终的胜利，得到了精神上的喜悦时，就会像辛蒂一样，对身体曾经承受的苦难报以感谢了。

存心舍弃，不攀比，会有加倍的获得

《百喻经》里有这样一个故事：

一只猩猩手里抓了一把豆子，高高兴兴地在路上一蹦一跳地走着。一不留神，手中的豆子滚落了一颗。为了这颗掉落的豆子，猩猩马上将手中其余的豆子全部放置在路旁，去找那颗掉落的豆子。它趴在地上，转来转去，东寻西找，却始终不见那一颗豆子的踪影。最后猩猩只好用手拍拍身上的灰土，回头准备去取原先放置在路旁的豆子。谁知原先的那一把豆子却全都被路旁的鸡鸭吃得一颗也不剩了。

想想你现在的追求，是否也是放弃了手中的一切，仅仅为了找到掉落的那一颗豆子？

有人喜欢对于别人的财富抓住不放，也有人明知道是自己的财富却选择了舍弃。贪图别人财富的人，必将在获得的同时付出更多的代价；而主动舍弃财富的人，却可能得到上苍加倍的馈赠。

第二次世界大战的硝烟刚刚散尽时，以美英法为首的战胜国几经磋商，决定在美国纽约成立一个协调处理世界事务的联合国。一切准备就绪后，大家才发现，竟没有建办公大楼的土地。听到这一消息后，美国著名的财团洛克菲勒家族经商议后决定马上出资870万美元在纽约买下一块地皮，将它无条件地赠送给联合国。同时，洛克菲勒家族亦将毗连这块地皮的大面积地皮全部买下。

这条消息传出后，美国许多财团和地产商都纷纷嘲笑说，洛克菲勒家族简直是把钱当成一文不值的纸白送。但出人意料的是，联合国大楼刚刚建成，毗邻它四周的地价便立刻飙升起来，相当于捐赠款数十倍、数百倍的巨额财富源源不断地涌进了洛克菲勒家族财团，这让当初那些嘲笑他们的人追悔莫及。

放弃是智者面对生活的明智选择，是一种量力而行的睿智，更是一种顾全大局的果敢。它不盲目、不狭隘，它对心灵来说是一种宽松、一种滋润，它驱散了乌云，它清扫了心房。放弃并不完全代表着失败和气馁，明智的放弃是为了得到。

生活里，我们经常会遇到让自己做选择的时候。如果我们单单想到获得，而不想舍弃，那么我们可能失去更多。要知道，如果我们主动舍弃，有时反而会得到更多。

心平气和才能正确判断

人们在给别的事物做评价的时候，常常遵循的是个人的喜好：自己喜欢的，或者能够给自己带来好处的，就说它是好的；自己不喜欢的，或者不能给自己带来好处反而可能会带来伤害的，就会说它是坏的。可是，介入的喜好并不能成为评价事物好坏的标准。只有先抛开个人的喜好，静下心来，心平气和地对事物进行充分的调查、了解和分析，人们才能保证所做出的判断或得出的结论是正确的。

正如在善恶的分辨上，人们不能仅仅站在自己的立场、戴着有色眼镜、用一己之私评判谁是好人谁是坏人。以个人私心论善恶就是非常狭隘的。

德国诗人歌德曾说："真理就像上帝一样。我们看不见它的本来面目，我们必须通过它的许多表现而猜测到它的存在。"真理往往细如丝，混杂在一堆假象里，人们的眼睛、心智甚至道德上的缺失都会阻碍人们去敲响真理的大门。因此，人们往往对不了解的事和尚未为人所知的领域作出错误的判断。

人们之所以需要事先对事物进行全面而深刻地了解和分析，在很大的程度上，是因为很多事情并不是表面看上去的那样。

两个旅行中的天使到一个富有的家庭借宿。这家人对他们并不友好，并且拒绝让他们在舒适的客房里过夜，而是在冰冷的地下室给他们找了一个角落让他们睡觉。当他们铺床时，较老的天使发现墙上有一个洞，就顺手把它修补好了。年轻的天使问为什么，老天使答道："有些事并不像它看上去的那样。"

第二晚，两人又到了一个非常贫穷的农家借宿。主人夫妇对他们非常热情，把仅有的一点点食物拿出来款待客人，然后又让出自己的床铺给两个天使。

第二天一早，两个天使发现农夫和他的妻子在哭泣，原来他们唯一的生活来源——那头奶牛死了。

年轻的天使非常愤怒，他质问老天使为什么会这样，第一个家庭什么都有，老天使还帮助他们修补墙洞；第二个家庭尽管如此贫穷，却还是热情款待客人，而老天使却没有阻止奶牛的死亡。

“有些事并不像它看上去的那样。”老天使答道，“当我们在地下室过夜时，我从墙洞看到墙里面堆满了古人藏在那里的金块。因为主人被贪欲所迷惑，不愿意分享他的财富，所以我把墙洞补上了。昨天晚上，死亡之神来召唤农夫的妻子，我让奶牛代替了她。所以，有些事并不像它看上去的那样。”

年轻的天使为什么抱怨呢？因为他是以两家对待他们的态度来评判老天使的做法。然而，他断定的老天使做法的好坏恰好与事实相反。

真理并不是那么轻而易举就能被人们掌握的。很多事情就正如上面的故事一样，并不像它们看上去的那样。善恶亦是如此，即使在全面了解事物的前提下，人们也没有资格来定善恶。

不要为错过惋惜

人生有一种痛苦叫错过。生活中一些极美、极珍贵的东西，常常与我们失之交臂。这时，我们总会因为错过美好而感到遗憾和痛苦。其实，喜欢一样东西不一定非要得到它，俗话说：“得不到的东西永远是最好的。”当你为美好心醉时，远远地欣赏它或许是最明智的选择，错过它或许还会给你带来意想不到的收获。

美国的哈佛大学要在中国招一名学生，这名学生的所有留学费用由美国政府全额提供。初试结束了，有 30 名学生成为候选人。

考试结束后的第 10 天是面试的日子。30 名学生及其家长云集锦江饭店等待面试。当主考官劳伦斯·金出现在饭店的大厅时，一下子被大家围了起来，他们用流利的英语向他问候，有的人甚至迫不及待地向他作自我介绍。这时，只有一名学生，由于起身晚了一步，没来得及围上去。等他想接近主考官时，主考官的周围已经是水泄不通了，根本没有插空而入的可能。

于是，他错过了接近主考官的大好机会，他觉得自己也许已经错过了机会，于是有些懊丧起来。正在这时，他看见一个异国女人有些落寞地站在大厅一角，目光茫然地望着窗外。他想：身在异国的她是不是遇到了什么麻烦，不知自己能不能帮上忙？于是他走过去，彬彬有礼地和她打招呼，然后向她作了自我介绍，最后他问道："夫人，您有什么需要我帮助的吗？"接下来，两个人聊得非常投机。

后来，这名学生被劳伦斯·金选中了。在30名候选人中，他的成绩并不是最好的，而且面试前他错过了跟主考官套近乎、加深自己在主考官心目中印象的最佳机会，但是他却无心插柳柳成荫。原来，那位异国女人正是劳伦斯·金的夫人。

这件事曾经引起很多人的震动：原来错过了美丽，收获的并不一定是遗憾，有时甚至可能是圆满。

许多事情，可能只有经历过的人才会懂得。比如感情，痛过了之后才会懂得如何保护自己，傻过了之后才会懂得适时地坚持与放弃。在得到与失去的过程中，我们慢慢地认识自己。其实，生活并不需要这么些无谓的执着，没有什么真的不能割合。学会放弃，生活会更容易。

因此，在人生处于最困顿的时刻，我们也不要为错过而惋惜。失去的会带给我们意想不到的收获。花朵虽美，但毕竟有凋谢的一天，请不要再对着凋零的花长叹了，因为可能在接下来的时间里，我们将收获雨滴的温馨和浪漫。

幸福往往就在一拿一放之间

在人的一生中，左右为难的情形会时常出现：比如，两份同具诱惑力的工作、两个同具诱惑力的追求者，面对这些，人们不知该如何抉择。为了得到其中"一半"，你必须放弃另外"一半"。若过多地权衡，患得患失，到头来只会两手空空，一无所得。你不必为放弃的那"一半"感到悲伤，能抓住人生"一半"的美好已经是很不容易的事情了。

两个朋友一同去参观动物园。动物园非常大，他们的时间有限，不可能参观到所有动物。他们便约定：不走回头路，每到一处路口，选择其中一个方向前进。

第一个路口出现在眼前时，路标上标明一侧通往狮子园，一侧通往老虎山。他们琢磨了一下，选择了狮子园，因为狮子是"草原之王"。又到一处路口，分别通向熊猫馆和孔雀馆，他们选择了熊猫馆，熊猫是"国宝"嘛……

他们一边走，一边选择。每选择一次，就放弃一次，遗憾一次。因为时间不等人，如不这样做他们的遗憾将更多。只有迅速做出选择，才能减少遗憾，得到应有的收获。

人在作选择时，必须要有理性、睿智和远见卓识，不可鼠目寸光，不可急功近利，更不可本末倒置、因小失大。选择不是一锤子的买卖，你不能因为一粒芝麻丢了西瓜，也不能因为留恋一棵小树而失去整片的森林。

很多时候，你总是想选择这个，却又害怕错过那个，于是拿起来又放下，到最后一刻还在犹豫：这个会有这样的缺点，那个会有那样的不足。你总迟迟下不了决心，或者在选择之后，又来回地更改，在这样患得患失间耽搁了不少时间，浪费了不少精力，最后有可能让你两个都错过。世界上没有一个十全十美的东西让你选择，每一样东西都会有它自身的优缺点。所以，当你选择之后就大胆地往前走，走一步三回头会在很大程度上影响你前进的脚步。

那些事业有成的人，总会在抉择之后一直走下去。释迦牟尼在宗教事业和王位之间，选择了创立佛学；鲁迅在拯救人的灵魂和人的身体之间，选择成为一代文豪；迈克尔·乔丹放弃了棒球运动员的梦想，成为世界篮坛上最耀眼的“飞人”球星；帕瓦罗蒂放弃了教师职业，成为名扬世界的歌坛巨星。

人生中，有些选择看似诱人，但如果不适合自己，就要果断舍弃。你在做出选择时，要视自身条件和具体情况而定，要有主见，不能人云亦云。无论我们怎样审慎地选择，人生终归都不会是尽善尽美的，总会留有缺憾。

社会大舞台上，每个人都是自己生活的编导兼演员。只有学会正确地选择，果敢地舍弃，才能演绎出精彩的人生喜剧。

不放下攀比就永远看不到阳光

很多人都希望自己获得更多，却不愿意将自己已经获得的东西松手。可是，生活常常是这样的：如果不舍弃黑暗，就看不到阳光；如果不舍弃小的利益，就换不来更大的收获。

1984 年以前，青岛海尔电冰箱总厂主要生产单缸洗衣机，那时候的电器是按照一等品、二等品、三等品、等外品来进行分类的。原因就是在那个时候，中国刚刚改革开放，产品供不应求，只要还能用，产品就可以堂而皇之地送出厂门，而且绝对有市场，绝对卖得掉。实在卖不出去的产品，就分配给一些员工自用，或者送货上门半价卖掉。

然而在 1985 年 4 月，事情发生了改变。当时，张瑞敏收到一封客户的投诉信，投诉海尔冰箱的质量有问题。于是，张瑞敏到工厂仓库里去，对 400 多台冰箱全部做了检查之后，发现有 76 台冰箱不合格。为此，恼火的张瑞敏找到检查部问道：“你们看看这批冰箱怎么处理？”检查部说：“既然已经这样，就内部处理了算了。因为以前出现这种情况都是这么办的，加之大多数员工家里边都没有冰箱，即使冰箱有一些质量上的问题也可以给他们用呀。”张瑞敏说：“如果这样的话，就是说以后还允许再生产这样的不合格冰箱。这么办吧，你们检查部门搞一个劣质产品展览会。”于是，检查部就搞了两个大展室，在展室里面摆放上那些劣质的零部件和劣质的76台冰箱，并通知全厂职工都来参观。员工们参观完以后，张瑞敏把生产这些冰箱的责任者和中层领导留下，就问他们：“你们看怎么办？”结果大多数人的意见还是比较一致，都是说最后处理了算了。

但是，张瑞敏却坚持说：“这些冰箱必须就地销毁。”他顺手拿了一把大锤，照着一台冰箱，咣咣就砸了过去，把这台冰箱砸得稀巴烂，然后又把大锤交给了责任者。转眼之间，76台冰箱全都被销毁了。

当时，在场的每一个人都流泪了。虽然一台冰箱当时才800多元钱，但是，员工每个月的工资才40多块钱，一台冰箱就是他们两年的工资！

可是经过这件事情以后，员工们树立起了一种观念：谁生产了不合格的产品，谁就是不合格的员工。一旦树立起这种观念，员工们的生产责任心迅速增强，他们在每一个生产环节都不敢马虎了。“精细化，零缺陷”变成全体员工发自内心的心愿和行动，从而使企业奠定了扎实的质量管理基础。

又经过4年的时间，也就是1988年12月的时候，海尔就获得了中国电冰箱市场的第一枚国内金牌，把冰箱做到了全国第一。

如果当年海尔人都攥着眼前的利益不放，不肯砸烂那些不合格的冰箱，那么就不会有海尔集团日后的崛起，更不会有如今的声誉。可见，只有肯舍弃的人，才可能获得更多。那些紧紧攥着手里的东西不放的人，也只能是故步自封，得不到更好的发展。

不舍弃鲜花的绚丽就得不到果实的香甜

曾有人写过这样一首小诗：

不舍弃鲜花的绚丽，就得不到果实的香甜；

不舍弃黑夜的温馨，就得不到朝日的明艳。

自然界是这样，人生也是这样。在几十年的漫漫旅途中，有山有水，有风有雨，有舍弃“绚丽”和“温馨”的烦恼，也有获得“香甜”和“明艳”的喜悦。人生就是在舍弃和获得的交替中得到升华，从而到达高层次的境界。从这个意义上来说，获得很美丽，舍弃也很美丽。

社会发展的速度很快，诱惑随之增多，很多人在诱惑面前停下了自己的脚步。面对层出不穷的诱惑，很多人忘记了自己原本的人生方向，在诱惑的旋涡中纠缠不止，平庸地度过一生。

其实，人生的“口袋”只能装载一定的重量，人们前进的行程就是一个不断舍弃的过程。没有舍弃，人们就可能被不断加重的包袱压“死”在前进的途中。

拉斐尔11岁那年，一有机会便去湖心岛钓鱼。在鲈鱼钓猎开禁前的一天傍晚，他和妈妈又早早来钓鱼。安好诱饵后，他将渔线一次次甩向湖心，湖水在落日余晖下泛起一圈圈的涟漪。

忽然，钓竿的另一头沉重起来，他知道一定有大家伙上钩，急忙收起渔线。终于，拉斐尔小心翼翼地把一条竭力挣扎的鱼拉出水面。好大的鱼啊！它是一条鲈鱼。

月光下，鱼鳃一吐一纳地翕动着。妈妈打亮小电筒看看表，已是晚上10点——但距允许钓猎鲈鱼的时间还差两个小时。

“你得把它放回去，儿子。”妈妈说。

“妈妈！”拉斐尔哭了。

“还会有别的鱼的。”妈妈安慰他。

“再没有这么大的鱼了。”拉斐尔伤感不已。

他看了下四周，没有一个鱼艇或钓鱼的人，但他从妈妈坚决的表情上看出她的决定无可更改。夜色中，那鲈鱼抖动着硕大的身躯慢慢游向湖水深处。

后来，拉斐尔成为了纽约市著名的建筑师。他确实再也没有钓到过那么大的鱼，但他却为此终生感谢妈妈，因为他通过自己的诚实、勤奋、守法，猎取到了生活中的大鱼——事业上成绩斐然。

有人说，人生之难胜过逆水行舟，此话不假。人生在世界上，不如意的事情占十之八九，获得和舍弃的矛盾时刻困扰着人们。明白了舍弃之道和获得之法，并运用于生活，人们就能从无尽的烦恼中解脱出来，从而在人生的道路上进退自如。

不知是哪一位哲人说过，人生最远的距离是“知”和“行”。“有舍弃才有获得”的道理谁都懂得，可是要照着去做，那可就不容易了。不容易在哪里？外面的世界很精彩，舍弃很痛苦。精彩的世界里充满着诱惑，要舍弃的事情有时很美丽，于是人们不知道哪些是该获得的，哪些是该舍弃的。

生活在尘世中的人们，有一个可怕的心理，就是“终朝只恨聚无多”，什么都想得到，什么都不愿舍弃。人都是贪婪的，有惰性的，得到手的能轻易放弃么？所以，何时该获得，何时该舍弃，真是很难抉择。天下没有放之四海而皆准的真理，只有根据此时、此地、此情、此景去综合考虑舍与得。丢弃负累，轻装前行，才能得到更好的。

相信当下的足够你享用

来自生活上的打击常常会使人沮丧、筋疲力尽。这个时候，受打击的人觉得自己的力量是微弱的，很多人会被悲观与失望吞噬，抱怨命运不曾给予自己恩典。其实，当下的恩典已经足够人们享用，根本用不着命运额外的馈赠。

一位50多岁的男士去找心理医生咨询。他的意志看起来很消沉，他对心理医生说，他完了，没有任何希望了。他告诉心理医生他费尽一生心血赢得的所有东西都没了。

“所有?”心理医生问他。

“所有！一切都没了，没有任何希望了，而且我太老了，不可能重新来过。我对生活一点信心都没有了。”

心理医生能理解他的想法，也很同情他。但他的主要问题是被绝望操控了内心，使他看不到希望。在这个被扭曲的想法后面，他剩下的只有一个软弱无力的躯壳。

心理医生让拿出一张纸，让他把剩余的财产写下来。

他叹了口气，说：“没用了，我想我已经告诉过你了，我什么也没剩下。”

心理医生问他：“你太太还跟你在一起吗?”

“是的，我们感情很好。不管事情有多糟她都不会离开我。”

“好，那我们把这个记下来——太太还跟你在一起，而且不管发生什么事，她都不会离弃你。那么你有小孩吗?”

“有啊!”男士的眼睛一亮，“我的三个孩子都棒极了。我每次都被他们感动得不行。他们会走到我面前说：‘爸爸，我们爱你，我们会一直和你站在一起。’”

“那么，这就是第二项了——三个爱你、愿意站在你身旁的子女。”心理医生继续说，“你有朋友吗?”

“有，”他一点也没有犹豫，“我有几个很不错的朋友。他们会来看我，然后说他们想要帮我，但是他们帮不了我什么。”

“那就有第三项了——你有一些愿意帮你而且尊重你的朋友。那么你是否正直诚实呢? 你有没有做什么错事?”

“我确实正直诚实，这一点没问题，”他回答，“我一直坚持走正道，我的良知一尘不染。”

“好。我们把这个列入第四项——正直诚实。那么你的健康呢?”

“我很少生病，我觉得我的身体状况还不错。”

“现在已经是第五项了——身体良好。”

现在,心理医生说,“我们把列出的资产看一遍:

1.一个好太太——不管发生什么都不会离开你。

2.三个爱你、愿意站在你身旁的子女。

3.一些愿意帮你而且尊重你的朋友。

4.正直诚实,没做什么错事。

5.身体状况良好。”

心理医生把这张纸放到他的面前:“我还以为你真像先前告诉我的那样一无所有呢,你还有更多的资产没有被发掘。”

男士显得有些不好意思了,笑着说:“我没想到从这个角度来看事情,或许事情真的还没有那么糟。”

生活中,人们常常会被悲观遮住了双眼,看不到自己身边拥有的幸福。可是,看不到不等于不存在。当人们换一种角度看待生活的时候,原来的阴霾就会消失,取而代之的是享用不尽的恩典。

无论人们的生活变得多么的糟糕,总会还有自己的资产,至少还会有健康的身体和智慧。好好地利用当下的资产,享受当下的恩典,足够你战胜一切困难。

放下负担与心灵对话

生活中的喜怒哀乐、悲欢离合,都需要我们用心慢慢地体会、感悟。如果我们的心是暖的,那么在自己眼前出现的一切都是灿烂的阳光、晶莹的露珠、五彩缤纷的落英和随风飘散的白云,我们感受到的是天堂般的快乐。如果心冷了,再炽热的烈火也无法给我们的世界带来一丝的温暖,我们的眼中也充斥着无边的黑暗、冰封的雪谷,我们感受到的只是残垣断壁般的凄凉。

在忙碌的工作和生活之余,我们一定要留出时间来经常跟自己的心灵对话,了解自己的内心处于怎样的状态,并尝试从心灵的舒展开合中获取力量。别再以时间不够为托词,要知道与心灵对话永远都不会是一件浪费时间的事。

把贪图钱财看成正确行为的人,不会让他人获得利禄;把追求显赫看成正确行为的人,不会与他人分享美好的声誉;迷恋权势的人,不会授人权柄。掌握了利禄、名声和权势的人,便唯恐丧失这些东西而整日战栗不安;如果放弃这些东西又会让他们悲苦不堪。目光只盯住自己所无休止追逐的东西,不肯与他人分享,这样的人只能算是被大自然所刑戮的人,他们的心是冰冷的、自私的。

如果我们能不因高官厚禄而喜不自禁，不因前途无望、穷困贫乏而随波逐流、趋势媚俗，在荣辱面前一样达观，那我们也就没有忧愁了。

从来没有什么东西能够束缚住我们的心灵，除了我们自己。与其在束缚中苦苦寻求心灵困惑的出路，还不如给心灵松绑，让心灵在自由之中感受快乐。

在当下与自己的心灵对话，让自己的德行像光一样明亮，但不要刻意对人显耀；行为信守承诺，但不会令人有所期望；睡觉时不做梦，清醒时无忧虑；活着时好像无心一样浮游于世，死亡时则像休息一样自然寂静；心神纯一精粹，没有欢乐与悲伤，持守精神的简洁和永恒，任何事情都不会违逆心意。获得心灵的自由与尘世的幸福就如此简单。

攀比和抱怨是对你的折磨

渴望荣华富贵的人，永远都不会满足。他们每天都在不停地追逐和奔波，但是何时能够达到自己理想的生活状态，他们并不知晓。可是，难道只有拥有荣华富贵的人才能幸福吗？人们不停地忙碌，追逐幸福，可是什么时候才能到达终点，静下心来享受人生的乐趣呢？知足的人会告诉你：随时。你随时都可以感受到来自生活的幸福，前提是你懂得知足。用积极乐观的心态去面对生活，即使是经历苦楚，也能做到心满意足。

一位盲人，在剧院欣赏一场音乐会，交响乐时而凝重低缓，时而明快热烈，时而浓云蔽日，时而云开雾散，盲人惊喜地拉着身边的人说，我看见了，看见了山川，看见了花草，看见了光明的世界和七彩的人生……

一个失聪的孩子，在画展上欣赏着一幅幅作品，他仔细地看着，目不转睛，神情专注，忽然转身，微笑着大声地对旁边的父母说，我听到了，听到了小鸟在歌唱，听到了瀑布的轰鸣，还有风儿呼啸的声音……

一位病人，医生郑重地告诉他，手术成功，化验结果出来了，从他腹腔内摘除的肿瘤只是一般的良性肿瘤，经过一段时间的疗养便可康复出院，并不危及到生命。病人顿时满面春风，双目有神，紧紧地握着医生的手，激动地说，谢谢，谢谢，是你们给了我第二次生命……

这些人在心理上和生理上都承受着巨大的折磨，可是他们的内心是满足的，因为他们学会了抛开眼前的不幸，看到了自己所拥有的，因而从另一方面获得了重生。

也许，在生活中，你的那一点挫折跟他们相比，真的算不了什么，可是为什么你还一直在抱怨呢？原因就在于，你一直在用悲观的眼睛看着这个世界，你的内心充满了消极的想法，所以看不到生活在这个世界上的其他乐趣。其实，只要你摒弃内心的悲观和消极，你也可以对任何事情都感到心满意足。

幸运从不曾将你遗忘

一部大戏总会有中场休息的时段。在这段时间，所有的表演都会停下来，所有的秩序都被舞台上的空荡打乱，嘈杂声、口哨声会让观众感到厌烦。可是，当演出再次开始的时候，一切又都恢复了正常，仿佛刚才的凌乱都不曾发生过一样。

人生也如同一部大戏，幸运也可能会中场休息，它不可能永远伴着你，它可能会在某一个时段退出你的生活舞台，又可能在某一个时段重现。于是，当幸运中场休息的时候，你就可能会面对苦难和折磨，你的人生也会走向不幸。

然而，这种不幸是短暂的，因为幸运正在中场休息。可是，焦躁的你却以为幸运把你遗弃了，于是，悲观和消极的念头侵袭了你的头脑，挫折和困境占据了你的生活。

1987 年 3 月 30 日晚上，洛杉矶音乐中心的钱德勒大厅内灯火辉煌，座无虚席，人们期盼已久的第 59 届奥斯卡金像奖的颁奖仪式正在这里举行。在热情洋溢、激动人心的气氛中，马莉·马特琳走上领奖台，从上届影帝——最佳男主角奖获得者威廉·赫特手中接过奥斯卡金像奖。

手里拿着金像奖的马莉·马特琳激动不已。她把手举了起来，但不是那种向人们挥手致意的姿势，眼尖的人已经看出她是在向观众打手语。原来，这个奥斯卡金像奖最佳女主角奖获得者，竟是一个聋哑女。

马莉·马特琳出生时是一个正常的孩子。但她在 18 个月大的时候，被一次高烧夺去了听力。

这位聋哑女对生活充满了激情。她从小就喜欢表演，8 岁时加入伊利诺伊州的聋哑儿童剧院，9 岁时就在《绿野仙踪》中扮演桃乐西。

但 16 岁那年，马莉被迫离开了儿童剧院。所幸的是，她还能时常被邀请用手语表演一些聋哑角色。正是这些表演，使马莉认识到了自己生活的价值。她利用这些演出机会，不断锻炼自己，提高自己的演技。

1985 年，19 岁的马莉参加了舞台剧《失宠于上帝的孩子》的演出，她饰演的是一个次要角色。可就是这次演出，使马莉有了走上大银幕的机会。

女导演兰达·海恩丝决定将《失宠于上帝的孩子》拍成电影。在物色女主角——萨拉的扮演者时，她发现了马莉高超的演技，决定启用马莉担任影片的女主角，饰演萨拉。

马莉扮演的萨拉，在全片中没有一句台词。全靠马莉极富特色的眼神、表情和动作来揭示主人公矛盾复杂的内心世界——自卑和不屈、喜悦和沮丧、孤独和多情、消沉和奋斗。马莉十分珍惜这次机会，她勤奋、严谨、认真对待每一个镜头，用自己的心去拍，表演得惟妙惟肖，让人拍案叫绝。

就这样，马莉·马特琳实现了人生的飞越，她成为美国电影史上第一个聋哑影后。

在颁奖晚会后，面对记者的采访，马莉用手语说：我经历了很多不幸，但是我一直坚信幸运不曾将我遗弃。

就是因为对幸运的信任，马莉·马特琳成功了。可是在生活中，面临困境的时候，你为什么总是对幸运产生怀疑呢？难道你就不能有点耐心，安静地等到幸运的再次光临吗？

命运女神既然将人生编排成了一场戏剧，那么她肯定会让演员轮番休息。幸运就如同其中的一个演员，在表演的过程中难免会出现疲劳的状态，所以它可能会在你生命中的某一个时段申请退场，以补充自己的体力。

在幸运中场休息的时候，苦难会光临你的生活，可是它并不会永远存在。当幸运短暂休息之后重新登场，它就会将苦难驱走。所以，苦难的出现，只是让你学会等待幸运的中场休息。幸运不曾将你遗忘，你也不要在苦难光临的时候将幸运遗忘。

别人的目光

意大利诗人但丁在《神曲》中的一句名言“走自己的路，让别人说去吧！”，至今仍是许多人的座右铭，它让无数心志澄明的人找到了最简单的快乐方式——做真正的自己。

人生中总要面临十字路口，有人徘徊，有人决绝；有人半途而废，也有人勇往直前。当面临抉择的时候，是坚持自己的方式，还是被扼杀在别人的目光下？如果为了取悦他人而一味地满足他人的价值观，那个真实的自我就会逐渐离我们远去。只有全面而真实地活出自我，才不会盲目和迷失，才不会被他人的目光一层一层缠绕得越来越复杂。

每个人都有自己的生活方式与态度，都有自己的评价标准，女人可以参照别人的方式、方法、态度来确定自己的行动方略，但万不可生活在别人目光的阴影下。一个活在别人标准和眼光之中的人是痛苦而悲哀的，他们从来都不曾体会过展现自我的快乐。

在电影历史中占有一席经典之位的《修女也疯狂》的主演乌比·戈德堡，从小就是一个“与众不同”的“另类”。但她却始终坚持着成为一个独立的个体，坚强地承担着来自他人眼光的所有疑义甚至责难，正如妈妈曾经教育她的那样。

乌比·戈德堡生长的年代正值“嬉皮士”流行的时代。她生活在环境颇为复杂的纽约市切尔西劳工区，经常打扮得奇装异服，引来周围人的议论纷纷。可她似乎一点也不在乎，依然身穿大喇叭裤，头顶蓬蓬头，脸上涂满五颜六色的彩妆。

甚至有一次，她因穿着破烂的吊带裤和漆染衬衫，而遭到好友无论如何也不和她一起逛街看电影的拒绝。

正当这时，乌比·戈德堡的母亲走过来，出人意料地对她讲：“你可以去换一套衣服，然后变得跟其他人一样。但你如果不想这么做，只要确信你有足够的坚强，可以承受一切外界的嘲笑，那么就坚持下去。不过，你必须知道，你会因此而引来批评，你的情况会很糟糕，因为与大众不同本来就很不容易。”

乌比·戈德堡大受鼓舞。她恍然间意识到，除了母亲，没有人会在一开始就对自己的“另类”存在方式给予理解，更不要说是鼓励和支持了。如果她为了与朋友的目光“和谐相处”而换掉今天的这身衣服，那么日后又要为多少人换多少次衣服呢？也就是从那时起，乌比·戈德堡一生即使在强大的“同化”压力下，也不愿为了他人的目光而改变自己。

她在《修女也疯狂》中扮演的修女也是一个很另类的形象。就是在她成名后，也总能听到人们说：“她在这些场合为什么不穿高跟鞋，反而要穿红黄相间的跑步鞋？她为什么不穿小礼服？她为什么跟我们不一样？”可最终，人们还是接受了她的风格，关键是受了影响，学着她的样子梳起黑人细辫，因为她是那么与众不同，那么魅力四射。

人们总是习惯以一个人的外形作为先入为主的评判依据，却忽视了内在。要想成为一个独立的个体，就要坚强到能承受来自各方面的各色眼光。乌比·戈德堡的母亲是伟大的，她懂得告诉她的孩子一个处世的根本道理——拒绝改变并没有错，但是拒绝与大众一致也是一条漫长的路。

如穿衣一样，生活中我们也不能总是随着别人的目光而变来变去。所谓“众口难调”，大千世界，人人的喜好都不尽相同，没有自我的生活方式，内心就像一个没有根的浮萍，随波逐流。生活中原本就没有一威不变的条条框框，只要内心坚定，自然就不会起那么多的纷争，世界也会因你而改变。

很多时候，我们内心的满足来自于别人目光折射回来的色彩基调：别人羡慕我们幸福，自己感觉就很满足；别人觉得她们自己很幸福，我们就会拿自己的生活与之相比。往往，人们总是忽视了自己内心真正想要的东西，而常常被外在的事物所左右。无论他人幸福与否，那都不是我们所能摸得到的生活。将自己的幸福建立在与他人比较的基础之上，或建立在他人的目光中，那么我们永远也不会感受到幸福。

就像这样的现象在生活中是不是很常见？

一家卖了旧房、在闹市区买了新房的老邻居，劝她也该“重新动动”了。于是，女人便眼红心动，和丈夫吵着闹着也要在闹市区买房，而且还偏要和邻居是同一栋楼。

当历尽“口舌之磨、身心之疲”后，好不容易交了订金，女人仍然不满意——要买就买比老邻居大一点的那套。

等到钥匙拿到手后，心算踏实了。当亲朋好友问起时，女人显得毫不上心地随意一说：“嗨，不大，100 多平方米，就比那谁家的大一点儿！”

将自己的生活置放在了别人的标准和目光中，相对于短暂的人生而言，是怎样的一种悲哀和痛苦。当我们总是把“别人的目光”作为终极目标时，就会陷入物欲设下的圈套。如同童话里的红舞鞋，漂亮、妖艳而充满诱惑，一旦穿上，便再也脱不下来。我们疯狂地转动舞步，一刻不停，尽管内心充满疲惫和厌倦，但脸上依然还要挂出幸福的微笑。当我们在众人的喝彩声中终于以一个优美的姿势为人生画上句号时，才发觉这一路的风光和掌声，带来的竟然只是说不出的空虚和疲惫。

看看大自然中的一切，我们便会明白，简单成就真实，真实导向美丽。一泓静谧的湖泊，没有飞流直下的气势，也鲜有辽阔无垠的广域，却仍旧安然地守望着一方幽蓝；一朵洁白的云彩，没有太阳的耀眼光芒，也没有彩虹的灿烂色彩，却依然自在地漂游着一片纯净；一棵无名的小草，没有花朵的芬芳诱人，也没有树木的挺拔高大，却依然快乐地吐绽着一抹新绿……没有喧哗的鼎沸，没有华丽的陪衬，却仍然可以拥有自身的纯正圆融。安详而淡雅地存在，不会影响它们别样的美丽。人生如是，别人的目光纵有千千万，也比不上对自我心灵的诚实；如此，演绎出自己的特别，才是泰然自若中的华彩。

不攀比才能给自己恰当定位

认识自己，是走好人生的第一步。尼采曾经说过："聪明的人只要能认识自己，便什么也不会失去。"每个人都有自己的长处和短处，不可能无所不为，只有正确地认识自己，争取自己力所能及的，不去攀比放下自己能力范围之外的，扬长避短，善于取舍，才能使自己充满自信，使人生的航船不迷失方向。

不攀比，承认生活的不完美

有这样一个故事：

有一个人对自己坎坷的命运实在不堪忍受，于是天天在家里祈求上帝改变自己的命运。上帝被他的诚心打动，于是对他承诺："如果你在世间找到一位对自己命运心满意足的人，你的厄运即可结束。"此人如获至宝，开始他寻找的历程。

这一天，他终于走到皇宫，询问万人之上的天子，"万岁，您有至高无上的皇权，有享受不完的荣华富贵，您对自己的命运满意吗？"天子叹道："我虽贵为国君，却日日寝食不安，时刻担心有人想夺走我的王位，忧虑国家能否长治久安，我能否长命百岁，还不如一个快乐的流浪汉！"这人又去找了一个在太阳下晒太阳的流浪汉，问道："流浪汉，你不必为国家大事操心，可以无忧无虑地晒太阳，连皇上都羡慕你，你对自己的命运满意吗？"流浪人听后哈哈大笑，"你在开玩笑吧？我一天到晚食不果腹，怎么可能对自己的命运满意呢？"

就这样，他走遍了世界的每个地方，访问了各行各业的人，被访问的人说到自己的命运竟无一不摇头叹息，口出怨言。这人终有所悟，不再抱怨有残缺的生活。

说也奇怪，从此他的命运竟一帆风顺起来。

人们对事物一味理想化的要求导致了内心的苛刻与紧张，所以，完美主义者常常不能心态平和，追求完美的同时也失去了很多美好的东西。事物总是循着自身的规律发展，即便不够理想，它也不会单纯因为人的主观意志而改变。如果有谁试图使既定事物按照自己的主观意志改变而不顾客观条件，那他一开始就注定已经失败了。

童话中渔夫那贪婪的妻子，终于未能逃脱依旧贫穷的命运便是证明。现实中，我们许多人都过得不够开心、不够惬意，因为他们对环境总存有这样或那样的不满，他们没有看到自己幸福的一面。也许你会说："我并非不满，我只是指出还存在的问题而已。"其实，当你认定别人的过错时，你的潜意识已经让你感到不满了，你的内心已经不再平静了。

一桌凌乱的稿纸，车身上一道明显的划痕，一次你不太理想的成绩，比你理想中的身高矮一些、体重轻一些，种种事情都令人烦恼，不管与你有多大联系，你甚至不能容忍他人的某些生活习惯。如此，你的心思完全专注于外物了，你失去了自我存在的精神生活，你不知不觉地迷失了生活应该坚持的方向，苛刻掩住了你宽厚仁爱的本性。

没有人会满足于本可能改善的不理想现状，所以，努力寻找一个更好的方法：用行动去改善事物，而不是空悲叹，一味表示不满；应该用包容的心去看待事物，而不是到处挑毛病，让不必要的烦恼来搅乱自己的心。同时应该认识到，我们可能采取另一种方式把每一件事都做得更好，但这并不是说已经做了的事情就毫无可取之处，我们一样可以享受既定事物成功的一面。有句广告词不是说"没有最好，只有更好"吗？所以，不要苛求完美，它根本不存在。

爱默生曾说：如果你不能当一条大道，那就当一条小路，如果你不能成为太阳，那就当一颗星星。决定成败的不是你尺寸的大小，而是做最好的你。

许多人都感叹命运不好，其实是他自己的活法不对。上一座山，刚上一小段，发现另一座美丽壮观，于是匆匆跑下来又开始登那座"美丽壮观"的山；刚登上一小段，又发现另一座更美丽壮观的山……如此下去，这些人跑来跑去，跑了几十年却仍在"山"脚下徘徊，当然又是命苦又是心累的叫个不停，可这怪谁呢？

最好的活法是顺其自然。这里的自然不是随波逐流，不是随遇而安，更不是醉生梦死地跟着别人走，而是指一个人弄明白自己的人生方向后踏踏实实地顺着这条路走下去，心安理得地不羡慕别人的成功更不会跑去盲目地跟着别人走。应该明白，鱼儿不会因为羡慕鸟儿就能飞上天空，小草不会因为羡慕大树就能发疯地长高，一个人更不能因为羡慕别人的成就就忘了去把自己该做的事做好。

每个人都有自己的长处和优势，也就是每个人都有自己的一座"山"。关键是找到那座"山"，然后坚定地攀登上去。坚持登一座山的人一定能达到顶峰，坚持做一项事业的人一定能成功，坚持一种生活信念的人一定会幸福。

建立好心态的意义就是帮助你找到最好的活法，然后顺其自然努力去奋斗。既不感叹命运也不抱怨时代，当不了大树就当小草，当不了太阳就当星星，当不了江河就当小溪……明白自己是什么也就明白了自己该走的路，明白了自己的能力有限也就明白了不可能事事完美，就可以心安理得地坚定地走在自己选定的人生路上，就会在生活中创造出无穷的乐趣，就会在前进中开发出无尽的幸福与欢乐。

如果你有过于要求完美的心理趋向，又认为情况应该比现在更好时，一定要把握住自己，放弃苛刻的眼光，心平气和地承认生活的残缺，这才是成熟者的心态。

不要追求十全十美

在我们的周围，你会发现一些人，他们的智力很高，才智过人，很聪明，工作能力也很不错，而且又非常勤奋，一工作起来常常什么都有可能忘了。但是，他们就是出不了什么成果，眼看着比他们在各方面都差一些的人成果都十分显著了，而他们却依然默默无闻。

寻找这类人之所以迟迟不能成功的原因，可能不是一件容易的事情，因为他们的才华虽然说不上盖世，但比起我们常人却超出了一截，他们的思维很敏捷，工作也够勤奋。如果真是这样的话，他有可能是个“完美主义者”，什么事情都喜欢追求十全十美。

你可能要说：“完美主义不好么？”回答是：不好。如前所说，这些人之所以不能取得成绩，不能取得人生的成功，不是他们缺少能力，而是他们在做任何事情之前，都不能放下自己追求完美的欲望。他们想把事情做到尽善尽美，这当然是可取的，但他们在做一件事情之前，总是想使客观条件和自己的能力也达到尽善尽美的完美程度，然后才去做。因而，这些人的人生始终处于一种等待的状态之中。他们没有做成一件事情，不是他们不想去做，而是他们一直等待所有的条件成熟，因而没有做，他们就在等待完美中度过了自己不够完美的人生。

比如，他想写一篇某方面的论文，他首先会在尝试几种、十几种，乃至几十种方案之后才动手去写论文。这么做当然是好的，因为他可能在比较之中找到一种最佳的方案。但是，在他开始写的时候，他又会发现他选择的那种方案依然有些地方不够完美，多多少少还存在着一些错误和缺点，都不是尽善尽美，而他却非得要找出一种“绝对完美”的方案来。于是，他就将这种方案又重新搁置起来，继续去寻找他认为的“绝对完美”的新方案，或者，将这一论文的选题又放下，又去想别的事情。实际上，灭下没有什么东西是“绝对完美”的，他要寻找这种东西是不可能的。这种人总是不愿出现任何一种失误，担心因此而损害自己的名誉。所以，他的一生都在寻找的烦恼中度过，结果什么事情也没能做成。

如果你不相信这一点，你可能从你的人生档案中找出你拖延着没有做的事情，没有完成的项目或者课题，这样的事情你可能也会找出一大堆：搬了新家窗帘还没有装，所以没有请朋友来家里玩；这篇文章的构思还不是非常成熟，所以还没有写；这只现价 30 元的股票原想等掉到 5 块钱再买，但它一直掉不到 5 块钱，所以就一直未买等等。归纳一下你会发现，你一直在等待所谓的条件完全具备，你好将它做得尽善尽美。可是，你可能会发现社会上同样的事情有些人的方案或者条件还不如你的成熟，但他们的成果已经问世，或者已经赚了一大笔钱。你又会因此而烦恼，造成这种状况的原因就是你也患上了“完美主义”的毛病。

这就可以解释，为什么会有那么多表面看起来相当精明能干的人，到头来却一事无成，在人生的道路上坎坷颇多，进退维谷。

你还可以做这样的试验，把手头的某项工作交给你的两位部下，一位是完美主义者，一位是现实主义者，看他们面对同一工作会有哪些不同。等他们的方案提交上来，你会发现，完美主义者可以一下子给你提供 10 多种可行的方案，分别说明了其可行性与利弊得失。但是他无法确定哪种方案最好，他会采用哪种方案。而现实主义者则不然，他可能只有一种方案，也就是他要实施的那套方案。在聪明才智方面，他比不上前者，但他能够给一套很实在、马上就可实施的方案。

所以，在人生中，无论是对待工作、事业，还是对待自己、他人，我们不妨做一个适度的妥协主义者，而不要做一个完美主义者。因为完美主义者有可能什么事情也没有做成，而妥协者却会多多少少有些进展。

请记住：不要等到所有情况都完美以后，才动手去做。如果坚持要等到，万事俱备，你就只能永远等待下去了。同时，对待自己也要宽容些，不必追求自己永远绝对完美。这样，你不但少了许多烦恼，同时，你会发现，你的工作、事业在一个较短时间就会有大的发展。

若攀比与恐惧，不如行动起来

恐惧，是阻碍你步向成功的绊脚石，要想成功你就必须把它们一个个踢开。这是成大事者做事的惯例。

有很多人已经意识到，社会的发展变化太快了，我们没有充分的时间适应这种变化。面对生活，每个人都会产生某种恐惧。我们恐惧没有钱，恐惧没有出路，恐惧没有人理解，总之恐惧有很多，但主要有这样几种：恐惧贫穷，恐惧批评，恐惧健康不佳，恐惧失去爱，恐惧失去自由，恐惧年老，恐惧死亡。

恐惧的理由有无数种，但最可怕的是对贫穷和衰老的恐惧。我们把自己的身体当作奴隶一般来驱使，因为我们对贫穷十分恐惧。所以，我们希望积聚金钱以备年老之需。这种普遍的恐惧给我们造成很大的压力，迫使身体过度劳累，反而给我们带来了我们所极力要避免的困惑。

恐惧是一种全球性的消极心理，它到处压迫着人们。大多数人都了解，只要运用想象力，就能发挥创造力。他们都曾经阅读过一些伟人传记，这些伟人本来也都是普通人，他们都是克服重大的缺点与障碍之后，才成为伟大的人物。但他们却无法想象这种情形会发生在自己身上，他们使自己安于平凡或失败，并在希望或嫉妒中度过一生。他们养成了回顾过去的习惯(加强了失败的意念)，并且幻想同样的情形会再出现(预测失败)。他们受制于别人所订下的标准，因此经常把目标放得高不可及。他们既不相信梦想能够真正实现，也未充分准备有所成就，因此，他们一次又一次地失败了。

失败已固定在他们的自我心态中。就在事情似乎已有突破或真正有进展的时候，他们却把它弄砸了。事实上，对成功的恐惧感，使他们拖延了成功所必需的准备工作以及创造的行为。而为失败找出了合理解释，正好可以满足这种微妙的感觉："如果你们也经历我的遭遇，你们也不会有所进展的。"

很多时候，恐惧失败，是因为害怕失去旧有的地位、名誉，害怕因为失败招致负面的影响，因而裹足不前，那么怎样抛弃恐惧呢？

首先，你要进行自我激励，不断地在自己内心里对自己说：没什么可恐惧的，我一定可以做好。自我激励就是鼓舞自己做出抉择并且从事行动。激励能够提供内在动力，例如本能、热情、情绪、习惯、态度或者想法，能够使人行动起来。

其次，行动起来，用事实克服恐惧。很多事情没有做的时候，常常会感到恐惧，一旦做起来，就不会恐惧了。特别是事情做成功了，就可以克服恐惧，树立起信心。

最后，懂得放下，以平常心去对待事情。你可以把事情的最坏结果想象出来，如果最坏的结果你能够承受，那么就没有必要恐惧了。比如，下岗了，又能怎样？我还可以有基本生活保障，不至于活不下去。我可以干自己能干的事情。

恐惧不克服就会严重影响我们今后的发展，在恐惧所控制的地方，是不可能达成任何有价值的成就的。所以，要想成就大事，就要抛弃恐惧之心，改变自己，肯定自己，最终超越自己。

不为别人的目标而生活

毫无疑问，你要在生活中有所作为，就必须完全消除需要得到赞许的心理，它是精神上的死胡同，它绝不会给你带来任何益处。

有一位年轻人，对于现代社会的各种重大问题都有着自己的一套独特见解，如人工流产、计划生育、中东战争、水门事件、美国政治等等。每当自己的观点受到嘲讽时，他便感到十分沮丧。为了使自己的每一句话和每一个行动都能被每一个人所赞同，他花费了不少心思。他向别人谈起他同岳父的一次谈话。当时，他表示坚决赞成无痛致死法，而当他察觉岳父不满地皱起眉头时，便几乎本能地立即修止了自己的观点："我刚才是说，一个神志清醒的人如果要求结束其生命，那么倒可以采取这种做法。"年轻人在注意到岳父表示同意时，才稍稍松了一口气。

他在上司面前也谈到自己赞成无痛致死法，然而却遭到强烈的训斥："你怎么能这样说呢？这难道不是对上帝的亵渎吗？"他实在承受不了这种责备，便马上改变了自己的立场："……我刚才的意思只不过是说，只有在极为特殊的情况下，如果经正式确认绝症患者在法律上已经死亡，那才可以截断他的输氧管。"最后，他的上司终于点头同意了他的看法，他又一次摆脱了困境。

当他与哥哥谈起自己对无痛致死的看法时，哥哥马上表示同意，这使他长长地出了一口气。

他在社会交往中为了博得他人的欢心，甚至不惜时时改变自己的立场。就个人思维而言，这个人是不存在独立思维的，所存在的仅仅是他人做出的一些偶然性反应；这些反应不仅决定着他的感情，还决定着他的思维和言语。总之，别人希望他怎么样，他就会怎么样。

现实生活中，这样的人和事也不少。有一个做秘书的，领导让他看一篇报告写得如何。他看过后来汇报，说："我认为写得还不错。"领导摇了摇头。秘书赶快说："不过，也有一些问题。"领导又摇摇头。秘书说："问题也不算大。"领导又摇摇头。秘书说："问题主要是写得不太好，表述不清楚。"领导又摇摇头。秘书说："这些问题改改就会更好了。"领导还是摇头。秘书说："我建议打回这个报告。"这时领导说了："这新衬衣的领子真不舒服。"

一旦寻求赞许成为一种需要，要想真实地表达自己就不可能了。如果你感到非要受到夸奖不行，并常常做出这种表示，那就没有人会与你坦诚相见。同样，你不能明确地阐述自己在生活中的思想与感觉，你会为迎合他人的观点与喜好而放弃你的自我价值。

人在生活中必然会遇到大量反对意见，这是现实，是你为“生活”付出的代价，是一种完全无法避免的现象。如果我们事事都迎合别人，以求获得赞许，那么我们就会像路边的小草一样，风吹两边倒。放下需要得到赞许的心理，才能让自己的思维在广阔的天地里自由驰骋。

失败来自于自我设限

在生活中，我们有时会有意无意地给自己的工作设一个界限。结果是一旦不能突破，就会退缩到安全的界限内，并告诉自己：算了吧！自己就这个能力，这已经很不错了。殊不知这就是你成功与失败的分界线。

不少人准备做一件伟大的事，打破某一纪录或做出一项破天荒的创举。刚开始的时候，他的梦想与野心也许十分远大，但是在生活的道路上并不是时时刻刻都能随心所欲，一定会有碰壁的时候。一旦碰了壁，心情难免沮丧，亲友或同事们的消极批评，更容易使自己受到影响。于是他开始怀疑自己的能力，为自己的失败找借口。

其实，困难在我们的人生路上是无处无时不在的，如果你一味逃避的话，你将永远无法前进。许多人的失败，不是自己能力有问题，而是总给自己的人生设限。

生物学家做过一个有趣的实验：他们往一个玻璃杯里放进一些跳蚤，发现跳蚤立即轻易地跳了出来。重复几遍，结果还是一样。根据测试，跳蚤跳的高度均在其身高的100倍以上，所以跳蚤称得上动物的跳高冠军。

接下来，实验者再次把这些跳蚤放进杯子里，不过这次是立即在杯上加一个玻璃罩上。“嘣”的一声，跳蚤重重地撞在玻璃罩上。跳蚤虽然也十分困惑，但它决定不停下来，因为跳蚤的生活方式就是“跳”。一次次被撞，跳蚤开始根据玻璃罩的高度来调整自己所跳的高度。经过一段时间，这些跳蚤再也没有撞击到这个玻璃罩，而是在罩下自由地跳动。

第二天，实验者开始把玻璃罩轻轻拿掉，跳蚤不知道玻璃罩已经去掉了，还是按原来的那个高度继续地跳。三天以后，实验者发现这些跳蚤还在那里跳。一周以后发现，那些可怜的跳蚤还在这个玻璃杯里不停地跳着——其实它们已经无法跳出这个玻璃杯了。它们已从一个跳蚤变成了一个可悲的爬蚤！

后来，生物学家在玻璃杯下放了个酒精灯，并且点上了火。不到五分钟，玻璃杯烧热了，所有的跳蚤自然发挥求生的本能，每只跳蚤再也不管头是否会撞痛（因为它们都以为还有玻璃），全都跳出了玻璃杯。

玻璃罩已经罩在跳蚤的潜意识里，罩在了心灵上，行动的欲望和潜能被扼杀了。科学家把这种现象叫作“自我设限”。

自我的限制导致了悲剧的发生。与跳蚤一样，我们人类也会给自己设限。生活环境常常使我们迷失了自我，我们不知道自己能力有多大，所以经常止步不前，这是多么可怕的事实啊！人有些时候也这样，很多人不敢去追求成功，不是追求不到成功，而是因为他们在心里给自己设定了一个“高度”。他们常常暗示自己：成功是不可能的，这是没有办法做到的。“心理高度”是人无法取得伟大成就的根本原因之一。

喜欢自我限制的人，多半是缺乏自信的人，他们的心理高度是比较低的。他们认为自己是非常普通的社会一分子，他们不会像一些名人、伟人一样，甚至他们想都没有想过就给自己下了定论，我不行。这种想法扼杀了萌芽中的一颗颗种子，降低了自己的心理高度，这就为以后的碌碌人生埋下了伏笔。

自我设限是非常严重的一种心理误区。经常给自己设限的人，他们认为别人（特别是名人、伟人）是不可超越的，自己不如他们，自己是没有资本和他们相比的。但是有一点他们都忽略了，一个伟人、一个天才也是从一个普通人开始的，不过他们通过自己的努力，能够超越他人、超越自我，他们敢于追求敢于超越。他们不会因为自己某一方面不如别人而否认自己，降低自己的追求，重新制定目标。伟人们从来不会为自己设定限度，总是用行动和实践去证实自己的能力。

我要不要跳？能不能跳过这个高度？我能不能成功？能有多大的成功？这一切问题都取决于：自我设限和自我暗示！一个人在自己的生活经历和社会遭遇中，如何认识自我，在心里如何描绘自我形象，也就是你认为自己是个什么样的人，成功或是失败的人，勇敢或是懦弱的人，将在很大程度上决定自己的命运。错误地判断自己的能力，低估了自己的价值，这是大部分人失败的通病。

坚持走自己的路

做人要懂得坚持自我，只要自己的目标正确，就要坚持自己的路走下去，切不可被他人的评价左右了前进之路。

坚持自己的路，必须坚守自己的追求、个性和风格。合理的意见或建议当然要听，但是你应当有主见，对于不客观的非议就要善于放下。否则，你一定会被众多的建议所肢解。因为，无论你怎么做，总有人表示不敢苟同。而在现实中，你又无法把自己“打扮”得适合每一个人。坚守自己，不在乎他人的意见和非议，就不会患得患失、犹豫不决。

每个人身上都有独特的闪光点，如果能把这与众不同的一点坚持下去就能成就一番大的事业。所以，要坚持走自己的路，不可让他人的思想左右自己的意志。

贝多芬学拉小提琴时，技术并不高明，他宁可拉他自己作的曲子，也不肯做技巧上的改善，他的老师评价他说：你绝不是个当作曲家的料。

歌剧演员卡罗素美妙的歌声享誉全球。但当初他的父母希望他能当工程师，而他的老师对他的评价则是：他那副嗓子是不能唱歌的。

发表《进化论》的达尔文当年决定放弃行医时，遭到父亲的斥责：“你放着正经事不干，整灭只管打猎、捉狗捉耗子的。”另外，达尔文在自传上透露：“小时候，所有的老师和长辈都认为我资质平庸，我与聪明是沾不上边的。”

沃特·迪士尼当年被报社主编以缺乏创意的理由开除，建立迪士尼乐园前也曾破产好几次。

爱因斯坦4岁才会说话，7岁才会认字。老师给他的评语是：“反应迟钝，不合群，满脑袋不切实际的幻想。”他曾遭到退学的命运。

法国化学家巴斯德在读大学时表现并不突出，他的化学成绩在22人中排第15名。

牛顿在小学的成绩一团糟，曾被老师和同学称为“呆子”。

罗丹的父亲曾怨叹自己有个白痴儿子，在众人眼中，他曾是个前途无“亮”的学生，艺术学院考了三次还考不进去。他的叔叔曾绝望地说：“孺子不可教也。”

《战争与和平》的作者托尔斯泰读大学时因成绩太差而被劝退学。老师评价他：“既没读书的头脑，又缺乏学习的兴趣。”

如果这些人不善于取舍，走自己的路，而是被别人的评论所左右，怎么能取得举世瞩目的成绩？

做人最不应该做出的牺牲，就是因为别人的评价而放弃自我前进的步伐。因为那些对你指手画脚的人，其实四根手指头只指着自己，惶惑得不知道他们遵从的规则是什么。

在这个世界上，虽然我们都可能得到很多人的帮助，但是对生命的负责最终只有靠自己去把握。我们应该挥洒自己的天赋或特长，尊重自己，仔细地聆听来自心底的呼声，而不是人云亦云，随波逐流。背离自己的个性是人生痛苦的根源，一味地活在别人的“看法”中，容易导致“削足适履”的悲剧，也是对自我生命的最大蔑视。

人生的洒脱和飘逸，在于能痛快淋漓地活在自我的个性天地中。我们固然要虚怀若谷地悦纳别人的忠告，以别人的成功榜样来激励自我发展，但我们完全没必要一味地听取他人的意见，我们要成为自己。之所以这样说，因为每个人有自己的优点和缺点，有自己想要的人生，有自己不同的遭遇。因为个性灭赋和环境机遇的差异，每个人的成功模式也会不一样。我们在走向成功人生的征途中，应当坚信：坚持适合自己的就是最好的，鞋子夹不夹脚只有脚趾最清楚，别人的判断是没有用的。可见，要使自己拥有一个成功的人生，就要准确给自己定位，坚持自己的选择，放下他人的非议，一路走下去。

应丢弃面子和攀比心

一个人的过失和错误总是不可避免的，它是客观存在的规律，重要的是要正视它，即“闻过则喜”，并且勇于改正它，即“闻过则改”。此不失为精明的处事为人之道。

人们在社会生活和社会实践之中，每日每时都要处理许多人际交往中大大小小的事情，但是，要么由于经验不足、情势不明，要么有意无意地把事情弄成僵局，甚至招致失败，犯下这样或那样不同程度的过失和错误，害己殃人。错误和过失是客观存在的，这也是可以理解的人之常情。

对待过失和错误，正确的态度应该是像孔子所言：“过则勿惮改。”（《论语·子罕》）就是说要勇于改过。因为“过而不改，是谓过矣”（《春秋》）。可见，孔子非常重视“改过”的行为。《史记·孔子世家》说：“君子有过则谢以质，小人有过则谢以文。”意思是说，君子能放下架子，承认错误，态度诚恳；小人对自己的错误，则往往虚伪地掩饰，以维护自己的自尊和面子，这就是人们常说的“文过饰非”。这种掩饰过失和错误的态度本身就是一种错误。应该看到，过失和错误对任何人都在所难免，只要知过能改，就是良好的道德品质的表现，行走于世也便容易了。

古语讲：“朝闻过而夕改之。”历史上许多明智之士或达官贵人，当他们犯了过失和错误之后，一旦觉察，就主动地认错，积极地改过，从而受到人们的尊敬和信赖。《史记·廉颇蔺相如列传》记载了战国时赵国名将廉颇负荆请罪的故事，“负荆请罪”这一成语也家喻户晓。廉颇处世，起初缺乏全局观念，计较个人名利，意气用事，与蔺相如比职位高低，并散布闲言中伤他，这是廉颇的过失。而蔺相如识大体、顾大局。能放下个人恩怨得失，甘愿忍受屈辱，不与廉颇争锋，表现了他的宽宏大量和高尚品格，深受人们的赞扬。然而，廉颇负荆请罪也同样被传为佳话。他虽有过失，但当他一旦认识了错误之后，就能放下自己的强大的自尊，负荆请罪，坚决改正，这就说明他不仅是战场上的猛将，而且是生活中的勇士。要知道，改过是需要勇气的，因为它需要你放下自己很强的自尊心，更何况他是一位名将。毫无疑问，廉颇的精神，同样值得颂扬。

从廉颇与蔺相如的故事中，可以看出，知过能改需要有两个最基本的条件：一是要“自知”，自己的所作所为经过反省之后，感到自己真是错了，而不仅仅是别人的指责。知错是一种自觉的行动，严刑之下只有屈服，却谈不上信服。二是要“虚心”，世界上许多事情，往往是当局者迷，旁观者清。当局者经过他人指出错误，反省领悟，进而改正。这多表现在古代帝王身上，他们有过失时，一些正直的大臣们敢于冒险进谏，直言不讳、阐明利害，使他们从迷惘中觉悟过来。

一个人对待过失和错误，首先要有“闻过则喜”的态度，其次是“闻过则改”的决心。实践证明，“过而不改，是谓过矣”是振聋发聩的名言，每个人都必须认真去品尝，它是一剂治病救人的良药。正确的态度，应该像《呻吟语·应务》中所说的那样：

你说“是”，我便从。我不是从你，我自从“是”，何私之有？你说“不是”，我便不从。不是不从你，我自不从“不是”，何嫌之有？

看来，这改过还要讲实事求是呢！

我们需要树立“过则勿惮改”的人生态度。可以这样说，“闻过则喜，闻过则改”是一种有益予自身修养不断提高，有益于改正过失，避免今后再犯的美德，它体现了人的理智和胸怀，是一种不断完善自我，激励上进的处世之道。

发现自己的闪光点

我们知道，能够改变自己命运的人目光远大，不会沉溺在短暂的利益之中，他们考虑问题、做事情，眼光都放得很远很远。所以，这些人能够洞察自己的人生，能够找到自己的长处。与之相反的是，那些由命运左右的人，急功近利，鼠目寸光，沉溺于眼前的一失一得，满足于眼前的一点点欲望。所以，这些人的人生很难成功。

学会洞察人生，认识自己，发现自己身上的长处，找到我们自己人生的用武之地，从一定意义上来说，是人生是否辉煌的一个关键。

齐白石老人在画画以前，只是一个雕花的木匠。如果仅仅做一个木匠，他很难为我们人类留下那么多的艺术财富。但齐白石老人目光远大，能够放下当个木匠混口饭吃的眼前的利益，于是找到了属于自己的一片天地，找到了属于自己的“富矿区”。一个人一生最大的幸运就是能够寻找到自己的闪光点，找到闪光点，并能放下眼前利益，寻找机会让它发光，那么成功就近在咫尺了。

或许，你还在学校里继续充实着自己；或许，你的事业刚刚开始；或许，你正在苦苦地寻找着、摸索着……

无论你现在正做着什么，还是你打算要做什么，对予事业刚刚起步或者将要起步的你，寻找到自己的闪光点，对你的人生是否辉煌、成功来说是至关重要的。

找到了你自己的闪光点，你就可以在那里挖掘出无穷无尽的宝藏，为社会、为人类也为你自己提供更多更好的物质或精神的财富。因为这里的资源，取之不尽，用之不竭。

找到了你自己的闪光点，你就可以在那里最大限度地发挥你的才能、你的智慧、你的体能、你的潜力，你就可以在你自己的人生之路上，写一个大大的人，树立一个顶天立地的人的形象。

人生最大的悲哀就是一生也找不到自己，找不到自己的闪光点。越是把握不好自己的闪光点，越容易被眼前的利益所蒙蔽。找不到自己，找不到自己的闪光点，是对生命的一种践踏，是对宝贵生命的一种浪费。而对于那个拥有生命的人来说，这也是最残酷的事情！

一位西方哲人说过，垃圾是放错了地方的宝贝。同样的道理，一个能人用错了地方，放在了不适合的工作岗位，就会成为一个无能的人。这也充分说明了找到自己的重要性。

每一个人的能力趋向不同、种类不同，表现形式也自然不同。比如有些人擅长形象思维或直觉思维，有人则擅长抽象思维；有的人能力在政治方面，有人在经济、军事、文化、艺术、体育、技艺等方面。这就存在着一个发现的问题、认识的问题、使用的问题。严格地说，生活中正常人不存在无能的问题，只存在能力未被发现的问题。中国著名的数学家陈景润在中学当教师时，由于他不善于口头表达，所以，被当作了不称职的教师。后来调入中国科学院专门从事数学研究，才让自己得到了发光的机会，其突出的科研能力才得以充分地发挥，在歌德巴赫猜想的研究中取得了世界领先的成果。如果他继续做中学数学教师，可能一生都是个不称职的教师。

所以，无论你现在从事着什么样的职业，或者学着什么专业，你都需要好好地审视你自己，看看你的闪光点在哪儿，究竟适合在哪一块土地上生长；同时，你需要仔细地看一看你脚下的那片土地，看它是否适合你生长，看看在这里，你的人生是否能绽放出最绚烂、最夺目的光。

我们每个人都有自己的闪光点，关键是我们自己是否真正地认识了自己。

所以，若要做到不吃亏，走向成功，就应该知道自己的优势是什么，然后将自己的生活、工作和事业发展都建立在这个优势之上。

找准你自己的人生坐标

中国有句古话：有所为就有所不为。有所得，就必有所失。什么都想得到，只能是生活中的侏儒。要想获得某种超常的发挥，就必须扬弃许多东西。瞎子的耳朵最灵，因为眼睛看不见他必须竖着耳朵听，久而久之，耳朵功能达到了超常的功能。会计的心算能力最差，而摆地摊的则是速算专家。生活中也一样，要想使你某方面的能力得到充分发挥，就必须放弃其他方面的能力。

一个人要想成大事就要恰当取舍，善于放弃和选择。学会放弃你不想做的事，学会选择你喜欢并擅长做的事，这样你才能在自己的人生道路上，找到适合自己的人生坐标，才能充分发挥自己的聪明才智，改变你自己的命运，从而到达成功的彼岸。

比尔·盖茨中学毕业的时候，他父母亲对他说："哈佛大学是美国高等学府中历史悠久的大学之一，是一个充满魅力的地方，是成功、权力、影响、伟大等等的象征和集中体现。你必须读一所大学，而哈佛是最好的选择。它对你的一生都会有好处。"

盖茨听从了父母亲的劝告，进了美国最著名的哈佛大学。他当时填的专业是法律专业，但他其实并不想继承父业去当一名律师。

盖茨在哈佛既读本科又读研究生课程（这是哈佛学生的特权），但他真正的兴趣依然在电脑上。他曾同朋友一起认真地讨论过创办自己的软件公司。他认定"电脑很快就会像电视机一样进入千家万户，而这些不计其数的电脑都会需要软件"。

大学二年级的时候，比尔·盖茨终于向父母说了他一直想说的话："我想退学。"

他的父母听了非常吃惊，也非常伤心。但他们无法说服盖茨改变主意。于是，他们请了一位受人尊敬的商业界领袖去说服盖茨。

盖茨在同这位商业巨头会面的过程中像个布道者一样滔滔不绝地向他讲述自己的梦想、希望和正在着手做的一切。这位商业巨头不知不觉地被感染了，仿佛又回到了自己当年白手起家的创业时代。他忘记了自己的使命，反而鼓励盖茨："你已经看到了一个新纪元的开始，而且正在开创这一个伟大的时刻。好好干吧,小伙子。"

父母很无奈,只得同意了盖茨的要求。

从此,盖茨一心一意地投身于自己的电脑软件领域中,他真的在梦想成真的成功之路上,开创了世界瞩目的业绩。

盖茨可是大企业家。他为了使自己的计划实现,权衡利弊,勇于放弃读完哈佛大学的机会,而投身于自己感兴趣的软件。如果他听取了父母的意见,读完大学再来创业,他现在又如何能声誉满全球,成为世界上最声名显赫的"软件大王"比尔·盖茨呢?

理智的放弃是权衡利弊的结果,一些成功人士往往是因为适当放弃了一部分小利益,所以才获得了成大事的丰厚成果。

伽利略是被送去学医的。当他被迫学习解剖学和生理学的时候,他却学习着欧几里得几何学和阿基米德数学,偷偷地研究天体问题,而最后成为著名的天文学家。

可见,在人生坐标上适当地放弃,也是一种明智的选择,只有放弃自己不想做的事,选择自己的喜好,才能成就自己完美的人生。

有一首老歌,其中有这样几句歌词:"原来人生必须要学会放弃,答案不可预期;原来结果最后才能看得清,来来回回何必在意。"

也许放弃当时是痛苦的,甚至是无奈的选择。但是,若干年后,当我们回首那段往事时,我们会为当时正确的选择感到自豪,感到无愧于社会、无愧于人生。也许正是当年的放弃,才有了今天的成功。

欲望是一个无底洞

古时候有一首《十不足诗》,十分形象地描画了贪心者的欲望:

终日奔忙为了饥, 才得饱食又思衣。
冬穿绫罗夏穿衫, 堂前缺少美貌妻。
娶下三妻并四妾, 又怕无官受人欺。
四品三品嫌官小, 又想面南做皇帝。
一朝登了金銮殿, 却慕神仙下象棋。
洞宾与他把棋下, 又问哪有上天梯。
若非此人大限至, 上到九天还嫌低。

物欲太盛造成的灵魂病态,就是永不知足,精神上永无宁静,永无快乐。

物质上永不知足是一种病态,其病因多是权力、地位、金钱之类引发的。这种病态如果发展下去，就是贪得无厌，其结局是自我毁灭。

托尔斯泰说："欲望越小，人生就越幸福。"这话蕴含着深邃的人生哲理。这是针对欲望越大，人越贪婪，人生越易致祸而言的。古往今来，被难填的欲壑所葬送的贪婪者，多得不可计数。的确，有了名利、金钱，可使生活更加安定，也会让生活变得多姿多彩。但有些人并不满足于此，而只对存积的增加有快乐感。我们不应该为了名利、物质而生存，而应该有效地使用它们，成为它们的主人才对。

在日本众石庭中享有盛名的京都由科龙安寺的茶庭里，安放着一座唤做"蹲"的石制洗手盆，在其表面刻有"吾唯知足"的文字。

由于人们欲望是无边无际的，难免有扩大的倾向，应该约束其界限，满足于目前所能拥有的，心存感谢。

不做金钱的奴隶

古时扬州有个商人，一天，他和几个同伴乘船返回家乡。哪知小船到了河中间的时候，突然破了，水一个劲儿地漏进船里，眼看船就要沉了，于是大家干脆就全跳下船去，努力游到对岸去。但其中的这个扬州人，虽然拼命地向前游，却游得很慢。

同伴问他："你游泳比我们都强，今天怎么啦，竟然落在我们后面？"这个人十分吃力地说道："我腰上缠着100两银子，很沉，我游不远。""赶快把它解下来，丢掉算了。"同伴们都劝告他。可是他摇了摇头，舍不得扔掉，渐渐地，这个人越游越慢，几乎要精疲力竭了。

这时，同伴们都已经游到了对岸，看见这人马上就要沉下去了，于是就冲他大喊着："快把银子扔了！你为什么这样愚蠢，连性命都保不住了，还要银子有什么用？"可是这个人终究还是舍不得银子。不一会儿，他就沉下去淹死了。

金钱的奴隶的命运是可怜又可悲的。

英国哲学家罗素说："对财产先入为主的观念，比其他事更能阻止人们过自由而高尚的生活。"

世间有许多吴敬梓笔下的严监生，巴尔扎克笔下的葛朗台，他们都是金钱的奴隶。对这类人来说，唯有金钱、财物才是最为重要的。为钱而生，为财而活，敛钱、敛财是这类人的最大嗜好，也是他们人生的最大目的。他们的生活公式是：挣钱、存钱、再挣钱、再存钱……他们的最大乐趣是"数钱"：今天比昨天多了多少，明天比今天还会多多少。他们的哲学是：多了还想多，永远不会有满足的时候。

凡是这样的人一般都自私、贪婪、冷酷，他们不懂得亲情，不懂得友谊，不懂得人与人之间的感情，若是有的话，也是以金钱的标准去衡量。他们的处世原则是：认钱不认人。即使是家人、爱者，也始终毫不含糊，“账”总是算得清清的，为了金钱有的甚至达到了“六亲不认”的程度。

大家都知道那个渴求点石成金的国王吧，开始时他狂喜万分，后来呢，食物和水成了金块，最亲爱的女儿也成了金人，他只剩下悔恨。

人，不光需要财富，更离不开真情和爱。人是感情的动物，悭吝冷漠只会割断幸福，使自己成为孤家寡人。过分贪婪的人，一生会失掉许多最美好的东西。

金钱固然重要，但如果因为索取金钱而抛弃亲情、友情和爱情，远离宁静、快乐，则金钱带来的满足绝不会持久。能够持久地使人身心健康，愉快自如地应付生活中的一切挑战的，唯有真情所赋予的力量。

名利如过往云烟

范蠡曾辅助越王勾践打败吴王夫差，又称霸中原，功盖吴越。然而他决然辞官，与家人远迁定陶。后来，他通过经商获利百万，“陶朱公”大名传闻天下。

他临辞官时，曾写信给另一个灭吴功臣文种：“飞鸟尽，良弓藏；狡兔死，走狗烹。越王可与共患难，不可与共安乐，子何不去？”文种终究不舍得权势地位，终落得个自杀的结局。

人人都渴求名利，但若是贪恋不肯松手，终会为名利所累。

张良辅佐刘邦建立汉朝，成为开国元勋、“汉初三杰”之一，刘邦封他为留侯，实在是当之无愧。刘邦本人及其父亲、妻子、儿女，都非常感激、器重张良，对他委以重任，赐以重金。然而，张良却淡泊权势，把权力地位看得轻如鸿毛，不愿接受重任，不肯多掌权力。如此豁达淡泊，可谓明哲智慧、善保其身。与另一位功臣和杰出将领韩信自请封为齐土之举相比，真是不知要聪明多少倍。张良因为淡泊功名而寿终正寝，韩信却最后被杀掉了。

没有什么东西像淡泊无争的美德这么可爱，也没有什么东西像争权夺利的丑行那么可憎。幸福与快乐来源于淡泊无争的美德，痛苦与祸患则来源于争权夺利的贪婪。

古今中外，许多伟大人物都视名利如风。如，随遇而安的苏东坡，诗酒一生的唐伯虎，闭门谢客的钱锺书，用支票作书签的爱因斯坦，把奖章当作孩子玩具的居里夫人……他们都长久地被世人称赞。

今天，有人想成名成家，却走剽窃、炒作等路子，最终为人看穿，徒留笑柄。

有人一心想发财，想拥有香车宝马，却通过不正当的途径和手段发财，如贪污受贿、以权谋私，或造假弄鬼、坑蒙拐骗，最终受到法律的制裁和社会的谴责。

害人终将害己，为了名利反而误了卿卿性命。再比如，有人想当官，便成天嫉妒别人，算计别人，自己也因迫切想当官而备受折磨，那他太得不偿失了。

过重的名利心易使人迷失自我，计较眼前得失，甚至违法犯罪。古人说："君子坦荡荡，小人长戚戚。""君子爱财，取之有道。"这"道"就是人间正道，遵循它才能走上成功的坦途。

"为人不做亏心事，半夜敲门心不凉。"与其为了名利做不该做的事，而成天提心吊胆，弄得心力交瘁，不如虽无名无利，却活得坦坦荡荡。

不攀比，抛下虚荣的面具

有一个女孩，家境一般。毕业后进入社会，为追求时尚，她不惜借钱购买高档化妆品、名牌服装、项链戒指等，周围的人都羡慕地夸她有钱。一天，众多债主上门，大家才明白是怎么回事。从此，人们都躲着她。

由于虚荣，莫泊桑的《项链》中那位女主人公为了一条假项链，付出了十年美丽青春、十年辛苦劳作的沉重代价；由于虚荣，安徒生笔下的皇帝穿着并不存在的新衣服，赤裸着身子，被人们嘲笑。

古往今来，人们大多都摆脱不掉虚荣这个怪影子。男人自夸是强者，女人自夸柔能克刚；富人自夸他的财富，穷人自夸他的清高；执法者自夸权威，罪犯自夸无畏……虚荣的圈子是整个儿的，难怪诗人要说："虚荣，虚荣，世界上一切都是虚荣！"

生活中，虚荣心强的人喜欢在别人面前炫耀自己昔日的荣耀经历或今日的辉煌业绩，他们或夸夸其谈，肆意吹嘘，或哗众取宠，故弄玄虚；自己办不到的事偏说能办到，自己不懂的事偏要装懂，一切为了提高自己；喜欢听表扬，对批评恨之入骨；喜欢摆阔装富，家境平平却大手大脚；喜欢寻找各种借口极力掩饰缺点与不足；喜欢班门弄斧，觉得处处比人强，自命不凡；喜欢炫耀有名有地位的亲朋好友，希图借助他人的荣光来弥补自己的不才，而对于那些无名无分、无地位、"卑微"的亲朋则避而不谈，甚至唯恐避之而不及。

莎士比亚曾说过："轻浮和虚荣是一个不知足的贪食者，它在吞噬一切之后，结果必然牺牲在自己的贪欲之下。"

对虚荣心这种东西，我们要正确把握、合理引导和适当应用，千万不能任其发展，殃及他人，祸及社会。

虚荣心会让人不自觉地虚伪、欺骗，让人盲目自满而缺乏自知之明。严重者，会滋生怨天尤人、压抑郁闷的负面情绪。久而久之，将对自己的生理、心理，对工作、学习、交往造成极大的影响和危害。

生命常常被一种并不需要的“需要”包围着，虚荣便是这样一种“需要”。人们为了满足虚荣，常常付出惨重的代价，付出之后才发现，除了满足一时的虚荣外，其实一无所获。

虚荣是生命的一种顽疾，它使你将还未实现的事看成已经得到的结果，得意扬扬到处炫耀；使你煞费苦心地将自身的缺陷一一掩盖；使你因渴望赞赏而背弃真理，甚至背叛亲人和朋友；也使你因恐惧一日露馅而一错再错地玩卑劣手段自欺欺人，在罪恶路上越陷越深。

如此之多，虚荣还要得吗？

不攀比，笑对荣辱

从前，有一个老童生考秀才，考得胡子都白了，仍没考取。有一年，他正好与儿子同科应考。到了放榜的那一天，他正关在屋里洗澡，儿子看榜回来，高兴地报喜：“父亲，我已考取了。”老童生在屋一听，便大声呵斥：“考取一个秀才算得了什么，这样沉不住气！”儿子一听，吓得不敢大叫，便轻轻地说：“父亲，你也考取了。”老童生一听，忘了自己光着身子，连衣服还没穿上，就忙打开房门，大声呵斥：“你怎么不先说！”

老童生是可笑的。其实，生活中，又有几人能从容应对得失、荣辱呢？

19 世纪中叶，美国有个叫菲尔德的实业家，他宣称要用海底电缆把“欧美两个大陆连接起来”。为此，他成为美国当时最受尊敬的人，被誉为“两个世界的统一者”。在盛大的接通典礼上，刚被接通的电缆传送信号突然中断，人们的欢呼声变为愤怒的狂涛，都骂他是“骗子”“白痴”。菲尔德对于这些只是淡淡一笑。他不做解释，只管埋头苦干，六年后，最终通过海底电缆架起了欧美大陆之桥。在庆典会上，他没上贵宾台，只远远地站在人群中观看。

世上有许多事情的确是难以预料的，成功常常与失败相伴。人的一生，有如簇簇繁花，既有红火耀眼之时，也有暗淡萧条之日。面对成功或荣誉，要像菲尔德那样，不要狂喜，也不要盛气凌人，把功名利禄看轻些，看淡些，这样，面对挫折或失败，就不会像《儒林外史》里的范进，因中了举而发了疯。

一天，有只猴子被耍猴人捉住，它十分害怕，以为死亡即将来临。谁知耍猴人没有杀它，给它穿上红袍戴上纱帽，教它坐在椅子上抽旱烟，模仿人的模样与动作。猴子学了几天，全学会了。耍猴人就让它骑在羊背上，叫狗拖着狂奔，猴子更加得意了，觉得自己比羊和狗都高贵。于是，对它的伙伴羊和狗，总是摆出一副唯我独尊的架势。

有一天，当猴子戴上纱帽、穿起红袍登场的时候，人们鼓掌哄笑起来："官老爷来了，官老爷来了！"猴子听见，更是万分得意，好像它真是一个大官了，拿起鞭子在它的伙伴身上狠狠地抽打着。它忘记了自己与羊和狗一样，同是耍猴人的奴隶。

猴子在掌声中得意忘形，令人可悲。其实，人有时何尝不是如此？

东汉末年的关羽勇猛过人，颇受赞誉，他便逐渐骄傲自大起来。

正是这个缺点被其劲敌吕蒙抓住了，吕蒙以病休为借口，让当时还没有什么名气的陆逊致书大捧关羽。关羽误以为陆逊敬畏他而不敢犯荆州，便无后顾之虑，率大部分兵力北征。于是吕蒙乘虚立即袭取了荆州，结果在曹、孙两军夹击下，关羽军队溃散，关羽本人也被擒杀。

明朝末年，李自成从陕西起义，历经千辛万苦，英勇战斗，终于推翻了明王朝，逼使崇祯帝上吊。这时，李自成拥有百万大军，胜利已成定局。于是，得意的李自成和他的将领们开始享乐腐化，骄傲麻痹，看不到关外虎视眈眈的满洲八旗军，而是忙于拷打原明官以追赃，筹备登基大典，开科取士等，对军国大事不闻不问。李自成以为王业已定，只待登基。后来，吴三桂据关拒降，李自成才急忙率二十余万军出击，孰不知吴三桂已降清并请清兵进驻沙河，结果大顺军被夹击，一战而溃。

古往今来，多少英雄豪杰在敌人的严刑逼供下，在血雨腥风中都不曾屈服蜕变，然而，在凯歌中，在人们欢迎的鲜花前，在别人赞誉的掌声里，在潜在敌人糖衣炮弹的袭击下，他们变质了，昔日舍我其谁的霸气、誓死求胜的豪情荡然无存。他们放弃了继续奋斗，永攀高峰，从此沉溺于歌舞升平，声色犬马，最终落得个前功尽弃、英名尽失，甚至身败名裂、不得善终的下场。

人生中，有春风得意的时候，也有处处碰壁的境地。只有胜不骄、败不馁的人，才能笑到最后，赢取真正的精彩。

平平淡淡才是真

有一位永秀法师，他醉心吹笛。不管白天黑夜，他只知吹笛子，虽然极其贫困，但他从不向人乞求帮助。

他有一个很富有的朋友叫赖清。赖清知道他的穷困后，就派人传话说：“为什么不对我说呢？遭到如此困境，我会帮助你的。”

永秀听了，回复传话的人说：“这真叫人感到惶恐，有件事我一直想开口，因生活困顿，心里有忌惮，没敢冒昧地提出来。既然赖清这样说，我马上就找他当面禀告。”

赖清听了回报后心想：他到底会开口恳请什么事呢？如果提出让人难堪的要求，就讨厌了。

日落时分，永秀来了。

赖清请他进来，坐定后问道：

“有什么事要我帮忙吗？”

“前些日里有些事想请求你帮忙，都忍着没敢开口；先前听到您的话，才斗胆前来。”

赖清听到这儿，心想：这下你总该挑明真相了吧。但令他意想不到的是，永秀竟说：“你在筑紫有大片领地，我能不能向你请求要一枝长在筑紫的汉竹，我好用它做一支笛子？我是多么渴望得到这种笛子啊！因为家境贫寒，就只能在心里日日企盼。”

“这太简单了，我马上派人砍来给你就是了，你就不想再求点别的什么了？每个月的生活很艰难吧？生活上有什么困难也可以说呀。”

永秀说道：“太感谢了，但这类事不敢烦劳您。朝夕食物，我自会解决。”

就这样，永秀的技艺日益精湛，成为一代吹笛名手。

人生之中，有各色繁华、诱惑，有人汲汲求取，为之终日奔波；有人却顺其自然，静守自己的心灵家园。

我们的心境，常常会振荡于浮躁、得意、狂喜、傲慢、迷茫、不安、沮丧、焦虑、恐惧甚至绝望之间，想必是因为当我们还是一张白纸时，被灌输了狭隘的价值观和急功近利的思想导向。

古今中外，真正的大师、智者，都是那些以平常心之缰绳牢牢地驾驭名利心、得失心这匹烈马的人。正所谓“像一个凡人那样活着，像一个诗人那样体验，像一个哲人那样思考”。

听朋友说，一次他在火车上，遇见一位来自五台山的老僧。二人闲聊中，老僧讲：有一名清华大学的学生，上了两年大学后，觉得厌倦了红尘，一心要拜他为师。父母的苦苦劝阻，师长朋友的殷殷忠告，他都一概不理。老僧曾开导他几次，亦是无效。最终他断了学业，遁入空门。

其实，淡泊处世，有一颗平常心不是“看破红尘”，也不是消极遁世。它是一种境界，是一种积极的心态，以淡泊观不平常事，则事事平常。不以物喜，不以己忧。工作、生活本极平常，以淡泊视之，则利于敬业不衰，充分发挥自身潜力。

它是一种超脱眼前得失的大智慧。贫贱不能移，富贵不能淫，威武不能屈。安贫乐富，富亦有道。生意成败，职位浮沉，下岗失业，死地之中而后生。从失意处觅希望，从万全处见危机。猝然临之而不惊，无故加之而不怒。

成绩优异，工作出色，一夜暴富，仕途平坦，不必狂喜得意而忘形；考试失利，事业受挫，爱情断线，家庭不和，也不必急火攻心，指天骂地。

当下，许多人每每遭遇不如意事便乱了心智，万念俱灰。大学里个别如花一般的“天之骄子”跳楼、割脉、上吊、吞药；报纸上一些厌世轻生的事件……

这类人更多地看到了人生悲苦，生命有限，世态炎凉，面对这种人生矛盾和曲折，他们无力处理和改变，于是采取逃避的办法寻求解脱。

他们又可分为出世型和厌世型。

出世型指的是对人生采取逃避的方法，表现为或隐居深山，或削发为僧，不食人间烟火，想方设法把自己封闭、孤立起来，以求解脱，以为这样就可以免遭尘世烦恼了，中国古代的道教和佛教的做法便类似此型。而厌世型的人视人生为苦海，认为人活着就是受罪，人生充满着烦恼、苦难和不幸，人生毫无乐趣、毫无意义，人们无法选择自己的道途，无法获得期待中的幸福，无法掌握自己的命运。在他们眼中，一切都是虚伪的、丑恶的、不可理喻的，只有抛弃一切人生追求和理想，抛弃一切志向和才华，才能摆脱罪恶和痛苦。他们大多表现为没有确定的人生目标，没有严肃的生活态度，玩世不恭，放浪形骸。他们没有社会责任感和个人义务观，企图逃避现实，逃避责任，他们抱着游戏人间的态度，放荡不羁，我行我素，目空一切，彷徨消沉，捉弄他人以寻求快乐。他们内心空虚，在现实面前麻木不仁，自暴自弃，自轻自贱，看不到生活的任何希望。

人生在世，我们都会有不幸和愁苦。经常怀抱乐观与希望，多看生命中的灿烂面，时时清除心里消极、反面的杂草，罗列一下自己拥有的东西，我们是能够走出人生低谷的。毕竟，明天总是光明的。

认清自己是一个什么样的人

做人，什么最重要呢？就是能认清你自己。认清自己才能做好取舍，给自己恰当定位。一个人能不能创造成功的人生，关键要看能不能正确认识自己、给自己恰当定位。认清别人难，认清自己更难。

认清自己，是走好人生的第一步；彻底认清自己，是人生最重要的主题。正确认识了自己，才能看清自己的位置，了解自己有多大的能力，了解自己的长处和短处，从而坚持自己的优势，放弃自己的劣势。认清自己并且在人生战场中运筹帷幄，是人生的大智慧。

风风雨雨人生，坎坎坷坷命运，遭遇过无数的对手和“敌人”，但最强大的敌人并不是外部的，而是我们自己。正如哲人罗兰所说：“最强的对手，不一定是别人，而可能是我们自己。在战胜别人之前，先得战胜自己。”而要战胜自己，首先要能正确地认识和读懂自己。

一只狐狸欣赏着自己在晨曦中的身影说：“今天我要用一只骆驼做午餐。”整个上午，它到处奔波，寻找骆驼。但当正午的大阳照在它的头顶时，它再次看了一眼自己的身影，于是它放弃了以骆驼为午餐的妄想，对自己说：“一只老鼠也就够了。”狐狸之所以有两次截然不同的心态，是因为它没有认清自己，所以不善于取舍。晨曦拉长了它的身影，它就错误地认为自己就是万兽之王，并且力大无穷，而正午的阳光又让它对着自己已缩小了的身影忍不住妄自菲薄。

在现实生活中像这只狐狸的大有人在。对自己认识不足，没能读懂自己，过分强调某种能力或者承认自己无能。在这种情况下，我们要记住“反躬自省”四个字，它可以照见落在心灵上的尘埃，提醒我们“时时勤拂拭”，使我们认识真实的自己。

尼采曾经说过：“聪明的人只要能认识自己，便什么也不会失去。”正确认识自己，才能有所为有所不为，争取自己力所能及的，放下自己能力范围之外的，从而正确地确定人生的奋斗目标。正确认识自己，便能坚持自己的长处，放下自己的短处，从而使自己充满自信，才能使人生的航船不迷失方向。只有有了正确的人生目标，并充满自信，为之奋斗终生，才能此生无憾，即使不成功，自己也会无怨无悔。

每个人都是独一无二的。在这个世界上，从来未曾有过，也将永远不会有第二个你。你是地球上一个独特的、唯一的生物。这唯一性将赋予你极大的价值。因此，在这个世界上，我们应该真诚地热爱自己和认识自己。

正确地认识自己，就要面对现实中的自己，勇敢地接受自己、承认自己。不能因为自己有那么多的缺陷与不足而自卑、自轻、自贱。你不能对自己抱过多过好的期望值，你要放弃对自己的先入之见，因为你在生活中是不断变化、不断发展的。

世界上没有两片完全相同的叶子，人也一样，每个人都是上帝的宠儿。正确认识自己、读懂自己，既看到自己的长处，也认识到自己的不足，给自己正确定位，这样才能不吃亏，才能自信地去迎接机遇和挑战，给自己创造更多的成功和欢乐。

适合你自己的就是最好的

无论你最终是工人、农民、军人、艺术家、医生、企业家、商人还是律师、广告人，只要你做着适合自己的工作，你就会感到，自己的心灵与身外的世界紧密地联系起来了。华德·迪斯尼说："你一定要做自己喜欢做的事情，才会有所成就。"

喜爱的事正是我们天赋之所在。只有热爱，才会给你提供锲而不舍的动力，从而使你这方面的天资得到开发，"热爱是最好的老师"。这也就是世界上许多人成就大业的秘密。

成功者和你我并没有什么不同，只不过他们能够给自己恰当定位，善于取舍，找到了自己真正的"适合"和"热爱"，并且在生活中永远把它置于一切之首，而心无旁骛地奔向自己的目标。

适合自己的就是最美的。要想找到什么最适合自己，就要知道你能做什么，你想做什么，你的优势是什么。否则，你将在众多人的参考意见中无所适从，在舆论的"压力"下走投无路，就会有一种"拔剑四顾心茫然"的惆怅。目标的迷失与满腔的热情无处挥洒，这种境况是最愁人的。事实上，一个人在追求成功的道路上，问题不是要说服自己是不是聪明，只要不是先天的弱智，人的智商大抵是相近的，而是要确切地明了自己在哪方面聪明，并且实现自己某方面的聪明潜能。

一位机械师已经做了二十几年的机械工作，可他一直不喜欢自己的工作，总是想转行，却迟迟下不了决心，如果突然换一份其他工作，需要放下累积二十多年的机械专业知识，从头再来，这让他很不适应，所以尽管他不喜欢仍坚持着。

他想改变，但又抛不开过去的包袱，自然无法突破，这是个矛盾。既然知道自己再继续做下去也不会有兴趣，就应该果断地做出决定，放弃现在的行业。做自己喜欢的事情毕竟是令人兴奋的，也更容易激发自己的想象力和创造力，并最终取得卓越成就。

对很多人来说，发现自己适合做什么事，是一个比较困难的问题，因为他们宁可相信别人，也不愿相信自己，其实那些事业有成的人从不看轻自己，他们总是相信自己的能力是独一无二的。

社会上的大多数人，总是羡慕那些事业有成之士，盲目地效仿别人去做某件事，从未了解自己是否适合。他们不能认清自己的专长，了解自己的能力，结果自然是徒劳。

每个人都可以扮演很多角色，但总有一种角色是最适合自己的。成大事的人就懂得放下不适合自己的角色，集中时间和精力去扮演适合自己的角色，只有这样才能调动自己的一切积极因素，才能最大限度地发挥自己的潜力，并把自己的优势发挥得淋漓尽致，从而获得成功。反之，那些放不下眼前利益的人，总是在别别扭扭地做着自己不喜欢的事，以至于工作中没有足够的热情，不能脱颖而出，更谈不上成就大事了。

要改变自己目前的状况，要让自己更有自信，要让自己做事更有成效，我们就必须善于取舍，做出更好的决定，采取更好的行动。

很多年前，一位名人讲过一句话："你一定要做自己喜欢做的事情，才会有所成就。"多少杰出成功人士的经历说明：假如你不仅知道自己适合干什么，而且知道自己不适合干什么，在充分发挥才能优势的基础上，在扬长避短的前提下选择适合你的，放弃不适合你的，有所为有所不为，你就能少走弯路。

一个人要充分地估测自己，善于取合，放下不适合自己的角色，找到适合自己的位置，这样才能充满信心，极大地发挥自己的优势，从而成为自己所希望的那种人。

很多人对自己的能力和特长，从来不去分析，不去发现和挖掘，这是多么愚蠢；而有的人正好相反，他们了解自己的缺陷和能力的限度，所以能够放弃自己的短处，保持自己的优势。我们要想成就大事，就要了解自己所有的能力，扬长避短，这是一种智慧。

在海外华人中曾经声誉最高的两名中国人是"第一毛泽东，第二李小龙"。足可见"功夫之王"李小龙的武功十分了得。但是却很少有人知道，李小龙练武本来是有先天缺陷的。首先，他是近视眼，必须戴着隐形眼镜。

对此，李小龙坦诚地说："我从小就近视，所以我从咏春拳学起，因为它最适合做贴身战斗。"

其次，他的两脚不一样长，右脚比左脚短五寸，但也正因为如此，他左脚专事远踢、高踢，如狂风扫叶；右脚专事短促的阻击性踢法或隐蔽性踢法，近身发腿如发炮。同时，两腿的不一致使他摆出的格斗姿势优美别致，独具特色，成为一种武功流派的典型。

"我接受我的极限，毫无怨言。"李小龙如是说。

只有懂得扬长避短，做出最恰当的取舍，才能搭上成功的快车。要想做到扬长避短，就得认识自己，给自己恰当定位，这就需要做到以下几点：

(1)真心地问一问自己的个性、志趣、能力、爱好、人生取向等究竟是什么，以便形成一个比较客观真实的"自我镜像"。这种自我镜像将会直接影响一个人认识世界的态度或行为活动方式。个人对自我的评价很容易走极端，或自大，或自卑，难于中肯。客观的自我镜像是在与他人的交往和实践的检验中不断形成的。

(2)做自己能够做到的，起跳前先看看高度和适应度。别人能做什么，做了什么并不重要，重要的是你究竟想做什么，现在能做什么。虽说人的潜能发展是无限的，但一定时期，人的能力总是有限的。所以一定时段的奋斗目标应当是自己力所能及的。制订宏伟的计划很容易，激情有时也很容易澎湃。但是成就自己却需要实实在在的可操作计划，需要恒久的热情。人的自取其辱或自折其志，大抵源于缺乏自知之明，缺乏正确地估测自己当时的能力。所以，在某时某地，我们能做什么，应该自己心里有数。

(3)不要撇开自己的个性和能力特点，一味地去攀比或羡慕别人，你要成为你自己。很多时候，葡萄的确是酸的——因为我们吃不到，但我们可以转到别处去吃荔枝或苹果——因为这符合我们的个性和能力特点，何乐而不为呢？人应该是弹性和变通的。

(4)每个人都有各自的优点和缺点，我们所要认真对待的就是仔细地分析一下自己的优点，确定自己的长处。在这个世界上不存在什么样样都能干的通才。因此，与其费尽心机地去改变自己的短处，不如尽力地发挥自己的长处。印度《五卷书》上说："最难的是自知，知道自己什么能做，什么不能做；谁要是有这样的自知之明，他就绝对不会陷入困境。"

用一段空闲，找一个安静的处所，认真地深刻地思考一下自己的所求，给自己恰当定位，尽量发挥自己的长处，避免自己的短处，那么你就会充满自信，幸福和成功也会携手而至。

不攀比才能卸下包袱，保持一颗宁静的心

“采菊东篱下，悠然见南山”，很少人有这种闲适的心态。要品尝人生快乐，享受人生幸福，就必须让自己保持一颗悠然的心。只有拥有了平和自然不攀比的心态，我们才能坦然面对生命中任何的不如意，哪怕是灾难病苦，我们也能用一颗悠然的心去接纳。

不攀比才能给自己一颗宁静的心

生活就好像是一望无际的大海，人便是大海上的一叶小舟。大海是永远没有风平浪静的时候，人也总是有欢乐与忧愁。当无名的烦恼袭来，失意与彷徨燃烧着每一根神经。这时，我们必须要给自己一颗宁静的心。

现代人心灵世界的孤独与迷惘、矛盾与痛苦、失落与压抑、焦虑与恐惧等等，是现代人心灵上面临的最大问题，许多所谓暂时的快乐仅仅停留在痛苦烦乱的人生表象上，而现代人最需要的，恰恰是超越这些表象之外的一颗宁静之心。

著名作家周国平曾讲过这样的一个故事：

一位年轻的少妇因为对生活失去了信心，想投河自尽，被正在河中划船的船夫救起。

船夫问：“你年纪轻轻，今后的路还很长，为何自寻短见？”

少妇流着眼泪说：“我实在太不幸了，我结婚才两年，丈夫就狠心地抛弃了我，接着与我唯一相依为命的孩子又病死了。您说我一个人活着还有什么意思？”

船夫听了，想了一会儿，说：“那结婚前你生活得如何？”

少妇说：“那时的我自由自在，没有任何烦恼……”

“那时你有丈夫和孩子吗？”

“没有。”

“既然如此，你又何必如此悲伤，现在的你不过是被命运之船送回到两年前罢了。”话音刚落，少妇的心就宁静了下来，她揉了揉眼睛，想了想，然后愉快地

告别了船夫，开始了新的生活，两年后，她又找到了一个爱她的人，并且有了孩子。

其实，上天对每一个人都是公平的，它总是会在每一个人的前面，指一条通向远方的路，崎岖却充满希望。但不是人人都能达到远方，因为有的人总是不能使自己的心宁静下来，再去面对，就已经疲惫不堪、半途而废了。

当生活的困扰袭来，我们不得不丢下所有的负荷，让自己的心宁静起来，只有这样，我们才能看得见那些潜伏的危险。

美国曾有一个著名的杂技演员叫华伦达，他最拿手的杂技是在高空走钢索。华伦达走在高空钢索上，用“如履平地”来形容丝毫不夸张。然而，正是这样一个技艺高超的杂技演员，在一次重大的表演中不幸失足身亡。他的妻子事后说：“我知道这次一定要出事，因为他上场前总是不停地说，这次太重要了，不能失败，绝不能失败。他把很多精力用在避免掉下来上，而不是用在走钢索，而以前每次成功的表演，他只想着走钢索这件事本身，而从不去管这件事可能带来的一切。”那次表演的观众都是美国的知名人物，演出成功不仅会奠定华伦达在演技界的地位，还会给他的表演团带来滚滚财源。而正是表演的“重大意义”，使华伦达的心不再宁静，行动不再稳健。是他那颗追求成功的心，制约了他能力的发挥。

太想穿好针的手会忍不住颤抖；太想踢进球的脚会忍不住颤抖；太想面试中胜出的嘴会颤抖……因为他们不能保持住一颗宁静的心。他们很想得到，所以很快就会失去。

不管是在工作中，还是日常生活里，我们都要保持一颗宁静的心，只有用宁静的心去面对，才能让我们以更好的状态去面对人生中的不如意。

从前有个叫吴智的人，不知为什么很讨厌僧人，可他一次出远门恰好碰到了一位老和尚。因为要往同一个地方去，两人相伴而行。这一路上，吴智用尽各种方法讥讽、嘲笑老和尚，但老和尚好像没听见似的，对吴智的侮辱根本无动于衷。

快到目的地了，老和尚对吴智说：“假如有人送你一份礼物，可是你拒绝接受，那么这份礼物将属于谁呢？”

吴智很快回答道：“当然属于那个送礼的人了。”

老和尚微微一笑，说：“很好，如果我不接受这一路上你对我的辱骂，那你就是在骂自己了！”

吴智一下子变得面红耳赤，灰溜溜地逃跑了。

拥有一颗宁静的心的人，不管别人怎么说都影响不了他们的情绪，更左右不了他们的生活，他们是活得最快乐的人。

面对纷繁复杂的大千世界，久而久之，连我们自己都会被搅得晕头转向，不知道这些到底是什么，自己所要的又是什么。我们积累了太多关于名誉、地位、财富、学历的欲念，同时也积累了很多兴奋、自豪、快乐、幸福，以及烦恼郁闷、懊悔自卑、挫折、沮丧、愤怒、仇恨、压力等种种复杂的情绪。我们会时常为之所动，甚至神魂颠倒，被外界的刺激搅得心神不宁，甚至坐卧不安。

其实不管我们的生命多么卑微，不管生活给予我们的资源多么匮乏，不管外界多么喧哗，只要用一颗宁静的心去对待，就能让平凡的生命绽放出美丽的花朵。我们为何不让自己的心宁静起来了，即使我不够快乐，即使面临挫折，也不要把眉头紧锁，人生本短暂，何必还要栽培苦涩？

不攀比才能健康快乐地生活

人生最宝贵的幸福，莫过于来自痛苦中的幸福，能够苦中作乐的人才能称作“人上人”。痛苦之中蕴含着一种力，而且是一笔财富。

人生就是由无数的烦恼和痛苦交织而成的。童年时，一个玩伴的远去，心爱玩具的丢失都会让年幼的我们痛苦不已；少年时，脸上新长的几颗青春痘，别人一次无意的嘲笑，都会让年少气盛的我们懊恼怅惘；成年后，恋爱的失败，上司的一次批评和指责，与同事发生的冲突和误会都会让我们感到非常沮丧。

我们成长过程中的每一个足迹，都会伴随着令人心痛和伤感的体验。可是，当时光渐渐流逝，我们一天天长大或老去时，再去回首往事，把人生的镜头拉长拉远，将近景变成远景，在回忆中品味过去，我们就会发现，曾经有过的烦恼和苦痛，已在记忆的长河中渐渐褪去，有些在当时看来似乎永远都不会走出的伤感和苦痛，经过时间的积淀，反而会变成人生中一段美好的回忆。

生活中为什么会有太多的人感受不到生活的幸福？只是因为这些人没有明白一个道理，那就是幸福需要一个条件：幸福需要以苦痛为基点。

生活中难免遇到一些不顺心的事，倘若我们自己不能化解悲伤的话，不仅会破坏自己的心态，也会令自己的身体健康受到损害。

不为小事而烦恼神伤，不为已发生的事情而怨天尤人，才能保持平和的心态与舒适的心情，从而保证健康快乐地生活。

从前，有一个神秘的村庄，这个村子因其平均寿命远超常人而被人称道，生活在这个村子里的人寿命都很长，最长的能达到 150 岁，最短的也达到 90 岁以上。许多人都想知道其中的秘密到底是什么。

一个养生学家为了弄清其中的秘密，决定亲自前去这个村庄考察。经过了数天的行程，他来到了这个村子，进了村子发现，每个人脸上都散发着幸福的微笑，每个人都是那么的热情好客。他首先找到了村长，他告诉村长自己此行的目的，并希望村长告诉他村民们长寿的秘诀。村长听完他的话，笑了笑，幽默地告诉养生学家，他们之所以能够比别人多活几年，是因为他们比别人有着更宽大的心胸。村长说，村里的人都是很热情很乐观的人，他们也会因为一些事情发生争执，也会像常人一样吵架甚至动武，但之后谁也不会放在心上，不会让一些生活中的小事影响自己舒适的心情。无论是谁都是这样，他们不会因为小事而伤神，每天都过得很高兴，这些就是保持健康的法宝。

养生学家听完后有点不敢相信，他问："是吗？你们每天是在愉悦中度过的？没有什么可以影响你们的心情？"

村长点点头。

养生学家还是不敢相信，他决定在村子里暂住一段时间，看看村民们是否真的像村长所说的那样。

一个月后，养生学家返回了。他回忆录上介绍说："这里的人简直是一群快乐天使，他们从不会被什么事情搅乱了自己的心情，悲伤，失望，凄凉，这些词永远也无法套用到他们的生活中。他们其实跟常人几乎没有什么区别，如果硬要找出区别的话，那么唯一的区别就在于，他们更懂得如何化解伤痛……这就是长寿村的秘密。"

生活中令我们伤痛的事情太多，如果总是被那些伤痛给纠缠着，生活必定很累很辛苦。

谁都难免在生活中碰到不愉快的事情，我们可以因不愉快而使心情处于伤痛中。但我们不能总是处在伤痛中，这样不仅不能开心地生活，还会影响身体健康。面对伤痛，我们更应该做的是接受它，而不是被它吞噬。

打开心窗让你更轻松

我们之所以沉溺于悲伤，看不见光明，是因为我们忘记了打开"窗户"；我们之所以时常茫然，时常丢失了自己，是因为忘记了享受阳光。不管生活对我们仁慈还是残酷，都是生活的给予。就因为是给，而不是取，所以我们都要去面对。既然我们不能停止生命的车轮，就应选择积极的方式，让它走得更轻松一些。

只要打开心灵的窗户，就有灿烂的阳光进来。人生如四季，有严寒与酷暑；人生如天气，有阳光与风雨；人生如道路，有平坦与崎岖，但无论何时心中有阳光相伴，就不会感觉伤悲抑郁。有一些人一直生活在毫无激情的生活状态中，即使他们很成功，但他们并不快乐。这样的生活就像没有阳光照耀的花，会蔫得让人沉闷。

一个小和尚独坐寺内，闷闷不语，已经好多天了。

师父看出了其中的玄机，也不语，微笑着领着弟子走出寺门。

门外，是一片大好的春光。

师父依旧不语，怀抱春光，打坐于万顷温暖的柔波里。

此时，放眼望去，天地之间弥漫着清新，半绿的草芽，斜飞的小鸟，动情的河水。小和尚深深地吸了口气，偷窥师父，师父正安详地打坐在山坡上，心中空无一物。

小和尚有些纳闷，不知师父葫芦里到底卖的什么药。

过了晌午，师父才起来，还是不说一句话，不打一个手势，领着弟子回到寺内。

刚到寺门，师父突然跨前一步，轻掩上两扇木门，把小和尚关在寺门外。

小和尚不明白师父的意旨，径自坐在门前，纳闷不语。很快，天色暗了下来，雾气笼罩了四周的山冈，树林、小溪，鸟语、水声渐渐变得不明朗起来。

这时，师父在寺内大声叫他的名字。他进去后，师父问："外边怎么样了呢？"小和尚答："全黑了。""还有什么吗？""什么也没了。"小和尚又回答说。

"不，外边还有清风、绿草、鲜花、溪流，一切都还在。"小和尚顿悟，明白了师父的苦心，这些天笼罩在心头的阴霾一扫而空。

人生往往如此，有的人活得很黯淡，并不是因为他的生活中没有春光，而是黯淡的心境早已把所有朝向春光的窗户悄然关上了。在人生里程中，人们难免会遇到一些失败挫折，甚至陷入厄运绝境，心灵会坠入寒冷黑暗中，精神会滑向崩溃的边缘，颓废绝望的情绪会紧紧攫住你，令你不能自拔，令你窒息。在关键时刻，就需要有人帮你推开一扇心窗，让和煦的阳光、轻柔的清风和新鲜的空气进入你的心灵，抚慰你灵魂的创伤。

人是需要自由和向上的生活的，需要阳光给我们带来生命的气息。不要再去思考人活着究竟有何意义，不要再为烦琐的工作而耽误你享受阳光的时间。因为生活需要阳光，心灵更需要阳光。

凯瑟琳一直和丈夫过着拮据的生活，他们有两个孩子。可是，丈夫忽然患了癌症，昂贵的治疗费用，不仅耗光了家里仅有的一点存款，而且还借了许多外债，可是最终仍然没能挽回丈夫的生命。

丈夫去世后，家里已经是一贫如洗，凯瑟琳不得不努力赚钱养活自己和两个孩子。她以分期付款的方式买了一部旧车，去为一家出版公司推销图书，没有固定薪水，全靠业务提成，收入毫无保障。

凯瑟琳觉得孤独、沮丧，每天有一百个担心：怕付不起购车贷款，怕交不起房租，怕没有足够的东西吃，怕付不起孩子的学杂费，怕突然生病而无钱看医生……她觉得生活毫无希望，她想自杀来解脱自己，又怕孩子沦为可怜的孤儿。她真不知该如何打发每天了无生趣的日子。

有一天，凯瑟琳在一本书上看到了后来改变她命运的一句话："对一个聪明人来说，主动让心灵充满阳光，那么每天都会是一个新的生命。"她忽然醒悟，才发现自己一直活在昨天的不幸和明天的恐惧中，反而忽略了今天。

凯瑟琳因为这句话激动了半天，她将这句话打印出来，一份贴在床头，一份贴在车子前面的挡风玻璃上。每天，起床的时候，她就对自己说："今天又是一个新的生命！"每天开车上路的时候，她也会对自己说："今天是多么美好的一天。"然后满怀希望地上路。

渐渐地，凯瑟琳学会了忘记过去，不想未来，只想如何干好眼前的每一件事情。她的心情逐渐开朗起来，她的笑容和乐观也感染了她的客户，销售业绩和个人收入成倍增长。她还了债，经济状况得到了很好的改善。后来，她还遇到了一个好男人，重新披上婚纱，过上了幸福的生活。

人的心灵往往在过去和未来之间摆荡，如果对已发生的事耿耿于怀，对未发生的事忧心忡忡，结果是，过去的包袱无法丢弃，而未来的重担又把自己弄得喘不过气来，永远在过去和未来之间游移。主动地去迎接美好的阳光吧，忘记以前的昏暗和阴雨。

不要哀叹过去，勇敢地面对现实，生活中没有人天天如意，脚下的路还等着我们去开辟，心灰意冷只是在折磨自己。当雨雪降临时，我们要学会看到别样的风景，这样就可以享受到别样的风情。

无论遇到什么事，都要知道，没有过不去的火焰山，人生的路本来就是坎坷、曲折的。也许，我们还没有实现自己的梦想；也许，我们正经受着一场灾难；也许，突如其来的打击让你痛苦不堪。我们都要主动让心灵充满阳光，坚定自己脚下的路，无论身处顺境还是逆境，坚信一切都会好起来。

约·克伊在40多岁的时候，公司因为经济不景气而裁员，他失业了。4个孩子最大的也不过8岁，最小的才1岁，原本就不宽裕的家庭，一下子陷入了绝境。他只能靠打零工来维持一家6口人的生活，有时全家人一天连一顿饱饭都吃不上。

为了改善窘境，约·克伊一边打零工，一边四处求职，但是因为他年龄偏大，并且没什么手艺，所以，一直找不到工作。

约·克伊并不灰心，他看中了离家不远的一家建筑公司，便给公司老板寄去一封求职信，信中只有一句话："请给我一份工作。"

这家建筑公司的老板杰·约翰收到这封求职信后，让手下人回信告诉他："公司没有空缺。"约·克伊又给老板寄去了第二封求职信，内容还是那句话，只是在前面多加了一个"请"字，变成了"请给我一份工作"。

此后，约·克伊一天给公司写两封求职信，每封信都不多写，只是在原来信的开头多加一个"请"字。因为他让心灵充满着阳光，他相信自己一定可以找到一份工作，约·克伊发了三年的时间来坚持这件事，总共写了2500封信，这2500封信的每一封都比前一封只多一个"请"，"请"字后面是千篇一律的"给我一份工作"。

公司的老板米·约翰收到第2500封求职信时，亲笔给他回信："请即刻来公司面试。"面试时，米·约翰告诉约·克伊，公司里最适合他的工作是处理邮件，因为他"最有写信的耐心"。

有时，生活并不只是速度的竞赛，而是耐心的角逐，成功与失败的区别，往往就在于谁能多坚持一会儿，而能多坚持，就必须让心灵充满阳光。而坚持之所以难，是因为我们在跋涉的过程中让心灵慢慢地暗淡起来了。这时候，即使一个小小的障碍都有可能将我们绊倒。很多人往往就会在这个时候选择放弃，而如果我们主动迎接阳光，也许一切都会改变。

让心灵充满阳光，就不会有多少畏惧，也许你以为自己深陷绝境，你认为所有的努力都是徒劳的，其实，只要心中有阳光，就有可能看到胜利的曙光。很多时候，打败你的不是对手，也不是外部的环境，而是你自己的脆弱。并不是生活把你逼上了绝路，而是你自己把自己拉向了深渊。不管身处什么样的境地，都不要用绝望代替希望，只要有希望与你同在，总会出现柳暗花明又一村的转机。

只要活着就会有希望

当你被命运无情捉弄，当你的生活一无所有，当你失去亲人和朋友，当你的肢体变得残缺，请不要绝望，因为你还有人最宝贵的东西——生命。

所以就算遭受了多么大的打击，也不要放弃活下去的念头，每个人都是造物主的杰作，父母赐予我们生命，我们就该好好珍惜。看看那些为了生存苦苦挣扎的人，他们都在为生存而努力勇敢地走下去。跌倒了爬起来继续往前走，摒弃堕落和脆弱，只要活着，就有希望。

1976年7月28日，唐山发生7.8级地震，唐山市区建筑物被破坏程度严重，连铁轨都发生蛇形扭曲，造成242769人死亡，703600人受伤。伤亡人数让世界震惊，一座城市在顷刻间灰飞烟灭。但幸存下来的唐山人民没有放弃希望，他们用坚强和勤劳，在国家的帮助下积极行动，历经7年的建设，好比凤凰涅槃，从废墟上重新建起来了。不管那时多么艰苦，饱含多少泪水与汗水，现在的唐山已经蓬勃地发展起来，人们工作稳定，孩子开心快乐，地震的创伤已经在人们心中渐渐愈合。

2008年5月12日，又一次大地震在四川发生了。灾区人民要坚信这次灾难一定会像唐山那次一样，一切都会好起来。家人没有了，还有全国的兄弟姐妹；房子没有了，还有政府帮助重建。学着面对现实，迎接挑战，只要活着就有希望。唐山就是活生生的例子，要相信祖国，相信全国人民团结一心的力量，更要相信自己的勇敢与坚强。挺住，朋友，只要活着就没有什么过不去的坎。

看看这些坚强的人，那些有自杀念头的轻生者，没有理由比他们更脆弱。为什么有那么多的人要选择自杀？这世界上有多少比他们更为不幸的人，都没有放弃最后的希望。有句话说得好：好好地活着吧，因为我们会死很久。无论身处怎样一个时代，遭遇怎样一种悲惨人生或困苦逆境，我们都要好好地活着。

有一位父亲在医院第一眼看到新出世的儿子时，他的心就碎了——小家伙只有可口可乐罐子那么大，腿是畸形的，而且没有肛门，躺在观察室里奄奄一息。雪上加霜的是，医生断言，这孩子几乎不可能活过24小时！

悲伤的父亲回去给孩子准备好小衣服、小棺材、小墓地后，回到医院发现儿子居然还活着。可医生又接着说了，孩子不可能活过一周。然而，小家伙挣扎着活过了一周又一周……

孩子顽强地活了下来。父亲将他带回家，取名约翰·库缇斯。

小约翰实在太小了，周围的一切对他来说都像庞然大物。胆怯的他对任何比他大的东西都充满恐惧，尤其是家里的狗经常欺负他。然而，家人并未因为他的恐惧而给他多几分关爱。相反，父亲经常对他说："你必须自己面对一切恐惧，勇敢起来！"

时光飞逝，小约翰上学了。当他背着比自己个头还大的书包，坐在轮椅上开始憧憬新的生活时，他压根也没有想到迎接自己的却是噩梦。

学校里有很多调皮的学生，个头矮小的约翰几乎成了他们的玩偶。他们掀翻他的轮椅，弄坏他轮椅上的刹车，让他从学校走廊直接"飞"进老师的办公室，甚至把他绑在教室的吊扇上随风扇一起转动。最恶劣的一次是几个同学用绳子绑住他的手，用胶纸封住他的嘴，把他扔进垃圾箱里，接着在垃圾箱外点起了火。滚滚浓烟令约翰窒息，他恐惧极了，瘦小的身体拼命挣扎，直到一位老师将他解救出来……

后来，约翰上了高中。有一次幻灯课上，约翰出去上厕所。可是，他在黑暗中每移动一步，都感到钻心的疼痛。当他来到光亮处，才发现自己的手上扎满了图钉，鲜血直流。

约翰终于无法忍受了。回到家，他望着镜中的自己，想着自己一次次被折磨、被侮辱的遭遇，不禁放声大哭。他想到了自杀，但他还是舍不得疼爱他的父母……

高中毕业后，约翰决定给自己找个工作。那时候，他已做了腿部的切除手术。每天早上，他爬在滑板上，敲开一家又一家的店门，问店主是否愿意雇用他。可等人家打开门时，根本就没有发现几乎趴在地上的约翰，就又把门关上了。

经过千百次应聘失败后，约翰终于在一家杂货铺找到了自己的第一份工作。后来他又做过销售员、技术工人，还在一个仪表公司拧过螺丝钉。他每天凌晨四点半起床，赶火车到镇上，然后爬上他的滑板，从车站赶到几公里外的工厂。尽管生活艰辛，但是能够自食其力，约翰勇敢而快乐地生活着。

繁重的工作之余，约翰最大的爱好就是运动。从12岁起，他就开始打室内板球，后来还喜欢上了举重与轮椅橄榄球。由于上肢的长期锻炼，他的手臂有着惊人的力量。他对运动的执着热爱，使他取得了一系列好成绩，相继获得了1994年澳大利亚残疾人网球赛的冠军以及2000年全国健康举重比赛第二名。

约翰的经历吸引了越来越多的人，常有人追问他的故事。终于，在一次午餐会上，约翰应邀作了简短的演讲。他的经历与现状让现场的观众热泪盈眶，他也因此赢得了热烈的掌声。

那次经历让约翰豁然开朗，他猛然发现了一个最适合自己的职业——到讲台上去，讲出自己的挣扎与拼搏，讲出自己的恐惧与忧伤，讲出自己的渴望与梦想！

约翰开始了公众演讲。在演讲台上，他用粗壮的胳膊支撑着身体，用幽默的语言讲述着自己的经历，让听众一起分享自己的人生体验。那些从他心底涌出来的充满价值、富有哲理的话语，带给听众深深的思索与启迪，而他那双炯炯有神的眼睛，几乎能够看到听众的内心……

约翰在190多个国家作了800多场演讲，他用自己的亲身经历激励和影响了无数听众。

“有生命就有希望”，这是霍金赠予世人的精神财富。与那些残疾人相比，我们已经极为幸运了。至少你的智力和正常人一样，可以利用这一生的时间好好地学习，充实自己；至少我们的身体没有变形，可以正常地走路和生活；至少我们不用因为残缺而面对别人投来的灼热的目光，还可以自信地仰起脸微笑。

《活着》这部小说里写到，主人翁在历尽了人间百态、冷暖辛酸之后，选择了坚强地活下去，让人看后升起一股对生命的敬仰之情。面临逆境时，我们更应该思考的是自己应该做什么，而不是臣服于逆境。当一个人将自己视为生活的主人，那么一切不如意的困境都会过去，它们只不过是我们生命里的过客。

面对生活的艰辛、人生的失意以及事业的受挫，有的人变得心灰意冷，更有人丧失生的勇气。当理想遭遇现实的诘难，生命难道就可以放弃？不，活着的信念是高山之巅的鲜花，只有不畏艰难、不怕挫折，敢于渡过急流、踏平坎坷的人，才能拥有坚强的一生。

学会做自己情绪的主人

在现实生活中，经常会遇到这样那样的让人不愉快的事情，这个时候，我们要懂得自我调控。学会有效管理和调控自己的情绪，是一个人走向成熟、获得快乐的基础。

有这么一个故事：

在拿破仑·希尔事业生涯的初期，他发现自己缺乏自制，难以控制自己的情绪，对生活造成了极为可怕的影响。

有一天晚上，拿破仑·希尔在办公室准备一篇演讲稿，当他刚刚在书桌前坐好时，电灯熄灭了。这种情形已连续发生了几次。拿破仑·希尔立刻跳起来，奔向大楼地下室，去找大楼的管理员。当他到达时，发现管理员正忙着把煤炭一铲一铲地送进锅炉里，同时一面吹着口哨，仿佛什么事情都没有发生。

拿破仑·希尔立刻对他破口大骂。他以比火更热辣辣的词对管理员痛骂，直到他再也找不出更多的骂人的词句了，只好放慢了速度。这时候，管理员直起身体，转过头来，脸上露出开朗的微笑，并以一种充满镇静与自制的柔和声调说道："呀！你今天晚上有点儿激动，不是吗？"管理员的话如同一把锐利的匕首刺进了拿破仑·希尔的身体。站在拿破仑面前的是一位文盲，但他却在这场"战斗"中打败了他！更何况这场"战斗"的场合以及武器，都是拿破仑自己挑选的。拿破仑·希尔的良心受到了谴责。他知道，他不仅被打败了，而且更糟糕的是，他是主动的，又是错误的一方，这一切只会更增加他的羞辱。

拿破仑·希尔转过身子，以最快的速度回到办公室。当他把这件事情反省一遍之后，立即看出了自己的错误。经过一番思考后，他知道自己必须向那个人道歉。于是，他找到那位管理员并做了诚恳的道歉。最终，两个人的冲突解决了。

从这以后，拿破仑·希尔下定决心，以后绝不再失去自制。因为当一个人不能控制自己的情绪时，对方不管是谁，都能轻易地将自己打败。

在人生中，我们不可能事事都一帆风顺，不可能要每个人都对我们笑脸相迎。有时候，我们也会受到他人的误解，甚至嘲笑或轻蔑。这时，如果我们不能控制自己的情绪，就会造成人际关系的不和谐，给自己的生活和工作带来很大的影响。所以，当我们遇到意外的沟通障碍，或者不如意的事情时，就要学会控制自己的情绪，轻易发怒只会造成相反效果。

在英国发生过这样一个故事：

杰克是英国中部城镇奥尔德姆的一名警察。一天晚上，他身着便装来到市中心的一家超市门前，准备到超市里买包香烟。这时，超市外一个流浪汉向他要烟抽。杰克说，正要去买烟。流浪汉认为杰克买烟后会给他一支。

当杰克从超市买完烟出来后，喝了不少酒的流浪汉再一次缠着他索要香烟。杰克感到很反感，没有给他，于是两人发生了口角。随着互相谩骂和嘲讽的升级，两人情绪逐渐激动。杰克掏出了警官证和手铐，说："如果你不放老实点，我就给你一些颜色看。"流浪汉反唇相讥："你这个混蛋警察，有什么了不起的，看你能把我怎么样？"在言语的刺激下，二人扭打成一团。旁边的人赶紧将两人分开，劝他们不要为一支香烟而发那么大火。

被劝开后的流浪汉骂骂咧咧地向附近一条小路走去，他边走边喊："自以为是个臭警察，有本事你来抓我呀！"失去理智、愤怒不已的杰克拔出枪，冲过去，朝流浪汉连开四枪，那个流浪汉倒在了血泊中……

法庭以"故意杀人罪"对杰克做出判决，他将服刑 30 年。

一个人死了，一个人坐了牢，起因是一支香烟，罪魁祸首是失控的激动情绪。其实，杰克完全可以采取另一种做法，那就是：走自己的路，别去理其他的事情。那么这件悲惨的事情，也就不会发生了。

在美国加州，有一个小女孩的父亲买了一辆大卡车。他非常喜欢那辆卡车，总是为那辆车做整套的保养，以保持卡车的美观。

一天，小女孩拿着硬物在他父亲的卡车上划下了无数的刮痕。她的父亲盛怒之下用铁丝把小女孩的手绑起来，然后吊着小女孩的手，让她在车库前罚站。

当父亲想起小女孩还在车库前罚站时，已经是 4 个小时以后了。当他回到车库，小女孩的手已经被铁丝绑得血液不通了。她的父亲把她送到急诊室时，手掌已经都坏死了，医生说，如果不截去手掌可能会危及小女孩的生命。所以，小女孩就这样失去了她的双手。但是她不懂到底发生了什么事，而她的父亲也因此而愧悔终生。

大约半年后，小女孩父亲的卡车进厂重新烤漆，又像全新的一样了，当他把卡车开回家，小女孩看着重新烤过漆的卡车，对父亲天真地说："爸爸！你的卡车好漂亮哟，看起来就像是新卡车。”

就在这时，小女孩无邪地伸出了她被截断双手的残肢，天真地对父亲说：“但是，你什么时候才能把我的手还给我？”一直被愧疚折磨的父亲终于崩溃，最后举枪自杀。

这一则震撼心灵的故事告诉我们，如果不能控制情绪，我们便会犯下令自己后悔一生的错误。所以，一定要控制我们的情绪，让理智主宰情感。现实中，成千上万的人都是因为不能控制他们的情绪而一事无成。还有很多人是在情绪冲动时，做出使自己后悔不已的事情来，因此，应该采取一些积极有效的措施来控制自己的情绪。

以下是成功人士关于控制和调节自己情绪的经验：

1.要保持理智，遇事冷静些

理智地对待周围的人和事，理智地对待自己遇到的麻烦，不能头脑发热，意气用事。

2.凡事要想长远，顾及后果

时刻以大局为重，以友谊为重，把个人的利益荣辱放在次要地位，这种品质往往能帮助你成就一番事业。

3.加强自我修养，通达事理

成熟的人能够通过自己的努力来调节自己的气质。思想修养愈好，自觉调节气质的能力就愈强，遇事就可以站在更高的角度来处理。遇到不愉快的事，采取自我分心的办法，自觉地把注意力转到别的事情上。

4.保持良好的心境，排除不良情绪

应防止因身体不适或疾病而影响心情，做到乐观、开朗、豁达。因为当心情好时，即使别人把自己一件心爱的东西弄丢，也不会发怒；而心情不好时，别人友好地问个路，也会不耐烦。

让欢喜的心永驻心灵

挫折、困境往往是不请自来的，而快乐和幸福是需要我们去发现，去寻找。有的时候面对苦难或自己的缺点，唯有坦然地去面对，让一颗欢喜的心永驻心灵，才有可能提高生活的质量。否定自己，只能导致自我价值感下降。

环顾四周，我们会发觉周围有很多人，他们拥有得比我们多得多，却活得并不是很快乐，而相反那些拥有极少的人，却能快乐地生活，那是因为他们拥有一颗欢喜的心，从不埋怨上天对他们不公平或乞求他人救济，反而自立自强，少了平常人的抱怨，他们反而显得快乐一些。

有这样一个小故事：

几十年前，纽约南郊曾住着一位姑娘名叫艾米丽，她自怨自艾，认定自己的理想永远实现不了。她的理想也就是每一位妙龄姑娘的理想：跟一位潇洒的白马王子结婚，白头偕老。艾米丽为此整天梦想着。可周围的姑娘们都先后成家了，她却成了大龄女青年，她认为自己的梦想永远不可能实现了。

在一个雨天的下午，艾米丽在家人的劝说下，去找一位著名的心理学家。握手的时候，她那冰凉的手指让人心颤，还有那凄怨的眼神，苍白憔悴的面孔，都在向心理学家说，我是无望的了，你会有什么办法呢？

心理学家沉思良久，然后说道："艾米丽，我想请你帮我一个忙。我真的很需要你的帮忙，可以吗？"

艾米丽半信半疑地点了点头。

"是这样的。我家要在星期一举行一个晚会，但我妻子一个人忙不过来，你来帮我招呼客人。明天一早，你先去买一套新衣服，不过你不要自己挑，你只问店员，按她的主意买。然后去做个发型，同样按理发师的意见办，听好心人的意见是有益的。"

接着，心理学家说："到我家来的客人很多，但互相认识的人不多。你要帮我主动去招呼客人，说是代表我欢迎他们，要注意帮助他们，特别是那些显得孤单的人。我需要你帮助我照料每一个客人，你明白了吗？"

艾米丽一脸不安，心理学家又鼓励地说："没关系，其实很简单。比如说，看谁没咖啡就端一杯，要是太闷热了，开开窗户什么的。"艾米丽终于同意试一试。

星期一这天，艾米丽发式得体，衣衫合身，来到了晚会上。按照心理学家的要求，她尽职尽责，只想着帮助别人。她眼神活泼，笑容可掬。完全忘掉了自己的心事，成了晚会上最受欢迎的人。晚会结束后，有三个青年都提出要送她回家。

一个星期又一个星期，三个青年热烈地追求着艾米丽，她最终答应了其中一位的求婚。心理学家作为被邀请的贵宾，参加了他们的婚礼。望着幸福的新娘，人们说心理学家创造了一个奇迹。

有两个人夜晚同时望窗外，一个看到的是满目泥土，一个看到的是万点星光。面对同样的际遇，前者有一颗悲凄的心，看到的是满目苍凉，了无生气；而后者有一颗欢喜的心，看到的是星光万点，一片光明。

不同的心态演绎出不同的故事，导致不同的结果。如果一个人处在心理压抑状态，就容易将自己的思维转入到既定的框架里，按照传统的观念行事。如果我们经常保持一颗欢喜的心，多告诉自己，要笑着面对生活，人生就到处是欢乐。

一位老先生得了病,茶饭无味,萎靡不振,吃了很多药都不管用。

这天听说镇上有一位特别厉害的医生,他就去看病。名医询问一番后,给他开了一张方子,让老先生自己去按方抓药。

老先生来到药铺,给卖药的师傅递上方子。师傅接过一看,哈哈大笑,说名医犯糊涂了吧!这方子可是治妇科病的,老先生赶紧回去找医生,医生却出门了,得一个多月才能回来,老先生只好回家了。回家路上,他想糊涂医生开糊涂药方,自己竟得了一种内分泌失调的妇女病,越想越好笑,禁不住哈哈乐起来。

这以后,每当想起这件事,老先生就忍不住要笑。他把这事说给家人和朋友,大家也都忍不住乐。一个月后,老先生去找医生,笑呵呵地告诉医生方子开错了。医生此时笑着说,这是他故意开错的。老先生是由于肝气郁结而引起精神抑郁症,而笑则是他给老先生开的"特效药"。老先生这才恍然大悟。这一个月,老先生光顾着笑了,什么药也没吃,身体却好了。

可以见得,只要自己笑看生活,什么病都会很快地好起来。快乐其实是件很简单的事,不要在生活上对自己太苛刻了。有的时候,我们总是强迫自己去完成那"偏激的完美",但是世上哪有十全十美,毫无缺点的人呢?即使别人看来是极完美的人,也是认为自己缺点很多。给心开一副药方,让自己的心欢喜起来,生命就会变得很精彩。

一次,来自香港的美容师李女士做美容讲座,说话动听、动作优雅、满脸笑容的李女士颇得听众的好感,在讲座中她提了这样一个问题:"请在座的各位猜一下我的年龄?"

室内气氛顿时活跃起来,有的说 32 岁,有的猜 28 岁。结果,统统被李女士微笑着摇头否认。

"现在,我来告诉大家,我只有 18 岁零几个月。"

室内哗然,继而,发出一片不信任的惊诧声。

"至于这零几个月是多少,请大家自己去衡量吧,也许是几个月。也许是几十个月,或者更多,但是,我的心情只有 18 岁!"李女士接着说。

原来她采用的是心情美容法。

正因为李女士永远都保有 18 岁的心情,所以她容颜不老。

美丽并非源于有形的东西,而是建筑于我们的内心。人的许多缺陷都是由自己的心理造成的。如果一个人的心情是灰色的、忧郁的,再昂贵的化妆品也掩饰不住她满脸的愁云,再高超的美容师也无法抚平她紧皱的眉头,反之,心情是欢喜的、流畅的,即使素面朝天也会显示出女性的柔美。一个人的美,并不局限于五官搭配,更主要的是他的心态。内心美所带来的魅力,是任何整形和化妆都难以达到的。

再苦也要笑着过

当人在不能改变周围环境的时候，就要学会改变自己的心态。只有及时改变心态，才能使自己拥有一种积极向上的行为。那时，你会发现再苦的日子也是甜的，其中还会发现很多让自己心情愉悦的事情。所以说，生活的艺术就是发现苦中有乐的艺术。

能苦中作乐，在忍受中享受小小的幸福，这就是一种乐观的心态。其实很多时候，生活并没有亏待我们，而是我们祈求太多，要求太高以至于忽略了生活本身。

在美国西雅图一个普通的卖鱼市场，鱼贩子们天天在这充斥着臭气的环境中工作，他们也曾经抱怨过命运的不公。但是后来，他们意识到再多的抱怨都无济于事，唯一能拯救他们的，只有他们自己。

于是他们开始转变心态，对自己的工作从厌恶转变为欣赏，用最灿烂的笑容迎接来自四面八方的客人……他们不再抱怨生活的本身，而是把卖鱼当成一种乐趣。他们个个面带笑容，像棒球队员，让冰冻的鱼儿像棒球一样，在空中飞来飞去，大家互相唱和。他们的微笑感染了那些脸上布满阴云的人们，他们把快乐传递给了每一个人。

最终大家齐心协力，把以前气氛沉闷的鱼市，变成了欢乐的游乐场。附近的上班族也被他们感染，常到鱼市来和鱼贩用餐，感受他们快乐工作的好心情。每个愁眉不展的人进了这个卖鱼市场，都会笑逐颜开地离开，还会情不自禁买下鱼货，自然，鱼市的销售额也因此渐渐增长。

这么一群身份卑微的人们，却在苦难的生活面前，显示出生活的大智慧。当命运之舟背负着我们一路前行，总会有人在某个阴暗的海滩搁浅。此时，奋起抗争改变命运固然值得提倡，可是如果在无可更改的现实面前，整日哀愁叹息牢骚满腹，只会给自己的生命涂满更重的灰色，只会让自己在不断地抱怨声中，失去前行的方向。试想一下，如果一个人在满腹的牢骚声中度过，阳光占据不到他的心灵，哪怕最微小的角落，脸上永远找不到灿烂的影子，这样的人生该是多么得无聊和遗憾。

幸福与财富不画等号，快乐与地位没有关系。真正诠释快乐和幸福的人，不是富豪，不是权贵，而往往是那些地位卑微的人，他们用自己的行为，向人们诠释了幸福和快乐的内涵：幸福，不在于外在环境多么优越，而全取决于自己的心境。正是这些人，他们用自己卑微的地位，反衬了灵魂的健康与伟大。他们不高，但值得我们仰视。

其实在每个人的人生旅途中，风雨、坎坷都是在所难免的，什么情况都有可能发生，任何时候都可能出现意外。但是，在遭遇了不幸和苦难之后，我们不要抱怨，而是要坚强面对，相信再苦的日子也会慢慢地好起来。

和田一夫曾经是日本最大的零售集团八佰伴的总裁，当他72岁时，苦心经营的集团倒闭了，这么一个老人从一个国际知名企业家一下子变成一文不值的穷光蛋。

他到处躲债，有家不能归。

有人认为他肯定会自杀或从此愁苦一生。

当然他也痛苦过，也想过自杀，但他很快就调整了心态，和几个年轻人悄悄地办起了一家网络咨询方面的小公司。他说，感谢失败，如果不是失败，他就不可能有机会在70多岁的时候体验什么叫东山再起，更没有机会和年轻人一道挑战过去从未接触过的新领域。

和田一夫为什么能这么快地调整心态，他有秘诀吗？

有的，他有两大秘诀，一个是光明日记，另一个是快乐例会。

他从20岁开始就坚持每天写一篇日记，只记录快乐的事情，相信人生总是朝着好的方向发展，以此激励自己，战胜挫折和困难。他把这个日记叫作“光明日记”。

与此同时，他在办企业包括后来重开公司期间，每个月要召集一次例会，在谈工作前，要求每个与会者用3分钟的时间谈一下自己本月最快乐的事情，以此调动大家的情绪，使一些情绪低落者受到感染，从而群情振奋。这种例会，他称之为“快乐例会”。

无论什么样的苦难，只要你坚强地面对，总会给你带来不少的收获。

在生命中，如何发现苦日子里的美丽呢？和田一夫的秘诀对我们有很大的启发，那就是学会寻找快乐，遇事多往光明处想，这样，再苦的日子也会慢慢变好。

常言道，人生不如意事十有八九。本来生活中那幸福的“一二”就不多，你再盯着那不如意的“八九”，那岂不是自讨苦吃？所以，我们应该学会忘却伤痛，珍惜如今拥有的东西，不要做自以为是的可怜虫。在获取不到名利与金钱的时候，就要学会看淡名利、金钱、苦难，一切不过如此罢了，学会苦中作乐。人生没有过不去的坎，用乐观积极向上的态度，让心灵得到净化和陶冶，少些浮情燥气，就能拥有阳光人生。

让闲趣来充实你的人生

在这个世界上，我们总是为我们所谓的生活而忙忙碌碌，甚至被每一种情绪重重包围着，没有任何放松的机会，就如同一台机器一样，总是在超负荷的运转，这样一来，总有一天会散架。

有很多人总是强迫自己无休止地工作，他们对工作沉迷上瘾，正如人们会对酒精沉迷上瘾一样。他们被称之为工作狂，他们拒绝休假，公文包里塞满了要办的公文，如果要让他们停下来休息片刻，他们会认为纯粹是浪费时间。

这些人都成功了吗？没有，他们中很多人不但没有成功，相反，使自己身心交瘁，有的甚至疏远了亲人，造成家庭的破裂。事业的成功是很重要的，但如果为此牺牲了健康和家庭，也是很遗憾的。在现代人的工作中，一个成功的人是会合理安排时间，注意有张有弛的。他们注重各种形式的锻炼，以保持旺盛精力去应付艰巨的事业、工作。他们也注意给自己留出与家人共享天伦之乐的时间，可以说这才是一个现代人的生活方式。

我们要学会自己给自己一个轻松休息的理由，给自己的心情留一点时间与空间，并让自己的心情做个深呼吸，这样，人生才能享受到久违的阳光。

第二次世界大战时，丘吉尔与蒙哥马利闲谈时，蒙哥马利说："我不喝酒，不抽烟，到晚上十点钟准睡觉，所以我现在还是百分之百的健康。"

丘吉尔却说："我刚巧跟你相反，既抽烟，又喝酒，而且从不准时睡觉。但我现在却百分之二百的健康。"

很多人都以为怪事，以丘吉尔这样一位身负两次大战重任，工作最为紧张的政治家，生活这样没有规律，何以百分之二百的健康呢？

其实只要稍加留意，就可明白，他健康的关键在于有轻松的心态。其既抽烟，又喝酒，且不准时睡觉则不足为训。你没见他在战事最紧张的周末还去游泳吗？没见他在选举最关键的时刻还去垂钓吗？没见他刚一卸任就去画画吗？没见他那微皱起的嘴边上斜插着一支雪茄的轻松心情吗？

你觉得自己全身上下都充满了紧张感，你的工作，你的学习，你的生活，甚至你的情感都处于紧张状态。你需要改变这种状态，不要让那些紧张的情绪缠绕在你的身上，学会放松，学会把紧张化解在无形之中。你也许会觉得让你从紧张中解脱出来、学会放松自己的情绪很难，但是你必须做到，否则你将被越来越多的紧张包围着，最终失去呼吸的能力。

其实，每个人都要给自己一颗闲心，只要有了闲心，才能让人生之路变得更加长远。如果你不懂闲下之乐，那你的生命中就不会有太多的快乐。

有这么一个故事，告诉我们拥有一份闲心的重要性：

阿莱萨朝厨房里的挂钟望了一眼。如果快一点儿的话，也许她能在丈夫卡罗回家之前把衣物熨好，可晚饭肯定是要迟了。

阿莱萨略停了一下，擦了擦脸上的汗水。天尽管阴沉着，但这的确是她经历过的最干燥和最灼热的天气。

阿莱萨刚俯下身，从篮子里拎起一件衬衣放到熨板上，恰在此时，她听见女儿蒂姆在门口大声地喊起来："妈妈，快来呀！"

"出事了吗？"她立刻拔下熨斗上的插头，奔了出去。

"怎么了？"阿莱萨问，"你不知道我正忙着吗？"

"你听呀！"蒂姆拉过妈妈，低声耳语道，"那是什么？"

过了一会儿，阿莱萨也听到一个模糊的声音从远处的树林中慢慢传来。她听着，有些困惑，这种声音她从来没有听到过。

突然，阿莱萨明白了。"那是雨！"她轻轻地说，几乎不能相信是她自己的声音。"哦，蒂姆！"她说，"雨来了。"

阿莱萨一把抱住蒂姆，简直是欣喜若狂。

多妙啊！他们听着那急骤的雨点落在地上的噼啪声，看着院子里和路上车辙里积聚着的雨水。于是，她们甩掉鞋子，光着脚跑进雨里，手拉着手，仰望着天空。很快他们就被雨水浇透了。真舒服，在可怕的热天过去之后，雨显得是多么凉爽、新鲜啊！

她们惬意地一起呼吸着清新的空气和潮湿的泥土散发出的沁人肺腑的气息。那天晚上的衣服熨完了吗？晚饭做了吗？阿莱萨已记不得了。但是她却清晰地记着雨中那美妙的一瞬：仿佛世界上只有她和蒂姆看到了那动人的一幕，也许就真只有她们两个人——啊，多么令人销魂！

在生活，因为匆匆忙忙，很多人错失了可以安安心心地喝一杯茶的机会，欣赏一盆花的机会。其实，放松下来，听一朵花开的声音，看时间从身边流逝，哪怕只是短短的10分钟，也会使你受益匪浅。

人生确实需要工作，因为工作，因为劳动，我们得以生存，得以发展，然而这绝对不是人生的全部。人生不仅需要工作，也需要休息，不仅需要忙碌，也需要悠闲。战斗之后要休整，进食之后要消化，远航途中要停靠港湾。一部汽车尚需加油与保养，人也是如此，懂得保养的人，行得久，人也是如此。蜡烛两头烧，总有一天会油枯灯尽的。

我国著名文学家聂绀弩在北大荒劳动时，有一次挑着柴草，鞋底一滑，摔了个仰面朝天，很久没有动。有人以为聂老摔得不能动弹了，跑过去一看，原来聂老躺在那里欣赏中国北方的天空，仿佛第一次才发现它是那样的迷人，那样的柔软与清明。

著名作家梁实秋说："有时候，给自己一颗忙里偷闲的心，快乐就会逼人而来。"所以每个人都不能太忙，太忙只能使自己的精神、身体处于疲困之中。反而在忙碌中适当的休息才能使自己人生变得更加美好。

在喧嚣的尘世，在人来人往、熙熙攘攘的尘世大道上，人们匆匆而来，匆匆而去，此时此刻再没有人能够体会到人生的闲趣。

不攀比才能卸下包袱

法国哲学家、思想家蒙田说过："今天的放弃，正是为了明天的得到。"

在这个世界上，为什么有的人活得轻松，有的人活得沉重？原因就是前者能拿得起，放得下；而后者是拿得起，却放不下。

其实，快乐很简单，当我们把一切心的负累放下后，就会觉得这世界很美好，就会发现原来快乐就在你眼前。

在生活中不仅放下"别人"是一种快乐，放下"自己"更是一种快乐。

曾经在书上看到这样一个故事：

一个人总觉得自己很不快乐，并为了寻找这种快乐四处奔波。一天，这个人来到一个集市，遇到一个自称"没有一天不快乐"的农夫，便问其原因，农夫说：我曾经因为脚下没有鞋穿而整天沮丧，直到有一天，我在街上看到了一个没有脚的人，由此顿悟，原来快乐竟如此简单。

这个农夫是聪明的，及时地放下了"自己"，在把自己和没有脚的人对比的时候，发现了自己竟然还有脚，即便没有鞋，但终究还可以自由地行走，和那个没有脚的人来比，这个农夫觉得自己真的是幸福极了。因此他得到了快乐，这个快乐不是谁能给的，而是在放下了自己的同时，你就会得到。

一天，威尼在俄克拉荷马城的火车站上，等候乘车往东边去。他在气温高达 45 度的西部沙漠地区已经待了好几个月。他是麻省理工学院的毕业生，他用旧式探矿杖、电流计、磁力计、示波器、电子管和其他仪器结合，制造了用以勘探石油的新式仪器。半年来，他正在为一个东方的公司勘探石油。现在威尼得知：他所在的公司因无力偿付债务而破产了，威尼踏上了归途。他失业了，前景相当暗淡，于是他的心中充满烦恼。

由于他必须在火车站等待几个小时，他就决定在那儿架起他的探矿仪器来消磨时间。仪器上的读数表明车站地下藏有石油。但威尼不相信这一切，他在愤怒中踢毁了那些仪器："这里不可能有那么多石油！这里不可能有那么多石油！"他心烦意乱地反复叫着。可是不久之后，人们就发现俄克拉荷马城地下埋有石油，甚至可以毫不夸张地说，这座城就浮在石油上。

不难想象，威尼听到这个消息的时候，一定会为自己当初不明智的举动而懊悔、痛惜不已。

我们常听人说："在人生的旅途上，别忘了驻足片刻，欣赏路边绽放的玫瑰，这样很多烦恼也就消除了。"但现在的人每天忙碌得如陀螺打转，又有多少人曾放慢脚步，注意身旁美好的事物呢？其实，只有把自己的那些烦恼放下了，我们才能轻松前行。

一对靠捡破烂为生的夫妻，每天一早出门，拖着一部破车到处捡拾破铜烂铁，等到太阳下山时才回家。他们回到家的时候，就在门口的院子里摆上一盆水，搬一张凳子把双脚浸在盆中，然后拉弦唱歌，唱到月正当空，浑身凉爽的时候他们才进房睡觉，日子过得非常逍遥自在。

他们对面住了一位很有钱的员外，他每天都坐在桌前打算盘，算算哪家的租金还没收，哪家还欠账，每天总是很烦。他看对面的夫妻每天快快乐乐地出门，晚上轻轻松松地唱歌，非常羡慕也非常奇怪，于是问他的伙计说："为什么我这么有钱却不快乐，而对面那对穷夫妻却会如此的快乐呢？"

伙计听了就问员外说："员外，想要他们忧愁吗？"

员外回答道："我看他们不会忧愁的。"

伙计说："只要你给我一贯钱，我把钱送到他家，保证他们明天不会拉弦唱歌。"

员外说："给他钱他一定会更快乐，怎么说不会再唱歌了呢？"

伙计说："你尽管给他钱就是了。"

员外果真把钱交给伙计，当伙计把钱送到穷人家时，这对夫妻拿到钱真的很烦恼，那天晚上竟然睡不着觉了。想要把钱放在家中，门又没法关严；要藏在墙壁里面，墙用手一扒就会开；要把它放在枕头下又怕丢掉；他们一整晚都为这贯钱操心，一会儿躺上床，一会儿又爬起来，整夜就这样反复折腾，无法成眠。

妻子看丈夫坐立不安，也被惹烦了，就说："现在你已经有钱了，你又在烦恼什么呢？"

丈夫说："有了这些钱，我们该怎样处理呢？把钱放在家中又怕丢了。现在我满脑子都是烦恼。"

隔天一早，他把钱带出门，整条街绕来绕去不知要做什么好，绕到太阳下山，月亮上来了，他又把钱带回家，垂头丧气的，不知如何是好。想做小生意不甘愿，要做大生意钱又不够，他向妻子说："这些钱说少，却也不少，说多又做不了大生意，真是伤脑筋啊！”

那天晚上，员外站在对面，果然听不到拉弦和唱歌了，因此就到他家去问他怎么了？这对夫妻说：“员外啊！我看我把钱还给你好了。我宁可每天一大早出去捡破烂，也比有了这些钱轻松啊！”这时候员外突然恍然大悟，原来，有钱不知布施，也是一种负担。

什么样的人生才是快乐的呢？

放下沉重的“包袱”，不为贪婪所诱惑，择精而担，量力而行。这样的人生，自然是轻松而快乐的。

这就是一种放下的快乐，一种恬静的快乐，相反，在你执着追求的时候，反而得不到任何的回报，越是得不到回报，就越是去执着追求，这就陷入一种恶性循环之中，与其这样，还不如珍惜眼前的状况，好好地利用这个状况来做一些力所能及的事情。

简化自己的人生

澳大利亚作家安德鲁·马修斯说：“每人都希望自己是快乐的，可我们都太忙了，都把快乐这事给忘了。对很多人来说，最大的困难是如何在平凡而简单中寻找一种乐趣。”

世界上最有效的语言都是最简单的语言，如部队的“立正”“向左转”“保证完成任务”。不仅是语言，还有定理、规律、做人、做事都一样。最简单的人也是最快乐的人，生活中的一些简单的人，感觉脑子不太好使，但他们是最快乐的。

人进入社会，开始用的是加法来衡量人生，人活着要日积月累地发展，要像滚雪球一般的赚钱。自经历了生活的变故之后，发觉人生适宜于减法。例如有个在事故中幸存的人，他想，假如上次我被压死，一切都不复存在；如果上帝要去我的两条腿，人生就会失去很多意义。不要把对自己太苛刻，人最重要的是健康地活着，比起健康地活着，一切都显得微不足道。

人生的减法哲学，能让我们减去疲惫、减轻烦恼、减去沉重，更能减去不该早生的白发。那些身外之物，诸如金钱、地位、权势，本来就是炫目的虚伪，不要也罢。

我听说过一个故事：

某外资大企业引进了一条香皂包装生产线，结暴发现这条生产线有个缺陷：常常会有盒子里没装入香皂。这家企业聘请了20多个著名经济学家和一大群博士、博士后，耗费数百万元，通过复杂的计算和先进的技术，解决了这个难题。每当生产线上有空香皂盒通过，两旁的扫描探测器会检测到，驱动一只机械手把空皂盒推开，准确率超过95%。

后来，一家小企业也遇到了同样的问题，两个农民思索片刻，花几十块钱买一台风扇放一边吹，空皂盒会被吹开，准确率100%，一举攻破难题。

现实生活中，我们经常把一些简单的问题弄复杂。

钱锺书有一个“三不”的做人做学问的原则，他不见一些不三不四的人，不说一些不痛不痒的话，不做一些不轻不重的事。显然，越是大师，越会过一种减法的人生，越会过一种深居简出的生活。

人类放着简单的日子不过，而要想尽一切办法伤害自己，想尽一切办法把问题弄复杂，是的，社会在发展，我们越来越被千头万绪的复杂问题所干扰、所控制。

人们往往把一些简单的问题复杂化，庸人自扰。有时，人生的败局往往在复杂之中。本来一件简单的事，几经反复，却变得复杂起来。把复杂的问题简单化，是聪明人的做法；把简单的问题复杂化，是愚蠢人的做法。

有几位哲学家、逻辑学家和法律学家在一起讨论问题，他们各自提出自己的见解，可谁也不服谁，并且还争论不休。无休止的争论使智者头昏脑涨，站出来说道：“你们都是一群糊涂虫！”智者的这句话冒犯了这些学者，学者要求国王惩治他。国王唤来打手，命令鞭打智者五十下。

“且慢，贤明的国王陛下，”智者不慌不忙站出来说，“我提出一个问题让这些学者回答，如果他们回答得正确，我甘心情愿挨罚。”

“好吧，请提出你的问题！”国王说。

“先拿纸和笔来！”智者说。

纸和笔拿上来了，智者把纸和笔分给了这些学者，然后说道：“饼干是什么东西？请你们在纸上分别写出这个问题的答案。”

学者们写好答案后交到国王手里，国王开始宣读答案：

第一份答案说：“饼干是一种食品。”

第二份答案说：“饼干是面粉和水的混合物。”

第三份答案说：“饼干是真主的恩赐。”

第四份答案说：“饼干是烘烤熟了的生面。”

第五份答案说：“饼干是有营养的物质。”

第六份答案说：“饼干是可以变的，根据自己的理解可以把它做成圆的、方的、大的、小的……”

第七份答案说：“饼干是没有人能真正知道它到底是什么的。”

国王宣读完答案，问智者，“智者，你看他们回答得怎么样？”

"回答得不怎么样，本来很简单的问题，他们回答得一个比一个复杂，而且都没答到点子上。"智者说。

"那么，你来回答一下这个问题！"国王说。

"非常简单，饼干是吃的东西！"

国王觉得有理，于是取消了对智者的处罚。

有些人总把一些简单的事情复杂化，就像是生活中一些简简单单的问题，却总会有人想出很复杂的答案。岂不知，那些最简单的答案往往才是最智慧的。这就像是做人一样，简单的才是最真的，最简单的人也是最快乐的。面对成败时，他们总能乐观面对。

学会忘记，坦对人生

西方有句格言——不要为打翻的牛奶而哭泣。是啊，牛奶已经打翻在地，你哭得死去活来又有什么用呢？你最明智的做法是：平静地接受牛奶打翻在地的现实，重新给自己倒上一杯。

你是否曾经这样想：如果当时我报那所学校，我的命运就不一样；如果当时我不和他谈恋爱，我就不会受到那么大的伤害；如果前天昨天把事情做完，我今天就不要挨骂了。但一切都已经晚了，已经没有办法改变了。

记得有位哲学家说过："忘记不好的，回忆美好的，这就是人生快乐的根源。"就是告诉我们，我们在人生的道路上行走，背后的背囊会因为有一些无形的包袱，使我们显得越来越沉重，而我们只有忘记那些本该忘记的伤痛，我们的生命才能再次轻装出发。

我们都很喜欢小孩子，他们在某些方面其实可以做成年人的老师，尤其是他们的遗忘。当一个孩子生另一个孩子气时，他往往说，"我不和你玩了"，然后就走开了，过一会儿，他可能就会主动回来找那个孩子玩，好像什么事都没有发生过。我们常常说，童年时代是一个人最快乐的时候，无忧无虑，天真无邪，是人生难得的一段好时光。其实，童年快乐的原因并非因为遇不到难过的事情，也并非因为那时一定未受过亏待，主要是因为童年时遇事不去多想，一瞬间就会把痛苦忘记，而去想些快乐的事情了。

因此，我们要向小孩子学习，学会"忘记"。

人的一生就像是一次长途跋涉，不停地行走，沿途会看到各种各样的风景，历经许许多多的坎坷，如果把过去看过的都牢记在心上，就会给自己增加很多额外的负担，阅历越丰富，压力就越大，还不如一路走来一路忘记，永远保持轻装上阵。过去的已经过去了，时光不可能倒流，除了汲取经验教训以外，大可不必耿耿于怀。

卡耐基先生有一次曾造访希西监狱，对狱中的囚犯看起来竟然也和世人一般快乐的样子很是惊讶。监狱长罗兹告诉卡耐基：犯人刚入狱时都认命地服刑，尽可能快乐地生活。

有一位花匠囚犯在监狱里一边种着蔬菜、花草，还一边轻哼着歌呢！

他哼唱的歌词是：

事实已经注定，事实已沿着一定的路线前进，
痛苦、悲伤并不能改变既定的情势，
也不能删减其中任何一段情节，
当然，眼泪也无补于事，它无法使你创造奇迹。
那么，让我们停止流下无用的眼泪吧！
既然谁也无力使时光倒转，不如抬头往前看。

让昨天成为昨天，是你活得快乐和成功的一种优雅的心态。

人们常说，"好了伤疤忘了疼"，多少有些贬义，但殊不知这其实是人自我保护的一种方式。人之所以长寿的一个重要原因是，人有一种自我调节机制，就是一般人会忘记大多数不愉快事情，而只是有选择或下意识地记住一些事情，而能够维持这种遗忘机制，正是一个人获得成功和幸福的关键。

学会忘记是对生活的一种豁达。忘记朋友有意或无心的伤害，才能建立至真至纯的友情；忘记恋人分手时的绝情，才能怀念有过的那些美丽缤纷的日子；忘记对生活的一丝给予，才能不再乞求礼节性的知恩必报。

阿拉伯著名作家阿里，有一次和吉伯、马沙两位朋友一起旅行。三人行经一处山谷时，马沙失足滑落。幸而吉伯拼命拉他，才将他救起。马沙于是在附近的大石头上刻下了："某年某月某日，吉伯救了马沙一命。"三人继续走了几天，来到一处河边，吉伯跟马沙为一件小事吵起来，吉伯一气之下打了马沙一耳光。马沙跑到沙滩上写下："某年某月某日，吉伯打了马沙一耳光。"当他们旅游回来后，阿里好奇地问马沙为什么要把吉伯救他的事刻在石上，将吉伯打他的事写在沙上？马沙回答："我永远都感激吉伯救我，我会记住的。至于他打我的事，我只随着沙滩上字迹的消失，而忘得一干二净"。

这个故事告诉我们，牢记别人对你的帮助，忘记别人对你的不好，这才是做人的本分。

印度诗人泰戈尔说过："如果你为失去太阳而哭泣，你也将失去星星。"为鸡毛蒜皮斤斤计较，为陈芝麻烂谷子耿耿于怀，只怕心灵之船不堪重负，记忆之舟承载不下，会让痛苦的过去牵制住未来。

让你的心充实起来

在人生的旅途中，最糟糕的境遇往往不是贫困，也不是厄运，而是精神和心境处于一种无知无觉的疲惫状态。本来活得好好的，各方面的环境都不错，然而你却常常因生活的乏味无趣心存厌倦。

曾经感动过你的一切不能再感动你，吸引过你的一切不能再吸引你，甚至激怒过你的一切也不再激怒你，你对生活中的一切都感觉乏味无趣。如果仅仅用不知足来解释是不够的，这是因为你暗淡了自己的心灵，即使面对再精彩的生活，你也会对它的精彩熟视无睹。这时候，需要改变的不是世界，不是环境，而是你的心态。你应该用心去感受一下，不能总是抱怨。

一个印第安男孩同他的一个朋友走在纽约市中心的街道上。

突然，这个印第安男孩对他的朋友说："我听见一只蟋蟀在叫，你听到了吗？"他朋友仔细地听了听后回答道："没有，你一定是听错了。"

"不，我真的听到一只蟋蟀在叫的声音了。真的，我肯定！"

"现在到处是熙熙攘攘的人群，吵闹声，汽车喇叭声，出租车尖叫声……你怎么可能在这里听到一只蟋蟀在叫？"

"我肯定我听到了的。"印第安男孩一边回答，一边屏气凝神地搜寻着声音的来源。他们走过一个街的拐角，再穿过一条街道，然后四处寻找。最后在一个街道的角落里看到一小簇灌木丛。印第安男孩仔细地搜索灌木丛中的枯叶，最后在枯叶堆里找到了那只蟋蟀。

他的朋友惊得目瞪口呆。印第安男孩说："不是我的耳朵比你的更敏锐，关键是你在注意听什么。过来，让我演示给你看。"他把手伸进自己裤兜里摸索了一会儿，然后掏出一把硬币。他将这些硬币一一撒落在地上，硬币撞击水泥地板时发出了清脆的响声。街道周围所有的人头都扭向了这边。

"明白我的意思了吗？"印第安男孩一边解释给他的朋友听，一边拾起他刚撒落的硬币，"关键是你在注意听什么。"

是的，我们的耳朵听惯了金钱的撞击声，听惯了上级的命令声，听惯了下级的恭维声，那么我们对生活本身所隐藏着的那些美妙声音的感受力，就变得无比迟钝了。我们的眼睛戴上了有色眼镜，所以看到的是满眼的灰色，生活中那美丽的彩虹，怎么都无法进入我们的视线之内。其实生活中处处有风景，只要我们肯仔细寻找，就一定能见到生活那绚丽多彩的一面。

多数的生命是平常的，多数的人生是平淡的，就在这平淡之中藏着真情，寻常里面寓有深意，如果想体验，你要用心才行。把目光从物质上稍稍移开，留点时间和空间给心灵和精神，生活就不会那么乏味无趣。

在风雪路上疾走着的你，如果遇到了一处可以取暖的房屋，这是一种多么巨大的幸福；下班后带着一身疲惫回到家中，如果能为自己备好一杯热茶和一盘点心，然后卧在沙发上打开电视，边吃边喝边看，那是怎样一种惬意；在街头等朋友等得不耐烦的时候，忽然看到报栏里一张报纸夹缝中登载的一则精妙小故事，乐得你旁若无人地大笑起来……生活中突如其来的快乐和惬意其实很多，只要你有一颗随时准备接受快乐的心。

挣不到更多的钱，在别人去商场买这买那、出门旅游时，我就沏一杯茶在家里享受清淡的闲暇，每天生活上的小事，也能成为构成快乐的要素。

其实我们很多时候，觉得生活乏味无趣，是因为我们太苛求生活了，在我们心目中总是对生活提出太高的要求，我们不肯接受生活真实的面目，只要我们摆正心态，告诉自己生活本来就是如此，有苦有甜，那么我们就会变得充实和乐观起来。

西西弗斯被神惩罚推石头上山的故事是我们耳熟能详的，那是一个永无止境的劳役，石头推到山顶又滚下来，推到山顶又滚下来……

然而西西弗斯在日复一日的劳役中，突然顿悟了，他不再期盼劳役的终止，因为那是神的罚咒。他停止了哀叹，只是活在推石头的当下，天天在尘土飞扬的环境中，满身大汗地推着，他不再觉得难以忍受，他觉得这就是他的生活。

这时，神觉得既然西西弗斯已经不再觉得这是“劳役”，那么这种“惩罚”对他来说也算不上是“惩罚”了，所以神也就停止了对西西弗斯的诅咒。

我们这些凡人未尝不是如此，我们日复一日地哀叹着工作的繁重与无趣，可是如果我们想想生活本来就应该是这样的。那么我们那颗委屈的心就会变得宁静和喜悦起来。人们常说“熟悉的地方无风景”，其实并不完全正确，生活所蕴藏着的景色是无穷无尽的，只要我们肯去发现，就会不断地有惊喜。人看事情本来就是正反面，负面看人生，事事都糟糕；正面看人生，处处有生机。一个人愈能理解这一点，便愈能感受到生命的宝贵和人生的快乐，生活也就不再那么缺少乐趣。

过于攀比和贪婪只会害了自己

人生活在这个世界上，总是会对一些东西贪婪，譬如金钱、美色、食物等等。一个正常的人，多多少少的都会有点贪婪，但是一个过度贪婪的人，往往会被那些贪婪的欲望冲昏了头脑。

从前，有一个人出外远行，赶上暑期天气很热的时候。走到中午，又饥又渴。肚子饿还可以忍耐一阵子，口渴却很难忍受，想寻找有没有水可以解渴。

正在此时，他走到一条河边，河水很清澈，真是如救命星降临，可是这人又想，那么多水我喝得完吗？

于是就待在那里不敢喝，一个过路的人好奇地问他："你为什么待在这里？"

他说："我十分口渴，好不容易才找到这一条河，可是河水这么多，我担心喝不完而烦恼。"

过路人说："你只要喝你所需要的量就够了，何必统统喝完呢？"

是啊，何必为了喝不完河水而烦恼呢？只要能够解渴，喝够所需要的水量就可以了。这个故事揭示了欲望和贪婪的区别。不可否认，对大多数人而言，需求和欲望是人正常的生理和心理需要。但是，如果需求不被控制，人就会被利欲蒙蔽眼睛，并将陷入贪婪的深渊。

有贪婪心态的人总希望得到更多。不知满足，结果命运让他失去一切。贪心只会愚弄自己。

古时候，有一个非常富有的员外，家有良田千亩，妻妾成群，出则车轿仆从，食则山珍海味、美味珍馐，过着如同国王一般的生活。按理说他应该是天下最幸福的人了吧？然而，他也有挥之不去的烦恼，成群的妻妾生下子女一大堆，儿女们渐渐长大，为争夺家财经常吵嘴打架，闹得员外天天生气上火，左右为难，整天唉声叹气……

一天，狂风暴雨，员外独自在窗前烦恼，他想：为什么人总是这样欲望无穷，争斗不休，难以满足呢？难道天下就没有一个知足的人吗？

正在这时，街上来了一个衣衫褴褛的乞丐，被雨淋得浑身湿透，瑟瑟发抖。他对员外说："要是能在老爷您家屋檐下避一避雨，小人就知足了！"

员外心想：乞丐的要求应该比一般人低，我要在他身上做个试验，看看人究竟是不是可以得到满足而幸福快乐地生活。于是，他答应了乞丐的要求。

乞丐站在员外家的屋檐下避雨，直到雨过天晴。

员外问乞丐，什么事情能够让他满足。乞丐不假思索地说，只要让他吃一顿饱饭就满足了。于是，员外叫仆人给乞丐准备了丰盛的宴席。

酒足饭饱后，员外问乞丐还有什么要求，乞丐说要是能穿一身像样的衣服就好了。员外毫不犹豫地满足了他的要求。

员外问他还有什么要求，乞丐说要是能住上一间房子舒服地睡觉就好了。

员外想了想，还是满足了他。

第二天，员外问他还有什么要求，乞丐说要是能有黄金万两、家财万贯就满足了。员外心想：好，就让你跟我一样，我家银库里的金银随便花！看你还有什么不满足的！

答应了乞丐提出的过分的要求后，员外问他还有什么要求。这时乞丐说要是能娶个媳妇，这一辈子就满足了。员外心想：娶妻生子，人伦之常，合理，我就帮你娶个媳妇，看你还能有什么要求！就这样，乞丐结婚了。

过了数月，员外找来了乞丐。这时，乞丐长胖了，脸上保养得油光发亮。

员外问乞丐："你所有的要求我都帮你实现了，这下你该满足了吧？"

这时候，乞丐反而满脸不高兴地说："唉，老爷有所不知，俺那媳妇长得一点也不漂亮，俺和她一点共同语言也没有！老爷能不能……呵呵……能不能帮俺娶个小妾，一定要貌美如花，好看一点的……"

"哈哈哈哈……"员外放声大笑，仿佛明白了一个道理。

"你还是做你的乞丐去吧，我已经不需要你了！"员外说。

于是，乞丐被赶出了门。

贪婪的人，永远没有满足的时候，所以也常常把自己弄得有气无力。很想放松一下，可一旦放松，又好像要失去一些东西，又不得不把自己往不满足的方向推，到头来人财两空。他们很容易被事物的表面现象迷惑，甚至难以自拔。事过境迁，后悔晚矣！

贪婪的人，总是想得到更多的东西，结果把已经拥有的都失去了。

其实，我们每个人所拥有的资产，无论是房子、车子、金子……无论是有形的，还是无形的，没有一样是真正属于我们自己的。这些东西只是暂时归属于我们管理而已，所以心态平和的人把这些财富统统都视为身外之物。

如果我们得不到希望拥有的东西，最好不要让忧虑和悔恨来苦恼我们的生活。让我们把一切都看得平淡些，看得轻松些，不要期望太高，也不要过分地求全苛刻。

从前有个山民靠打柴为生，长年累月辛苦劳作，仍改变不了困顿的局面。他自己也不记得曾在佛前烧了多少炷香，祈求佛祖降临好运，帮他走出苦海。

佛祖果然慈悲，有一天，山民无意中在山坳里挖出了一个百十来斤的金罗汉。转眼间，他便过上了从前做梦都无法梦到的生活，又是买房又是置地。他的宾朋亲友一时间竟多出十几倍，从四面八方赶来向他祝贺。

可是这个山民只高兴了一阵，继而却犯起愁来，食不甘味，睡不能安。他老婆劝了几次都没有效果，不由得高声埋怨说："偌大的家产，就是贼偷，也一时不能偷个精光，看你愁得像个丧失鬼！"

"你一个妇道人家怎能理解我的愁事呢，怕人偷只是原因之一啊！"山民叹了口气，说了半句便很懊恼地用双手抱住了头，又变成了一只闷葫芦。

"十八罗汉我只挖到一个，其他十七个不知在什么地方！要是那十七个罗汉一齐归我所有，那该有多好啊。"——这才是他郁闷的最大原因。

人性中的欲望与生俱来，沉湎于欲望而不能自拔者称之为贪婪。一位哲人曾说，贪欲会随着黄金的数量增加而增加，而痛苦则会随着贪欲的增加而增加。的确，贪婪就像一粒抹上了糖衣的慢性毒药，当你沉迷于其外表的甘甜时，你也在吞噬索人性命的毒药，直到付出沉重的代价时，惊醒为之已晚，让本来的一件好事成了遗憾的事情。

罗马政治家及哲学家塞尼加曾说："如果你一直觉得不满，那么即使你拥有了整个世界，也会觉得伤心。"难道不是吗？其实，人生最大的苦恼，不在于自己拥有的太少，而在于自己向往的太多。凡事适可而止，才能把握好自己的人生方向。

人生不是由拥有多少来决定的

美好的生活并不在欲望之巅，有很多被欲望困住的人带着不安的灵魂，和欲望一起沉沦。

作家桑达克说："除了满足欲望之外，人生还有更多值得追求的东西。"虽然现代人拥有的东西比上一代人多，但是大家的满足感却日益降低，而满足感之所以降低，正是因为什么都想要，这种心态是有害的。

你也许会纳闷：生活条件越来越好，人们为何反而幸福感下降；文明程度越来越高，人们的脸上似乎更缺少应有的笑容。拥有幸福有那么困难吗？怎么才能获得真正的幸福？到底是什么夺去了我们的幸福？

有钱能幸福吗？不一定，有可能为金钱的保管、贬值以及自身安全而痛苦呢！

有权能幸福吗？不一定，"高处不胜寒"，有可能为孤独、寂寞而闷闷不乐呢！

有名能幸福吗？不一定，有可能为舆论界的或贬或褒而深深地烦恼呢！

有貌能幸福吗？不一定，古人说"红颜薄命"，因为美貌，可能会任性，娇气太重，因此也会带来许多烦恼，甚至灾难……

其实，通向幸福的一个巨大障碍就是我们的欲望过多。幸福不在于你拥有什么，而在于你怎么看待拥有。从一定角度上说，金钱确实能够给人们带来感官上的幸福，但金钱带来的满足是暂时，在大部分时间里，依然会很空虚。反倒那些看淡金钱、平实生活的人觉得很富足。

每个人都希望活得幸福，但有些人即使已经生活在幸福中，却还是感觉不满足，明显的是身在福中不知福。人如果陷入无限的渴求之中，被物欲所牵制，就会沦入心理生活不平衡的困窘状态。

有一个人到朋友家里去做客。

主人留他吃饭的时候，他觉得菜没有味道，于是主人就在菜中加了一些盐，他吃起来就觉得十分美味。吃完饭以后，这人还在回味刚才的事情。他心里想："菜的味道好是从盐中得来，不多的盐就已经这样美味，那么多吃些盐，味道一定格外美妙。"

这样想着，他就向主人要了一大杯盐，然后一口吞进嘴里去，不料苦得要命，就急忙把盐从嘴里吐出来。

他对此百思不得其解，不认为是盐本身太多的原因，却认为自己吃的方法不对，而且怪罪主人不肯告诉他正确的吃法。

人对物质财富的需求也是如此，适量的财富就像调味用的盐，可以让我们品尝到生活的轻松和美好，让身体舒适、心灵舒展。但是一旦对财富的奢求过度，就会失去追求财富的本来意义，把人生变得苦不堪言。

古希腊时期的马其顿王国亚历山大有一次拜访大哲学家戴奥真尼斯，一方面是表达推崇之意，另一方面则希望听取几句智慧隽言。

他们交谈甚久，结束时，戴奥真尼斯询问亚历山大有何生命计划。

亚历山大说："计划征服整个希腊（好一个远大的目标）！"

戴奥真尼斯继续追问："征服希腊之后要如何？"

亚历山大说："计划进一步征服小亚细亚。"

"之后呢？"

"要征服全世界。"

戴奥真尼斯不改穷追不舍的个性，继续问道："征服全世界之后要如何？"

亚历山大告诉这位哲学家，完成这一切之后，他打算放松自己，好好享受人生。

戴奥真尼斯笑着回答说："你何不省下一切麻烦，现在立刻放松自己，享受人生呢？"

是啊！追求只是人生的手段，生活才是人生的目的，把追求看成目的，而忘了怎么过好生活，那可真是白活了。试想，当一个人创造了丰功伟业，赚到了几世都花不完的财富，却从来没能好好地坐下来安心吃过一顿饭，那么，所有的成就是不是都变得很可笑？被诱惑所缠绕，人生的不幸就开始了。假如一个人抵御不了美食的诱惑，那么自己就会被肥胖所累，甚至可能会死于贪吃的暴食。山珍海味再好，超量之食也是毒药。假如一个人抵御不了财富的诱惑，那么自己就会被金钱所累，甚至可能会死于贪婪的欲望。金钱财富再好，无道之取也是绞索。假如一个人抵御不了美色的诱惑，那么自己就会被性欲所累，甚至可能会死于“刀尖上的蜜糖”。假如一个人抵御不了权力的诱惑，那么自己就会被权魔所累，甚至可能会死于相互倾轧之中。欲望太多，就没有幸福可言。

史蒂芬·霍金建议我们：“当期望降低到最小时，我们就会感恩拥有的一切。”欲望的永不满足不停地诱惑着人们追求物欲的最高享受，然而过度地追逐利益往往会使人迷失生活的方向，凡事适可而止，才能把握好自己的人生方向，拥抱人生的幸福。

较真会使人生丧失乐趣

做人不可太较真，是为人处事中要坚持的一条重要原则。较不较真也是有人活得潇洒，有人活得累的原因之所在。

俗话说：“水至清则无鱼，人至察则无徒。”一个对什么事情都较真的人，他们会常常看这个不顺眼，看那个也不顺眼。当他们与身边的人发生一点小摩擦的时候，他们会一个也容不下，这无异于孤立自己、远离人群，造成自己与他人、与社会格格不入的局面。

做人固然不能玩世不恭、游戏人生，但也不能太较真，认死理。一面很平的镜子，在高倍放大镜下，也会显出凹凸不平；肉眼看很干净的东西，拿到显微镜下，满目都是可怕的细菌。试想，倘若我们“戴”着放大镜、显微镜对待生活，恐怕连饭都不敢吃了；而如果再用放大镜去看别人的毛病，恐怕那家伙无可救药了。

人非圣贤，孰能无过？所以，与人相处就要互相体谅、互相理解，得饶人处且饶人。与人相处，只有我们遵循求大同存小异的心态，有肚量，能容人，才能有越来越多的朋友，做事才能左右逢源。

俗话说：“宰相肚里能撑船。”古今中外，凡能成大事者都具有一种优秀的品质，就是能容人所不能容、忍人所不能忍，善于求大同存小异，团结大多数人。他们一般都胸怀开阔，为人做事豁达而不拘小节，凡事都能从大处着眼而从不目光短浅、斤斤计较，纠缠于一些鸡毛蒜皮的琐事，所以他们才能成大事、立大业，成就自己不平凡的人生。

但是，如果要求一个人真正做到不较真、能容人，也不是一件简单的事情。

因为这需要有良好的修养、善解人意的思维方法，并且需要从对方的角度设身处地地考虑和处理问题。多一些体谅和理解，就会多一些宽容，多一些和谐，多一些友谊。比如，有些人一旦做了官，便容不得下属出半点毛病，动辄捶胸顿足，横眉立目，属下畏之如虎，时间久了，必积怨成仇。想一想天下的事并不是你一人所能包揽的，何必因一点点小毛病便与人怄气呢？如若调换一下位置，挨训的人也许就理解了上司的急躁情绪。

在一次舞会上，一个个头偏矮的男子，去邀请一位身材高挑的女孩跳舞，那女孩拒绝道："我从不与比我矮的男人跳舞。"男人听了没有发火，也没有指责对方，而是淡淡一笑，自嘲地说："我真是武大郎开店，找错了帮手！"那女孩听后脸红耳赤，反而不自然起来。

自嘲，使那位男士走出窘境，保持了心境的平衡，而且还把尴尬抛还给了那个伤害自己的女孩。如果当时，那位男士态度较真，和那位姑娘生气地理论一番，可能一场争吵，甚至对骂就会上演，最终弄得双方都落个不愉快的下场。

在公共场所遇到不顺心的事，实在不值得生气，更不能较真。素不相识的人冒犯你肯定是有原因的，不知哪一种烦心事使他这一天情绪低落，行为失控正巧让你赶上了。只要不是侮辱了人格，我们就应宽大为怀，不以为意，或以柔克刚，晓之以理。总之，不能和这个与你原本无仇无怨的人瞪着眼睛较劲。假如较起真来，大动肝火，刀对刀、枪对枪地干起来，真的酿出个什么后果来，那就犯不上了。跟萍水相逢的陌路人较真，实在不是聪明人做的事。假如对方没有文化，一较真就等于把自己降低到对方的水平了，很没面子。另外对方从某种程度上是发泄和转嫁痛苦，虽说我们没有分摊他痛苦的义务，但客观上确实帮助了他，无形之中做了件善事。这样一想，也就宽容他了。

在古希腊神话中，有一个叫海格力斯的大力士。一天，海格力斯在山路上发现脚边有个袋子似的东西很碍脚，他踩了那东西一下，谁知那东西不但没被踩破，反而膨胀了起来，加倍地扩大着。海格力斯恼羞成怒，操起一条碗口粗的木棒砸它，那东西竟然长大到把路给堵死了。正在这时，山中走出一位圣人，对海格力斯说："朋友，快别动它，忘了它，离开它远去吧！它叫仇恨袋，你不犯它，它便小如当初；你侵犯它，它就会膨胀起来，挡住你的路，与你敌对到底。"

其实，生活中我们也经常步入海格力斯式的陷阱。遇到矛盾时，不少人不愿意吃亏，步步紧逼，据理力争，死要面子，认为忍让就是没有面子，就是失了尊严，最终只能使得矛盾不断地升级，不断地被激化。其实忍让并不是不要尊严，而是成熟、冷静、理智，心胸豁达的表现，一时退让可以换来别人的感激和尊重，避免矛盾的加深，岂不更好？

社会就像一张网，错综复杂，我们难免与别人有误会或摩擦，善待恩怨，学会尊重你不喜欢的人，在自己的仇恨袋里装满宽容，那样才会少一份怨恨，多一份快乐，才会赢得更多的尊重。

始终要记得给心灵松绑

人是靠灵魂来支撑的。当一个人承受事业，家庭，健康等等压力时，就像处于在十面埋伏之中，稍微不甚，就会使心灵崩溃。其实，我们失去最多的是人性中最宝贵的东西：宽容和善待。我们不能对自己宽容，也不懂得善待自己，从而出现了各种各样的心理疾病，甚至有堕落、轻生的想法。

在人的一生中，我们如果光靠人的躯体已经明显无法去承受痛苦、压力和烦恼时，我们还需要给自己的心灵松松绑。

一天，一位作家去一家修鞋店修鞋。店面很小，修鞋工老板是个不满三十岁的女子，人长得很秀气。见小老板对修鞋这活很娴熟，作家问："看不出，你这么年轻，鞋修得这么好。"

她苦涩地一笑："哎！高中毕业，没考上大学，就干起了这个。"

沉默了一会儿，她似乎在排泄心中无限的感慨："命啊！老天不公！"作家愕然了。

她一边修鞋一边讲了她的故事。

她在学校时是公认的班花，而且是班干部。

那时，她可谓是风光无限。然而快毕业时，母亲患了尿毒症，父亲患了脑出血，她休学陪伴父母亲治病，结果母亲的病没治好，她的学业也耽误了。

现在，原先班级那些默默无闻的同学都混好了。有的是政府机关的公务员，有的在南京当了分公司的经理，就连当时年年考试名列倒数第一的那位女同学，在父母送了她两套门市房后，也成了小富翁。每月可坐收两万元的租金，连班也不正经上了，整天打麻将。

她说："一天有位同学来看我，拉着我的手说，你看你，手都成菠萝皮了。你说，你哪点比别人差？人长得又漂亮，可现在却窝在这里摆弄臭鞋，不公！绝对的不公！"说完这些，她连头也不抬了。

作家知道，她的心已被自己施放的绳索给紧紧地捆绑起来了。

他便问她："你自己的身体好吗？"

她苦笑了一下："成天干活，就混了个好体格。这十来年，就感冒一次，打过几天吊瓶，再没尝过药的滋味。"

他又问："结婚了吗？"

"结了，孩子都六岁了。"

"孩子和老公都挺好？"

“老公开出租车，晚上七点准时收工，给再多的钱也不干。说是得回来守着老婆孩子。”这时，她极幸福地笑了起来。

他借机开导说：“人哪，哪能真像说的那样万事如意啊？就说你那些同学吧，你只是看到了他们好的一面，其实他们也有苦恼，也有不如意，不顺心。当公务员也不是那么容易的，工作的事不说，就是天天考勤这点，他们就得羡慕你了。”

他又说：“当经理就更不容易了。操心，熬心血，今天挣了，明天赔了的，管的事多了人也更累啊！看看你，闲暇时还看《时尚》呢。”

“我喜欢时尚的东西，买不起，过过眼瘾呗。”

他说：“再说你那位富翁同学，麻将玩上瘾了就是病啊，输了赢了的该上多大的火啊！”

她说：“可不是嘛，听说她是肩周炎，她老公烦她打麻将，不是那点房租有吸引力，早离了。”

“听了你们同学的情况，我有点羡慕你了。”他说，“你身体健康，家庭幸福和睦，自己有事做，有几个能比上你啊。我做点生意，走南闯北，就担惊受怕的。我看了，等我忙完这一阵子，啥也不干了，就来拜你为师，将来也开个温馨小店。”

她笑了。

其实谁都想往好处发展，谁都想找一个挣大钱的工作，可现实又是残酷的，当达不到自己的目标时，我们总不能只是怨天尤人，因为这个社会毕竟成功者只是少数，还有无数人和我们一样艰难地活着。

一个人要想拥有快乐的心境，自己就要学会清除心理垃圾，下意识地为心灵松绑，点亮自己的心灯，否则，快乐的梦想只能“胎死腹中”。

常常听到这么一句话：“想想你自己的幸福。”是的，如果数数我们的幸福，大约会有90%的事还算不错，只有10%的不太好。如果我们要快乐，就要多想想90%的好，而不是去理会那10%。其实，即使所谓的10%不好，大部分还是由于自己想象的。如果能经常给自己的心灵松绑，就可以收获不少快乐。

当你学会了为自己松绑，你会猛然发现生活原来是多彩的，世界原本是精彩的。

然而，人的心灵始终是脆弱的，不幸常像幽灵般地降临到人间。它能将你摧毁得支离破碎，心神俱疲。但一个会给自己松绑的人，不仅得不到痛苦，而且也会给身边的人带来安慰。

一位英勇善战的将军，在战场上失去了一条腿后，跟随他多年的一位勤务兵难过得大声哭泣起来。“小兵，你哭什么？你应该高兴才对啊！因为以后给我擦皮鞋时，你可以少擦一只呀！”将军大笑着对哭泣的小兵说。

人的心情在生活中是非常重要的，说得并不为过的是，人的心情可以关系到自己的生活质量。没有人不渴望获得好心情，但好心情不会像自然界四季的交替一样，自然到来。要想有好心情，就必须先学会放松和释放压力。这位将军以换个角度想问题的方式给自己松了绑，也给身边小兵带来了轻松。

也许你也有过这样的经历，当你把所有烦恼的事情，向你要好的朋友倾诉时，是否曾感到心里舒畅无比呢？其实，过去的事情，就让它过去。从昨天的风雨里走过来，人身上难免会沾上一些尘土和雾气，心头也多少会留下一些消极的情绪，这是不能完完全全抹掉的。如果总是背着沉重的情绪包袱，不断地焦躁、愤懑、后悔，只会白白地耗费眼前的大好时光，那也就等于放弃了现在和未来。

换个角度，换种心情

生活如同天气，有阳光灿烂之日，也有风风雨雨之时。心愿与现实常常会发生冲突。期望的，未必能够获得；能获得的，却未必是所期望的。然而这就是生活。生活本身不可能事事遂人所愿，人生也不是理想的化身。虽然我们也辛勤耕耘，但总有一些东西我们一生都不可能得到。

于是，总是有很多人在不停地抱怨。工作的时候，抱怨没得到满意的待遇；失业的时候，抱怨老板不讲情理；应聘的时候，抱怨好运不垂青自己。总之，人生灰暗，似乎怎么努力都不过是死水一潭。

其实，生活中的波折不可避免，只要我们换一种角度来看待，一切都会变得不同。

次贷危机的阴霾最终演变成金融危机，在全球掀起了一浪高过一浪的金融风暴。美国联邦储备委员会前主席格林斯潘感慨地说：“美国正陷入百年一遇的金融危机，是我此生所见到的最糟的一次。”其他专家则预测，金融风暴可能导致 1930 年的经济大萧条的历史重演，甚至有过之而无不及。

这场金融灾难把许多人逼上了绝境。有人选择在家靠救济金度日，有人选择结束生命，人们似乎都看不到希望的曙光。但正如硬币有正反两面一样，事情也有两面性。如果换个角度看待这场金融风暴，说不定那个幸运的绝处逢生的人就是你。

约翰·邓普顿在小时候就经历过一次金融危机，那就是 20 世纪二三十年代的美国经济大萧条。经济大萧条让许多农场倒闭，一些濒临倒闭的农场主为了尽量减少损失，用拍卖农场来清偿抵押品。

邓普顿的父亲是一位精明的人，危机期间，他总是站在二楼窗前，观看拍卖进度和拍卖现场状况。他从不轻易出手，每次都是等到一些农场无人出价时，才会冲下楼去，以十分低廉的价格买下别人的农场。

数十年之后，他父亲把这些资产出售给商业和住宅开发商，以当时所付出的微薄的资金，创造了如今巨额的财富。父亲的成功给了邓普顿极大的启示，他学会了在无人出价的时候进场，并总结出一个伟大的投资原则——"极度悲观原则"。在一个市场里，如果只有一个人出价，就可以用比较低廉的价格买到所需的商品，甚至商品价格低廉到像是捡来的。股市也一样，股价的狂跌往往是因为无人愿意出价，而不是意味着这只股票一文不值。

凭着父亲对自己的影响以及自身的总结，约翰·邓普顿成为"全球投资之父"、历史上最成功的基金经理和邓普顿基金集团创始人。他最著名的一句话就是：行情总在绝望中诞生，在半信半疑中成长，在憧憬中成熟。

危险总能孕育机会，黎明前总是太黑。2008年的经济处在一个较为复杂的时期，联想控股总裁柳传志表示，经济危机从长远来看确实带来投资机会，在经济实体遭遇冲击的情况下，会有很多出口企业难以坚持，但也会有很多企业找到更好的机会。

当熊市来临时，大部分投资者认为自己站在了一条狭窄的小径上，面对张牙舞爪、凶猛无比的"灰熊"，总是显得担惊受怕、步履迟缓。但在邓普顿和一些善于发现机会的人眼中，熊挥舞手臂扑过来，是与他们击掌庆贺，因为他们知道，股票又会变得很便宜。大多数人因为恐慌而离开了熊市，但往往那些绝处逢生的人就会借此机会选择，那些优质但被低估了的股票。

经巴菲特授权的新书《雪球》很好地讲述了这个道理。他把财富比喻成雪球，雪球滚得越大，财富就越多。巴菲特是一位"滚雪球"的高手，他在书中解释说，刚刚落下的雪总是很干，难以滚出雪球，必须找到合适的湿雪，再加上一个斜度合适的长坡，就能轻松滚雪球，而且越滚越大。

在人生中，之所以有那么多的痛苦，有那么多的磨难，是因为我们习惯地顺着惯性定势去想问题，不愿也不会转个方向、换个角度思考问题，其实只要换个角度，我们就可以获得解脱，而解脱的最好方式是面对不同的情况，用不同的思路去多角度地分析问题。因为事物往往都是多面性的，视角不同，所得的结果也就不同。

有这么一个故事：

雨后，一只蜘蛛艰难地向墙上已经支离破碎的网爬去。墙壁潮湿，它爬到一定的高度，就会掉下来。蜘蛛一次次地向上爬，一次次掉下来……

第一个人看到蜘蛛，叹了口气，自言自语道：“我不就是个蜘蛛吗？自己忙忙碌碌一无所得。”从此，他更加消沉。

第二个人看到蜘蛛，他说：“这蜘蛛真笨，为什么不从旁边干燥的地方绕着爬上去呢？以后，我不能像它这样愚笨。”从此，他变得聪明起来。

第三个人看到蜘蛛，立刻被蜘蛛屡战屡败的精神所感动。从此，他变得更加坚强。

同样是看蜘蛛爬墙，不同的人从不同的角度看，就有不同的感触、不同的结果。其实，人生之路亦是如此。人生，是一个多面体，许多事换个角度看它，“风景”就不一样，也会得到不同的结果。

记得，《千手观音》舞蹈节目的领舞者邰丽华曾这样说：“我感觉残疾不是缺陷，而是人类多元化的一个特点。残疾不是不幸，只是不便。其实，每个人的人生都是一样的，有圆，有缺，有满，有空，这是你无法选择的。但是，你可以选择看人生的角度，然后带着快乐而感恩的心态面对人生的不圆满。”换个角度去看人生，虽然无法改变缺憾，但用快乐的心境去面对，却获得了震撼人心的成功。这不能不说对我们是一个莫大的启示。

重要的是拥有一颗爱心

在这个世界上，有一种最能体现无私意蕴的情感叫作爱心，它能清除悲伤的瓦砾，推倒绝望的断壁，也能点燃希望之火。在我们处于人生低谷时，一点一滴无声的爱是很关键的，因为爱到来的时候，会像春风一样温暖着我们每一颗脆弱的心。

威尼斯著名的心理学家阿尔弗雷德·阿德勒写过一本书，书名叫《生命对你的意义是什么》。在这本书里，这位著名的心理学家这么写道：“凡不关心别人的人，必会在有生之年遭受重大困难，并且大大伤害到其他人。也就是这种人，导致了人类的种种错失。”

不难想象，如果我们跟一个只在乎自己的人打交道，做朋友，他觉得你无关紧要，可有可无，那么，我们将做何感想呢？这种被忽视的滋味是很不好受的。相反，那些时刻知道给予别人帮助的人，才显得伟大。

有这么一个故事：

在美国东部某地一个风雪交加的夜晚，推销员卡姆特的汽车坏在了冰天雪地的山区。野外四处无人，卡姆特焦急万分。因为，如果不能离开这里，他就只能活活冻死。这时，一个骑马的中年男子路过此地，他二话没说，就用马将卡姆特的小车拉出雪地，拉到一个小镇上。当卡姆特拿出钱对这个陌生人表示感谢时，中年男子说："我不要求回报，但我要你给我一个承诺。当别人有困难时，你也尽力去帮助他。"

在后来的日子里，卡姆特帮助了许多的人，并且将那位中年男子对他的要求同样告诉了他所帮助的每一个人。

6年后，卡姆特被一次骤然发生的洪水围困在一个小岛上，一位少年帮助了他。当他要感谢少年时，少年竟然说出了那句卡姆特永远也忘不了的话："我不要求回报，但你要给我一个承诺……"卡姆特的心里顿时涌起了一股暖流。

爱心是无价的，它不需要回报，却可以心口相传。大千世界，茫茫人海，"献爱心"说难其实也不难，境由心生，事在人为。

在波斯里亚的一个小村庄里，住着一个叫约西娜的妇人，她有两个可爱的儿子和一个善良的丈夫。她的丈夫在奥地利工作，有一天，丈夫从奥地利带回两条金鱼，养在鱼缸里。

不久，波斯里亚战争爆发了，约西娜的丈夫为国家献出了生命，而战争也毁灭了他们的家园，约西娜只好带着孩子到他乡逃难，临行前，约西娜并没有忘记那两条金鱼，因为那也是两条生命，而且还是丈夫送给自己和孩子的礼物。她把金鱼轻轻地放入一个小水坑里，然后出发了。

几年以后，战争结束，约西娜和孩子们重返家园。家乡仍是一片废墟，约西娜不知道怎么样才能使自己的家重现生机。

忽然，她发现在她曾经放过金鱼的小水坑里，浮动着点点金光，原来是一群可爱的小金鱼。它们一定是那两条金鱼的后代。约西娜突然间看到了希望，她像看到了丈夫的鼓励，她和孩子们精心饲养起那些金鱼来，她相信，生活会像金鱼一样，越来越好。

约西娜和她的金鱼的故事逐渐流传开来。人们从各地赶来，观赏这些金鱼，当然，走时也不会忘记买上两条带回家。也许，那条金鱼象征着希望。没用多长时间，约西娜和孩子们凭着卖金鱼的收入，过上了幸福的生活。

从这则故事里，我们看到约西娜有一颗善良的心，哪怕只是两条金鱼也不放弃拯救它们的机会。我们无法预料金鱼的繁衍，那是偶然的现象。但是，爱心不是偶然的，体现在一个人的一举一动中。爱心给人的感觉不是伟大，而是平凡。心是人活动的天地，一个微笑，一句暖语，都会让人感到温暖。只要你拥有一颗爱心，并且让它在你心里长存，那么爱心不管在哪里开花，终究有一天会在那里结下果实。不要放弃传播爱心的机会，那样你才能得到回报。

越南战争刚刚结束，一个美国士兵打完仗后回到国内，在旧金山旅馆里他夜不能寐，他转动着，翻来覆去想着心事。午夜，他给家中的父母打了一个电话。

“爸爸、妈妈，我就要回家了！”

“欢迎你呀，孩子！我和你妈正想你呢！”他爸爸说。

“可是我带回一个一条腿和一条胳膊的残疾人，我希望他能和我们住在一起。”

“我们为他感到遗憾，帮他另找一个地方住下，好吗？”

“不，他只能和我们住在一起。”儿子坚持道。

“孩子，你不知道，他会给我们的生活造成很大拖累的，他会有活路的。”

话没说完，儿子的电话挂断了。父母在家等了许多天，未见儿子回来。

一个星期后，他们接到警察的通知，到旧金山见一个人。他们见到了坠楼自杀儿子的尸体，并且惊愕地发现：他们的儿子正好少了一条腿和一条胳膊。

这也许就是自私付出的代价。我们不能因此而下定论，说这对父母不爱自己的儿子，只能说这个儿子希望得到父母真诚的爱，而不是有条件的在“不拖累的”前提下的爱。我们每个人在震撼之中，能否反思一下自己：我们在对待父母、子女和亲友，或邻里朋友，我们的爱心有多少？扪心自问，我们在某些稍许触及自己利益的时候，是不是良心还在？为了眼前利益而忘记过去有恩于我们的人？

世上每个人都期望得到爱，爱的力量是伟大的，是无可比拟的。它穿越时空，照亮一个人心中的黑暗；它无私而高尚，融化人们冰冷的心；它不求回报，心甘情愿地付出。给人以爱，你也将处处得到爱。

包容能为你带来愉悦

在生活中，包容他人、包容自己都是必需的，包容就是给别人机会，也是给自己机会。

有句俗话，叫作“宰相肚里能撑船”。姑且不论那些宰相是不是都有度量，但人们都把那些具有像大海一样宽广胸怀的人看作是可敬的人。

一个人是否具有“包容”的心胸并非小事。它不但关系到自己的工作、学习乃至自己的生命和健康，而且关系到事业的兴衰与成败。

我们生活在社会群体中，人与人之间发生矛盾、产生误解是常有的事。如何处理好这方面的问题，我们的祖先留下了许多闪光的思想和可供借鉴的经验。明代朱衮在《观微子》中说过：“君子忍人所不能忍，容人所不能容，处人所不能处。”以宽厚的态度待人，绝非软弱无能，而是自信的表现，是正义的行为。

尤其是“以德报怨”的高风亮节，可以使人反躬自问，心悦诚服。

《续汉书》中记载了曹腾的父亲曹阴这么一个故事：

他的邻居养了头猪，长得和曹家喂的猪模样相似。有一天，邻家的猪跑丢了，他便到曹家来要，说曹家这头猪就是他家丢的那头猪。曹阴心里知道他搞错了，却不和他争辩，二话没说，就让他把猪牵走了。后来，邻家的猪又自己跑回来了，他这才知道弄错了，心中很惭愧，赶忙把猪赶还曹家。这时曹阴仍是二话没说，只是微笑着接受了。曹阴的态度和气量，对丢猪的邻居是一种无声的感染和教育。

有的人遇事想不开，甚至为芝麻粒那么大点事也吃不好饭，睡不好觉，自己折磨自己。也有的人觉得谦让“吃亏”“窝囊”，因而在非原则矛盾面前，总以强硬的态度出现，甚至大动干戈，结果使矛盾非但不能缓解，而且丢了自己的人格。因而，每一个人都应培养自己“包容”的美德。

1928 年，密西西比州有一位黑人教师兼传教士泰勒即将被处死。事情是这样的：当时还是第一次世界大战的时候，密西西比州中流传的谣言说，德军将策动黑人政变。有一天，一群白人青年在教堂外听到泰勒在教堂内说：生命是一场搏斗，黑人们应拿起武器，为争取生存和成功而战。这些白人青年听到了“战斗”“武器”，激动地冲入教堂，用绳索将泰勒捆住，把他拖到一英里远，推上绞台，燃起木柴，准备绞死。这时有人叫道：“让他说话。”于是泰勒站在绞台上，脖子上套着绳索，开始谈他的人生与理想。

他 1907 年从爱达荷大学毕业。毕业时，有人请他加入旅馆业，有人肯出钱资助他接受音乐教育，都被他一一拒绝了。因为他热衷于一个理想，由于他受到布克·华盛顿的影响，立志去教育他贫困的同胞兄弟。于是，他前往美国南方找到了一个最落后的地方，也就是密西西比州的一个偏僻地方，把自己的手表当了 1.65 美元，就在野外开始办学校。泰勒面对这些准备处死他的愤怒人群，诉说自己如何奋斗、教育那些失学的孩子，想将他们训练成有用的农民、工人、厨师与管家。他也告诉这些白人，在他兴办学校的过程中，一些白人曾送他土地、木材、猪、牛、羊，还有钱，协助他完成教育工作。

当泰勒如此真诚地谈话，特别是他不为自己求情，只为自己的使命请求时，暴民们开始软化了。最后几个老人说，我们相信他说的都是真的，他是在做善事，我们应该帮助他，而不是处死他。并且老人们在人群中为他募捐了 52 美元，以献给他的教育工作。

事后曾有人问泰勒，你是不是非常怨恨那些准备杀死你的人，有没有想过要报复他们。他的回答是，他当时忙着诉说比自己更重大的事，以至无暇憎恨，更不用说报复了。

人随着在生活中的磨砺，会逐渐认识到包容对这个世界的宝贵。就像基督教教义的变迁，开始的时候，耶稣告诉人们要“以眼还眼，以牙还牙”，但是后来，他告诉人们“如果一个人要打你的左脸，你把右脸也伸出去让他打；如果一个人要你的外衣，你把内衣也给他”。虽然不能够提倡无原则的包容，但是这至少说明即使是圣贤，也有被报复心理困扰的时候，其实，他们之所以成为圣贤，是因为他们最后选择了包容。

对生活多一点包容，是我们每一个人都应该做到的。有一句话说：忍一时风平浪静，退一步海阔天空。说明在为人处世、人际交往之中，当以宽大为怀。忍己心之不快，宽他人之小过，是为君子风度，也是交际素质的最全面展现。

多一分包容，我们就多一分快乐；多一分包容，我们也就多一分真诚。

在日常生活中，保持宽大的胸怀，全面展现自身豁达的心胸，这样就会获得朋友，在人生事业上他们就会助你一臂之力。你包容了别人，即使你犯了一些小错，别人也会包容你。

不攀比，才能坦荡泰然地做人做事

两人同时望向窗外，一个人看到天空中的星辰，一个人则看到地面上的污泥。

生活其实是一面镜子，你或哭或笑，镜子都会还给你。

心冷了，太阳都不再温暖；心热了，冰雪也会融化。

换一个想法，换一种心态，你的生活可以改变。当你拥有良好的心态时，你的整个世界也将是快乐的。

不去攀比，在心田种下快乐的种子，年年岁岁你都能采摘快乐。

坚持做不盲从的人

大自然中，有一种奇怪的虫子，叫列队毛毛虫。法国昆虫学家法布尔曾经仔细研究过这些毛毛虫。它们从卵里孵化出来之后，就成群集结在一起生活。在外出觅食时，通常是一只队长带头，其他的毛毛虫便用头顶着前一只伙伴的屁股，一只贴一只排成一列或两列前进，这队伍的最高纪录是600只。为预防自己不小心走岔路跟丢了，它们还一面爬一面吐丝。等到吃饱了，它们又排好队沿原路返回。

法布尔先把队长拿走，但后边的一只迅速补上，继续前行；把它们的丝路切断，虽然会暂时把它们分开，但后边的那队会到处闻，到处找，只要追上前边的队伍，马上就会合二为一。

法布尔所做的实验中，最有意思的是引诱毛毛虫走上一个花盆的边缘。毛毛虫一走上去就沿着边缘前进，一面走一面吐丝。令法布尔惊讶的是，这群毛毛虫当天在花盆边缘一直走到筋疲力尽才停下来，其间曾经稍作休息，但是没吃也没喝，连续走了十多个小时。

第二天，守纪律的毛毛虫队列丝毫不乱，依然在花盆边缘上转圈，没头没脑地跟着前边走。第三天，第四天……一直走了一个星期。所有的虫子几乎要累死、饿死了。第八天，有一只毛毛虫掉了下来，这一群虫子才重返家园。

虫子的盲从是多么的可笑、可悲！其实，放眼世界，人又何尝不是如此？起哄，跟风，随大流，亦步亦趋，凑热闹，是许多人做人做事的惯例。

“横看成岭侧成峰，远近高低各不同。”凡事绝难有统一定论，谁的“意见”都可以参考，但永不可代替自己的“主见”，不要被他人的论断束缚了自己前进的步伐。追随你的热情、你的心灵，它们将带你实现梦想。

遇事爱盲从、没有主见的人，就像墙头草，东风东倒，西风西倒，没有自己的原则和立场，不知道自己能干什么、会干什么，自然与成功无缘。

学会热爱你自己

黄美廉，一位自小就患脑性麻痹的病人。脑性麻痹夺去了他肢体的平衡感，也夺走了她发声讲话的能力。从小她就活在诸多肢体不便及众多异样的眼光中，她的成长充满了血泪。然而她没有让这些外在的痛苦，击败她内在奋斗的精神，她昂然面对，迎向一切的不可能，终于获得了加州大学艺术博士学位。她用她的手当画笔，以色彩告诉人“寰宇之力与美”，并且灿烂地“活出生命的色彩”。在一所学校的演讲会上，全场的学生都被她不能控制自如的肢体动作震慑住了。

“请问黄博士”，一个学生小声地问，“你从小就长成这个样子，请问你怎么看待你自己？你都没有怨恨吗？”许多人的心一紧，怎么可以当面在大庭广众之下问这个问题，太激人了，很担心黄美廉会受不了。

“我怎么看自己？”美廉用粉笔在黑板上重重地写下这几个字。她写字时用力极猛，写完这个问题，她停下笔来，歪着头，回头看着发问的同学，然后嫣然一笑，回过头来，在黑板上龙飞凤舞地写了起来：

第一，我好可爱！

第二，我的腿很长很美！

第三，爸爸妈妈这么爱我！

第四，上帝这么爱我！

第五，我会画画！我会写稿！

第六，我有只可爱的猫！

第七，还有……

第八，……

教室内鸦雀无声。她回过头来定定地看着大家，又回过头去，在黑板上写下了她的结论：“我只看到我所有的，不看我所没有的。”

掌声由学生群中响起，看看美廉倾斜着身站在台上，满足的笑容从她的嘴角荡漾开来，眼睛眯得更小了，一种永远也不被击败的傲然，写在她脸上。

爱自己常被人斥为狂妄、自大、自恋。其实，每个人都可以营造一处风景，一道涂抹着个性色彩的风景。

在现实生活中，我们常常为他人一句无意的嘲笑，或是一次无心的抱怨，就变得闷闷不乐，甚至开始彻底怀疑自己、否定自己。其实，这样的心态是不健康的。虽然我们有必要在意别人对自己的评价，但不能过分在乎，否则，烦恼的是你自己，痛苦的也必定是你自己。

当你把他人的不赞成视作是生活中必然会遇到的非常自然的现状时，你的幸福就永远都是自己的。因为在你生活的这个世界上，人们的认知都是独立的，人人都应该为自己活一次。

许多时候，人们往往对自己的幸福熟视无睹，而觉得别人的幸福很耀眼。没想过别人的幸福也许对自己不适合，更没想过别人的幸福也许正是自己的坟墓。这个世界多姿多彩，每个人都有属于自己的位置，有自己的生活方式，有自己的幸福。何必去羡慕别人？安心热爱自己的生活，享受自己的幸福，才是快乐之道。

做本色的“我”

有一位青年，毕业于哈佛大学，他没有像他的大部分同学那样，去经商发财或走向政界成为明星，而是选择了宁静的瓦尔登湖。他在那儿搭起小木屋，开荒种地，看书写作，过着原始而简朴的生活。他在世44年，没有女人爱他，没有出版商赏识他。生前在许多事情上很少取得成功。他写作、静思，直到得肺病在康科德死去。他就是著名的《瓦尔登湖》的作者梭罗。

梭罗博物馆在网上作了份调查：你认为梭罗的一生很糟糕吗？共有467432人作了回答，其结果是：92.3%的人回答说“不”；5.6%的人回答说“是”；2.1%的人回答说“不清楚”。于是该博物馆采访了一位作家，作家说：“我天生喜欢写作，现在我成了作家，我非常满意，梭罗也是这样，我想他的生活不会太糟糕。”

他们又采访了一位商人，商人说：“我从小就想做画家，可是为了挣钱。我却成了一位画商，现在我天天都有一种走错路的感觉。梭罗不一样，他喜爱大自然，他就义无反顾地走向了大自然，他应该是幸福的。”接着，他们又采访了纺织工人、学生、服务员，其中有一人说：“别说梭罗的生活，就是凡·高的生活，也比我现在的生活值得羡慕，因为他们都活在自己的理想世界中，都做着自己天性中该做的事，他们是自己真正的主宰，而我却在为了过上某种更富裕的生活，在烦躁和不情愿中日复一日地忙碌。”

1888年，法国巴黎科学院收到的征文中有一篇被一致认为科学价值最高。这篇论文附有这样一句话：“说自己知道的话，干自己应干的事，做自己想做的人！”这是在妇女备受歧视和奴役的19世纪，走入巴黎科学大门的第一个女性，也是数学史上第一个女教授——38岁的俄国女数学家苏菲柯瓦列夫斯卡娅的杰作。

今天，盲目从众已在社会中立足。认识自己的独特性已经同每个人的生存质量紧密相连。竞争的年代，不仅是才能的竞争，更是个性的竞争，你不清楚自己的独特之处，不了解自己潜在的优势，就很难凭真本事去参与竞争，就很难在择优的环境中显出实力，那么你的愿望就只能是愿望。要想不被别人牵着走，只有认真地剖析自我，确认自我，勇敢地摔打自我。尽可能开发出自我的价值，使自己真正成为自己，你才能掌握自己的命运，把握住人生的脉搏。

做本色的“我”，张扬独一无二，除了自我凝聚、甘于寂寞外，还需要勇气。勇气是为智慧与才干开路的先导；是向高压与陈规挑战的利剑；是同权威和强手较量的能源。

给自己鼓掌

世界上有一些著名影视明星、歌手，他们曾经大红大紫，名噪一时，最后却以悲剧结束一生。究其原因，一位作家认为，在舞台上他们永远需要观众的掌声来肯定自己。但是由于他们从来不曾听到过来自自己的掌声，所以一旦下台，回到自己的住处时，便会倍觉凄凉，觉得听众把自己抛弃了。

一个喜欢棒球的小男孩，生日时得到一副新的球棒。他激动万分地冲出屋子，大喊道：“我是世界上最好的棒球手！”他把球高高地扔向天空，举棒击球，结果没中。他毫不犹豫地第二次拿起了球又喊道：“我是世界上最好的棒球手！”这次他打得更带劲，但又没击中，反而跌了一跤。男孩第三次站了起来，再次击球。这次准头更差，连球棒也丢了。他望了望球棒道：“嘿，你知道吗，我是世界上最伟大的击球手！”后来，这个男孩果然成了棒球史上罕见的神击手。是自己的赞美给了他力量，是赞美成就了小男孩的梦想。

我国台湾作家三毛曾说：“在我的生活中，我就是主角。”你是你命运的主人，你是你灵魂的舵手，不要让自己成为一个生活的观众、世界的看客。人的发现和创造，需要一种坦然平静、自由自在的心理状态。自主是创新的激素、催化剂，人生最大的悲哀莫过于别人替自己选择，使自己成为别人操纵的机器而失去自我。常给自己鼓掌,善于驾驭自己命运的人,才最幸福。在人生路上,必须善于做出抉择:不要总是让别人推着走,不要总是听凭他人摆布,而要勇于承载自己的人生,调控自己的情感,做自我的主宰,做命运的主人。

坦然地走自己的路

一群蛤蟆在进行比赛,看谁先到达一座高塔的顶端。周围有一大群蛤蟆在看热闹。

比赛开始了,则听到围观者一片嘘声:“太难为它们了！这些蛤蟆不可能达到目的。”

蛤蟆们开始泄气了,可是还有一些蛤蟆在奋力摸索着向上爬去。

围观的蛤蟆继续喊着:“太难了！你们不可能到达塔顶的!”

其他的蛤蟆都被说服停下来了,只有一只蛤蟆一如既往继续向前,并且更加努力地向前。

比赛结束,其他蛤蟆都半途而废,只有那只蛤蟆以令人不解的毅力一直坚持了下来,竭尽全力到达了终点。

其他的蛤蟆都很好奇,想知道为什么就它能够做到。

大家惊讶地发现——它是一只聋蛤蟆!

可见一味听信别人,便会丧失自己,而与成功无缘。

据说上帝曾把1、2、3、4、5、6、7、8、9、0十个数字摆出来,让面前的10个人去取,说道:“一人只能取一个。”

人们争先恐后地拥上去,把9、8、7、6、5、4、3都抢走了。

取到2和1的人,都说自己运气不好,得到很少很少。

可是,有一个人却心甘情愿地取走了0。

有人说他傻:“拿个0有什么用?”

有人笑他痴:“0是什么也没有呀！要它干啥?”

这个人说:“从零开始嘛!”便埋头不言,孜孜不倦地干起来。

他获得1,有0便成为10;他获得5,有0便成了50。

他一心一意地干着、一步一步地向前。

他把0加在他获得的数字后面,便十倍、十倍地增加。终于,他成为一个成功且富有的人。

一个人成功的首要因素便是对自己清楚的定位,因为最了解你的人不是别人,而是你自己,最知道你想干什么的人也不是别人而是你自己。如果因别人的一两句话你就改变自己的初衷，在奋斗路上拼搏了若干年因朋友的一两句建议你就停止前行，把已收获的全部放弃，那你永远也尝不到最甜的那颗胜利果实，永远也登不上“一览众山小”的成功巅峰，徒耗费了大好年华，空留叹息和悔恨。

人生中，我们都有自己的生活方式、自己做人的原则，太在意别人的看法、盲从他人，便会丧失主见，丢掉自己，这样的人生，还有什么意义呢？

错了就承认

一位医生，在当地颇有名气。有一天，一位青年妇女来找他看病。检查后他发现，她的子宫里有一个瘤，需要手术割除。

手术很快就安排好了。手术室里都是最先进的医疗器材，对这位有过上千次手术经验的名医来说，这只是个小手术。

他切开病人的腹部，向子宫深处观察，准备下刀。但是，他突然全身一震，刀子停在空中，豆大的汗珠冒上额头。他看到了一件令他难以置信的事：子宫里长的不是肿瘤，是个胎儿！

他的手颤抖了。如果硬把胎儿拿掉，然后告诉病人，摘除的是肿瘤，病人一定会感激得恩同再造；相反，如果他承认自己看走眼了，那么，他将会名声扫地。

经过几秒钟的犹豫，他终于下了决心，小心缝合刀口之后，回到办公室，静待病人苏醒。然后，他走到病人床前，对病人和病人家属说：“对不起！我看错了，你只是怀孕，没有长瘤。所幸及时发现，孩子安好，一定能生下个可爱的小宝宝！”

病人和家属全呆住了。隔了几秒钟，病人的丈夫突然冲过去，抓住名医的领子，吼道：“你这个庸医，我要和你算账！”

孩子果然安好，而且发育正常，但医生被告得差点破产。

有朋友说他：“为什么不将错就错？就算说那是个畸形的死胎，又谁能知道？”

“老天知道！”名医只是淡淡一笑。

名医损失了许多，但他获得了内心的宁静与坦荡。

生活或工作中，我们每一个人都会因为疏忽而犯一些错误。承认错误，就有可能承担责任，独吞苦果。但在绝大多数的情况下，别人是不会一棍子打死你的，既然你都认错了，还要怎样呢？

认错的好处还在于，能为自己树立敢作敢当的形象。承担责任，不推诿过失。上级放心，下属尊敬，同事喜欢，自己心安，认一个错又有什么大不了的呢？要勇敢地面对错误，今后才能避免错误，从而及时提高自己的能力。

别跟自己过不去

在美国，有一位电车长，他的女儿凯丝·达莉从小就喜欢唱歌，并且梦想当一名歌唱演员，但她的牙齿长得很难看。

一次，她在新泽西州的一家夜总会演出，在整个过程中，她总是试图把上唇拉下来盖住丑陋的牙齿，结果洋相百出。演完之后她伤心地哭了。

这时候，台下的一位老人对她说："孩子，你很有天分，坦率地讲，我一直在注意你的表演，我知道你想掩饰的是你的牙齿，难道长了这样的牙齿一定就丑陋不堪吗？听着，孩子，观众欣赏的是你的歌声，而不是你的牙齿。张开你的嘴巴，孩子，观众看到连你都不在乎的话，他们就会对你产生好感的。再说了，孩子，说不定那些你想遮掩起来的牙齿还会给你带来好运呢！"

凯丝·达莉接受了老人的忠告，不再去注意牙齿。从此，她只想着她的观众，她张大嘴巴，热情而高兴地唱着，最后她成了一流的明星。

每个人都是独一无二的，我们要学会接纳自己、喜爱自己，千万别将自己关进自设的心理牢笼中。

现实生活中有很多有烦恼的人，对他们来说，忧烦似乎成了一种习惯。有的人对名利过于苛求，得不到便烦躁不安；有的人性情多疑，老是无端地觉得别人在背后说他的坏话；有的人嫉妒心重，看到别人超过自己，心里就难过；有的人把别人的问题揽到自己身上自怨自艾，这无异于引火烧身。

跟自己过不去的真正病源，应当从内心去寻找。大凡终日忧烦的人，实际上并不是遭到了多大的不幸，而是在自己的内心素质和对生活的认识上，存在着片面性。聪明的人即使处在忧烦的环境中，也往往能够自己找到快乐。因此，当受到忧烦情绪袭扰的时候，就应当自问为什么会忧烦，从主观方面寻找原因，学会从心理上去适应你周围的环境。

所以，要在忧烦毁了你之前，先改掉忧烦的习惯。

珍爱自己，是源于对生命本身的崇尚和珍重，珍爱自己，能使人的生命更为健康，使人的精神更加乐观向上。

珍爱自己是生活之真谛，只有珍爱自己，才能珍爱万物，珍爱世界。人要懂得珍爱自己，注重内在的修养、自身的完善，理性地处理身边的一切事情，让自己永远保持自信、快乐、博爱、轻松、自然的心灵状态。

请记住:别跟自己过不去。

秀出你的光彩

清朝光绪年间,孙中山从日本回国。据说有一次,他路过武昌总督府,想会见湖广总督张之洞,就让守门人传进一张便条去。张之洞见条子上写着“学者孙中山求见张之洞兄”,便问:“他是什么人?”

守门人说:“一名书生。”

张之洞不太高兴,提笔便在条上写道:“持三字帖,见一品官,儒生胆敢称兄弟?”

守门人出来,将条子递给孙中山,孙中山一看,也在便条上写道:“行千里路,读万卷书,布衣也可傲王侯。”

守门人又将条子传了进去,张之洞一看,连忙说:“请!”

就这样,孙中山以自己的才华、豪情,敲开了总督府的大门。

今天,时代要求我们展现自己的才华,“秀”出自己的光彩来。

某所学校有个女孩,她极有才华,口才与文采无人与之比肩。大学毕业后,在学校的推荐下去了一家小有名气的公司工作。谁知就是这样一个让学校都引以为荣的人物,在公司工作不到半年就被炒了鱿鱼。

原来,在这个人才济济的公司里,每周都要召开一次例会,讨论工作计划。每次开会很多人都争先恐后地表达自己的观点和想法,只有她总是坐在那里一言不发。她原本有很多好的想法和创意,但是她有些顾虑,一是怕自己刚刚到这里便“妄开言论”,会被人认为是张扬,是锋芒毕露;二是怕自己的思路不合上司的口味,被人看作是幼稚。在沉默中,她度过了一次又一次激烈的争辩会。

有一天,她突然发现这里的人们都在力陈自己的观点,似乎已经把她遗忘在那里了。于是,她开始考虑扭转这种局面,但这一切为时已晚,没有人再愿意听她的声音了。在所有人的心中,她已经成了一个没有实力的花瓶人物。最后,她终于因自己的过分沉默而失去了这份工作。

生活中,我们不可一味地谨慎、谦让,总是对别人说“我不行”“我不够格”,日子久了,你的才华和潜力会被埋没,他人对你的印象也会定格。

今天,表现自己、推销自己、显露自己已成为一大趋势,这并非与谦逊水火不容。“秀”出你独特的光彩,施展你非凡的才华,人生舞台上你才能赢取更大的成功。

“千里马常有,而伯乐不常有。”这句话告诉我们,应该善于表现自己,“秀”

自己，让自己在芸芸众生中脱颖而出，进入“伯乐”的法眼，从而获得展现自己价值的平台。

不依赖别人的定位

生活中，有人听父母的，听师长的，听朋友的，听恋人的，唯独不听他自己的声音。他们总是被人安排着做自己不热爱的工作，学自己不喜欢的专业，过自己不想要的生活……

这种人失去了自己，忘记了自己，如同一张复印纸，只会复印别人的意见和想法。

做好自己，安排自己的生命时序，你才活得更精彩。

有一个美国男孩，他父母都希望自己的儿子能成为一位体面的医生。可是，男孩读到高中便迷上了计算机，整天玩着一台旧计算机，不断地把计算机的主板拆下又装上，乐此不疲。

男孩的父母见了很担心，他们苦口婆心地告诉他：“你应该用功念书，否则根本无法立足社会。”

男孩非常痛苦，他既不愿意放弃自己的兴趣，也不愿意让父母难过。最后，他按照父母的愿望考上了一所医科大学，可是他的内心始终只对计算机感兴趣。第一个学期快要结束的时候，他毅然决然地告诉父母他要退学，父母苦劝无效，也只好遗憾地同意他退学。

后来，男孩成立了自己的计算机公司，打出了自己的品牌。第二年，公司就顺利地上市发行股票，他拥有了1800万美元资金，那年他才23岁。

10年后，他创出了不亚于比尔·盖茨的神话，拥有资产达43亿美元。他就是美国戴尔公司总裁迈克·戴尔。

其实，你是自己的设计师，成龙成虫全在自己。

如果将自己的发展依赖于别人的定位，而没有自己的人生目的，没有实现自我的欲求，就不可能做出一番事业。

你的生命，要靠自己去雕琢。你要选择自己的生活道路，确定自己人生的目标。也就是为自己“人生道路怎么走”“朝着什么方向走”“最终要达到什么目的”进行设计。

人人都渴望成功，尤其是刚刚走出大学象牙塔的青年人，踌躇满志、满怀憧憬，欲在人生的新篇章上谱写壮丽的奋斗凯歌。但这些青年由于初涉社会，一时难以确定自己的合适定位，这时，很多人容易为人设定，在父母、朋友、老师或同乡的建议、劝告下去从事自己并不擅长，也并不喜欢的职业，最终错过了更适合自己的人生舞台。可见，被别人设定、随波逐流的人生并不是适合自己的人生旅途，只有那些执着儿时向往的目标并为之不懈奋斗的人，才会在事业上取得理想的成就，活出一个无悔的人生。

被别人设定，并且照着别人的设定去做的人，他的生命注定只能平淡无奇、碌碌无为。只有对自己的生命充满激情和幻想的人，才会不断地超越自己，达到一个又一个高峰，人生也因此而绚丽多彩。

不做别人的影子

人们来到弗里吉亚城的朱庇特神庙，都会去看戈迪阿斯王的牛车。人们交口称赞戈迪阿斯王把牛轭系在车辕上的技巧。

"只有很了不起的人才能打出这样的结。"有人说。

"你说得很对，但是能解开这结的人更加了不起。"庙里的神使说。

"为什么呢？"

"因为戈迪阿斯不过是弗里吉亚这样一个小国的国王，但是能解开这个结的人，将把全世界变成自己的国家。"神使回答。

此后，各个国家的王子和政客都想打开这个结，可连绳头都找不到，他们根本就不知从何着手。

一位年轻的国王亚历山大，从遥远的马其顿来到弗里吉亚。他征服了整个希腊，他曾率领不多的精兵渡海到过亚洲，并且打败了波斯国王。

"那个奇妙的戈迪阿斯结在什么地方？"他问。

于是人们领他来到朱庇特神庙，那牛车、牛轭和车辕都还保留着原样。

亚历山大仔细察看这个结，也没有找到绳头。

亚历山大对身边的人说："过去许多人打不开这个结，都是陷入了一个窠臼，都认为只有找到绳头才能将结打开。我也找不到绳头，可是那有什么关系？"说着，他举起剑来一砍，把绳子砍成了许多节，牛轭就落到地上了。

亚历山大说："这样砍断戈迪阿斯打的结，有什么不对？"

接着，他率领他那人马不多的军队去征服亚洲了。

生活中，有许多人总喜欢跟在人后亦步亦趋，但世界上最需要的却是那些有创造力的人，只有他们才能够离开走熟了的途径，闯入新境界。

我们应做一个具有创新精神的人。每个人都应该以创造的方式，去做他与众不同的工作。成功不能从模仿中得来，是必须经过创造得来的。一个人一旦丧失个性，就会失败。

有位诗人道格拉斯·马洛奇这么说：

如果你不能成为山顶的一株松，
就做一棵小树，生长在山谷中，
但须是最好的一棵。
如果你不能成为一棵大树，
就做一棵灌木。
如果你不能成为一棵灌木，
就做一叶绿芽，让公路上也有绿色。
如果你不能成为一只麝香鹿，
就做一条鲈鱼，
但须做湖里最好的一条鱼。
如果做不成船长，
我们就做海员。
世上的事情，多得做不完，
工作有大的，也会有小的，该做的工作，就在你身边。
如果你不能做一条公路，
就做一条小径。
如果你不能做太阳，
就做一颗星星。
不能凭大小来论断你的输赢，
只要你努力做到最好。

诗人都可以耕种自己的田地，收获自家的粮食，你作为一个普通人为什么不能？不必跟着别人，做他人的影子。做好自己，就是最大的成功。

解开面子的束缚

大家都知道“讳疾忌医”的故事，蔡桓公为了自己可笑的尊严和面子，一再否认扁鹊提及他患病的事实，最后，病入膏肓，他再想治疗，为时过晚。

西方也有一个类似的故事：

有一名长跑冠军弗朗西斯，他极看重自己在公众心目中的形象。

弗朗西斯在得了胃病后，不愿告诉他人，也不去医院诊治，将病情当成秘密一样倍加守护，唯恐自己给人留下一个弱者的印象。

终于有一天，弗朗西斯再也挺不住了，被家人送往医院。3天后，他便离开了人世。

主治医生说他不是死于胃病，而是被自己的名气和面子累死的。

真正有胸襟、聪明的人，敢于抛开面子，承担自己的不是。

有位著名的小提琴家在为人指导演奏时，从来都不说话。

每当学生拉完一首曲子之后，他会亲自将这首曲子再演奏一遍，让学生们从聆听中学习自己的拉琴技巧。

他总是说："琴声是最好的教育。"

小提琴家在收新学生时，会要求学生当场表演一首曲子，算是给自己的见面礼，而他也先听听学生的底子，再给予分级。

这天，他收了一位新学生，琴音一起，每个人都听得目瞪口呆，因为这位学生表演得非常好，出神入化的琴声有如天籁。

学生演奏完毕，老师照例拿着琴上前，但是，这一次他却把琴放在肩上，久久不动。

最后，小提琴家把琴从肩上拿了下来，并深深地吸了一口气，接着满脸笑容地走下台。

这个举动令所有人都感到诧异。

小提琴家说："你们知道吗？这个孩子拉得太好了，我恐怕没有资格指导他。最起码在这首曲子上，我的表演将会是一种误导。"

这时大家都明白了他宽阔的胸襟，纷纷鼓掌，将敬意送给学生，更送给这位小提琴家。

每个人都会有不足，有短处。每个人都会犯错误，尤其是当你精神不佳、工作过重、承受太沉重的生活压力时。这些是很普通的事情，关键是我们要用正确的态度对待它。"有则改之，无则加勉"，只有放下面子，不再固守所谓的自尊，人才能坦诚地面对自己、面对别人。

把嘲笑照单全收

美国伊诺州的康农，在他初任众议院的议员，当众讲演时，新泽西代表斐普士说："这位从伊诺州来的先生，口袋里恐怕还装着雀麦呢？"

斐普士的意思是讽刺康农还未脱掉农村气息，而全会场的人听见了，哄堂大笑。

康农却从容不迫地答道：

“我不仅在口袋中装有雀麦，而且头发里还藏着草籽，我是西部人，难免有些乡村气。可是我们的雀麦和草籽，却能长出最好的苗来。”

这虽似自贬身份的反驳，却闻名全国，人们反而恭敬地称呼他“伊诺州最好的草籽议员”。

有一次，著名政治家威尔森在发表竞选演说时，话刚讲了一半，有个反对他的人突然站起来高声喊道：“狗屎！垃圾！”打断了他的讲话。很显然，这个人的意思是说威尔森在“讲空话”“胡说八道”“臭不可闻”……可威尔森却报以容忍的一笑，说：“这位先生，请不要着急，我马上就要讲到你所提出的脏乱问题了。”

于是，高喊的人一下子闭住了嘴巴。

歌德有一天正在路上行走时，碰到一位一直以来指责他作品、挑他作品刺的美学批评家。批评家看到歌德后露出不屑的神色，轻蔑带嘲笑地说：“我从来不给蠢货让路！”

“我恰恰相反！”歌德说，说完他退到了路边，让出路给批评家。

可见，他人的嘲笑、讥讽并不可怕，关键是你对待它的态度和方式。

这种大智大勇的生活艺术，值得我们去认真领悟。

在现实生活中，我们经常会碰到这样的事情：你身边的人有意或无意嘲讽、侮辱了你，这个时候，你如何去面对呢？最好的办法是淡然处之，表现出一种博大的胸怀。此时如针锋相对，双方矛盾就会加剧，一旦矛盾升级，后果将不堪设想。如果你能忍一时的侮辱，事情过后，对方经过反思后，很可能会改变对你的看法，还有可能与你化敌为友。

把嘲笑照单全收，当作人生发动机的燃料，嘲笑便会变成欢笑。

沐浴浮躁的心魂

一位朋友曾这样诉说自己的苦闷：

“我这一两年一直心神不定，老想出去闯荡一番，总觉得在我们那个破单位待着憋闷得慌。看着别人房子、车子、票子都有了，心里慌啊！以前也做过几笔买卖，都是赔多赚少；我去摸奖，一心想摸成个暴发户，可结果花了几千元连个声响都没听着就没有影了。后来又跳了几家单位，不是这个单位离家太远，就是那个单位专业不对口，再就是待遇不好，反正找个合适的工作太难啊！天天如无头苍蝇一般。不管怎么说，我心里就是不踏实，闷得慌。”

生活中，常有一些人做事缺少恒心，见异思迁，急功近利，不安分守己，总想投机取巧，成天无所事事，脾气暴躁。面对急剧变化的社会，他们不知所措，对前途毫无信心，心神不宁，焦躁不安。由于焦躁不安，情绪取代了理智，使得行动盲目混乱，做事之前缺乏必要的思考，只要能赚到钱，违法乱纪的事情都敢去做。

其实，静下心来，笑对人生，成功的机会更多。

当今棋坛有“石佛”之称的韩国围棋第一高手李昌镐，他总是以一颗平常心来对待每次对弈，置胜负于度外，平心静气地走好每一步棋。出现劣势时，对手大多有些忙乱，但他依旧毫无表情，纹丝不动，而最终的胜者则常常是他。

在这个瞬息万变的物质世界中，其实人人都可能有过浮躁的心理，但是这也许只是一个念头而已。一念之后，人们还是该做什么就做什么，不会迷失了方向。然而，当浮躁使人失去对自我的准确定位，使人随波逐流、盲目行动时，就会给家人、朋友甚至社会带来一定的危害。

浮躁使我们的心灵不再保持宁静，它是成功、幸福和快乐最大的敌人。

很多人原本有成就大事业的实力，但由于浮躁使他不能全力以赴于事而敷衍塞责、得过且过或半途而废，甚至距成功只有一步之遥时放弃了，这种人奔波一生，却始终与成功无缘。

又有一些人有很高的天赋和扎实的专业功底，但由于自恃比别人能行而变得浮躁，缺乏脚踏实地做事的热情和恒心。他们什么事都想掺和，对任何工作都有兴趣，但却不全身心投入，以致什么都干不成，甚至赔得血本无归了尚叹息时运不济。

浮躁的人常常把宝贵的时间、精力、资源白白耗费了却积攒不下一点资本。看着不如自己的人都硕果累累了，小有成就，他们心理难免失衡，变得愤事嫉俗。这种人如若不能务实、沉稳地做事，永远不会收获快乐和幸福，最终在浮躁中被红尘湮没。

我们必须时时擦拭心灵深处的浮躁，经常来一次淋漓尽致的心魂沐浴。

人贵知足常乐

一只生活在笼子里的鸟，日子十分安逸。风吹不着，雨淋不着，每天主人都会安排好它吃喝拉撒，它只需天天唱歌给人听。

有一天，鸟想上天堂看看。它就去请求上帝。

上帝问鸟：“你现在的日子不愁吃不愁喝，不好吗？”

鸟回答：“可那笼子太小了，我不自由。”

于是上帝就把鸟安置在天堂住下了。

一年后，上帝突然想起了那只鸟，便去看它。

他问鸟："啊！我的孩子，你过得还好吗？"

鸟答道："感谢上帝，我活得很一般！"

"为什么会有这种感受呢？"上帝问。

鸟长叹一声说："咳，这里什么都好，只是这笼子太大，怎么飞也飞不到边。"

这只鸟不明白"知足"为何物，自然就不会快乐了。

清代学者彭玉麟曾说："人能够明白自己所想得到的是正当的，那么饥饿时想食物，寒冷时想衣物，渴饮而倦眠，也就可以了。如果吃的一定要肥美甘甜，这已经是非分之想了，失去吃饱这个本意了。穿的一定要锦绣衣衫，这也是非分之想，失去了暖和本意。烹煮龙井雀舌之茶，躺在锦衣华褥之上，这也不过是为了解渴安神罢了。如果能这样想就可以省去许多贪心的想法，平息不少无谓的争执。"

生活中，我们常常埋怨自己没生养在富贵之家，总是抱怨子孙们不能个个如龙似凤，但我们更多的不满足还是来自于自身。

这其实是欲望的驱使，是幻想的冲动，是不切合实际的索取。其实，不知足是一种最原始的心理需求，知足则是一种理性思维后的达观与开脱。

列夫·托尔斯泰说："俄罗斯人对于自己的土地和财产从不满足，而对于自己的智慧却相当自信。"这就说明了知足的两重性。人们对于物欲的追求总会优越于精神的追求，在精神上的知足往往不能满足物质的需求，这其实与人类的第一需要是温饱有关。

一个人对生活的期望不能过高。虽然谁都会有些需求与欲望，但这要与本人的能力及社会条件相符合。每个人的生活有欢乐，也有缺失，不能攀比，俗话说"人比人，气死人"，"家家都有本难念的经"。心理调适的最好办法就是做到知足常乐，"知足"便不会有非分之想，"常乐"也就能保持心理平衡了。

当然，我们强调的"知足常乐"并非无为做人，消极做事，并非不思进取，得过且过，它是一种人生大智慧，一种生活境界。

顺其自然风轻云淡

庄子曾说："那些赌博高手们，用一般的瓦盆作赌资时，他们潇洒自如，能充分发挥出自己的水平；而若用黄金作赌资，他们时常大失水准。"

可见，缺少自然心、平常心，你将处处受到羁绊。

顺其自然里蕴藏着人生无尽的福祉。它是属于最正当的人生，既不奢侈，也不亏空，既不过热，也不过冷，是恰得分寸的人生理韵。在平凡里默默走过人生的旅程，会得到成功，拥有幸福，收获并非平凡的壮丽感觉。

幻想活得轰轰烈烈的人时刻都想比别人强，比别人好，比别人高明，比别人有好运，因此，他们常常不屑与身边的普通人为伍，漠视别人的存在，不重视别人的情感。他们常常自命不凡，一旦未达到他们期望的目标，心理上就会失衡，常常导致行事作风与身边人的格格不入。这样的人，很多时候，得不到别人的支持和帮助，得不到别人的赏识与爱护，也就不会拥有成功和幸福。

顺其自然，以真正的随缘之心去生活，那么，即使是千山万水的跋涉，也是平常生活的一种形式而已。“历经千山万水”是不必刻意追求或拒绝的。重要的不是有意经营生活，决定自己去追求或拒绝“千山万水”，而是安于自己的缘分，保持一颗平常心，有了这种能力之后，生活才能给你带来智慧和幸福。